王朝×社群

明代國家與社會

1368–1644

卜正民 Timothy Brook／著

The Chinese State in Ming Society

廖彥博／譯

目次

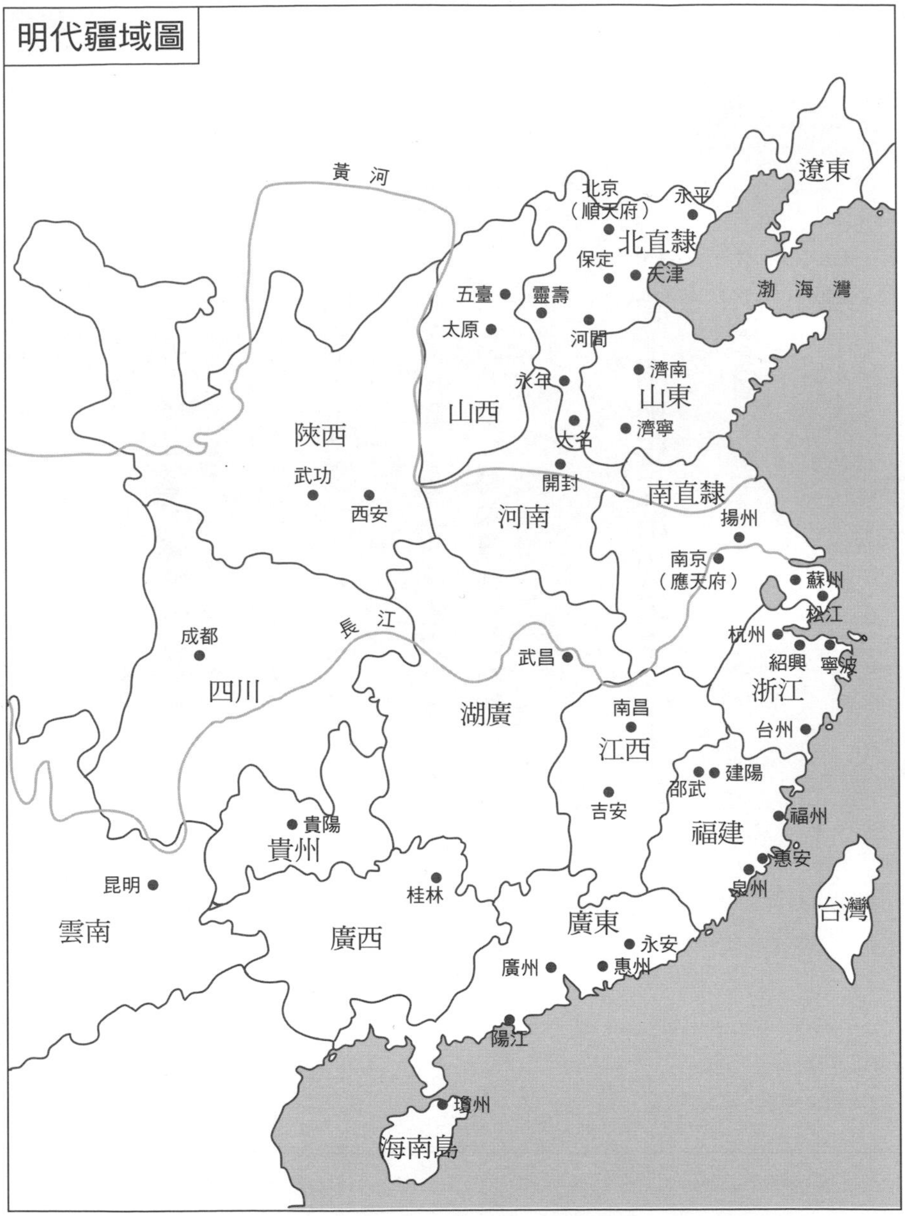
黃 河
遼東
北京
（順天府）
永平
北直隸
保定
天津
渤 海 灣
五臺
靈壽
太原
河間
濟南
永年
山東
山西
陝西
大名
濟寧
武功
開封
南直隸
西安
河南
揚州
南京
（應天府）
蘇州
松江
成都
長 江
杭州
紹興
寧波
武昌
四川
湖廣
浙江
南昌
江西
台州
建陽
邵武
吉安
福州
貴陽
福建
貴州
惠安
昆明
桂林
泉州
台灣
雲南
廣西
廣東
永安
廣州
惠州
陽江
瓊州
海南島

明代疆域圖

緒論　南昌墓地案

一四九九年十一月二十九日（明孝宗弘治十二年十月二十七日），當奏摺呈送到弘治皇帝的御案上時，本案的案情已經變得十分錯綜複雜了——這也就難怪，此案件不得不送呈皇上御覽。

有一人名叫王珍，在江西省南昌府城外的山地上擁有一小塊土地。江西位於長江以南，地形多山，人口稠密，土地缺乏，地方百姓經常為了找工作或耕地而到處遷徙。「本省山多田少」，南昌一名縣志修纂者解釋本省百姓為何如此貧困時這樣說道。[1]即使是墓葬用地、而非耕作用地的山坡地段，價格都居高不下。人們爭奪最激烈的山坡地，有經過專業風水先生鑑定過的，認定其為地氣、地脈匯聚的吉壤。在這樣一塊風水寶地安葬先人，亡者的神靈會庇蔭後世子孫，為他們帶來福澤。江西的各宗族競相爭奪這些墓葬寶地，他們為了謀求自身的福祉，不惜犧牲他人利益，訴諸詭計與暴力。綜觀明、清兩代，為爭奪墓地而大起紛爭，一直是本省的地方陋俗。

這起上呈至弘治皇帝御前的案件，起因於張應奇沒經過王珍允許，就在他的土地上埋葬一具遺體。張應奇是南昌府學的舍生，領受官方的津貼；他有志於科場，倘若機運、學識與財富都能持續眷顧於他的話，他是有大好機會得以鯉魚躍龍門、成為高層仕紳的。張應奇在王珍那塊地上所葬何人？為什麼他會選擇在這塊不屬於自己的土地上安葬此人？在官方紀錄《孝宗實錄》裡，對於此案留存至

1《靖安縣志》（一五六五年），卷一，頁十八a。

今的概要總結中並沒有說明。[2]張應奇如此做的原因，顯然與一般迫於貧窮不得已而出此下策者不同。想必是有風水先生鐵口直斷，說那塊山丘地是上好的墳塋佳城，張應奇如果將先人風光安葬於此，福澤庇佑將會灌注於後世子孫，也包括張應奇自己。

王珍是這塊土地的擁有者，他既非生員，也沒有任何象徵功名地位的標誌。然而官府潛規則可讓訴訟者——即使是平民百姓，只要他願意在見到承審官員之前，和衙門裡那些敲竹槓勒索、出手干預官司的低階小吏周旋的話，便也能夠將他的案子訟之於官府。王珍就是這麼做的，他寫了一份訴狀，告到府衙。

由於興訟要價不菲，而且官司結果難以掌控，因此人們大多只有在無計可施時，才會把衝突交由官府審斷。不過，南昌民眾似乎別有截然不同的訴訟文化。明初《南昌府志》的修纂者——該府志奉遵太祖洪武皇帝（一三六八至一三九八年在位）將地方志上呈朝廷的諭令，於一三七八年修成——曾經讚揚當地民眾心性淳良熱誠，崇尚道德與勤勞。可是，修纂者也注意到，當地人的激情，也就是熱衷於延請風水堪輿師探查地壤的那股「氣」，可能失之於過度，造成當地百姓不能忍小忿而好興訴訟的風氣。對洪武皇帝來說，這可不是新鮮事，他在一三九八年頒布的遺制裡就指出，江西之人「好詞訟」，抱怨他們「雖細微事務，不能含忍，逕直赴京告狀。」[3]江西民眾好訟之風，不僅僅聞名於明代初年，府境之內另一部方志的修纂者便記載，南昌百姓在元代就有「喜鬥、易怒、好訟」之名。之後另一部府志，大約是在王珍一案發生時修纂，也就是在弘治年間修成的，則觀察到此地過重的賦稅、貧窮以及土地的缺乏，使得好訟的風氣益發嚴重。[4]南昌百姓難以治理的惡名，並未隨著時間淡化。一五六五年，一部地方志的修纂者埋怨道，當地百姓「好興囂訟，逞血氣以圖小利。」[5]幾十年以後，另一位江西的評論家，將南昌民眾的性格概括歸結為「勤生吝施，薄義喜爭，彈射騰口，囂訟鼓舌。」[6]

南昌府的通判受理王珍的訴訟，並判決他勝訴。通判大人想必是命令張應奇將葬入的骨骸遷出，不過張應奇決定反擊。他向同在府學的生員劉希孟求助，因為劉希孟擁有一件他需要的事物——和上級官府的人脈關係。劉希孟在江西按察副使吳瓊（一四六九年進士）家中擔任教席，教導吳的兒子讀書，進入吳家後送禮打點上下，成為吳家一名不入流的關說掮客，專門接待想找吳瓊幫忙說項的人。這層關係正符合張應奇的需求，因為按察司副使的品級要高過南昌府的通判。金錢在其中幾度轉手，最後劉希孟傳了一句話，進到了吳家某位家人的耳中，讓王珍訟告張應奇的案件成功翻盤改判。

張應奇得到勝利，但是還不肯罷休，大概是因為那具引起爭議的遺骸還留在原來的墓地，要是王

---

2 《孝宗實錄》，卷一五五，頁四b～五a。

3 〈教民榜文〉，引自 Edward Farmer（范德），*Zhu Yuanzhang and Early Ming Legislation*, p. 203.

4 《南昌府志》（一五八八年），卷三，頁二八a～二九a。因為爭奪財產而告上衙門興訟的事例，在江西可謂極多。《吉安府志》就記錄了其中一起發生於十五世紀的案例：有一名興訟者變賣祖產，以求收買來勢洶洶的另一造當事人；這則故事頗不尋常的以皆大歡喜的結局作收，買家慷慨大方的撕毀契約，將土地還給原本遭到脅迫的主人。參見《吉安府志》（一七七六年），卷五一，頁三八a。

5 《靖安縣志》（一五六五年），卷一，頁十八a。

6 趙秉忠，《江西輿地圖說》，頁二b。

珍反擊，張應奇仍然可能會受到傷害。他選擇繼續進攻，向王珍提起告訴。由於南昌府的通判之前已對張應奇作出不利的判決，這次他找上另一位靠山——本省的提學僉事蘇葵（一四八七年進士）。

蘇葵職司批准江西省官學的學生入學事宜，並定期對入學的生員施測，這些職責讓張應奇得以堂而皇之地與他接觸。可是，像這類官司問題，不在蘇葵的職掌範圍之內。蘇葵素來有不徇私的正直名聲，而他竟然願意幫助張應奇，據稱是因為收受賄賂所致，這讓人感到大惑不解。很有可能，受賄一說並不確實，或許是張應奇誤導了蘇葵，讓他在未曾得悉案件全貌的情況下就為張出面、採取行動。

在此同時，王珍眼見張應奇在本省官僚集團當中到處獲得支持，於是尋求和本朝的另一個權力結構體系，也就是宦官集團建立關係。江西鎮守太監董讓奉皇上之命派駐本省，監理地方安全事務，王珍是怎麼找上他的，我們不得而知。，大概，人們只要通曉門路，送上大筆金錢，就可以打通任何關節。王珍向董太監陳情，董讓對他伸出援手，把張應奇和劉希孟兩人逮捕下獄，監牢中的拷問者可以「說服」兩人，撤回張應奇先前所提出的告訴。

這齣戲到這裡，各個角色的演出並沒有什麼不尋常的地方。因為土地而陷入爭執糾紛的王珍和張應奇——仰望國家官僚體系的底層，各自去尋求能夠協助他們的人脈關係，而省級的中階官員也樂意施以援手。雙方都涉及金錢轉手，而司法體系不是要解決爭端，反倒變成了一個輸送賄賂和競爭打通關節影響力的關係網。訴訟的兩造正是透過自己的作為，在這個政治體系裡找到自己的位置，以遵循體系之內的既定作法，這正是明代國家體系運作的方式。或許能將明代國家定義成一個具有領土權威，為了保障王朝的財富與安全，而定期交換移動訊息、資源與人員的強制體系。這個交流體系的頂端是皇帝，而訊息、資源與人員交流的管道，則是各式各樣的官方文書和文字紀錄，皇帝的御下之術，便是透過皇宮內廷、官僚集團和軍隊的運作，得以滲透布達到這些管道之中。張應奇和王珍尋求在國家行政網絡當中有固定位置的官員發揮其影響力時，他們只不過是在權力布局之中，抓住了一些機會而已。他們的意圖，當然不是要將其爭議一路往上送，呈交皇帝來裁決，而是企圖將爭議送達國家體系的底端，藉由影響力與訊息的逆向流動，以利於解決爭端，這是底層回應國家權力向下滲透布達的一個微小案例，有人不希望這樣的反向流動發生（像是王珍），也有人希望它出現（比如張應奇）。

當董太監將張應奇與劉希孟兩人交到精明的獄卒手裡的時候，這起事件的交流過程就出現了轉折——原先是兩個小戶人家之間關於一塊墓地的爭執，後來竟然穿過層層體系，引起皇上的注意，並且在明代的正式書面紀錄裡留下蹤跡。董讓的本意，只是想要威嚇這兩名生員，讓他們知難而退，但是牢獄中的拷問者做得太過火了，讓這對倒了大霉的生員很快就招認，他們向朝廷官員行賄，以求官司勝訴。這個內幕消息一經披露，原本在當時情境下很容易處理的地方地產爭議，就成了一宗官僚集團的犯罪，必須將全案透過行政官僚階層，逐級上呈到北京，先是到都察院，然後轉送刑部，最後送呈皇帝御覽。董讓這下把事情鬧得太大，弄到皇上要親自過問這宗南昌府的案情，並責令刑部徹查。這個來自地方層級、合乎情理的微小行賄舉動（還有什麼能比有效地向那些能夠做出有利判決的人行

7 在蔡石山（Henry Shih-shan Tsai）的《明代宦官》一書中，曾順帶提及鎮守太監的職務。見 Tsai, *The Eunuchs in the Ming Dynasty*, 59-63.【譯按：中譯版由黃中憲譯（聯經，二〇一一年），頁八八～八九。】

賄，更合乎情理的呢！）之所以壓過了原來由上而下的國家權威滲透，有部分原因是因為本案中所蘊含的某些訊息，引起當今皇帝的興趣。事實上，弘治皇帝朱祐樘（一四八七至一五〇五年在位）對臣下的貪汙問題極感憤怒，《孝宗實錄》裡充斥著各種貪瀆不法和無能顢頇官員遭到免職的記載，比起明代其他皇帝都要來得多（從各個方面來看，弘治皇帝在罷黜貪官的力道，只輸給本朝開國之君，當今皇上的六世祖洪武皇帝）。

經過調查後發現，早在王珍找上董讓求助之前，董太監早已把蘇葵當成對手。兩人之間的敵對關係，正是賄賂能夠派上用場之處。董讓之前在另一事件裡，認為自己受到蘇葵的侮辱，基於這個理由，他答應站在王珍這邊對付蘇葵。而蘇葵是否真的同意支持張應奇？或者是否可能，董讓將蘇葵與張應奇之間的正常往來，捏造成某種情形，使得調查本案的官員認為蘇葵不正當的捲入土地糾紛，而董讓卻毫無涉入？真相已經難以說清了。我們所清楚的是，這起糾紛惡化升高的程度，超過原先起頭的兩造——張應奇和王珍的掌握，案情走向已經與「誰有權在那塊地安葬先人」毫不相關，而與省城裡太監和文官的政治衝突有密切關聯。董讓討厭蘇葵，對此蘇葵也還以顏色，他並不是唯一這麼做的官員。董太監代表宮中，作風專橫跋扈，早已引來其他官員不滿，先是在弘治皇帝在位年間，便紛紛上疏請求將其調離，之後又向繼位的正德皇帝請求，但是毫無作用。[8]董讓背後的勢力比蘇葵更強大，因此能夠利用另外一件事情，以涉嫌貪汙的指控，將蘇葵逮捕下獄。南昌官學裡的學子們，對於這個宦官的攻擊大感憤怒，致使有上百人衝擊監獄，放出他們的上司。蘇葵後來被證實是清白的，之後獲得擢升（所有人都認定蘇是無辜的，儘管他們也需要如此相信），但是董讓還是不動如山，權勢完全不受影響。[9]

事態發展已經完全失控，皇上早該給予涉案者重懲，但是他並沒有這樣做。可能他的權柄是用來維護那位被揭穿的宦官，畢竟董讓是為了照看皇家（也就是皇帝本人）的利益才派往南昌。又或者，皇上想避免讓國家的左膀壓制右臂，以便確保官僚與宦官集團能夠互相牽制。弘治皇帝解釋道，他之所以沒有採取嚴厲的措施，主要因為此事對各方都沒有造成實質的損害。不過，皇上下詔申斥了董讓和蘇葵違背制度，受理職權之外的司法訴訟案件，他還責備蘇葵和吳瓊收受不當餽贈。然而，受皇帝裁決影響最大的並不是這批官員，而落在引發這起事件的兩名生員身上。張應奇和劉希孟都沒有受到杖刑、罰款或是被發配充軍，要是落在一位性情易怒的皇帝手裡，上述這些處分都是可能的下場。不過，他們被褫奪生員身分、被追繳津貼，飭令永遠不許再求取功名——在明代中期這樣講究身分地位的社會環境當中，這樣的懲罰也不可謂不重。

南昌府墓地案這場「茶壺裡的風暴」在偶然間引起皇帝的注意，也符合我的意圖；我正打算藉由探討明代社會中國家的存在及權力，來建構本書中的八篇研究子題。弘治皇帝對於本案戲劇性的介入，可以看做是國家對社會施加控制的生動範例，明代的朝廷可將其控制力一直深入到社會最基層，

8《明史》卷二〇三〈鄭岳傳〉記載：鄭岳曾經上疏彈劾董讓，反而遭到弘治皇帝的責罰（頁五三五一）；《明史》卷一八二〈劉大夏傳〉記載：武宗正德元年，劉大夏乞請懲處董讓，也沒有成功（頁四八四八）。

9 國立中央圖書館，《明人傳記資料索引》，頁九四四；焦竑，《國朝獻徵錄》，卷九十，頁九a。這次事件沒有標明日期，我判定與墓地案不是同一件事，可能發生在稍後，但是這些推斷一直沒有辦法證實。

插手兩個升斗小民爭搶一塊墓地的案件。當明史研究領域中根深柢固的皇帝崇拜情結還很強大時，上述說法就是明史學者們述說這個故事的版本。[10]這種皇帝崇拜情結是明史學者從明代官員的第一手紀錄中繼承下來的，其印象得自於在經營面向公眾的修辭時，官員們必須以正確無誤的委婉說法來稱呼皇上〔洪武皇帝擁有的諸多頭銜裡，其中一個是「開基聖主」（Sagely Founder），即孔子也會對其作為感到驕傲之意〕，並將其發揚光大。西方的皇帝崇拜情結，同樣是歐洲史學長期傳統之下的產物，至少可以追溯到黑格爾（Georg Hegel）對歐洲史學的影響；在黑格爾設想下的中國是一個只有皇帝才擁有完全獨立個性的國度，其他的所有人都只是皇帝的奴隸。[11]一三六八年創建明代的朱元璋、這位不世出的人物，如果他是明代唯一的一位皇帝，那麼考量到他超凡的精力，及其開創事業和毀滅舊物的宏大規模，這種皇帝崇拜情結也許就能說得過去。可是他並不是明代唯一的皇帝，所以皇帝崇拜情結也就不能用來作為本案的解釋。

另一個理解南昌墓地案的方法，將思維留在國家體制的框架內，但把皇帝的存在與官僚集團的運作顛倒來看，並且把弘治皇帝的作為看成是對穩定運作國家行政機制的短暫干擾，這是對於完善國家控制規則的破壞，而不是對它的證明。皇帝很少會出手干預臣下官僚結構的運行，他也無法將眼光投射到行政體系之外的社會最底層網絡。我在本書裡將會多次提到，皇帝只注意他的臣下要他留意的事情。比起其他明代各任皇帝，弘治設法從中獲取更多訊息。他登基伊始，頭一個舉措，就是將兵部、刑部和吏部裡的官員幾乎全數罷免，[12]用以顯示他無法容忍貪汙和無能的決心。此舉立刻使得朝中的熱心人士和懷抱企圖心者，向皇上提供比往常更多的外廷官員動態。即使如此，皇上所能得知的範圍與深度仍然有限。正如弘治皇帝在一四九九年一月於清寧宮因火災焚毀後所下的〈罪己詔〉中承認的：「朕深居九重，雖慮周天下，而耳目有不逮，恩澤有未宣。」[13]然而，這其實不僅是規模程度的問題。正式的官僚體制，以及與之平行、由宦官主持的情報機構，都會向皇上提供消息，但是兩者在傳遞情報的同時，也都會阻撓或扭曲情資。舉例來說，宦官的情報系統絕對不會將董讓的活動傳達到皇上的跟前；同樣的，吳瓊和蘇葵據稱接受賄賂的情節，如果文官系統有本事能阻擋的話，也不會將其呈報給皇帝知道。

皇帝與社會的聯繫交流管道本來就不多，而在所有臣僚都同意應該對他封鎖消息時，管道更會被封閉。但是，這並不是從國家的角度解讀明史時的問題癥結所在，問題反而出在我們對於古代中國國家體制的概念化（conceptualization）認知。明代的百姓都知道自己臣服於皇帝的權威之下，但是他們並非藉由這一點感受到國家的力量。國家在明代社會施展其存在感，與其說是居於政治體制頂端的皇帝，其行為和想法所致（那些讓皇帝金口玉言裁決案件的訴訟者，一定會感到震驚），倒不如說是因

10 研究明代藝術史的英國學者柯律格（Craig Clunas）對於「皇帝崇拜情結」，曾經做過一番饒富趣味的曲解；參見：Craig Clunas, "Oriental Antiquities/ Far Eastern Art."

11 黑格爾在其著作《歷史哲學》當中表示：「我們稱之為主體性的事物，全都集中於國家最高領袖一人之手；」參見：G. W. F. Hegel, *The Philosophy of History*, p. 113.

12 John Meskill, *Ch'oe Pu's Diary: A Record Drifting Across the Sea*, p. 114.

13 《孝宗實錄》，卷一四五，頁九b。

為代表國家的官員在這個交流體系裡更往下介入干涉的緣故。而即使是這些干涉也是偶一為之的，大多數民眾對於管理其事務的國家體系的認識，都是在與體制末端的代理人打交道的過程中得來的，特別是在賦稅、教育、司法和軍事體系當中，使得國家在社會呈現出的面貌，不僅只是一個抽象的存在而已。

包含常規田賦和勞役在內的賦役體系，都是百姓和國家及其官員打交道時最常見的內容，這也是為什麼，本書大部分的研究都在針對國家與社會間的賦稅關係所引發的問題。教育體系在一四三六年（明正統元年）被納入官僚運作的一環加以規範，在各省任命像蘇葵這樣的提學官；雖然教育體系所影響的只是少數年輕男子，不過想在官學裡擁有一席之地的志向，卻在社會中相當普遍。司法體系對於天子的臣民擁有普遍的支配權，隨時準備捕捉那些觸犯皇律的人，然而將官司打到縣官面前的嫌疑犯與告狀者，人數不會太多。大部分的人都盡量安分守己，不想和法律有所牽扯。最不可能和一般民眾生活發生接觸的是軍事體系，因為明代兵源由世襲的軍戶補充，而不會徵召一般平民入伍。不過，軍戶應承軍差在分類範疇上更近於賦役，而不是軍事，那些得以從軍戶中脫籍成為平民者，同樣也著眼於此。對於平民百姓來說，最可能遇到士兵的機會，只有在後者被動員調來對付匪患，或平定騷動之時，這也是有如董讓這樣的鎮守太監，被派到江西這個多山且局勢動盪省分的原因。這些皇宮大內派出的代表與民眾間的距離，比正規的官僚系統還要遠得多，而他們的權力，則因為能獨立行使、不受官僚集團的監督而顯得神祕。宮中對軍事事務發生興趣，起於十五世紀初年，當時永樂皇帝以軍職授予宦官擔任。永樂在位年間，最有名的統兵宦官是一位穆斯林——「鄭和」，他奉命指揮帝國艦隊航向印度洋。軍事宦官對皇帝來說相當有用處，因為他們可以使天子得以密切注意各種安全局勢，而又不必凡事按照文官集團的觀點來看問題。對官僚集團來說，宦官是討人厭的；文官們不信任宦官，因為宦官從常規標準來看，他們是不應該辦理這些事情的。官員們也對宦官替皇家（當然，也是替自身）榨取利益時，看似能擁有相對自由的權力，而感到憤恨。

在南昌墓地一案發生前一年，兵部官員曾經委婉的建議弘治皇帝，在全國各地削減鎮守太監、分守中官的人數；兵部的理由是，設置鎮守太監人等是為百姓帶來沉重的財政負擔。兵部很有技巧地把譴責矛頭指向弘治的前任成化皇帝（一四六五年至一四八七年在位），因為後者擴大了鎮守太監的規模，可是弘治皇帝卻拒絕兵部的建請。[14]之後，當時董讓事件才剛過去幾個星期，有一位遼東地方的縣令指控當地的鎮守太監與兩名軍官行為不法、濫殺邊民，皇上不肯答應他深入調查的請求。弘治皇帝批覆道，由巡按當地的御史調查此事即可；一年後，皇上復命令免行追究所有指控。[15]宦官在皇帝的御下之術中扮演的角色實在太重要，因此無論他們做出何等惡行，都不能讓他們孤單無靠地受到文官集團的攻擊。宦官與體制內官員間的緊張關係是明代國家體制的一項特色，明代皇帝也運用這種緊張關係作為一種機制，以維持對官僚集團的決策，以及部分政策實行的控制。

南昌墓地案將上述的所有體系全都纏涉進來。最明顯可見的是司法體系，王珍選擇循正當管道，

---

14 《孝宗實錄》，卷一四四，頁六a。

15 《孝宗實錄》，卷一五六，頁四b；卷一五八，頁二b。

而張應奇則尋求以賄賂府衙判官的上級，試圖顛覆這個正當管道。這個故事中同樣引人注目的是教育體系，張應奇在這個體系中，透過劉希孟與按察副使接觸，隨後則找上了教育系統裡的上級，也就是蘇葵。軍事體系並沒有直接涉入，不過董讓是奉命派駐本地監管秩序的鎮守太監，這使得他在介入本案時，角色舉足輕重，還能顛覆原來土地糾紛的處理程序。最後，雖然在本案中沒有出現賦稅問題，但是賦稅體系卻決定了本案的發展方向。王珍與張應奇所爭執的是一小塊沒有耕種過的土地，還未「登記在冊」，沒有載明任何攤派稅賦的義務，[16]這是一塊無須納稅的土地。張應奇之所以急著想趕走王珍，也就證明了這點，如果他必須為這塊地繳納農業稅的話，張應奇也許就不會單是為了安葬的目的而想侵占這塊地。想要拿下某人需要納稅的土地，採取的策略是小心蠶食，而不是大膽鯨吞，以免被朝廷官員發現，反將賦稅負擔轉移過來。張應奇並不小心謹慎，朝廷編纂的《實錄》用一種形容盜匪的語彙提及此事，說張應奇是「盜葬墳地」。

修纂《孝宗實錄》的史學家在概述這場糾紛的時候，並沒有放過對這些體系的描述，因為它們全都在同一條帝國權威管道中流通。他從劉希孟與按察副使之間的關係開始討論，因為這是本案從原來的土地糾紛，轉變為皇上感到興趣的貪腐案件的背景脈絡，否則不會引來朝廷的注意。這種述說案情的方式，可以將明帝國的治理描寫為一種獨裁統治，而皇帝則位居最重要的支點位置，國家倚賴他為樞紐才能運作。這種觀點等於是為專制主義的典範提供佐證，專制主義學說的源起可以追溯至孟德斯鳩（Montesquieu）和黑格爾，而且由於漢學家魏復古（Karl Wittfogel）反覆拿「東方專制主義」（Oriental despotism）做譬喻的緣故，對於冷戰時期建立起來的西方明史研究產生了極重要的影響。[17]不過，基於本案在地方上涉入的人數眾多，這起事件也可以有另一種不同的解讀，即不是從專制的統治者與被統治者之間典範再現（用洪武皇帝的話來說，就是「君臣」之間[18]）來述說故事，而應該看成是官僚行政系統之中，某種約束力與可能性發揮了作用。這就是一九七〇年代西方明史學界開始述說明代故事時所採取的方式，藉由建構對明代政府運作實際情況的認識，在「東方專制主義」作為詮釋明代歷史理想模式評價的餘威籠罩之下，開始深入發掘。[19]

來看另一種解讀方式，也就是我在一開始講述這個故事時所用的方法：不從生員劉希孟和官員吳瓊的關係說起，而從土地所有人王珍與葬入遺體的張應奇之間發生的衝突開頭。引起這起事件的正是他們這兩人，而不是省裡的官員，當然更不是皇帝。故事中的每個人決定怎麼行事，有部分取決於他們身邊可堪運用的國家體系。這兩人想必和任何時期的中國人一樣，對於國家保持密切的注意，但

16 關於未耕荒地無須納稅一節，參見雷夢麟，《讀律瑣言》，頁一四二。

17 George Blue（卜魯），"China and Western Social Thought in the Ming Period," pp. 87-88. 戰後北美第一代的明史研究學者苦於魏復古的專制主義指控，不得不起而回應，因為後者矛頭所指，特別針對明代。參見 W. Theodore de Bary（狄百瑞），"Chinese Despotism and the Confucian Ideal,"以及 Frederick Mote（牟復禮），"The Growth of Chinese Despotism," 特別是頁十八～三五。

18 朱元璋，《御製大誥》，序，頁一 a。

19 例如，賀凱（Charles Hucker）的《明代監察制度》（*The Censorial System of the Ming Dynasty*）、《明代政府研究》（*Chinese Government in Ming Times*）；范德（Edward Farmer）的《明初政府》（*Early Ming Government*）、黃仁宇（Ray Huang）的《十六世紀中國財政與稅收》（*Taxation and Governmental Finance in Sixteenth-Century Ming China*）、《萬曆十五年》（*1587: A Year of No Significance*）等。

是，兩人所倚賴的社會網絡，卻是衝突發生及其進一步發展的原因。只有在張應奇的同學劉希孟出現在故事裡的時候，相關的國家體系才開始導引事件的發展走向，使王珍與張應奇兩人進入皇上的眼簾，而且讓一起地方上的土地糾紛變成國家層級的貪腐論述。國家體系在這段歷史裡很重要，但是社會則更至關緊要。正因如此，我想指出明代中國最具有特色之處，不在國家，而在社會；因為正是在社會中，我們才得以極為敏銳地察覺到人口膨脹、交流網路的擴張、商業化的迅速興起，以及新的批判性思考所帶來的種種影響。在明代開國初年頭一次以國家高度干預社會的時期過去之後，國家或多或少的隨著這些變化做出改變，嘗試去管理這個空前複雜的國度，而非將其重新塑造成本朝肇建時的模樣。即便是一位積極任事的皇帝，能對地方社會施以組織框架和種種約束限制，為他辦事的官員們為求維持這樣的框架，必須先將自己與地方社會的網絡融合，而地方社會的網絡，卻是早於這些框架與限制施行之前，就已經存在的。我們在本書第一章裡，將會看到開國皇帝劃分行政疆域、以「里甲」為單位編制地方社群，作為建構國家的基本元素，其設計的企圖可謂雄心壯志；然而在這些國家主導的干預作為之下，卻有另一個非常不同的發展進程，當代政治理論學者羅伯托・昂格爾（Roberto Unger）將這種進程稱為「社會建構」（society-making）。

所謂「社會建構」指的是，人們透過社群組織網絡互動，並依照他們的社會地位所能取得的資源為基礎，創造其社會生活環境。「這些資源包括政府權力、經濟資本、技術專業以及高尚的理想，或是蘊含這些理想的各式主張。」[20]國家力量也許能夠發揮影響（或試圖去影響）之處，如何獲取這些資源？以及怎麼有效的去運用它們？

不過實際上，國家力量干預社會的形式，卻是在人們的日常生活中塑造出階級地位和角色，而與政權的合法正當性以及各種官方的說法沒有關係。我援引「社會建構」概念的用意，並不是要邊緣化國家的作用，而是要在分析方法上，保持與我們比較熟悉的「國家建構」（state-making）概念之間的區別。當國家力量動用各種資源以建構其行政能力、並保障其安全時，我們就會使用「國家建構」這個詞彙。昂格爾的目的是要提出一種有利於權力重組的激進論述主張，以利於公民建構一個不受國家力量束縛的民主社會，也就是要讓社會凌駕於國家之上。他的立論根據是歐洲的憲政傳統，至少可以回溯到十八世紀；在這一傳統中，政治生活的各項規則保障個人的人身安全，以及他的社會關係，免於受到國家力量的侵擾。像威廉・布拉克史東（William Blackstone）這樣的十八世紀憲政理論家們，都抱持著一種基本原則，認定個人的安全與自由要以法律保障，不受國家力量所侵害；任何代表國家的個人都沒有權力來中斷這種自由，除非「國家處在真正的危難之中」——這個例外有一個強硬的附帶條件，即「決定國家在什麼時候陷入重大危難的權力，不能交給執掌政權的人，以免這一例外情況變成掌權者的權宜之計。」[21]布拉克史東的聲明，於一七六五年出版，他頌揚英國人藉著這些理論成功的創制出憲政體制；他認為這是獨一無二的歷史成果（這也讓他決定，不將其高高在上的「恩賜」送往某些遙遠而時機未到的國度，如中國；而只需送給許多鄰近英國的國家，像是法國）。

20 Roberto Unger, *Social Theory: Its Situation and its Task*, pp. 151-152.

21 William Blackstone, *Commentaries on the Laws of England*, p. 132. 感謝茱莉安娜・劭希（Juliana Saussy）提醒我注意到這本著作。

布拉克史東所設想對國家施以適當限制來保護人身安全、維護個人自由，並不是明代法律理解個人（以及他的各種社會關係）與國家之間關係的方式，而即使是在熟悉的國家力量脈絡之下，中國人自己也不會做如此的解讀。然而，雖然中西方的法律意義在結構上有所不同，我們也不能就此主張「中國的政治文化漠視個體」，或者認為「社會建構」的概念不適用於中國的憲政體制，又或是認為中國的國家力量遠比社會強大。魏復古（Karl Wittfogel）曾經大為推廣、宣揚上面這些看法，而他所持的主張，則是借鏡自保羅・米留科夫（Paul Milukov）對沙俄的研究觀點。一八九八年，當米留科夫在萊比錫（Leipzig）出版他的著作時，俄國知識精英要求推翻當朝政權的呼聲越發響徹雲霄，他們訴諸全然屬於意識形態的語言，以鼓動人們發起鬥爭。[22]米留科夫式的想像，認為國家的力量比社會強大，反映出沙皇統治末期的高壓政治特質，又在冷戰時期被社會學界拿來分析二十世紀中葉的中國極權主義政權。無論這種主張在當時具有什麼意義，所談大多是關於法律原則在制定它的社會中被粗暴濫用的情形，它對於分析明代社會與國家的關係也難以有所貢獻。

另有一種更具建設性的理論途徑，不再以魏復古當時所憂懼、並且附會到明代中國的「國家權力集中」作為論述基礎，而是掌握了以下的事實：國家建構與社會建構乃是交迭互動的發生。一個世代以前，學者麥可・曼恩（Michael Mann）主張說，學界要去除以下習慣，別將它與真實畫上等號——他認為國家與社會是一元而對立的實體，二者在理論中是彼此對立、爭鬥的兩極。反之，他提倡我們應該將社會看成是「多元而交叉的各種社會互動網絡」，國家力量只是這些網絡當中的一個，而且與國家發生牽扯的社會角色不多。曼恩的研究取徑，賦予了社會相較於國家更為廣泛的概念包容度和分析的權力；比起之前的理論學者，他也更能夠將較為完整的國家概念統合進社會之中。儘管麥可．曼恩也很遺憾地未能擺脫「歐洲中心論」（Eurocentrisms）的影響，[23]不過他和昂格爾一樣，由「國家建構」轉變為「社會建構」，向我們指引了一條構築社會理論時，更為完整堅實的路徑。上述的轉變與我自己在理論層面的轉換有相似之處，我發現自己在探索關於明代中國的社會與國家生活的豐富紀錄過程中，詮釋方式有所改換。我認為，和文藝復興時期的歐洲相比，明代的國家網絡能夠更深的將皇帝的權威植入社會之中；不過在此同時，我也發現了來自社會網絡裡，有一股像毛細管般滲透流通、由下至上的強大逆向影響力，這使得明代中國在建構國家體系時，其姿態能夠更具有活性，而不是制式定形。

這一觀點在一九八四年我撰寫鄉治的論文時尚未成熟，那篇論文後來經過修改，收入本書，成了

22 Karl Wittfogel, *Oriental Despotism*, p. 50, 引用保羅．米留科夫的《俄國文化史大綱》（*Skizzen Russischer Kulturgeschichte*）。米留科夫是俄國立憲民主黨（Kadet Party）的創立者，該黨於一九〇五年以後在俄國政治中代表一種非主流的自由派路線。米留科夫在一九一七年革命後組成的第一次臨時政府裡擔任外交部長，然後移民國外，在芝加哥大學教授俄羅斯歷史。米留科夫吸收他的業師克留徹夫斯基（Kluchevsky）的看法，認為俄國的國家力量在大革命之前的增強，削弱了俄羅斯的社會。在此感謝我的同事蓮恩．維歐拉（Lynne Viola）告知這條材料。

23 曼恩批評魏復古的國家與社會關係理論是建構在一個由國家力量主導的「一元社會基本模式」之上。這樣的批評雖然踏出正確的一步，但是不應該導出「魏復古對於中國是『東方專制主義』的定性是準確的」、或者歐洲擁有中國所無的「活力」或「奇蹟」這樣的結論來（*The Sources of Social Power*, vol. 1, pp. 16, 95, 98, 500-1）。托身於預先以歐洲知識背景構築好的理論結構之下，會讓我們被推回過往的滑坡，繼續將中國簡化成一個歐洲範疇下的殘疾變體版本，而不是將我們帶離這些「歐洲中心論」的概念，並進入更高層次的分析領域。關於歐洲與中國國家力量的比較歷史，更好的分析方法，參見 Bin Wong, *China Transformed*, pp. 71-72, 93-104.

開篇之作。在那篇論文原來的版本裡，我關切的方向其實是分散的，一方面我想要追蹤社會權力流動的管道，來探討國家力量的介入行為，另方面又想從國家權力改造社會的能力來探討問題。我既在兩個方向之間猶豫不決，因此也忽視了這兩者在多大程度上會同時發生，或是彼此互動。同樣的兩重分析，在本書第四章的原來版本，關於華北農業的研究裡也出現過。原版的論文寫於一九八〇年，那時我發現明代官員在華北積極推廣水稻耕作，只有在與現行社會、消費與經濟網絡產生連結的情況下才會成功，否則就會失敗。「國家建構」和「社會建構」同時存在的論點，在我於一九九二年所寫關於佛教寺院因應朝廷打壓的論文中，表達得最為清楚，所以那篇論文大致上沒有改動直接收入本書，也就是本書的第七章。

我將本書的八章，分別按照國家與社會網絡競相爭取、掌控的物質、活動或者社會群體，兩兩一組，分成四個部分。每一件個案，都嘗試從國家體系和國家力量參與者的特殊角度，審視國家與社會的互動關係，並且檢視社會對國家的反應——大部分的資源都屬於後者。但是，每一章的重要意義，都在於展現社會網絡在多大的程度上，促使國家去適應地方實務運作和在地的機構。實際上，迫使國家力量在地方做出調整，這種過程等於也成為一種資源，地方事務參與者在競逐權力時可堪運用。

本書第一部分「空間」，從一篇關於鄉治制度的研究開始，鄉治制度於本朝創立之初，便在地方上施行。這些鄉治制度的設計，可說是野心勃勃，企圖將明代的每一個社群與家戶都標定其在地方社會的特定位置，而使它們成為一個更大單位的組成部分，不過它們大致上還是遵循社會與經濟實際情形所劃定的界線而定。同樣的，在第二章，知縣葉春及繪製的縣域地圖，可以看成是國家劃分空間、從而利於控制地方社會體系的能力展現，卻也能視作是將國家視角帶到地方層級，使二者整合的一種努力。葉春及繪製地圖，與一個規模更大的改革進程有關，也就是人所熟知的「一條鞭法」，國家藉由這項新政，對其財稅系統做出重大變革，以因應現下的經濟形態。當時的白銀和商品生產，早已經改變了開國皇帝在本朝立國之初所設定的那種簡易農業經濟形態。從這兩章看來，國家的地區性組織有助於明代獨特統治權威的形成；這種統治權威是在代表國家力量的官員與那些以在地社會習慣構成其生活方式的人們，兩造溝通之下產生的。

雖然上述看來似乎合情合理，可是我們黑格爾派的前輩卻未必這麼認為，對他們而言，中國的私有財產思想領域存在著嚴重的缺陷，個人在面對獨裁的國家權力時也非常脆弱。而且，盤旋在這種思想裡的幽靈，並不只有黑格爾一人。在黑格爾之後將近一個世紀時，涂爾幹（Émile Durkheim）從另一個完全不同的觀點，憂慮地指出，農村生活的結構並非全然是國家機器的創造，獨立與溫情才是構成個人生活的要素，但是公家部門卻是自動自發的要去否定這些要素。[24]不過，這種對於地方社群的憂心，其實是引發黑格爾和魏復古焦慮的變種。在中國，個人以及廣義來說他的自主行為能力，深深受到壓制，無論這股壓制的力量來自國家或是社會都是如此。事實上，國家與社會之間的對話，以及這種對話在一定程度上所界定的社會行動領域，都比早年觀察中國的人士所能看出的情形，來得更為複雜、多變。

24 Émile Durkheim, review of Maurice Courant, "Les associations en Chine," p. 355.

第二部分「田野」，持續關注國家的調查是否能貼近土地的問題，但是以水稻種植為中心展開討論。這兩章所注意的是在兩種非常不同的背景下，國家與社會之間的交互影響；第三章討論的是國家如何將長江流域種植稻作的圩田登記為納稅單位；第四章則探討稻作農業引進華北平原的情形。稻田不但在徵收賦稅方面為朝廷官員帶來了特別的挑戰，也支配了農業基礎建設的投資。從這兩個案例可看出，國家體系在與地方經濟體和社會互動時，南北地域呈現出很大的差異。在南方，自然條件有利於水稻栽種，國家面臨的挑戰，在於如何與地方社群領袖有效合作，因為在這類密集經濟體系裡，在地領袖比外來的官員更適合管理地方需求與資源。在北方，自然環境的條件使得維繫水稻農業需要大量投資，其規模遠超過大部分地方社群的能力。

學者黃宗智（Philip Huang）曾經描述過這種反差情況。在江南，地方仕紳插手並負責地方稅的徵收與勞役的攤派，甚至在未有官員參與，而讓局面陷入危機時，出面擔起領導的責任。仕紳的介入形成了一個「國家、地方精英與農民之間的經常性互動」。另一方面，在華北的水利建設規模龐大，需要由國家負責維護管理，協助將旱地化為稻田：

> 對於個別的家庭或村莊而言，這（工程）太過巨大，以至於無法承擔。那些在長江三角洲一帶的水利工程，把地方仕紳、農民和國家政權聯結成一種複雜的、富有變化又必須的三角關係，這在華北卻是見不到的。[25]

對於上述的種種複雜性質能有所了解，可用以評斷一名官員幹練與否的指標，也是國家用以維繫和社會所有聯繫的手段。

第三部分則以「書籍」為中心，檢視國家與非官方組織之間的互動關係。書籍是可攜行、供收藏的商品，它又不同於可消耗的農作物，人們接觸書籍，主要並不取決於擁有與否，而是由他們的教育程度、嗜好和機運來決定。書籍容易取得與否，表示讀者可以依照其各自的選擇進行閱讀，而不光只是讀國家為了尋求科考做官之人所準備的讀物。對於這樣雜亂無序的閱讀形勢，國家時常感到焦慮。官方對此的因應之道，採取一面出版、發行希望人們讀的書籍，另方面則將其不喜歡的書籍，從流通市場中剔除出去。明代官方同時採取這兩種策略，民間社會網絡因此而也產生了對策，其結果是國家雖然能夠出版、發行某些特定的書籍著作，而禁燬另外一些，但是卻始終無法完全掌控書籍出版——或者，就這一點而言，國家可能未嘗想過將控制書籍當作是應該經常執行的任務。

本書第五章對明代中葉官學藏書樓的建設加以檢視，顯示出國家力量和民間社會網絡同時都在製造與發行書籍，官學藏書樓裡的書櫥擺滿了二者所產製的著作，而後者在產製發行的數量與持續性上，都凌駕於前者之上。於是，在這些藏書樓裡，既收藏了國家不想讓生徒閱讀的書籍，也有想讓學生閱讀的著作。第六章考察了書籍控制的另一個面向，也就是出版審查制度。這一章裡涉及清代的部分要多過明代，因為清代的文獻較為豐富。本章包括兩個從明代起延伸至清代的長期案例，至少對我

25 Philip Huang, *The Peasant Family and Rural Development in the Yangzi Delta*, p. 40.

來說，這意味著明代並不是嚴格實施出版審查制度的國家。如果說清代是一個嚴格審查出版品的王朝，那麼其審查圖書的高峰是間歇出現的，而且是十八世紀幾位皇帝焦慮之下的產物。然而，書籍審查那個會使人產生誤解的名稱「文字獄」，其實只是商業出版者的推動促成加上刻意混淆而已，對所謂「文字獄」而言，出版業者的產出量實在太過龐大，以至於他們完全無法加以限制。官員們利用其在官僚體系的人脈關係禁燬書籍，但是出版業者和收藏家卻運用具有毛細管般滲透力的網絡進行反制，因而使得許多原來列入禁燬書目的著作，得以保存下來。

在下一個部分「寺院」也有類似上述的國家與社會之間的動態對抗關係。第七章檢視的是，洪武皇帝在他統治的後期，推行若干嚴厲的法規，用以削減佛教寺院的規模，並且打壓其在地方社會中的權力。許多新法規在洪武皇帝駕崩之後，由於遭遇到來自地方的強烈反彈，因而立即遭到廢除；其他的法規則於隨後透過談判而獲得修正，談判雙方分別是佛教的僧侶及其贊助人，以及朝廷與其在地方上的代表。打壓佛教的行動實質展開時，為我們提供了一個探究社會程序的大好良機。在代表國家的行政力量出現時，人們（不論是官員與否）都會藉由社會程序來積聚或分散權力，本朝開國皇帝施行的嚴酷統治，或許可以此證明國家有能力實行專制統治。可是這種專制統治為時非常短暫，很快的，國家就不得不與代表地方利益的一方進行談判，以保障那些符合朝廷控制地方策略的機構和作法。

在面對密集的社會網絡時，並不是只有國家力量才會去創造、支配公共權威，例如明代很多佛教寺院與那些有錢、有權勢的贊助人之間的關係便相當緊密。只要佛教教團及寺院不成為容納反對勢力的基地，不和朝廷爭奪權力，國家其實並不反對它們的存在。立場保守的朝廷官員，對於寺院具備如此危險的潛質，通常會抱持疑心。然而，正如本書第八章裡，在地方志中關於佛教寺院的記載所顯示的，佛教與其機構團體享有法律的認可保障，這一點限制了佛教在倫理道德和意識形態方面的對手，讓他們除了在文章著作當中譴責貶抑寺院之外，無法做出更激烈的舉動。在這一章裡我認為，佛教受到社會習俗與法律制度的充分保護，以至於在地方仕紳之中的儒家衛道人士無法號召各界將其剷除。他們的呼籲除了自己之外，也少有人聽從。無論地方仕紳能夠多麼強有力的操弄國家力量，地方社會格局的構建，其實和社群的界線、土地所有權、消費模式、讀寫識字的能力、商品的生產和交換、對宗教信仰的奉獻投入有關——此外還有其他多種因素，也與其息息相關。

在本書各章裡可以看出，如果不是直接從國家的角度去看問題，那麼在視線的邊緣處，存在著各式各樣國家力量尚未能夠控制掌握的空間，像是受到整併卻沒有關閉的寺院、遭到查禁卻仍然保存下來的著作，或者是栽種稻作之外的農作物，都是這類空間的表現形式。由下往上看，國家力量對於明代社會的控制，向來就不是整齊劃一的，往下延伸時也經常遭遇阻礙。當稅收或安全受到威脅時，國家體系與社會力量或許是對立的，但是這種對立模式不能用來作為對明代國家與社會關係的整體分析。比較好的分析方式，要從兩個簡單的認定開始，社會網絡構成了大部分人們的生活方式；除非在某些特殊時期，國家只能影響這些社會網絡，而不可能全盤加以改造。積極起來反抗，就社會與國家這兩個層面來說都是一種因應選項，其結果要不是阻撓國家政令的推行，就是擾亂社會網絡，這一點，在明代於基層頻繁爆發的暴動亂事可以作為證明；[26]但是這些權力網絡彼此之間互動的情形，比上述的衝突反抗更為普遍，上層如溼氣般往下滲透的影響力，不能確保能到達何處；而來自下層向上循小管道行毛細作用的因應，就社會改造國家的潛能而言，卻沒有極限。

當弘治皇帝透過國家體系俯瞰南昌府這起爭奪墓地的案件時，他將本案看作是國家體系的參與者犯下的一系列錯誤所致。作為體系的仲裁者，皇上此時必須介入，才能使其運作再次恢復正常。張應奇的先人骸骨應該葬在何處，不是皇帝要去特別注意的事情，這個問題就交由土地所有權來決定吧。然而張應奇卻有另外一種看法，濫用國家體系對他來說沒有好處，除非他可以利用國家體系來爭取自己的利益；他真正在乎的是那塊埋葬其先人的土地究竟歸誰所屬，以及透過葬禮傳達、加強的社會結盟關係或凝聚力。葬禮在社會進程之中有著重要的影響，它確認逝去的先人與在世者的關係，所以將祖先骸骨葬在正確的地點是對個人生活與家族繁衍至關緊要的事情。可是，在一般人的日常生活裡，土地的重要性幾乎和祖先的骸骨不分軒輊，王珍在意的正是這一點。儘管皇上親自過問案情這種事情令人瞠目結舌、極為罕見，但是既然這塊地是屬於王珍名下的財產，國家有義務為人民保障。明代政府和其他朝代一樣，保障財產分配的不均等和社會身分地位等級的落差，人們正是在每一次的政權更迭之後，藉由前述這兩者重新鞏固他們的地位。國家雖然承認喪禮在禮儀上的重要性，但是在更大程度上卻認為財產權較為優先，認為滿足禮儀的需求落在次要位置。

一旦弘治皇帝做出本案的懲處決定，張應奇試圖盜取王珍土地的事件便從皇帝眼前消失了，不再令他困擾。可是，張應奇和王珍兩個人之間的衝突卻未必得到解決；張應奇也許會在別的社會網絡關係裡發掘一些人脈，或是拉攏其他的團體來支持自己，把這場仗繼續打下去，直到如願以償為止。而王珍則可能擔心皇上的裁決不能一勞永逸地解決問題，他不能坐待張應奇回來找麻煩，所以也同樣必須在地方上的社會網絡、機關團體尋求庇護，防範下一次的進攻。之後發生了什麼事，我們無從得知，他們未能再次引起皇上或朝廷史官的注意，也沒有受到南昌地方志編纂者的關注。

他們的後人還是會繼續爭執下去，這一點明代的史家們心知肚明。近五世紀以來，巨大的政治、經濟變動，影響所及，使得中國人原來熟悉的「國家與社會」關係模式發生很大的變化。然而，儘管從前的政治和經濟環境已與現在大不相同，但是當時在社群內部爆發衝突的條件——資源的缺乏、緊張的社會競爭關係、以及回應態度有差異的政治系統——至今依舊存在，這並非是不可能的事情；而在一四九九年這齣爭奪墓地小戲碼裡參演者所採取的種種手段，對於今日中國捲入衝突紛爭的人們而言，也未必會覺得陌生。在中國這個「國家在社會之中」（state-in-society）的特殊網絡裡，過往的事蹟至今仍然陰魂不散、盤桓未去，我們的心魂最好不要重蹈覆轍，以免過去的事情又來邀請我們重新上演，使得他們當時的世界看起來竟和我們現今的如此類似。

關於史料的說明

朝廷史官們做的紀錄收於《實錄》，它對於掌握當時朝廷所關注、爭論的事物固然重要，卻也只

26 想要了解明代歷史當中的暴力因素，參見 David Robinson（魯大維），*Bandits, Eunuch and the Son of Heaven*, chapter 1.

是反映皇帝所聽、所言或選擇關注的事項記錄。這些卷帙浩繁的編年史料，雖然可被當作是查探國家介入地方層級事務的重要紀錄，不過其記載的內容通常僅限於國家行政官員想做或需要知道的事項。正因如此，對於探索明代人民如何在地方鄉里感受到國家力量存在的這一點，這些編年紀錄並不是最合適的原始史料。編纂者與地方社會的距離太過遙遠，而且大多是從朝廷的角度來記載事情。不過話又說回來，要不是中央政府一直追蹤這些事件的蛛絲馬跡，像是索求朝廷印製的書籍副本（我們在第五章將會看到），那麼今天我們也就無從得知這樣的要求曾經被送到北京。

地方志是分析國家與社會關係大部分層面最為詳盡、有效的材料，這些包含地理、行政以及傳記資料的摘要提綱，大部分都是在地方官的督導之下完成的。府縣地方志雖然不是官方的正式出版品，卻一定會詳細記載受命治理地方的官方機構、與其來往接觸的各團體，以及他們的活動內容。編纂者要收入什麼內容，必須由國家力量在地方的代表，也就是縣令做最後仲裁。就這點而論，地方志透露了很多地方對朝廷所頒中央政令的反應與施行情形。它們還提供了一扇窗口，讓我們觀察潛藏在國家體系運作之下，在社會裡流動的社會和文化變遷。所以，除了第六章的若干例外，地方志構成了本書研究的史料基礎。

我認為地方志尤其可以看作是典型的明代史料，儘管地方志這種體裁並不是明代才出現，[27]不過此時卻是地方志發展形成的重要時期，可能主持修志者，無不到處蒐讀一切能找到的地方志，以求自己在修志時，能夠在體例上更求增進、完善。[28]我們將會在第八章看到，地方志的發展過程持續到清代，還包括了修纂縣志的陸隴其於一六八六年（清康熙二十五年）所引發的若干爭論。方志這種文類之所以被誤認成是明代的產物，可能也是因為此時期方志開始大規模出版，使得大量的版本得以留存下來，將近有七千種明、清兩代的地方志保存至今。它們之中大多數是按照行政區域劃分的，如縣志、府志等；不過也有將近一千種地方志是以特殊的機構設施所在地編纂的，像是古剎；或是以風景名勝為主軸，例如名山。本書引用了大約三百種地方志，在全書後另外列出一份完整的參考書目。

地方志是撰寫地方史時的理想素材，因此我在第二章裡，就將地方志作為材料，寫出一部福建惠安縣的簡史。甚至，由於地方志的書寫格式具有一致性，因此研究者可以跨越地點和時間，就地方志上記載的資料，進行全國範圍的比較，可以考察全國性的趨勢。我在本書第一、第五和第七章，就使用地方志進行大範圍的比較。在這些大規模、大範圍的研究中間，還有地區性的研究，如本書的第三、第四、第八章。在第三章裡，我使用了長江下游兩個省分的地方志；第四、第八章則以現存的北直隸地方志為寫作的主要依據材料。

我的研究大量使用地方志，地方志也反過來影響了我。地方志的性質、收錄記載的內容、以及修纂者的關注興趣，都對我選擇的歷史題材、給自己設定的問題、還有採取的研究路徑，起到很大的作用。我應該要這麼說，如果不是這些地方志的內容正好涉及明代的國家與社會這個主題，這本書就不會有機會問世了。

---

27 關於地方志的早期歷史，參見本書作者的“Native Identity under Alien Rule: Local Gazetteers of the Yuan Dynasty”（〈外來統治下的本土認同：元代的方志〉）一文。

28 例如河南《歸德志》（一五四五年）的修纂者，在「法例」一節中表示（〈法例〉，頁二 a），之前的舊志在體例上極為凌亂，因此他在修新志時，只好取法別處的地方志。

第一部　空間

第一章 鄉治的空間組織

＊本章曾以〈明代地方行政的空間結構〉(The Spatial Structure of Ming Local Administraion)為題，刊登於《清史問題》(*Late Imperial China*)，六卷一期(一九八五年六月)，頁一～五十五。放入本書內容已有修改。

明代的國家行政，在組織結構上呈金字塔狀，向下延伸；金字塔的頂端是朝廷，基礎則是所有的百姓家戶。在中間銜接的行政單位是縣，縣令由朝廷任命，代表國家管理地方事務。[1]不過，民戶與縣衙之間並不是直接接觸，因為明代初年在這兩個層級之間，曾經精心設計了一套複雜的行政結構。這套結構以舊有前例為基礎，混雜了明代才開始運用的新元素，包含四項顯著清楚而又相互關聯的制度。第一項制度，將每個縣的行政地域空間再細分為鄉、鎮、區等不同的等級；第二項制度，以確保戶口與賦役為著眼，將民戶整合進里甲系統之中，並劃分秩序；第三項制度就是要求鄰里間守望相助、彼此監視的保甲系統。某些地方還有第四項設計，即鄉約制度。這些層級制度彼此並行，通常會相互重疊，一組制度的邊界和其他的界線疊合重複(replicating)。這種疊合促使單位間能整合成一個有活力、完整的行政管理機制，其結構在經過若干調整之後，到二十世紀仍然持續存在，而且昔日那些制度的界線，直到今天也還沒有完全消失。上述這些鄉治體系，共同建構出一個分層控管的金字塔結構，一方面有如漏斗狀向中央傳輸資源，另方面則維持地方秩序，並且監控一般民眾。這些系統不但落實了地方行政管理，更賦予明代國家力量干預地方的強力手段，其效率是之前歷朝各代無法望其項背的。所以，保持這些鄉治體系井然有序的運作，被認為是施行善政的要素，[2]並不只是因為它們為收集賦稅提供了可堪效法的空間所致。

早期關於地方行政的研究，其思路旨趣是要將國家派定的區域劃分與鄉里社會「實際」的界線疆域區分開來，以「人為」的社區對比「自然形成」的社群，用「行政區劃的村」對比「實際存在的、有歷史、社會淵源的村落」。[3]學者直覺地訴諸這種「國家與社會緊張對立」的概念，因而將「人為的／行政劃分」與「自然的／社會形成」對立起來，結果反而掩蓋了國家與社會間的互動關係。實際上，行政組織對於地方社群的形成確實有其影響，這種影響還可以追溯到數千年以前。由於中國的國家力量通常可以成功的在地方社群留下其統治模式的印記，因此想要找出一個從來沒有被捲入官方階級體制中，或被冠以官方要求使用的地名，如此的「自然」農業聚落是非常困難的。

另一方面，社會對國家的影響也是一樣。社會實體一直向上施壓，持續影響著國家，到後來甚至演變成國家體系。舉例來說，元代時的「社」到了明代時被視為行政單位，而明代的「村」在清代也成為官方使用的單位。而當國家力量重新調整其行政系統時，通常也會盡量維持現狀，不做太激烈的

1 宋代時，由於人口增長，促使國家行使政權的層級向下延伸，由縣取代了原來的府一級，成為最基層的政權單位。見 Robert Hartwell（郝若貝），*Demographic, Political, and Transformations of China*, p. 396.

2《徽州府志》（一五六六年），卷一，頁三十a。

3 例如梁方仲，〈明代糧長制度〉；鶴見尚弘，〈明代における鄉村支配〉，頁二七三，註一。

更動。重新劃定新的行政地理界線是一個危險的舉動，即使到了村這一層級也是如此。[4]孔飛力（Philip Kuhn）在論及清代時注意到地方行政體系、單位、界線的累積慣性，造就出一個「十個為一單位的層級體系與村落、跨聚落聯盟、宗族、市場社群等社會自然區分之間，緊密而長期持續的互動關係。」[5]社會群體塑造行政疆界，正如同行政疆界塑造了社會群體，二者的力道強度不分上下。

明朝的開國之君洪武皇帝（一三六八至一三九八年在位）刻意設計出里甲制度，意圖打破王朝遵循前代空間組織的慣例，然而很少有證據能顯示這個制度在地方層級的實際施行，能夠達到洪武事前預想的那種整齊一致。至於其他幾項鄉治制度，更缺乏證據表明，它們能將「自然」的聚落擠進「人為」的劃分之中。那些乍看之下像是國家施加在地方社會上的事情，近距離一看，卻發現其實更接近國家對於某些本來就存在事物的承認，等於容許現實的慣性壓倒堅持理想的力量。無論洪武皇帝有多麼盼望以鄉治體系進行除舊布新，他底下的官僚集團卻無法將現存的社會網絡整個廢棄，然後重新打造一個嶄新的結構。從十五世紀以降，鄉治體系面臨的主要挑戰是商業化和都市化，而不是國家力量的介入干涉。但是話又說回來，商業化與都市化帶來的影響，卻也要透過那些既經建立、長期存在的行政實務管道才能發揮作用。

散文家徐一夔（一三一八年至約一四〇〇年）曾經讚美與他同時代的君主——明代開國皇帝在土地行政管理上的功業。徐一夔稱許道，上由京師下至縣城，每一塊土地都能加以定位管理，此外更創設了里甲系統。用徐一夔的話來說就是：「今上初，天下大定，詔郡縣定版籍。」[6]這兩道系統加在一起，像是撒開了一張大網，將整個國家囊括到行政管理的網絡之中；同時，它們還代表各個空間單位被串連起來，等於把土地疆域編成了一張實體大地圖，使得普天之下都能受到國家力量的有效管理，並組建起用以維繫國家運作的訊息、資源、人事的流通管道。本章的研究主要聚焦於這兩項推行全國的制度，其次再討論保甲與鄉約體系，最後一項只於明代後半期時在部分地區施行。明代主管地方行政的官員認為，這些制度彼此相互關聯，但是在類型上卻是截然不同。[7]每一項制度都有其空間組織的原則，不過它們底下空間單位的界線，都可能與其他系統同一層級的單位邊界有所重疊，因此在空間上很難有所區分。這些制度形成的網絡，彼此交互關聯，其實際效應就是在地方層級達到高度的整合。這樣的整合效應或許有助於縣令對地方的治理，可是對歷史學者而言，就很難看出在表象的背後，究竟發生了什麼情況。我們的研究要進行的第一步，就是將這些重疊之處整理出來。除了各項制度在地方上的重疊使人困惑之外，明代的史料中，不同地區所用的術語也各有歧異。因此第二步要做的事情，就是要說明儘管明代的行政單位在各地區都有出入差異，卻仍然遵循一套可辨識的工作模式流程，當中所使用的行政語彙，在相當程度上維持一致。

---

4 宋代官員真德秀（一一七八～一二三五）在任泉州知府時，督導保甲制度的建立，但是對於強行劃定社群的行政界線，也感到猶豫不決。真德秀在此一議題上的奏議，可見伊佩霞（Patricia Ebrey）的英文翻譯：Ebrey, *Chinese Civilization: A Sourcebook*, p. 186.

5 Kuhn, "Local and Self- Government under the Republic," p. 259.

6 徐一夔，《始豐稿》，卷七，頁十六b。

7 《豐潤縣志》（一五七〇年），卷三，頁十五a。

為了達到上述這些目標，我將大部分國家出版公布的法規章程且先擱置在一邊，轉而依靠地方志裡實際運作的記載。大部分資料來自地方志記載行政或稅務的章節中，標題為「里甲」、「鄉里」、「鄉都」、「鄉約」、「坊里」或「保里」等的各個小節裡。大部分的地方志，都以縣令掛名修纂，而從許多例子看出，地方官員也確實在地方志的編輯和出版等事務上扮演積極的角色。而他們對於社會真實性的認定，則同時混雜著具體和抽象層面。在修纂地方志的時候，縣令仰仗地方實務。然而他們卻也經常不得不調整、修改資料，使得本縣的制度看來體現出國家的政策。這樣的雙重定位，或許會對我們的研究造成一些失真，因為地方志修纂者出於遵循官方治理模式的需求，會使得他們觀察地方行政體系的角度，更偏向注意正規秩序與規範，而不是從實務經驗當中獲得素材。不過這件事情本身卻也證明，即使地方行政實務已經偏離了官方模式，國家體系的官員們實際上仍然會使這些地方制度具備權威性。

鄉治制度

明代建國第三年年底時，轄有八百八十七個縣；到了明代末年，縣的數量增加到一千一百五十九個。[8] 對於供職於朝廷的官員來說，縣是國家官僚體系的最低層級。基層官員的任命只到縣級，由縣令來施行朝廷的政令。縣令在其轄境內，輪番坐在由八百八十七到一千一百五十九個縣構成的地方行政體系冰山之頂上；從政府更高的層級往下看，這些縣令幾乎是完全被淹沒了，但在縣令這個高度環顧四周，他卻是地方之首。

縣以下的行政層級單位，並不是放諸四海而皆準。在華中、華南各地的標準結構（參見下頁鄉治體系），縣以下設有三個層級：鄉、都、圖。行政體系較為簡略的結構，常見於華北和其他人口密度較低的地方，只設有鄉與圖兩個層級。在華中某些人口較為稠密的特定地區，採用的是更為細緻的結構——在鄉與都之間加入一個層級略低於鄉的「里」，因此形成四層行政體系。在不同的結構與地區之間，使用的術語也各有差別，特別是在華中、華南地方，與北方的差異更大。那些經我確認是「鄉」和「里」的行政單位，在中國地方行政實務之中，譜系淵遠流長。[9]這種用法極為深入人心，以至於到了宋朝時，「鄉里」一詞成為「某人的出身地」之意。[10]我使用英文的「township」來翻譯鄉村地方的「都」、城區的「坊」、「隅」，以及城郊地區的「廂」（廂字讀音為第一聲，和同樣發

8 八百八十七個縣這個數字出現在一三七一年（明太祖洪武三年）一月呈報朝廷的報告裡；參見《太祖實錄》，卷五九，頁二a；《明史》則列舉出一千一百五十九個縣，另外再加上二百二十五個州。州與縣的行政體系相同，參見《明史》，頁八八一～一二二一。在卷四十裡（頁八八二）這個數字略為降低，很可能是反映十六世紀時的統計數字。

9 「鄉」和「里」出現於戰國時代，東漢時開始廣泛設置，在宋代也很常看到。參見曾我部靜雄，《中國及び古代日本における鄉村形態の變遷》，頁二四～五八、一七五～一七六。

10 一一七〇年（宋孝宗乾道六年），陸游在入川遊歷的日記開篇寫道：「謀以夏初離鄉里」（見陸游，《入蜀記》，卷一，頁一a）。明代初年的類似敘述，可參見徐一夔，《始豐稿》，卷七，頁十七a；卷八，頁五b。明代後期的相似說法，參見《惠安政書》，卷二，頁九b。在華北，使用鄉里的情況並不多見，參見《長治縣志》（一五一三年），卷二，頁三三a。北方民眾更常將里甲單位的「里」，和行政區域單位的「社」聯用，稱為「里社」。見《諸城縣志》（一七六四年），卷三二，頁五a。

第一聲的「鄉」不同）。更下一個層級，我稱其為「圖」，這一術語也有南北差異，華北稱「社」或者是「屯」，南方則稱為「圖」。以下依照上到下的次序，由較高層級到較低層級列舉這些地方行政的小單位。

（一）鄉治體系

種類	層級	常見省分
標準結構	縣—鄉—都—圖	常見於福建、廣東、江西以及山西等省。
簡化結構	縣—鄉—都、社、屯	常見於廣西、河南、湖廣、北直隸、陝西及山東等省。
細緻結構	縣—鄉—里—都—圖	常見於南直隸、浙江。

（二）鄉

明代的鄉，[11]直接承繼宋、元以來的慣例。鄉是縣境之內最大的行政地域單位。除了明代建國初年，在華中和西南有少數地方沒有正式使用「鄉」以外（這就是為什麼，在頁四二表一之二裡，漳州府的最後一行是空白的），[12]這個行政區單位相當普遍。一個縣最多下轄二十個鄉，不過平均數大約在八個鄉左右。在唐代，「鄉」是人口統計上的名詞，而不是地區單位名稱，一個「鄉」約有五百戶人家，[13]但是這項計算基準於宋、元兩代時已經瓦解，當時縣之下的鄉數量大幅減少，因而使得每個鄉的人口大為增加。[14]到了明代，鄉已經徹底成為地域劃分的單位，不過人們還是希望每個鄉的人口大致能平均（從頁四二表一之一看來，情況確實如此）。在不同的縣，鄉的規模落差很大。表一之二顯示，鄉的規模從不到八百戶（如長沙府）到超過一萬五千戶（如松江府）都有。都市區域通常不在鄉的轄境之內。鄉就是農村地區，因此「鄉民」、「鄉俗」等詞，所指就是農村的居民與鄉村的習俗。

在很大程度上來說，鄉是一種過去事物的遺跡。鄉雖然經常作為縣以下的第一級賦稅單位，但是

---

11 幾乎所有這一層級的行政區劃都被稱為「鄉」。我只見過兩個案例，這二處地方的地名，稱「保」而不稱「鄉」：湖廣常寧縣（《衡州府志》，一五九三年，卷二，頁二三ａ）；河南省河南府近一半的縣（《河南府志》，一六九五年，卷四，頁七ａ～十七ｂ）。此外，還有一處是使用「井」的例子（耿橘《常熟縣水利全書》，卷三中，頁八ａ）。在某些環境底下，「鄉」也可能僅指一個小村莊，參見《高陽縣志》（一七三〇年），卷一，頁二六ｂ、《福州府志》（一六一三年），卷三，頁七ｂ～九ａ。

12 《嘉魚縣志》（一四四九年），卷一，頁十九ａ；《漳州府志》（一六一三年），卷二八，頁一ｂ～五ａ。

13 郝若貝（Robert Hartwell）從成書於唐元和年間（八〇六至八二〇年）的《元和郡縣圖志》裡取材，計算各府人口與鄉的總數，得出每個鄉的平均戶數接近五百的結論。見 Hartwell, "Demographic, Political, and Social Transformations of China," p. 435.

14 在浙江烏程縣，鄉的數量從唐代時的四十個減少到南宋的十一個，元代時再減為九個，參見《湖州府志》（一六四九年），卷二，頁一ａ～二ａ；南直隸無錫縣，唐代時有四十個鄉，到了南宋時則先後減少至二十七、二十二個，參見《泰伯梅里志》（一八九七年），卷一，頁二ａ；浙江寧波府鄞縣，鄉的數目於西元九九〇年時由原來的十八個增為十九個，然後在一〇七〇年代減少為十三個，一直到清代未有改變，參見《鄞縣志》（一七八八年），卷二，頁四ｂ。關於江西、福建兩省的例子，可以參見《安仁縣志》（一五四三年），卷二，頁二ａ；《福清縣志》（一七四七年），卷二，頁十七ａ。

表 1-1　山東安丘縣每鄉人口數（一五八九年）

鄉	戶數	人口數	圖的數量	每一圖平均人口
都市地區	788	2297	5	459
汶水鄉	2630	6608	24	275
臨淮鄉	2867	6823	26	262
安和鄉	3121	7497	29	259
仁順鄉	3380	7609	30	254
雹泉鄉	3420	8510	31	275
光宗鄉	2968	7423	29	256
總計	19174	46767	174	269
每鄉平均	3064	7412	28	

資料來源：《安丘縣志》，一五八九年，卷八，頁五五 b～五七 a。（註：縣志的編纂者提醒讀者，表中所載數字未必是真實人口數；這些數字至少是一個世紀以前、甚至可能是兩個世紀以前的數據。據資料顯示，晚明時期的山東，戶的規模較大，有一種資料提及山東平均每戶人口約為八人，這與表中前兩列數據呈現出的情況相違。）

表 1-2　五個府下轄各鄉治單位的平均戶數，一四九二至一六一二年

府	統計時間（西元年）	註冊戶數	每圖戶數	每都戶數	每里戶數	每鄉戶數
漳州府（福建）	1612	34917	139.6	529.0	無數據	
長沙府（湖廣）	1532	63801	191.6	無數據	無數據	787.7
建寧府（福建）	1492	124932	134.7	886.0	無數據	3203.4
饒州府（江西）	1502	162074	141.2	613.9	無數據	2532.4
松江府（南直隸）	1512	203826	144.0	1772.4	4076.5	15678.9
蘇州府（南直隸）	1506	582000	147.0	2425.0	無數據	7864.9

資料來源：《漳州府志》，一六一三年，卷八，頁十五 b～十六 b；《長沙府志》，一五三二年，卷三，頁三 a～二三 a；《建寧府志》，一四七三年，卷七，頁 4a-26b，卷九，頁 2b-6b；《饒州府志》，一五一一年，卷一，頁 7b-24a；《松江府志》，一五一二年，卷九，頁 14b-19b；《姑蘇志》，一五〇六年，卷十二，頁 1a-2a；卷十八，頁 1a-25b；《大明一統志》，卷八，頁 1b-2a。

它們唯一的正式用途是在新縣設立時，作為劃分界線之用。[15]在福建的一個縣，讓我們知道賦稅登記簿是由「鄉書」（鄉間書記員）保管，因為他們被發現會變造賦稅登記簿。[16]鄉或許還可以用以擔負非正式的行政工作，像是組建民團，[17]或是統籌水利工程。[18]在社會功能層面，鄉也是有意義的單位。舉例來說，小說家馮夢龍（一五七四－一六四六）於一六三七年（明崇禎十年）為壽寧縣編纂的志書裡提到，當地每年為媽祖舉行的中秋遶境活動，就是由鄉來組織籌辦的，他說「各鄉亦有社首」，所謂「社首」，也就是承辦活動的宗教性質社團「迎仙社」的負責主事者。[19]

15　一四三〇年，鳳鳴鄉由浙江嘉興府崇德縣分出，另設桐鄉縣。一四六九年，九龍鄉從福建漳州府龍岩縣分出，次年設漳平縣；一五一二年，萬春鄉由江西饒州府餘幹縣分出，置萬年縣（《明史》，頁一一〇四、一一三一、一一五八）。在後二個案例中，鄉升格為縣時，會另外撥入一些地區，增加其轄境。關於以鄉為基礎升格為縣的情形，參見 Leif Littrup, *Subbureaucratic Government in China in Ming Times*, p. 46. 當然，也有極少數的情況是一個縣由於人口減少而被廢置，降格為一個鄉。吳振棫的《養吉齋叢錄》當中，就提到清代初年四川的一個案例（頁三二〇）。

16　《寧化縣志》（一六八四年），卷三，頁五〇b。各鄉之間的稅率也存在著差異；例證可參見《寧波府志》（一五六〇年），卷十一，頁三a；《定海縣志》，卷八，頁三a～七a。

17　關於無錫縣的「土兵」，參見《天下郡國利病書》，冊七，頁五二a。至於福建漳浦縣剿匪的「鄉兵」，參見《鄞縣志》（一七八八年），卷十七，頁二六a。

18　寧波廣德湖沿岸各地，曾組織如下的水利工程：「洪武二十四年（一三九一），本縣耆民陳進建言水利。差官來董其事，於農隙之時，令七鄉食利之家，出力淘浚。」這一治水工程，日久淤塞，民眾反而利用這種淤積的情況，沿湖岸闢為淤田，結果妨礙了七鄉的農作水利灌溉。四十年以後，「下水王士華時以參政家居，因田其中；七鄉之民陳之監司，遂得中止。」見《寧波府志》（一五六〇年），卷五，頁十七b。

19　《壽寧待志》（一六三七年，一九八三年重刊），卷十三，頁十三。

（三）里

里的層級介於鄉與都之間，有時只有在細緻結構中才能見到；比起鄉，里的職能退化得更為顯著。從秦代開始，里就是鄉之下的主要分支，到了唐代以後，這種情形更為普遍，但是在南宋時，里開始失去其重要性，有些地區，每個鄉之中里的數目減到只剩一個。[20]隨著較低層級的單位在行政上的重要性愈發增加的同時，里或者降為下一級的都，或是升格到鄉的層級，而與後者合併。[21]其結果是，某些鄉可能將過去里的名稱保存下來。[22]在江南及東南一帶，鄉與里仍然留存了宋代時的模樣，但是卻越被看成是過往的痕跡。一份十六世紀浙江東南的文獻，就將「鄉里舊名」和「今編都圖」並舉對照。[23]浙江其他地區和南直隸的地方志，也仍然將「舊管里」單獨列成一門，為和「今定為都」者區別。[24]只有在不設置「鄉」的地方，「里」才顯出其重要性；也就是它們取代鄉的地位之時。[25]

（四）都

在標準的鄉治體系三層結構裡，「都」位在中間一層。[26]「都」在一〇七〇年代開始被地方行政管理體系使用，作為王安石「保甲法」的一部分。[27]到了十二世紀，在南方「都」已經完全融入鄉里制度之中，經常取代「里」，成為鄉之下的一個主要層級單位。[28]然而，直到元代以前，許多地方志都找不到使用「都」的相關紀錄。[29]到了明代，「都」作為鄉治體系的主要單位，在華中與南方隨處可見。不過，「都」在北方卻很少見，即便存在，通常也只是紙上文章。[30]明代的「都」遵循元代慣例，以數字排序，不另外命名。[31]諸如本書頁四八－四九的地圖，在圖上標示出各都，則是少見的例

20 《鄞縣志》（一七八八年），卷二，頁五 a。

21 在湖廣和福建，有少數幾個縣以里來取代原來的鄉，參見《廉州府志》（一六三七年），卷二，頁二一 a～二十 a；《寧化縣志》（一八六九年），卷一，頁五 b；《興國州志》（一五五四年），卷二，頁三十一 a。海瑞的著作也可以作為佐證。參見《海瑞集》，頁二〇四。里、鄉之間的關係，經常被混淆。在福州府所轄九個縣之中，有三個縣以「都」取代原有的「里」；有一個縣不設置「都」，只有「里」和「鄉」；另有三個縣不設「都」，但是在「里」之下設有「圖」；有一個縣，在每個鄉之下都只設有一個里，致使鄉與里最終合而為一；另外還有一個縣，「鄉」與「里」作為同一級的單位並存。在上述九個縣當中，只有福清縣具備清楚顯著的鄉、里、都三級行政體制運作。參見《福州府志》（一六一三年），卷三，頁六 b～三十一 a。

22 《吳縣志》（一六四二年），卷二，頁一 a～四 b；《金華縣志》（一五九八年），卷一，頁五 a～六 b；《古田縣志》（一六〇六年），卷三，頁四 b～七 a。

23 《台州府志》（一七二二年），卷三，頁五九 b。

24 《秀水縣志》（一六八五年），卷一，頁十 b；《衢州縣志》（一六二三年），卷一；《松江府志》（一五一二年），卷九。

25 福建漳平於一四七〇年（明成化六年）設縣是由鄰縣的一個里分出來獨立置縣的，這個縣在都一級上面只有五個里，之後於一次行政區重劃之後剩下四個里。這些「里」具備了必須的功能，因此能夠協調管理「圖」。四個里當中，有兩個擁有自己的辦公處所，也就是「公館」；而公館也是按照里的名稱命名的；參見《漳平縣志》（一九三五年），卷二，頁三 a。在福州府永福縣，為了因應鄧茂七起事後，因大肆殺戮所造成的人口銳減，「里」在一四四八年（正統十三年）被「都」取代；根據該縣地方志的記錄顯示，從一三八一年到一四五一年之間，在籍人口數大幅減少達百分之七十六，行政管理機構因此不得不進行重組；參見《永福縣志》（一六一二年），卷一，頁二、二八 b。儘管如此，該地一部修於一六一二年（萬曆四十年）的寺廟志卻提及：「都」與其前身「里」仍有關聯，意即表示後者於當時仍然被廣泛使用；參見《方廣岩志》（一六一二年），卷一，頁一 b。隔年修成的府志表明，舊時的「里」仍然出現在典籍之中，而毫無提及「都」（《福州府志》，一六一三年，卷三，頁二六 b～二八 a），這背後的意涵，要不是編纂者怠惰，著述時大率因襲前志，就是表明舊日的「里」在被正式廢除之後，仍然保持強韌的生命力。

26 顧炎武指出，使用「都」來稱呼一個地方，最早從周朝開始，見《日知錄》，卷二二，頁十三 b。其他同樣可以用來指稱「都」的詞彙，還有「保」（《姑蘇志》，一五〇六年，卷十八，頁十 a；《南陽府志》，一五七七年，卷二，頁九 a～十一 b）、「分」、「界」（《杭州府志》，一四七五年，卷二，頁四 a～八 b）等。

子。

一個鄉可以下轄一到十二個不等的「都」（平均大約為三個左右），每縣下轄的「都」，則從十到八十個左右（平均約在四十個上下）。這種數量上的起伏變化，都反映在表一之三、一之四（本書頁五二）上面。回頭去看表一之二，我們就可以看出：每個「都」內的註冊戶數，大概在五百戶到近兩千戶之間。五百到九百之間那三個較低的數字，所表述的是較正常的變動範圍，表示每個「都」的人口數，在四千到五千人之間。在宋代之後人口增長不多的地區，「都」以下不再細分為「圖」，每個都的人口數可能降至一千人以下（參見頁五三表一之五）。[32]「都」從明初以來即成為重要的地方行政單位，「鄉都」這個用法，開始和之前的「鄉里」一詞競逐指代「農村」的含意。[33]這一詞語之後在南方受到廣泛使用，[34]而到了晚明，「都」的身影甚至還偶然出現在北直隸，儘管北直隸很少設置都，而且從不以此為名。[35]晚明時，「都」這個詞已經完全進入一般人的生活用語之中，使得晚明的旅行家徐宏祖也在他的日記裡以「都」（某縣某都）來記載自己的行程。[36]

「都」尚且是縣級地方官員在組織稅務行政時所主要仰仗的單位。一三八七年（明洪武二十年），國子監生被派往地方，清查農業耕地，並且將調查結果彙集成冊，即所謂「魚鱗圖冊」，其名稱得自於每冊首頁地圖的形狀。而這些國子監生的工作，都是以「都」作為基礎開展的。[37]這種以「都」為單位、進行各縣的稅務行政工作的作法，可以在土地登記的編號排序系統上得到印證。「都」之內的小筆土地，各自擁有登記編號或其他系列的字號，在同一「都」內不會重複；下一個「都」的土地，則接著上一個編號繼續編列。[38]根據學者王文祿（一五〇三－一五八六）對當時浙江

27 《惠安縣志》（一九三六年），卷一，頁二〇a。

28 曾我部靜雄，《中國及び古代日本における鄉村形態の變遷》，頁一三〇、一七一～一八三；Brain McKnight, *Village and Bureaucracy in Southern Sung China*, p. 78.

29 《徽州府志》（一五〇二年），卷一，頁五一a～五五b；《泉州府志》（一六一三年），卷一，頁十九b。

30 《潞城縣志》（一六二五年），卷二，頁二六a。

31 「都」的編號按照以下的規則進行：同一個縣底下的各都，編號是連續的，距離縣城越遠的都，序號越大。不過，在極少數的情況中，編號排序會在各鄉分別進行，這時候如果要找出那些「都」，就不能只單稱編號，而必須稱某鄉某都了；例證可參見《定海縣志》（一五六三年），卷七，頁二四a。但是，休寧縣的情況則是一個例外；該縣於一三八六年設置的三十八個都「皆有名稱」。參見《休寧縣志》（一八一五年），卷一，頁七b。另外，根據《光孝寺志》的記載，廣州府若干縣分底下的都，似乎也有名稱（《光孝寺志》，一九三五年，卷五，頁一b～二a）。有時候，當一個里之下只有一個都時，「都」的名稱就附屬於「里」了。例證可參見《福清縣志》，卷二，圖十七b、圖一b～二a。

32 明代以前，在某些人口並不稠密的地區，「都」的規模可能相當的袖珍。元代時，福建崇安縣有五十個「都」，約五百戶人家，平均一個「都」只有十戶；不過，在這些人家當中，有若干是實際上掌控好幾個「都」土地的大宗族。參見《元史》，頁四三七三。

33 「鄉都」一詞曾在一三八一年朱元璋頒布的「里甲法」中使用過，參見高節，《後湖志》，卷四，頁一b。

34 《徽州府志》（一五六六年），卷一，頁四十b；《蘇州府志》（一六九二年），卷二七，頁四a。

35 《豐潤縣志》（一五七〇年），卷三，頁十五a。

36 徐宏祖，《徐霞客遊記》，頁六一、一一二、一三四、一六一。

37 川勝守，《中國封建國家の支配構造》，頁一九二。

38 《鄞縣志》（一七八八年），卷六，頁十二b～十四a。

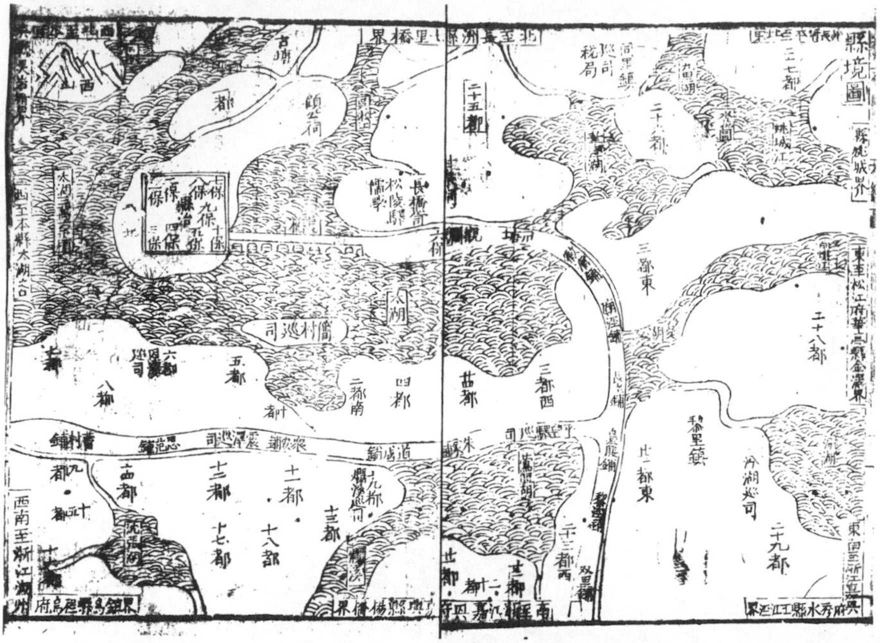

圖 1-1　蘇州府吳江縣治圖　繪製於一五四八年修纂縣志時。圖中，按照數字編號的「都」遍布於農村各地。左上角縣城裡標明編號排序的「保」也很特別。（資料來源：《吳江縣志》，一五六一年，總圖，頁一b～二a。）

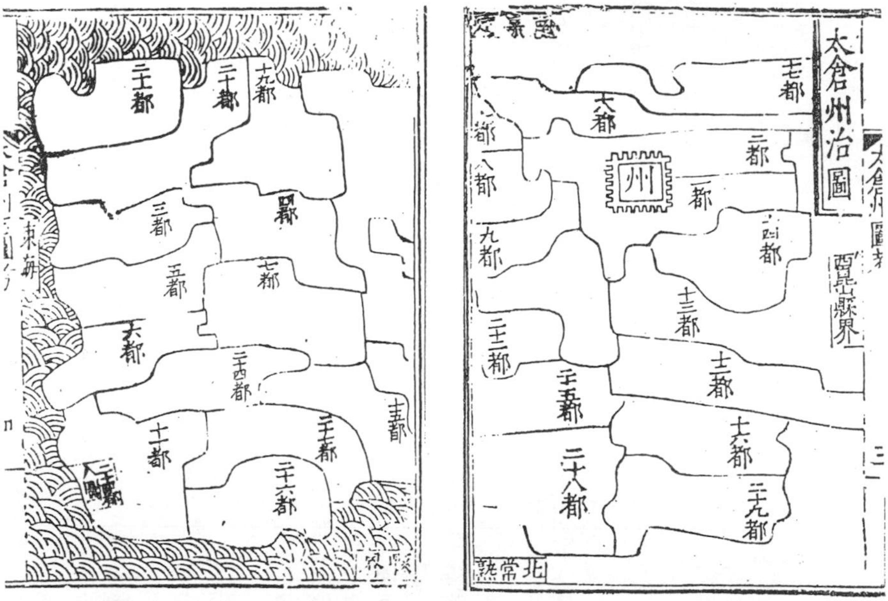

圖 1-2　太倉州治圖　圖中各「都」以數字編號，由一到二十九。在縣地圖上標明各都的界線，這一點更為罕見。（資料來源：《太倉志》，一五四八年，一六二九年重刊，圖考，頁三b～四a。）

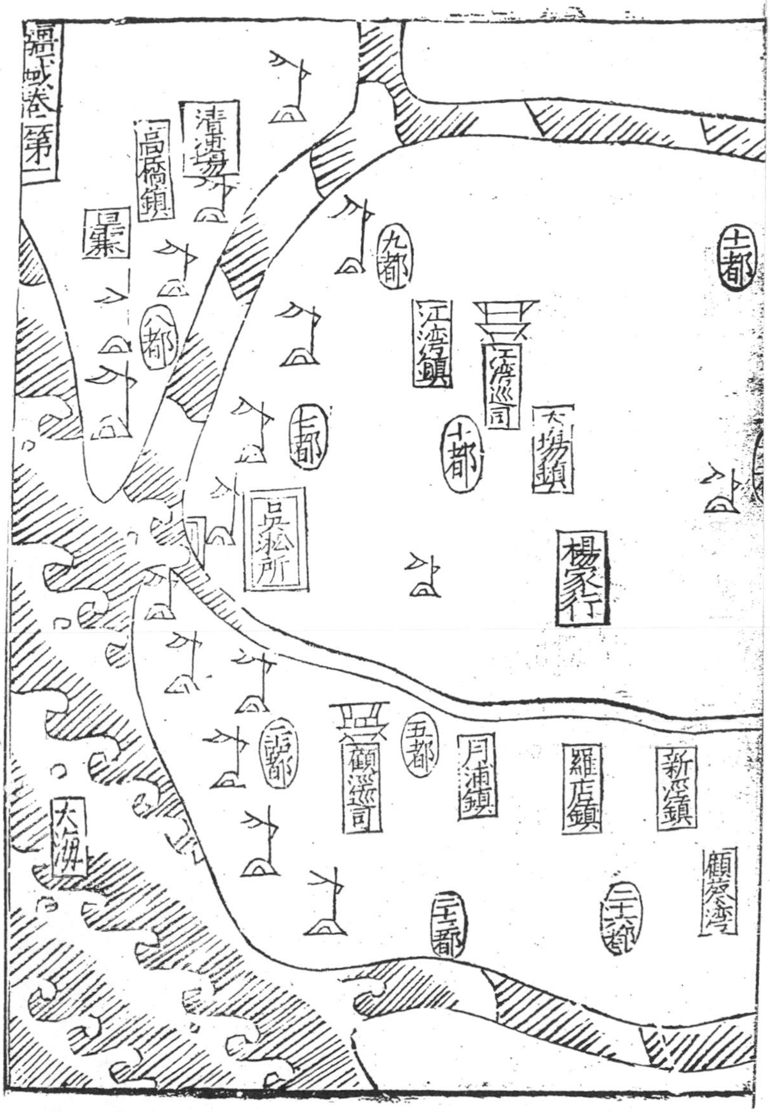

圖 1-3　嘉定縣海防圖　刊印於一五五八年（明嘉靖三十七年）的地方志中。各都以橢圓形表示，內註明序號；較大的居民聚落，則以長方形框格表示，內書地名。這幅地圖不尋常之處，在於東南方位於圖頂端，而左下方的長江出海口則標為「大海」。（資料來源：《嘉定縣志》，一五五八年，由南京大學圖書館惠予提供。）

海晏縣土地登記系統的一段記載描述，分配到登記編號的縣內耕地，均以「都」為單位進行編組，此舉不僅可以簡化縣衙的登記簿記手續，用意也在查明是否有人購買了自身所屬「都」以外的土地，而成了在外地主（如果出現這種情況，希望能以這種作法來阻止）。依照海晏縣土地買賣的程序，民眾如果購買自己「都」內的土地，就可以將土地登記編號從賣方轉到自己名下，從而釐清這塊土地的所有權。如果他所購買的是外「都」的土地，代表他必須將自己的戶籍附屬於賣方戶口底下。這種登記情況，沒有清楚載明購買者取得土地所有權，可以迫使一些有意購買外「都」土地的地主，在付諸行動以前，再三思量。當然，王文祿還補充說，這項規則實際上經常受到人們的蔑視和忽略。[39]

本朝的開國皇帝朱元璋，確立以「都」作為對應的行政單位，在華中及華南各地建立社倉，而若干縣分確實是以一「都」一社倉的比率進行設置；[40]他還要求每一個「都」均需興築用以舉行官方祭祀的祭壇。[41]在灌溉設施發達的長江下游地帶，「都」還可以作為協調水利工程的地方單位，十四世紀末，應天巡撫在頒行水車使用規範時，要求各村地方官員在都內遭遇緊急災難事故時，均需到場。[42]同一「都」內的地主，或許因為共同聚居的緣故而在一起集會。例如，一五八七年（明萬曆十五年）時，寧波城西郊慈谿縣的「五都鄉民」就聯合起來，抗議私占沿湖土地情事，當時有民眾占湖土地，將其改為圩田，卻妨礙了五都鄉民的農作水利供應。[43]而為了避免「都」成為民眾涉入地方公共建設工程以外其他事務的動員場所，明初規定村級官員不得擅離自己所在之都。

「都」塑造地方精英認同的力量，可以在福建同安縣的事例中得到印證。一四〇三年（明永樂元年）該縣於元代時設置的四十四個「都」被裁減為三十五個，九個遭裁滅的「都」，全都位在偏遠山區，被併入原先各自鄉內的其他「都」之中。然而六十七年後，有兩個位於山區、原先被裁撤的「都」，因為地方上的要求而重新設置。看來山區裡的地方精英認為，恢復他們早先被裁撤的行政區單位，有利於維持自身的地位，並且與平地仕紳們有所區別，不至於淪為平地精英的附庸。[44]

（五）圖

圖是鄉治體系中最小、層級也最低的單位。[45]在華中和華南設置「都」的地方，最基層的鄉治單

---

39 王文祿，《百陵學山》，卷二，頁八a。

40 《龍溪縣志》（一七六二年），卷三，頁八a。

41 《惠安政書》，卷二，頁十九a。

42 《吳江志》（一四八八年），卷五，頁二三b~二四a。

43 《杜白二湖全書》（一八〇五年），頁二八a。

44 《同安縣志》（一七九八年），卷四，頁一b。

45 片山剛在〈清代広東省珠江デルタの図甲制について〉（清末廣東省珠江三角洲的圖甲及其諸問題）一文中指出，在廣州府的若干地方，在「都」與圖之間還存在著別的行政單位，稱作「保」（頁五二）。舉例而言，一四五二年（景泰三年）南海縣將轄下四個都分出，另置順德縣時，這種「次都」（subtownship）就出現在新成立的順德縣。由於順德縣的「都」有效地扮演鄉的角色，因此需要在它們與鄉治體系最底層的圖之間，再設一個中間層的單位；參見《順德縣志》（一九九六年），頁八七。在福建，我還見過比圖更低階的鄉治單位，明代的漳平縣在圖之下還設有「社」；參見《漳平縣志》（一九三五年），卷一，頁二b。這或許是因為漳平縣是從其他縣的鄉分出而成立，原來的里升格為鄉，圖也因此升上一個層級，替代原來的里，所以才有「社」的設置。

表 1-3　標準結構中鄉治單位的分布：江西饒州府，一五〇二年

縣	鄱陽	餘干	樂平	浮梁	德興	安仁	總計
鄉	20	13	11	10	6	4	64
都	70	36	42	56	36	24	264
圖	337	208	295	102	118	78	1138
註冊戶數	47289	30182	41560	17660	11891	13492	162074
每圖戶數	140.3	145.1	140.9	173.1	100.8	173.0	142.4
平均數	每都有 4 圖 每鄉有 18 圖 每縣有 190 圖 每縣有 44 都 每縣有 11 鄉						

資料來源：《饒州府志》，一五一一年，卷一，頁七 b～二四 a；《大明一統志》，卷五十，頁一 b～二 a。

表 1-4　細緻結構中鄉治單位的分布：浙江台州府，十七世紀中葉

縣	臨海	黃岩	太平	寧海	天台	仙居	總計
城區（都、坊）	24	26	13	11	8	10	92
城區（隅）	7	6	2	2	2	2	21
圖	125	61	55	92	48	?	?
都	69	45	26	53	37	45	275
里	42	28	16	19	12	22	139
鄉	15	9	5	6	4	6	45
平均數	每縣有 93 圖 （農村）每鄉有 10 圖 （農村）每鄉有 2 都 每縣有 49 都 （農村）每鄉有 6 都 （農村）每縣有 8 鄉						

資料來源：《台州府志》，一七二二年，卷三，頁六〇b～七一 b。

表 1-5　惠安縣鄉治體系，一五七三年

鄉	里（名稱）	都（編號）	圖（編號）	戶數	人口	耕地（畝）
坊			1			
			2	139	916	5486
			3	120	689	8155
文質鄉	平康里	1		133	821	6175
		2		125	902	4425
	崇德里	5		125	661	10163
	祥符里	28		133	1020	5702
		29		139	1050	5981
	延壽里	30		157	1020	4105
		31		147	982	2571
	溫陵里	32		125	1054	2283
	安仁里	33		124	907	7265
		34	1	140	1025	6628
			2	151	960	5465
行滿鄉	民安里	19		140	772	4815
	長安里	20				
		21		124	1310	6160
	太康里	22		147	1248	2671
		23		143	1359	2093
		24		128	1162	4430
	守節里	25		128	1160	4589
		26		135	1201	5423
		27				
忠恕鄉	德音里	6		133	647	8321
		7	1			
			2	210	696	8426
		8	1			
			2	172	1088	3937
	光德里	9		124	879	2435
		10		152	987	5950
	待賢里	11				
	民蘇里	12		157	860	13105
		13				
信義鄉	歸化里	3		137	702	10240
		4				
	尊賢里	14		144	782	11293
		15				
	同信里	16				
		17				
	德信里	18		130	954	3483
總計	18／16	34／27	40／29	4062	28864	171775
每圖平均				140	995	5923

1. 說明：右側數來三行的空白格，代表那些里、都、圖，在明代初年時曾經存在，但是於一五七三年時已不復存在。總計欄裡以斜線分開的兩個數字，前者代表正式規定中的單位數，後者表示實際存在的單位數量。
2. 資料來源：葉春及，《惠安政書》，卷四，頁二 b 至卷六，頁三一 a；嘉慶《惠安縣志》，一八〇三年，一九三六年重刊，卷一，頁二〇b。

位便被稱為「圖」。[46]在北方，鄉治體系通常較為簡化，最基層的單位稱「社」或「屯」。[47]由於圖的界線和里甲制度中里的界線相同（見頁六一里甲體系），所以在南方與北方，圖通常也被用作「里」的同義詞，不過里和圖實際上是不同系統的構成部分，至少在整個十六世紀，當時的人已經認識到兩者之間的差別，繼而地方志的修纂者也都清楚這一點。

鄉治最基層單位的標準用語「圖」，還有「地圖」的意思；它是在南宋時才開始被用作行政單位的用語，源自於人們將應繳稅的土地繪製成圖，並將其插入各「都」或「保」的土地圖冊之中。[48]這樣一來，人們就能夠在土地登記簿冊上，標定並聲明自己所有土地的空間位置。「圖」這個字在此經常寫作「啚」，也就是去掉外面三筆劃的「口」，以便和指稱地圖的「圖」有所區別。[49]由於「圖」起源於南宋，因此在北方並不使用。[50]在北方，本地人聚居的區域稱為「社」，而洪武年間被朝廷強制移民的聚落，則稱作「屯」。[51]「社」是元代北方最主要的鄉治單位，名義上五十戶為一社，但是實質上並不嚴格遵循這個數目。[52]「屯」則最晚從漢代開始，一直是軍事或農業墾殖移民的單位名稱。到了晚明，「社」與「屯」之間的差別大多已被忽略，只剩下一個顯著的不同之處：城裡的單位很少稱「屯」，通常稱「社」，而農村地區則是「社」與「屯」並用並存。

一個縣少則可能只有十幾個「圖」，但是大多數的縣卻都下轄數百個圖之多。松江府下轄各縣擁有「圖」的數量尤其罕見，華亭縣在明代中葉擁有八百零一個「圖」，而上海縣則有六百一十四個。[53]決定一個縣裡「圖」數量變動的因素，自然是該縣的人口，因為圖的界線是按照里甲進行劃分的。可是，由多少個「圖」合組成更高一級的行政單位，卻沒有固定的模式可供遵循。一個鄉可能會

46 在華中的若干地方，也可以找到名稱變化為「保」的例子，參見《徽州府志》（一五〇二年），卷一，頁五b；宋濂，《宋學士全集》，卷三三，頁六七a。

47 在華北鄉治最底層單位的其他名稱還有「莊」、「保」（《兗州府志》，一五九六年，卷二，頁二五a；《內鄉縣志》，一四八五年，卷一，頁三a）。鄉治最底層在南方稱「圖」，在北方叫「社」，這種南北用語上的差異，使蕭公權提出以下的假設。「圖」和「都」是在中央政府無法將其地方行政秩序施行於南方的情形下，保留在南方各省的古代用語（Hsiao, *Rural China*, p. 548）。但是這種認為南方自行其是的設想過於浪漫，比較合理的解釋，應該是這些術語開始經常使用之時，正值南宋時期南北政治分立對峙。

48 《海鹽縣圖經》（一六二四年），卷一，頁二九b。同樣的符號邏輯，還出現在其他較不常用的術語之中。比方說，在江南，「圖」也被稱為「冊」；參見《嘉善縣志》（一八九四年），卷十，頁四二a。同樣的，「都」還可以再被下分為「扇」。參見《吳縣志》（一六四二年），卷二，頁二a。

49 這種作法會使人們誤以為「啚」是粗鄙的「鄙」字的俗體。「鄙」和「圖」的字形相近，差別只在「鄙」字的外圍沒有「囗」字根，而是在右邊加了「阝」旁。相關例子可參見《佛山忠義鄉志》（一九二一年），卷四，頁四b～五a。在《周禮》中，「鄙」是一個轄有五百戶的行政單位，五鄙組成一縣（Hsiao, *Rural China*, p. 26）。不過，除去想為「鄙」字在上古經典中尋找淵源的熱誠，「圖」和「鄙」這兩個字，在語源學上找不到任何相關聯的地方。顧炎武就認為，這種邏輯似是而非，元代時開始使用的「圖」實際上和「鄙」沒有任何關係（曾我部靜雄，《中國及び古代日本における鄉村形態の變遷》，頁二三〇）。但是即使如此，出版顧氏著作的業者卻更偏好使用「啚」這個寫法（例如：《日知錄集釋》，卷二二，頁十七a）。很多地方志修纂者在看到「啚」字應該唸做「鄙」，卻從通俗讀法念成「圖」的情況後，就會使用同一字根部首下別的字，以避免這種模稜兩可的問題。

50 宛平縣是一個值得注意的例外。該縣的轄境範圍，包括北京的西城。由於這裡是中央政府所在地，情況特殊，因此有若干獨特的鄉治建置，在本縣之中一個城內的社、四個農村的社或屯之下，設有兩到三個「圖」。見沈榜，《宛署雜記》，頁十三～十四。

51 《薊州志》（一五二四年），頁三二a；《灤志》（一六一八年），卷四，頁四a。

52 松本善海，《中国村落制度の史的研究》，頁九四；曾我部靜雄，《中國及び古代日本における鄉村形態の變遷》，頁一九七。

53 《松江府志》（一五一二年），卷九，頁十四b～十九b。

有十個、二十個乃至更多的圖，而在北方人煙稀少之地，有些鄉卻只有一個圖。[54]鄉以下的行政層級也是同樣的情形——「都」下轄「圖」的數量差異相當大。在福建和湖廣，很多「都」下面只有一個「圖」；[55]而在南直隸的某些府，每個「都」下的「圖」卻多達近二十個。[56]比較常態的情況是，每個「都」下有三到四個「圖」。

由於「都」無論在南方或北方都與里甲體系中的「里」有密切關聯，因此它在規模上應該略大於里甲制所規定的一百一十戶，擁有的人口數多達將近一千人。[57]表一之二中每圖的平均戶數證實了這一點，顯示每圖平均戶數變動很小，最低是建寧府的一百三十五戶，最多則是蘇州府的一百四十七戶，至於長沙府的情況則是例外（該府每圖有一百九十二戶的數據，或許是受到湖廣邊遠地區人口統計數字的影響）。十六世紀晚期的福建惠安，擁有相當完備的戶口調查統計數字（本書第二章的研究主題），可以提供我們一個案例，說明每「圖」的人口數在六百四十七人到一千三百五十九人之間。惠安縣的例子還可以說明，至少在福建沿海，每個「圖」擁有兩千至一萬三千畝的耕地（見頁五三表一之五）。而另一方面，在浙江沿海，同時期的海鹽縣每「圖」擁有的平均耕地卻低於一千六百畝。[58]海鹽縣每戶擁有的耕地不到十五畝，相較於惠安縣農民每戶平均擁有四十二畝地，海鹽縣的農民真是在生存線上掙扎生活。[59]蘇州府長洲縣轄下兩個「圖」的魚鱗圖冊顯示，這兩個「圖」的耕地各自為二千八百六十八與三千畝。[60]如此，我們大概可以粗略認定，華南每個「圖」約有一千人口，以及數千畝的耕地。

到了本朝晚年，大部分的縣所轄「圖」的數量都少於開國之初。由於「圖」與里甲系統的里可以畫上等號，這就表示從十五世紀中葉起，隨著人們逃避戶役登記而導致里的數目減少，進而造成「圖」的數量降低。實際上，各縣都對轄下的「圖」進行過至少一次的重整。[61]由於「圖」都是在「都」裡進行連續編號，而在調整之後卻沒有重新編號，我們因此就有可能重建若干縣分裡「圖」的

54《歸德府志》（一七五三年），卷九，頁一a～十b。

55關於湖廣的例子，可以參見《安化縣志》（一五四三年），卷二，頁二a；《瀏陽縣志》（一五六一年），卷一，頁二a；《湘潭縣志》（一五五四年），卷二，頁十五a；《湘陰縣志》（一五五四年），卷二，頁八b。

56《姑蘇志》（一五〇六年），卷十八，頁一a～二五b。

57當人口數無法組成一個完整的里時，按照規定官員可以設立「半圖」，由四十到七十戶組成；例子可以參見《安邱縣志》（一五八九年），卷八，頁五二b。在一些少見的情況當中，當更高層級的行政單位（例如鄉）的界線，正好把一個常規的「圖」切開時，也可以設置「半圖」，從而導致上、下兩個「半圖」的情況；參見《台州府志》（一七二二年），卷三，頁六五b。在明代初年，主事者避免「半圖」的情況出現，而到了十六世紀時，在那些未曾設置「半圖」的縣分，也很少使用這種單位。不過，行事作風向來特立獨行的海瑞，為這個大致上的趨勢提供了一個例外：他於一五六二至六四年擔任江西興國知縣期間，為了恢復幾個幾近廢棄的「圖」，而創設了好幾個「半里」；見《海瑞集》，頁二〇六。

58王文祿，《百陵學山》，卷二，頁八a。

59鶴見尚弘在他關於十七世紀蘇州魚鱗圖冊的研究（〈再び康熙十五年丈量の蘇州府長州県魚鱗図冊に関する田土統計的考察〉，第二部分，頁四二八）當中指出，一個江南農戶之家要維持最低生活，需要十到二十畝的土地。

60鶴見尚弘，《清初，蘇州府の魚鱗冊に関する一考察》，頁五；鶴見尚弘，〈再び康熙十五年丈量の蘇州府長州県魚鱗図冊に関する田土統計的考察〉，第一部分，頁三一七。

61海瑞就曾記錄道：他曾經致力於扭轉興國縣轄下「圖」萎縮的情況，見《海瑞集》，頁二〇六。

合併過程。不過，里的數量減少，也可能會打亂原先里和「圖」之間的對應排列，河南臨漳縣就是一個明顯的例子。該縣在十五、十六世紀交會的前後轄有十七個里，但是卻有二十二個「圖」（八個社，十四個屯）。[62]

「圖」是土地登記的最低一級單位。每個「圖」都有自己的魚鱗圖冊，記載「圖」裡的每一塊土地，並且標上連續編號。縣署衙門頒發的土地所有權狀、土地稅徵收單據，也遵照著都、圖、土地編號這樣的辨識系統。十七世紀時一部教導知縣施政為官的手冊，其作者建議，欲防止詐取土地的最好辦法，就是「每遇編造，某都某圖人田，必開東西四至。」[63]可是，一位十六世紀末期北京的一名地方官員卻認為，「俾以一縣之地實一縣之圖」，已經成為施政者難以實現的夢想。[64]除了建構土地秩序之外，「圖」作為地方基層行政單位，還有一項重要功用，就是確認戶口。[65]到了明代中葉，賦稅勞役的徵派是交由「圖」來進行的；而重新編修里甲簿冊的業務，也是由「圖」承擔，並不是交給里來進行。[66]

城區與郊區的行政單位

鄉治體系既在農村地區發展，也延伸到城鎮之中。城鎮裡的鄉治層級似乎較為簡單，最多不過兩級。例如鄉是農村地區典型的鄉治單位，通常在城鎮地區找不到。[67]城鎮裡的「廂」、「坊」可以作為縣境內的一個或多個「都」直接編號，[68]但是更普遍的作法是，將城區裡的鄉治單位單獨分出、獨立編號，並且使用不同的術語命名。這些城區裡的「都」通常被稱作「坊」，這個用來指稱城區基層

行政單位的詞有悠久的歷史，至少可以追溯到六世紀之時。[69]另一個頗為普遍的代稱是「隅」，宋、

62《臨漳縣志》（一五〇六年），卷二，頁六a～八a。另外還有一些例子：嘉靖年間，南直隸吳江縣的二個都，北半邊共有十二個「圖」，但卻有十五個里，見《吳江縣志》（一五六一年），卷十，頁三a；萬曆年間，浙江仙居縣的六個鄉，當中有五個其轄下里的總數少於「圖」，但是剩下的第六個鄉其里卻超過「圖」的總數。見《仙居縣志》（一六一二年），卷一，頁二a～二b。

63 黃六鴻，《福惠全書》，卷二十，頁八a。

64 沈榜，《宛署雜記》，頁十五。

65《壽寧待志》（一九八三年），頁十三；海瑞《海瑞集》，頁五九。

66《孝宗實錄》，卷一五八，頁四a。

67 有少數縣城與府治所在地設有鄉一級的單位，參見《姑蘇志》（一五〇六年），卷十八，頁一b、六b；《餘杭縣志》（一八〇八年），卷三，頁一b；《兗州府志》（一六一三年），卷三，頁二八a；《歸德府志》（一七五三年），卷九，頁七a；牟復禮也提及城鎮地區的「坊」和「廂」，認為它們在行政職能上等同於農村地區的鄉（Frederick Mote, "The Transformation of Nanking, 1350-1400," p. 146）。但是此說只有在將城市內與郊區的「坊」、「廂」全部考慮在內，才算站得住腳。

68《饒州府志》（一五一一年），卷一，頁十七b。

69 關於「坊」一詞的歷史，參見曾我部靜雄，《中國及び古代日本における鄉村形態の變遷》，頁四二六～四二七。華中地方另有不同的用詞，稱為「保」、「關」；參見《古田縣志》（一六〇六年），卷三，頁四a；《徽州府志》（一五六六年），卷一，頁三二a。極罕見的例子是使用「社」，參見《南昌府志》（一五八八年），卷五，頁一a。

元時期的東南沿海，在東南沿海將一座城分為四個「隅」，明代仍舊因襲這項作法。[70]明代有許多地方將「坊」和「隅」聯起來成了「坊隅」，用來指稱縣城；[71]還有一個詞彙是「坊廂」，就是將原來分別指城區的「坊」和郊區的「廂」組合起來。「廂」指的是緊靠城牆外的地方。[72]儘管「廂」一詞曾經在唐代都市管理的設置中出現過，不過這個詞語首次作為鄉治單位的名稱使用，則是在華南一帶，那時已到了南宋後期。[73]在華中，「隅」這一詞偶爾也會指郊區地方，有種說法稱這樣的用法起於元代。[74]

原則上，城區與城郊的「坊」和「廂」，其戶籍人口應該和鄉村的「都」一樣多。在浙江嘉興縣城，情況確實如此，該城在一五八〇年代中期分為九個「坊」，在籍戶口共有六千九百五十戶。[75]按照這個戶口數來看，每「坊」應該有七百七十三戶，大約位居在農村地區「都」戶口數五百到九百戶範圍的中間。但是，這個統計數字太過一廂情願，官方的統計數字總是遠遠低於實際的居民人數，因此城區每「坊」的戶口數，很可能超過一千。城區裡的「坊」通常都只有一個「圖」，這種傾向或許反映出想要持續維持對城區居民人數的精確掌握，實際上相當困難。到了十五世紀，很少有地方官會嘗試在城裡設置新的「圖」，結果是隨著城鎮人口的增長，各「圖」的人口也在增加，而「圖」的數量卻依舊如故。華南的地方施政官員在有需要增設地方行政單位時，也傾向在城郊設「圖」以因應人口的增長，而不在城區裡增設。在華北，由於人口成長較緩，城郊擴展程度不大，不需要在城郊設置新「圖」；在少數情況裡，為了因應城區人口成長帶來的壓力，不得不設立新「圖」時，大部分仍然會設於城牆之內。[76]

（一）里甲體系

里甲體系將每個平民百姓納入這個由朝廷到各戶的管理階層架構之中。它起初宣稱的目的，即是組織民戶，以服公家勞役。按照明朝開國皇帝朱元璋的構想，里甲這種強加於民戶的社群安排，可以作為從事其他社會活動的基層單位，例如地方社區的宗教儀式、啟蒙教育等，當中包括了訓練孩童背

70 《建寧府志》（一四九三年），卷四，頁七a；《羅川志》（一五四五年），卷二，頁三八b；「隅」最初的意思是指防火災的消防隊，南宋之時每座縣城裡按規定應該有四支這樣的消防隊（曾我部靜雄《中國及び古代日本における鄉村形態の變遷》，頁四八〇）。「隅」一詞也使用在山東一帶，參見《兗州府志》（一五九六年），卷二，頁十三a～二一a；《諸城縣志》（一七六四年），卷九，頁一a；《汶上縣志》（一七一七年），卷二，頁十三a。「隅」在元代所訂立的界線，在明初有時會受到改動，不過它們的名稱都照原樣保留下來了，例證參見《瑞安縣志》（一五五五年），卷一，頁四a～五a；卷三，頁十九b。

71 舉例來說，「坊隅」一詞，曾經出現在福建德化縣一五五一至一五五五年（嘉靖二十九至三十四年）間的土地買賣契約文書上，表明賣主是城內居民。見傅衣凌，〈論明清時代福建土地買賣中的「銀主」〉，頁二。

72 在非常罕見的情形下，位於城區內也稱為廂，見《武進陽湖縣志》（一八八六年），卷一，頁十b。

73 曾我部靜雄，《中國及び古代日本における鄉村形態の變遷》，頁四五一～四六三、四九〇。

74 《仁和縣志》（一六八七年），卷一，頁十三b；《錢塘縣志》（一七一八年），卷三，頁六b；用來指稱郊區的詞彙還有「關」，見《金華區志》（一五九八年），卷一，頁五b；《潞城縣志》（一六二五年），卷二，頁二七a；《河南府志》（一六九五年），卷四，頁七a；以及「界」，見《金華區志》（一五九八年），卷一，頁五b；《鄞縣志》（一七八八年），卷二，頁六a。

75 《嘉興縣志》（一九〇九年），卷三二，頁三八a。

76 《元氏縣志》（一六四二年），卷一，頁二二a。

誦皇上御製的《大誥》；對此，朱元璋始終懷抱著期望。[77]到了一三八一年（明洪武十四年），這套體系幾乎在全國各地都建立起來，[78]它不僅有效地攤派賦稅義務，更靠著將民戶整合編組成固定的戶籍行政單位，使得地方社會至少在理論上更容易受到國家的全面監督。里甲以十戶為一單位，將民戶編組成一系列相互連結的組織單位，背後有著幾千年來以五戶、十戶作為一個單位、編戶齊民的悠久歷史傳統。[79]朱元璋身邊的謀臣策士，想必以王安石的保甲系統為設計的原型；而洪武皇帝自己在軍事上按照衛、千戶、百戶所組成的衛所制度，則是更為直接的靈感來源。早在朱元璋將平民編組成規模相近的單位之前，衛所制度在一三六〇年代就已經建置妥當了。[80]對一位希冀自己的臣民像士兵一樣恪守紀律、勤奮努力的君王來說，將衛所制度施用在平民百姓身上是很自然的事情。

（二）里和甲

英格蘭的中世紀歷史，為英文提供了兩個意思相近的字彙，來對應里甲制度中「里」和「甲」這兩個行政區單位，分別是「百戶邑」（hundred）對應「里」，而「十戶區」（tithing）對應「甲」。[81]十戶編為一甲，甲首由各戶輪流擔任。甲之上的里則是由十個甲，另外再加上被稱作「里長」的十戶所組成，里長這個職務，便由這額外的十戶輪流出任。在城區的里稱為「坊」，在城郊則使用郊區體系的語言習慣，叫做「廂」。[82]里的事務也由被稱為「里老」的人來管理，但是對於「里老」一職的界定，卻並不清楚。

「里甲」中的「里」和前文之中「鄉」以下的行政層級「里」使用的是同一個字。它們的來源相同，在西晉和唐代，一個里為百戶所組成；宋、元兩代並未對里的人口施加限制，任憑里的規模不斷擴張，但是與此同時，它組織農村社會的重要性卻為之降低。當大明開國皇帝下詔，以一百一十戶民

77 明洪武八年（一三七五），朱元璋準備在每一百戶人家裡便設立一所社學；而在山東，此種舉措的最初緣起，乃是元朝以每五十戶編成一個學區的構想（見 Littrup, *Subbureaucratic Government*, p. 171.），儘管幾年之後，朱元璋不得不下令取消這個計畫，但洪武皇帝仍舊認為這是一個良方，希望能夠重新加以推行。舉例來說，他提到每個里的塾師，應該每三年就帶上他的學生赴京應考，背誦《大誥》，參見《太祖實錄》，卷二一四，頁二ａ。正統十二年（一四四七），朝廷再次重申教讀《大誥》為地方牧民官員首要之務，不過在諭令之中卻沒有提及里甲制度。參見《英宗實錄》，卷三七，頁三ａ。到了萬曆年間，像海瑞、呂坤這樣有志於復興社學的官員，他們規定每數百戶中要設立一所學校。關於里甲體系在地方社區祭祀儀式當中的運用及操作，參見 Michael Szonyi（宋怡明），*Practicing Kinship: Lineage and Descent in the Late Imperial China*, pp. 175-190.

78 明代初年，徐一夔提及某些山區「非尋常編戶之所能專」，也就是說，這些地方是不設里甲的。見《始豐稿》，卷十一，頁二ａ。

79 Mark Lewis（陸威儀），*Sanctioned Violence in Early China*, pp. 61-64.

80 一個百戶所編有一百人（後來增加到一百一十二人），一個千戶所下有十個百戶；一個衛有五個千戶所。

81 「百戶邑」（hundred）原來是十世紀時英格蘭郡（shire）之下的次級行政單位。至少在南部，百戶邑是以戶口和土地為基礎建構起來的。百戶邑之下又可以分成若干個「十戶區」（tithing）。百戶邑負責維護治安，逮捕罪犯；十戶區則相互監視彼此的行為。這些行政單位也起源於軍事制度，在盎格魯薩克森（Anglo-Saxon）時代後期，它們的功能是確保公共安全，以及維持司法運作。參見 Bruce Lyon, *A Constitutional and Legal History of Medieval England*, pp. 66-68. 到了十一世紀時，百戶邑主要是財稅行政的單位；作為郡（county）和牧區（parish）之間的行政單位，百戶邑的存在一直延續到近代早期。

82 趙官，《後湖志》，卷四，頁一ｂ。洪武十四年夏，禮部重申，里甲之制同樣適用於坊和廂。見《太祖實錄》，卷二〇三，頁五ａ～五ｂ。

家組成一個「里」時，他其實忽略了「里」的現實發展情況，卻回溯唐代的典章制度作為設計的基礎。在現實世界裡，「里」和「圖」是相同的，因此「圖」作為一個地方行政單位，通常要擔負起里甲制度裡關於賦稅的各項義務。「甲」倒是沒有那麼源遠流長，讓人肅然起敬的歷史緣起。「甲」這個詞作為「保甲」制度下的行政單位，最早出現於十一世紀，每甲下轄十到三十戶不等。之後，它間或被用來作為小規模編組戶口，一直到十三世紀時才作為「里」或「都」的下一級行政單位，廣泛運用在南方地區。[83]儘管「里」是研究里甲制度時關注的對象，但「甲」才是其組成的根本要件。當時的人便強調，如果作為基礎根本的「甲」不安定，想要「里」得以順暢運作，無異是緣木求魚，這就是所謂「丁逃累戶，戶逃累甲，甲逃累里。」[84]「甲」以一到十作為編號；「里」也有編號，有時候是以全縣為範圍順序編號，而更常見的情況，則是和與里轄區重疊的「圖」一樣，在各個「都」裡各自進行編號。[85]很偶然的情況下，里還擁有自己的名稱。[86]

根據一四六一年（明天順五年）頒布的一項統計，全國在里甲制度下共有六萬四千八百五十四點五個里；之後於一六六〇年代所做的統計則顯示，當時全國的里總數為六萬八千九百二十九點五個，[87]「里」在明代的發展和縣不同。明代時，隨著人口及行政管理的複雜程度逐漸提高，縣的設置數量也為之成長；但是「里」的數量，卻因為民眾逃避賦稅、以及賦稅由原來的戶口轉向土地徵收，而緩慢地減少。在明代初期，里的分布狀態與人口密度相關，於是人口稠密的長江下游，也就是在南直隸的東南部、浙江的北部之間地帶，就成為里數量最多的區域（參見頁六六表一之六）。每縣設置里比例最低的地區，則位於偏遠的西南地方，該地區的貴州，每個縣平均只有二點五個里。在上述這兩個極端之間，每個縣設置里的比例，則以江南為中心，呈同心圓狀向外擴散遞減。

雖然按照規定，每個里應該以一百一十戶組成，但是在實際上，里的規模並不一致。里所轄戶數低於法定一百一十戶的例子不是沒有，但是通常的情況要比這個數字超出許多。多出的戶數被列入「帶管戶」一項，而那些因為過於貧窮、無法負起里甲賦役的人家也被附加進來，稱為「畸零戶」；這部分說明了為什麼每個「圖」的平均戶數大約會落在一百四十戶左右。[88]里的管區每隔十年應該要重新調查一次，以保持各里之間的均衡態勢，並將調查結果寫入黃冊。朝廷要求各縣的知縣每隔十年、也就是「大造」之年時，呈繳其轄境內的戶口黃冊。黃冊最早修纂於一三八一年（明洪武十四

83 McKnight, *Village and Bureaucracy*, pp. 35, 40；曾我部靜雄，《中國及び古代日本における鄉村形態の變遷》，頁一五七、一七五～一七六。

84 引自清初的一份奏疏，見《宜川縣志》（一七五三年），卷八，頁十一b。宜川縣在里之下沒有甲的設置，這是我所見到的唯一一個案例。

85 《定海縣志》（一五六三年），卷七，頁二四a。

86 《宜川縣志》（一七五三年），卷一，頁十九a～二一a。

87 《大明一統志》；顧祖禹，《讀史方隅紀要》；轉引自梁方仲，《中國歷代戶口、田地、田賦統計》，頁二〇八。

88 與郝若貝的論點（Robert Hartwell, "Demographic, Political and Social Transformations of China, 750-1550," p. 378）相反，每里戶數比規定超出百分三十的趨勢，並不能反映出都市化的走向，因為里甲制度同樣也在城區實施。

年），內容可謂極其詳盡。[89]不過，雖有規定如此，在實際上地方官並不將調查結果呈報上去，以免人口的增加會提醒上級，需加重本縣的賦稅，國家默許這種作法。理論上每縣各里的統計數字應該要精確，然而十年一次「大造」所需的各種開銷，不過只是用來換取現有預算額度的安全而已。所以里很少受到調整，它們的界線鮮見重劃，而數量也幾乎從來不曾增加。只有在人口下降的時候，地方官員或在地精英才會積極尋求調整里的數量。[90]例如南京的人口由於朝廷遷都北京的緣故而減少幾乎一半，應天府官員才能在一四三七

表 1-6　一四六一年（明天順五年）時各省每縣平均里數

每縣里數量變動範圍	省（布政使司）	每縣平均里數
約 150	浙江	148.9
102-118	南直隸	117.9
	江西	102.8
47-70	福建	69.4
	山東	54.0
	廣東	51.7
	山西	47.2
17-28	河南	27.6
	湖廣	26.3
	陝西	21.8
	北直隸	20.6
	廣西	17.0
7-12	四川	11.8
	雲南	7.0
小於 3	貴州	2.4

資料來源：《大明一統志》，卷一，頁五 b 至卷八六，頁二九 b；重新整理自梁方仲，《中國歷代戶口、田地、田賦統計》，頁二〇八～二四六。

年（明正統二年）時合理正當的提出請求，重新編製南京城內的各里，並且減少其數量。[91]

到十六世紀時，里甲體系的職能已經弱化，成為組織地方社會群體的管道。「里」到後來只被人們當成是地名，而不是戶口編制的單位；除了官方文書之外，它原有的職能全部被「圖」取而代之。[92]（到了清代中葉，南方一帶的人們用詞，已經從「里甲」變成「圖甲」。）即使是在官方公文書中，里、甲也成為賦稅紀錄的單位，而和實際的戶口居民毫無關係。[93]如果以畝來計算，一甲可能包括數百到數千畝土地，其規模隨著時間推移而逐漸縮減。[94]舉例來說，嘉興縣下的一個「圖」，在

89 截至目前為止，只有十一件黃冊的殘件被發現，不過，它們便足以證明黃冊內所載訊息鉅細靡遺的程度，即使這些黃冊後來並沒有向上呈送。參見岩井茂樹，〈《嘉靖四十一年浙江嚴州府遂安縣十八都下一圖賦役黃冊殘本》的發現與初步考析〉。在此感謝費絲言教授提供這篇文章的影印本給我。

90 舉例來說，一五〇一年（明弘治十四年）永平府的地方志就記載該府的四個縣轄境內里的數量減少，見《永平府志》（一五〇一年），卷一，頁十四 b～十六 a。里的數量減少，從百分之十三到二十七不等；這究竟是因為人口的下降所致？還是由於這些縣分減輕賦稅額度的努力獲得回報？我們不得而知。

91 《天下郡國利病書》，第八冊，頁五四 a。

92 早在一三七〇年代，也就是里甲制度施行於全國以前，其雛型是以一百戶編為一個單位，單位的名稱統一稱為「圖」或「保」，但從來不曾叫做「里」；參見蘇伯衡，《蘇平仲文集》，卷六，頁二三 a。朱元璋本人在其於一三九八年頒布的著名詔諭〈教民榜文〉中，同樣在「圖」、「里」二詞之間換來換去，搖擺不定。參見張鹵，《皇明制書》，第一冊，頁四七〇。

93 《高山志》（一八七七年），卷二，頁二九 a。

94 佟賦偉，《二樓紀略》，卷三，頁一 b～二 a。前文中關於「圖」的統計數字，也可以證明這一點。

一六〇一年（明萬曆二十九年）時有耕地二百五十畝，到了一六四一年（明崇禎十四年）時，經過幾次賦稅改革後，只剩下一百二十畝。[95]

有好幾項因素促使里和甲從原來的戶籍單位，轉變成為劃分地界的單位。首先是既有各種土地界線的慣性，由於一個里的人口總是隨著居民的出生死亡有所起落變化，而土地的更易，卻不像人口變遷那樣劇烈頻繁，所以「里」這一單位如果要持續保存下來，最好改以土地作為衡量的標準。而如果不能經常進行普查，就無法使這些單位保存原來的人口戶籍特徵。行政管理效率則是另一個因素，對於地方官員來說，與其隨著人口增長或遷徙而屢次重新劃定界線，還不如沿用原有的土地界線來得省事方便。這種作法後來成為常態，因為朝廷所在意的是徵稅的配額，而不是實地加以調查。賦稅的配額，也讓上級單位失去督導地方實際情形的興趣；自從一三八一年「大造」普查之後，各地普遍的逃戶情況，使得重新調查實際情況成為難如登天的事情。[96]促使里、甲成為劃分地界的單位，最根本的因素是，里和圖在實際上是相同的，而圖更適合作為以土地為賦稅徵收基礎的基層單位。里的存在是作為一個人口群體，以便組織人手發派勞役；但是國家財政運作當中更為重要的項目，則是田賦的徵收，這是交由圖來完成的。土地契約在確認一塊地的所有權時，主要透過鄉治系統的單位，而非經由里甲體系之下的單位。到了十六世紀，甚至連地方官員也大多放棄使用「里甲」這個名詞了。[97]

（三）區

糧長制度的職能與保甲體系有所重疊，這套制度只在南直隸、浙江、福建、江西和湖廣等省分推行。[98]雖然里甲和糧長在一開始時是各自獨立、彼此間互不聯結的兩套系統，它們卻很快就融合成一個賦稅徵收結構，而且獲得承認。[99]糧長制度推行的空間單位是「區」，「區」由幾個里組合而成，里的數量取決於徵收稅額的總數。每區按規定必須徵收糧食一萬石，不過在實際上徵收的數量遠低於規定額度，而且各區之間的落差很大。以明初的情況為例，上海縣有九十二個區、六百二十個里，平均每區七里；而紹興府蕭山縣只有九個區、一百四十九個里，使得每個區平均擁有十七個里。[100]在一三七一年糧長和里甲制度的雛形設計當中，區、里、甲等單位是直接與「都」、「圖」等鄉治基層行

95 濱島敦俊，〈明末浙江の嘉湖両府における均田均役法〉，頁一七二～一七三；Jerry Dennerline（鄧爾麟），"Fiscal Reform and Local Control: The Gentry-Bureaucratic Alliance Survives the Conquest," pp. 105-108. 杭州府錢塘縣的一個里，在一六七一年（康熙十年）時有耕地三千畝，等於每甲有三百畝。參見《錢塘縣志》（一七一八年），卷三，頁六 a。

96 韋慶遠，《明代黃冊制度》，頁一九四～一九九。

97 海瑞曾一再提到里甲之首，不過不是按照他們所居住的里，而是依照他們所在的圖，見《海瑞集》，頁五九、六六、一一三、一五〇。與此類似，為本章表一之五提供基本數據的葉春及，在談及里甲之長具備的權限時，其中屬於圖的部分多過屬於里的。相同的觀察，也可見於一五七九年（萬曆七年）時的南京地區，參見《牛首山志》（一五九七年），卷一，頁三三 a～三三 b。

98 在山東、河南、陝西、四川等省分，則另設有與糧長功能類似的「大戶」，參見梁方仲，《明代糧長制度》，頁五四、五八；Littrup, *Subbureaucratic Government*, p. 94.

99 《無錫縣志》（一七五三年），卷五，頁五 a。

100 《上海縣志》（一五八八年），卷四；《宣宗實錄》，卷三五；轉引自梁方仲，《明代糧長制度》，頁六〇、六二。

政單位搭配起來的，糧長的管區是都，而里長的轄區為圖。[101]不過這種一對一的搭配組合，在一三八一年全面推行糧長制度時被放棄了。

有時候區還承擔了其他功能，像是造橋、修廟等。[102]然而，由於區只在土地登記冊上存在，它們並未成為普遍存在的地界單位，反而逐漸在規模上萎縮了。[103]區在明初以後，除了江南某些地方之外，幾乎完全消失，而我們將會在第三章中看到，那些還存在於江南的區，在十六世紀時紛紛轉型，成為加強管理水利建設的措施。

（四）保甲制度

保甲制度是一種村莊聯防體系，它和里甲系統一樣，都是以十戶為基本單位進行編組。然而和里甲系統不同，保甲並沒有推行到全國每一處地方去。朝廷曾於一五四八年（明嘉靖二十七年）頒布保甲條例，但是並未強制全國各地一體施行。這一條例的頒布，目的是為了指導那些願意在其轄境內設置保甲的地方官員，他們之所以設置保甲，如不是要對付東南沿海入侵的倭寇，就是準備戡平內地的匪亂。[104]雖然本來可以由里甲來承擔上述事務，但是時至十六世紀，里甲的職能已經大為偏重財稅方面，淪為紙面文章（「空虛」是另一個用來描述的詞），[105]致使民眾難以運用這套體系在地方組織防衛。到了明代末年，保甲制度已經在大半個中國推行開來。[106]

在設置保甲的地區施行的舉措，使得保甲比起里甲系統更能近距離反映出地方社會的真實樣貌。這有部分是因為保甲以十「家」為一單位的建置結構（「家」發第一聲，和同音異字、發第三聲的

「甲」字不同），這是以核心家庭為基礎，而不是以規模較大的「戶」為基礎。戶是徵收賦稅時的基本單位，其中包含旁系親屬（通常是未婚的親人）在內。由於賦稅體系以戶為徵收對象，而不是個人，因此納稅人便有動機讓戶的規模越見擴大，不願意拆分成數個較小的戶，在某些地方，一個戶甚

101 蘇伯衡，《蘇平仲文集》，卷六，頁三三 a。

102 《高山志》（一八七七年）曾提到一座「糧長橋」，見該書卷二，頁二 b。一五三五年（嘉靖十四年）常熟縣有一位「里老」出面請求縣署同意，讓他捐資修建真武廟。見《京兆歸氏世譜》（一九一三年），卷三，頁八四 a。

103 梁方仲，《明代糧長制度》，頁八五。

104 十六世紀初年，福建按察副使陸澄（一四九三年進士）提出的剿平海寇計畫裡，就包含在沿海縣分建置保甲；見《鄞縣志》（一七八八年），卷十五，頁十九 a。福建早在一四四〇年代就已有保甲的設置，當時的部分原因是為了鎮壓盜採礦工的軍事行動需要（《明史》，頁四六六七）。王家棟（一六〇六年進士）曾在北直隸沙河縣厲行保甲制，因為該地「當九省之衝」，時有盜匪竄擾，結果盜匪因保甲制的施行而銷聲匿跡。參見《諸城縣志》（一七六四年），卷三二，頁三 a。由此可見，倡議設置保甲者，往往不是地方行政官員，而是負責軍務的官員，類似的情形，可參見同樣位在北直隸的薊州。《薊州志》（一五二四年），卷一，頁五二 b。

105 一五六〇年（嘉靖三十九年）時，戶部尚書曾經發出這樣的抱怨之聲：他主張地方財稅官員在下一次「大造」之年時（兩年以後），應根據都、圖來查核戶口，而不是透過保甲。參見《世宗實錄》，卷四百八十九，頁二 a。

106 關於十七世紀保長、里長權力上升的情況，可以參見徐宏祖，《徐霞客遊記》，頁一四九；斯波義信，〈寧波及其腹地〉，頁四〇一；三木聰主張保甲制度在此時才普遍推展開來（三木聰，〈明末の福建における保甲制〉，頁六七），但是這一看法缺乏實證支持。保甲制度的普遍實施，到了清代才算大功告成；參見 Ho Ping-ti（何炳棣），*Studies on the Population of China*, pp. 36 ff.

至可以將整個宗族都囊括在內。[107]另一方面，家則是社會裡的基本單位，通常由父母、孩子、以及還在世的祖父母或外祖父母——這些在一個屋簷下同居共餐的成員組成。里甲系統以「戶」為編組單位，保甲體系則以「家」為組成單位，當中的區別，當時的人們並未有所評論；然而在涉及里甲、保甲構成要素的材料裡，二者之間的差別在其語言之中幾乎到處可見。不過，有鑑於「里甲」和「保甲」這兩個詞彙，在民眾心中大致等同，過分強調兩者之間的差異，並不可取；在某些地方，里甲轉變為保甲，實際上只是舊瓶裝新酒、原有的單位冠上新的名稱而已。[108]不過，里甲與保甲之間確實可能存在差異，這反映出設計保甲制度者關切的重點所在，要是有身強體健的男丁藏匿於宗族大戶之中，那麼地方上的治安就無法確保。地方官員藉由編組核心家庭，使得保甲組織成為一套能夠有效適應社會現狀的機制，而不是呆板附著在人為結構當中的系統。[109]

（五）保與甲

當王安石於一〇七六年（北宋熙寧九年）創設歷史上第一個保甲系統時，其基本單位為「保」，每保由十家組成。在明代，大部分的保甲體系裡，十家為一組的單位稱為「甲」，十甲則編為一「保」。[110]每甲設有一「牌」，[111]由甲的成員輪流掌管。在任何時刻，持有「牌」的家庭，就成為「甲長」，或稱「甲總」；保的首領叫做「保長」，或稱為「保正」。[112]這大概是本制度運作的情況，至少在東南沿海一帶是如此。每一甲最少可由四家編成，多則可由十三家組成；[113]而每一保之下甲的數量，也經常多於或低於十個。[114]

在江南的若干縣分，還有一個中介單位存在於保和甲之間，這個單位稱為「黨」，通常由三十家組成。[115]這一單位的負責人稱作「黨正」，或者又被稱為「黨長」。[116]在江南一帶的其他縣分裡，在保上頭還另有單位。據一份論及地方習俗規範的資料指出，這個比保更高一層的單位（由十保所組

---

107 片山剛，〈清代広東省珠江デルタの図甲制について：税糧・戶籍・同族〉，頁二四～二八；Szonyi, *Practicing Kinship*, pp. 73-80.

108 Littrup, *Subbureaucratic Government*, p. 168.

109 參見 Kuhn, "Local Self-Government under the Republic," pp. 93-94.

110 明代偶爾也出現以十家為一保的情況，參見《溫州府志》（一六〇五年），卷一，頁二八 a；栗林宣夫，《里甲制の研究》，頁二六〇～二六七。

111 在十六世紀的廣東一帶，「牌」一詞用來指稱保甲系統內的家庭單位，參見黃佐，《泰泉鄉禮》，卷六，頁一 a。清代時若干地區以「牌」來取代原有的「甲」，指稱由十個家所組成的單位，見 Chu Tung-tsu（瞿同祖），*Local Government in China under the Ch'ing*, p. 150.

112 聞鈞天，《中國保甲制度》，頁一九三；許孚遠，《敬和堂集》，卷一，頁八 b。

113 章潢，《圖書編》，卷九二，頁一〇六；《蘇州府志》（一八八三年），卷一四七，頁三二 a。

114 黃承玄，《盟鷗堂集》，卷二九，頁六 b。

115 《嘉興府志》（一六八一年），卷十八，頁十八 a。

116 「黨」首先出現於魏，作為百戶的集合名稱，見曾我部靜雄，《中國及び古代日本における鄉村形態の變遷》，頁七六。「黨正」一詞的記載，分別見於李樂的《續見聞雜記》，卷十一，頁四三 b、徐開禧的《韓山考》，卷四，頁五一 a；《嘉興縣志》中則記為「黨長」，卷四，頁二 b。

成？）是一種鄉約組織；[117]晚明時，它有一個較為普遍的名稱，就是帶有軍事性質意味的「團」，負責督導數額不定的保，[118]團的首領稱為「團長」或「團總」。地方官員設置這一單位的目的，在於因應協調地方團練武力調度的需求。保甲制度另有一套由王守仁（一四七二—一五二九）創造的術語，這套名稱在清代時使用情形相當普遍，不過明代時卻只在南京一帶使用過。這套名稱將「甲」和「保」都往上提升了一級，一百家為甲，一千家為保，十家則稱為「牌」。[119]

明代的史料文獻很少談論保甲制度下各單位的轄區範圍情形。顧炎武（一六一三—一六八二）曾引用一五七四年（明萬曆二年）的《無錫縣志》指出，該縣大約在每個鄉都設置一個團。[120]人口較少的地方，這個比例則降為每村設置一保。這種情況顯示「團」應該下轄一千家以上，不過顧炎武又說明道，人口稠密地區的團，應該要區分出來，視作「大團」。此時似乎還有人試著將這套新的保甲制度套用在舊日的鄉治體系上，然而嘉靖年間一位湖廣的學者在提到當地幾個「市」被合組成一團時，卻沒有涉及鄉治系統。[121]

如果保甲和里甲制度遵循的是同樣的人口統計原則，那麼保甲制度裡的「保」和里甲的「里」，就是兩套系統的職能明顯交疊接壤之處，而實際情況也確實如此。當後者的「里」職能限縮到僅具有賦稅功能之時，前者的職能範圍則擴大到處理各種涉及治安組織的事務。在徽州府的歙縣，里甲、保甲兩種體系是合而為一的，因為當我們讀到一五八〇年代初期，該縣地方官員為了查證土地所有權實況而徵詢里甲長的記載中，就可看見他們既提到「圖」的賦稅登記冊，也提及保甲系統土地登記的「保牒」。[122]歙縣地方官員之所以能夠同時運用鄉治和保甲這兩種系統，因為在地方基層里、保、圖等層級，兩種系統是融合在一起的。一位十七世紀初期的福建學者就曾經表示，使保甲、里甲兩種制度之間維持相同的關係，一直是普遍的作法；如果在劃定保的界線時需要借用任何別的界線，那麼所借用者一定會是昔日里的界線。[123]換句話來說，保甲有效的取代了里甲，從而融入到鄉治體系之中。顧炎武在一篇論里甲的文章裡觀察到這些制度的融合，他在描述其結構時說：「以縣治鄉，以鄉治保——或謂之都——以保治甲。」[124]不過，在如湖廣等人口較少的地方，里甲卻也承擔了地方治安責任，而這種責任通常是和保甲關係較為密切。[125]實際上，岳州的官員就曾將轄境內各里結合起來，編

117 章潢，《圖書編》，卷九二，頁三八b。
118 《鄞縣志》（一七八八年），卷十一，頁二四b；Kuhn, "Local Self-Government under the Republic," p. 41.
119 《天下郡國利病書》，第八冊，頁五八a；儘管「里」一詞在此已經取代了「保」，但是「牌」卻很不尋常的繼續被沿用，江西宜黃縣就是一個例子。參見徐宏祖，《徐霞客遊記》，頁一三七。
120 《天下郡國利病書》，第七冊，頁五二b。
121 孫宜，《洞庭漁人集》，卷五三，頁七a。
122 《黃山志定本》（一六七九年），卷三，頁八一b。
123 黃承玄，《盟鷗堂集》，卷二九，頁八b。
124 顧炎武，《日知錄集》，卷八，頁十三a；但是，顧炎武將保等同於都的看法是有問題的，這種等同的情況可能只出現在只有一個圖的都。
125 《當陽縣志》（一八六六年），卷十，頁十四b。

組成保甲模式的團，以對付當地的匪患。[126]

鄉約制度

鄉約制度未曾經朝廷明令頒布，也沒有全面實施，但是幹勁十足的地方官員，卻經常運用鄉約組織，來承擔賦稅改革或治安的任務。鄉約組織包含了以一百戶編組而成的「約」，類似里甲制當中的「里」，要求其成員定期到講約所聚會，背誦太祖皇帝的聖訓，行禮如儀，以確認臣民對國朝的忠誠。我找不到任何可證明明代於開國後頭一個世紀就實施過鄉約的史料記載。明代初年擔負道德勸諭的場所是「申明亭」，行善舉或犯惡行之人的姓名，會在此張貼公布，地方上非正式的調解，也在此進行。栗林宣夫指出，在長江流域，申明亭的設置比例，大致上為每「都」一亭，這表示申明亭和若干特定的地方行政區劃之間存在著聯繫關係。[127]

鄉約制度到了本朝後期才告興起，地方官員舉行鄉約是希望能向地方反覆宣導、灌輸社區認同與責任感；本來應由里甲體系來承擔培養、促進地方認同與責任感的任務，但是到了十六世紀初年，人們已不能期望里甲可以再堪重任，完成這一任務。舉例來說，當蘇州府的長洲縣知縣於一五二六年（明嘉靖五年）命令實行鄉約時，他不只聲稱鄉約要作為里甲的輔助之用，還將實施的任務，交給里長們去辦理。然而，真正負責鄉約的並不是里長，而是那些品行高尚的地方耆老。此後，鄉約的領導者還要承擔起在每一「約」設立社學的任務，以恢復太祖皇帝原先在每個里設立一所社學的擘畫。[128]

不過，創設鄉約實際上有一個更為普遍的社會脈絡，也就是同樣於十六世紀時興起的保甲系統。[129]鄉約和保甲之間的關聯，最初頗為鬆散；但是到了十七世紀，依照富有經世之才的官員如呂坤（一五三六—一六一八）所提出的行政理論，兩者間的關聯已經緊密且刻意的合成在一起，[130]在實際運作中，也已經融合為一體。[131]保障地方秩序的「保」一經組建，就會基於大眾教育與宣導朝廷政令等目的，被整合進鄉約的體系之中，鄉約本身並沒有獨立的組織機構，它在最初付諸施行時是依附在保甲制度之上的。一套在廣東施行的保甲法，顯示鄉約和保甲這兩套系統早在一五四九年（明嘉靖二十八年）時就已開始聯合運作。[132]保甲和鄉約制度在十六世紀八〇年代末、九〇年代時引進山東施行，但是有關它們在當地施行的情形，資料之缺乏卻讓研究者大感苦惱。[133]一五九〇年（明萬曆十八

126 孫宜，《洞庭漁人集》，卷二九，頁八ａ。

127 栗林宣夫，《里甲制の研究》，頁七六。

128 王國平、唐力行，《明清以來蘇州社會史碑刻集》，頁六七四。關於明太祖在地方上設立社學的計畫，參見本章註七七。

129 Timothy Cheek, "Contracts and Ideological Control in Village Administration."

130 Joanna Handlin, *Action in Late Ming Thought*, p. 49.

131 三木聰，〈明末の福建における保甲制〉，頁八九。

132 黃佐，《泰泉鄉禮》，卷六，頁三ｂ～四ａ。

133 Littrup, *Subbureaucratic Government*, p. 168-170.

年）時，山東的一位縣令在其轄境內設立兩百處講約所，並且在每處都任命鄉約幹事。[134]從該縣在一四六一年時設有一百八十個里來看，兩百處鄉約組織（無論怎麼說，兩百這個數字看來應該是一個概略的估計）似乎是按照每「圖」或「保」一所的比例設置的。根據安徽南部一部修纂於十七世紀末的地方志記載，當地講約所分布的比例是：在城區的「都」，每都設一所；在農村地區的「都」，則設置二到二十所不等；也就是說，講約所是在「圖」這一級設置的。[135]為了說明這幾種設置之間的先後次序，各種體系的結構以表格方式呈現在下面的表一之七。

保甲和鄉約體系彼此疊合在一起，這一點得到當時人們的記載證實，而他們還哀嘆道，如此很容易讓鄉約也落入保甲主事者的掌握之中。他們建議鄉約的設立，應該要早於保甲體系建立之前，如此一來，前者的教化作用，才能防範後者流於腐敗的弊病。[136]二十五年後，另一位福建學者再次提出籲請，地方上負責保甲的官

表 1-7　明代的鄉治單位

里甲	保甲	鄉約制度	鄉治制度	城郊鄉治制度
			縣	
			鄉	
區			里	
			都	坊、廂
里	保	約	圖（社、屯）	圖（坊）
	黨			
甲	甲			

吏，在階級上應該附屬於鄉約的主事者；不過，這樣的建議似乎與實際運作的情形相違背，而未曾真正被遵守過。[137]其他地區的地方志則指出，到了明代晚期，鄉約體系至少已經在內地的許多地方正式施行了，可是由於它的定位不明，以及被賦予難以承擔的責任，使得明代的鄉約不可能做到清代保甲所達到的程度。

社群、國家與社會

明代初年，朝廷對地方社會施加了各種鄉治制度，其涵蓋甚廣，包括行政管理、賦稅、以及秩序管控的系統在內，目的是要將地方社會置於朝廷的視野之下，以及可控制的範圍內。明代設置了兩處中央政治中心（北京和南京），八百八十七到一千一百五十九處次級施政中心（州治、縣治），以及內地偏遠地區，這些施政中心的地位高低，完全由所轄的人口與土地決定。此種設計創造出的整體性與清晰程度，令人印象深刻；而國家實施鄉治制度的能力同樣不分軒輊，至少在開國初年是如此。鄉

134 《諸城縣志》（一七六四年），卷二，頁二六a。

135 《休寧縣志》（一六九三年），卷二，頁十八a～二十a。這部文獻還提到，舉行鄉約之權，掌握在地方仕紳之手，特別是各宗族的族長。

136 相關例證可參見許孚遠，《敬和堂集·公議》，卷一，頁七a～七b；蔡懋德，《約保法》，轉引自陳宏謀，《學士遺規補編》，卷二，頁二b。

137 黃承玄，《盟鷗堂集》，頁二九。

治體系與人類學者兼漢學家施堅雅（Willaim Skinner）所提出之甚具影響力的「市場中心等級地理論」（central-place model of marketing hierarchies）頗有類似之處，因此十分引人注目，而施堅雅本人也注意到了這一點。施堅雅的市場中心論以市場自由力量為持論的基礎，認為市場對於社會空間的界線與連結，相對上具有不受阻礙的影響力。在以市場原則運作的商品經濟社會裡，市場中心論對於空間體系的建構頗有說服力，市場中心論設定的先決條件是，社會中的經濟力量已強大到足以自主，並且可以凌駕於其他之前所形成、諸如社群或宗族等因素之上。同樣的道理，市場中心論運用到地方行政領域的時候，也必須設定明代國家的力量在延伸其施政範圍到全國各地時，能夠克服來自地方社群與宗族的影響。這種理論所設想的國家體制，就像是完全以行政力量來操控國家這架毫無限制的龐然巨機。

正如經濟層面上的市場中心論模式，可能已經脫離了明代經濟生活的現實情況，這套理論向行政管理層面延伸所形成的認定，即便符合明代皇帝心中的設想，恐怕同樣不是我們描述明代統治運作實況的最好方式。對於上述兩種理論模式而言，比較合理的論述起點，或許是先要接受社會、國家體制與經濟三方面之間進行高度交流互動的情況，然後才能沿著上述這三方面共同作用而創造出來的輪廓，來理解以下各個社群具有生命力的疆界；社會、國家與經濟三方面的影響因素包括地域疆界、宗族群體、水利設施、祭祀繞境等社會建構效應；現有行政管理模式、新的國家體系、朝廷由上而下派委的人口單位與土地區劃等國家建構能力；以及生產製造、商品網絡、貿易中心與取得資源的體系等經濟建構因素。施堅雅和歷史學者蕭邦奇（Keith Schoppa）表示，在十九世紀和二十世紀初，中國的地方行政單位經歷了一場創設與重整的過程，以配合、呼應當時的市場區域，而市場網絡乃是劃定新的鄉治單位行政界線時的首要考量——他們如此主張，[138]在驗證上述所有制度的適應彈性，以及它們在一起共同運作的能力。這並不是認定當國家在劃定行政單位界線時，地方上不曾出現動盪紛擾的情況，而是要承認在縣以下的層級，地方行政單位、經濟市場和各種社會群體通常是緊密連結在一起的。究竟是商業網絡順著地方行政單位鋪設好的軌道來運作？或者情況倒過來，是行政單位藉著商業市場的網絡在運行？除非兩者都能成立，否則我們或許無法得出一個一致的答案。

適應地方情況，不必然會使得國家督導的效應受到抑制。此舉反而能使地方官員確保將國家行政管理的觸角，至少在名義上伸展到每一個農村。實際上，鄉治體系為地方領袖提供了可作為政治資源的官方身分，如鄉的胥吏，保甲制中的保長，里甲制裡的甲長，以及鄉約的約正等。另一方面，無論制度經歷過多少次變動，只要這些制度需要延伸到家戶這一層級，地方領袖們就能一直充當國家權力的代理人——同時，他們也代表自身的利益。在這個層面上，國家力量在哪裡消失，社會力量從何處開始，變得幾乎不可能判定。地方上反覆講述關於明清農村精英瀆職腐敗、魚肉鄉里的故事，說明了原本朝廷賦予里甲、鄉約幹部的權力，在很大程度上會轉變成社會（以及個人）的利益，而不是代表國家的權益。保長、甲長尤其惡名昭彰，因為他們總是與衙門的差役胥吏勾結在一起，和縣令反而甚少聯繫。而縣令則太過投入和地方上層仕紳的往來，以至於無暇理會那些較低階社群的代理人；偏遠

138 G. W. Skinner, *The City in Late Imperial China*, p. 367; Keith Schoppa, *Chinese Elite and Political Change*, p. 82.

地方的鄉民，很可能從來沒見過縣老爺的面，不過他們日常生活裡，倒是經常遇上縣衙的代理人。

有一種看法認為，由唐代到清代的人口增長，加上地方官員與管轄民眾的比例下降，促成了國家淡出地方上的事務。如施堅雅所指出，「大一統的帝國之所以能維持到帝制晚期年代，乃是藉由系統性的削弱基層行政組織的職能，並任由官僚政府的行政效率，在地方體系內逐漸降低所致。」[139]這種行政效率衰退的觀點，低估了自唐到清代以來鄉治單位及其機構的蓬勃發展，而其中所用的人力完全來自於地方。十六世紀時有一位作家語帶誇大地寫道：「正德（一五〇六至一五二一年）以前，百姓十一在官。」[140]朝廷並未因為地方行政的幅員遼闊而緊縮資源、提高通訊的限制，而是因此得以增加執行基層職務的人員。全國一共有六萬多個鄉治基層行政單位，每個單位都有十名里長、十名甲長，還要加上數量難以算清的地方耆老——換句話說，他們就是國家任命的地方官員，數量達到數十萬人之譜，至少在名義上，他們是為了確保朝廷的利益而工作。構築一個逐漸密實的鄉治結構體系，國家就得以彌補（甚至還超出原來的損失部分）其在地方基層權力的損耗與散失。各種各樣的鄉治體系，或許如蕭公權在論及清代時所指出，「無法達成它們在理論上所應獲致的結果」；[141]但是過分誇大這些制度的缺陷，就有低估它們在地方社會中影響力的危險。因為這些鄉治單位畢竟不僅是朝廷所設置的地方社群，更是國家無法干擾的社會群體。[142]實際上，它們確實增強了國家操控與社會控制之間的彈性，每個里長、甲長既身為國家權力在地方上的代理人，同時也受到地方利益的制約。一名里長如果還不是村莊裡的頭臉人物，或是宗族裡的主事長老，他就沒有機會獲得足夠的政治分量，可以執行朝廷交付給此一職位的任務。官方賦予的正式權力，與現實情況有落差，但是朝廷必須讓那些在基層擁有實質權力的人代表國家利益，國家也不能收回這些地方代理人手上的權力。國家不得不接受地方既有的權力架構，除非在國家重要利益受到威脅的情況下，通常不會出手干預、對付這些地方農村的領袖人物。

因此，儘管地方社群並非處於自治的狀態，不過它們確實具有充分的內部凝聚力與社會生命力，能夠避免自身完全淪為朝廷權力主宰下的產物。只要滿足朝廷的最低限度要求，並且把各項行政管理制度擺在朝廷眼皮底下，地方社群就能按照自身的意願來處理各種地方事務。官方正式機構與朝廷官員的普遍存在——不管朝廷在民戶之上加了多少層級——通常只夠用來追查那些反抗朝廷權威者的下落，而這些反抗者是否會遭到鎮壓，又取決於他們所身處的網絡嵌入地方社會的程度。而相應地，國家則謹慎的為這些地方行政單位分出階層高低，從而建立起一個只能由朝廷向下發號施令的協調機制。個別的社群或許可以透過宗族、年齡、性別、財富以及教育程度的等級來建立其內部凝聚力，但

139 Skinner, *The City in Late Imperial China*, p. 21.

140 何良俊，《四友齋叢說摘鈔》，卷三，轉引自梁方仲，《明代糧長制度》，頁一二八。

141 Hsiao, *Rural China*, p. 254.

142 梁方仲注意到十六世紀時福建的「甲」只是之前早已存在的村莊，冠以「甲」的正式單位名稱而已，對於地方社會的空間設置，不會帶來任何實質的改變；參見梁方仲，〈論明代里甲法和均徭法的關係〉，《學術研究》，四卷五期（一九六三年）。

是除非由國家進行地方行政單位的整併，否則它們別無機制進行村與村之間的協同串聯。143

明代的社會就是這樣存在於社會群體、經濟網絡以及國家行政力量等所造成的一系列張力之間，上述這些力量不斷的重塑中國社會的面貌，直到今天亦然。社會群體、經濟網絡和國家力量中的每一方，都在向其他二者施加影響，同時也受到局限，並且從形態和本質上進行對話、相互依賴。國家體系在鄉治層面無所不在的身影，以及它在鄉治體系中的職能，提醒我們需要重視與了解，這些制度是怎麼運作的？後來它們如何影響行政與社會的決策？國家對地方社群施政發揮的影響，如何受到社會力量的操作而使其適應地方的需要，以及地方官員對於限制農村間彼此串連的關注等層面，不但構成了明代鄉治制度的核心內容，更是明代留給今天我們的遺產當中的關鍵要素。

143 孔飛力（Philip Kuhn）將所謂「流動攤販」式（tinker-peddler）的地區間協同模式，與「同心圓」式（nested-concentric）的模式做一對比（"Local Self-Government," pp. vi-vii），他認為宗派領袖透過傳播路徑或結構，而不是商業／行政階層，就能夠達到某種形式上的地區性鬆散聯盟，而不會受到國家的注意。這種空間網絡儘管能在志願參與的群體之間進行有效連結，但是其力量不足以動員「長期或大規模的協調或者防禦」。

第二章　葉春及的方志地圖

＊本章之前曾以〈十六世紀的地圖知識：葉春及的地方志繪圖〉（Mapping knowledge in the sixteenth century: The gazetteer cartography of Ye Chunji）為題，發表刊載於《東亞圖書館期刊》（*East Asian Library Journal*），第七卷第二期（一九九四年冬季），頁五～三二。收入本書時稍作修改，胡邦波先生指出本文先前版本中的若干錯誤，作者在此致謝。

當一位知縣來到一個人生地不熟的縣分履新就任時，他將會遭遇到一個艱鉅棘手的挑戰：「如何充分了解此一剛到任的轄區，以利於有效率地進行施政？」一六九〇年代時，黃六鴻在他所編纂的著名地方官職務手冊《福惠全書》中，建議新官在上任後應該去讀當地的地方志。「一為披覽〈地方志〉，則形勢之奧衍阨塞，租庸之多寡輕重，烟戶之盛衰稀密，咸有所稽。」他如此解釋道。[1]廣東人葉春及也作出相同的建議。葉春及在一五五二年（明嘉靖三十一年）中舉人，在十六世紀的最後三

1 黃六鴻，《福惠全書》，頁一二九。

十年間擔任過基層的地方官員。[2]一五七一年（明隆慶五年）初，或可能是前一年年底，他來到位於福建沿海的惠安縣擔任知縣，這是葉春及仕途生涯中第二個職位，也是他頭一次出任知縣。葉氏到任伊始，就去搜讀當地的地方志，他很幸運的找到了四種：一五三〇年（明嘉靖九年）和一五六六年（明嘉靖四十五年）編纂的兩版《惠安縣志》，以及惠安縣所屬的泉州府，分別於一五二五年和一五六八年（明隆慶二年）編纂的《泉州府志》。

惠安縣早在一五七〇年代時就有兩個版本的縣志、兩部府志，這並不是罕見之事。地方志記載了本縣的地理、歷史與傳記資料，到了明代後期，已經成為對公眾生活與行政管理有重要參考價值的官方紀錄體裁。通常地方志還會收入全縣與縣城的地圖，並且在圖中標示出官方重要機構的位置。地方志這種體裁於唐代開始略具雛形，至一二九六年（元元貞二年）元代朝廷頒布修纂地方志體例，地方志的修纂才走向標準化發展。[3]我們在本書第八章將會再次提到，關於地方志修纂者如何編輯材料的慣例守則，在明代還沒有全部成形完備；方志編纂學的發展過程，之後至少還需要持續一個世紀才算成熟。儘管如此，地方志在晚明時就已經是人們所熟悉的體裁了，它以相對上顯得穩定的內容分類，向人們傳達地方行政治理的資訊。明代之前可說是地方志的成形時期，明代之後地方志的內容則邁向格式化；十六世紀位在上述這兩個時期中間，這是地方志出版問世最普遍盛行的階段。大部分的府、州、縣，外加許多名山古剎，都是在這個時期刊行出它們的第一部志書。地方官員願意贊助、支持志書的修纂出版，對地方地理、歷史感興趣的學者文人也認為地方志值得收藏，而且收藏的範圍不僅限於自己的家鄉。

葉春及在他所能取得的四種地方志當中，發現一五三〇年刊行的《惠安縣志》雖然已經是四十年前的文字，對於了解地方情形卻最具有價值。[4]他還發現，《泉州府志》不過只是簡單照搬使用縣志裡的資料，而一五六六年版的縣志則幾乎等於是舊版縣志的翻版，所以葉春及仰仗的主要是一五三〇年刊行的《惠安縣志》，也是該縣的第一部地方志。這部縣志的修纂者名叫張岳，他是十六世紀惠安縣出身的人物中，名聲最響亮的一位。張岳居官清正敢為，一五二〇年代後期，他在家守孝，承擔了修纂本縣第一部地方志的任務。他不僅全程督導《惠安縣志》的編修過程，更親自執筆，以優美的散文筆調，撰寫了大量的內容，使得這部地方志成為明代中期寫作最成功的範例之一。

誠如葉春及所說，在他銳意「為治」之時，能得到一部這樣好的地方志以資運用是非常幸運的。但沒過多久，他就因為縣志記載與當前情況之間有如鴻溝般的差異，而深感苦惱。這種困擾並不全然

2 葉春及於一五三二年（嘉靖十一年）生於廣東歸善縣，距離東邊的惠安縣約三百公里，二十歲時得中舉人，然而未能考取進士。隆慶皇帝即位，他進呈了一份洋洋三萬言的論時事奏疏，朝廷為了表示嘉獎，於一五六八年（隆慶二年）授其為福建閩清縣教諭（約等於縣政府教育局長）。一五七〇或七一年，葉春及被擢升為知縣，在任三年，之後被迫致仕。一五九一年（萬曆十九年），他重新返回官場，先起復為知州（江西興國），後擢升（湖北鄖陽）府同知、戶部郎中。之後，他大概是在十六世紀末最後幾年時卒於任內。參見《惠安政書》，郭序，頁二ａ；葉序，頁一ａ；《歸善縣志》（一七八三年），卷十，頁十三ａ、卷十四，頁八ｂ～九ａ；《泉州府志》（一七六三年），卷二七，頁六一ａ。葉春及的生平不見於《明史》及富路特（Luther Carrington Goodrich）、房兆楹編的《明代名人傳》（*Dictionary of Ming Biography*）。

3 Timothy Brook, "Native Identity under Alien Rule," p. 241.

4 《惠安縣志》，卷一，頁十三ａ；卷二，頁一ｂ。

是因為他內心希望能窮盡知識的儒家信仰促成去探究，並在稍後開始修訂文獻紀錄中謬誤之處的動力，更重要的是，在於他內心經世濟民、「治國平天下」的儒家追求；這種對經世知識的追求，在那個受王陽明學說傳布影響的年代，大致傾向認為基於完善的知識，才能有完善的行動，而「知識」如果遭受損害，對於「行動」效率就會造成威脅。一五七三年（明萬曆元年），熟稔邊防事務的著名福建人氏郭造卿為《惠安政書》寫了一篇序言，在讀這篇序言時，我們會發現，最初使葉春及感到苦惱之事，乃是這部一五三〇年刊行的《惠安縣志》中竟然全無地圖。究竟葉春及是身為讀者而感到苦惱？還是因為身為施政官員無法找到憑藉而困擾？郭造卿並沒有進一步說明。但是，不論是哪一種情形，地方志裡缺乏地圖這件事，激發葉春及以全副心力，投注在對於記錄位置、邊界等準確知識的專業性問題上。

在國家所關切注意的各項事物中，地圖位居至關緊要的地位；國家正是透過繪製地圖和控制疆域，來建立起自身的合法性。朝廷因此需要邊界地圖來標示出其統治疆域的範圍界線，而明代對於北方邊界更是時時在意、不曾或忘，考慮到這個地區長期以來外敵持續入掠的動盪局面，朝廷會如此關切也是十分正常之事。不過，朝廷同時也需要內地的地圖，以便註明何處的秩序需要加強維護，並且確認須納稅土地的分布位置及其範圍。雖然內地地圖在明代疆域之內流通甚為普遍，然而倘若地圖持有者被懷疑要煽動造亂，那麼地圖也可以成為潛在的罪證。我們將會在第六章看到，一四八一年（明成化十七年）時另一名廣東人在地方上煽動作亂，他被人發現擁有「印文地圖」，即被當局視作其計畫掀起叛亂的確鑿證據。[5]

葉春及本人的著眼點，並不在於籌辦地方防務；我們將會看到，他想要獲得的是，對於這個地區全無阻礙遮蓋的視野，以利於他辦理徵收稅賦的業務。清查須納稅的土地，並將其登錄到簿冊上是縣令的基本業務。正當葉春及到惠安縣就任之時，這項需求還受到特別的督促，因為當時全國正在進行賦稅由丁（勞動男子）向土地轉移的重新分配，這一趨勢在往後數年內的一系列改革舉措中到達最高峰，史稱「一條鞭法」。如要將賦稅攤派至耕地上，就需要清楚可稽的紀錄，知道誰擁有多少土地，以利於公平分擔一個縣的賦稅負擔。我們在前一章曾經討論過洪武皇帝的魚鱗圖冊制度，這項制度要求，每隔十年為「大造」之年時清查土地現狀，以便重新調整賦稅徵收。這項作法業已名存實亡，在十六世紀中葉面臨重新分攤賦稅的壓力之前，只剩下表面文章。隔年，也就是一五七二年，就是「大造」之年，許多和葉春及同時代的官員都和他一樣，發現自己正面臨此一問題。在南直隸和州，為了徹底清查轄區內的土地、人口並且辦理重新登記，知州康誥擬定了詳盡的十條章程。章程的第一條要求，此次官員必須實際對土地進行丈量，而非像從前僅只將過去的賦稅登記數字重新繳交了事。長期以來慣常採取的虛報手法，已經使得賦稅登記冊上的記載，與土地的實際擁有者完全脫鉤。康誥因此提議，由各「都」之內的里中耆老出面主持丈量進程，他們應實地踏查，重新清理都內所有耕地。康誥提出的第二步，就是編纂新的土地登記簿冊，標記每個里內的每一塊土地。在每一部土地登記簿冊的封面扉頁，應該放上一幅因本次丈量清查而繪製的本里新地圖。假定和州轄下有四十一個里，那麼

5 《憲宗實錄》，卷二一六，頁五b。

因為此次丈量田土而產生的新地圖，將會達到四十一幅之譜。[6]康誥的地圖並未保存下來，但是葉春及的地圖則留存至今。

葉春及和康誥一樣，也認為自己首先應該繪製準確反映實況的地圖。他到任後不久，便召集了一次會議，邀請三十多位「邑中長老」參加，討論本縣各項事務。葉春及所邀集的這批長老，應該和隔年康誥在和州提議的「里中耆老」扮演同樣的角色；在首次會議上，葉春及向長老們提出繪製新地圖的方案。[7]耆老們都表示贊成，可是等到地圖繪製出來以後，葉春及對於它們的含混、不精確感到大失所望。這些地方父老呈現給葉知縣的地圖，正如康誥在和州所擔心的，和實際情形完全脫節。葉春及發現，想要繪製出優良的地圖，並不是下一道命令那樣簡單，必須牽涉更為複雜的過程。他描述當時的情形：

> 父老圖上，多不合。適閩中郭建初（即郭造卿）將游塞上，過余，視之圖，為斥臧否而去。余乃參考郡邑之志，信如建初言者。命吏持指南三四反，閱歲而圖始成。初，余考訂山川沿革異同之辨，頗有記。建初歸，見在篋中，謂諸志言人人殊矣，不著其文，孰知今之不謬。[8]

和郭造卿這一席談話，促使葉春及在地方志體裁上做出與眾不同的調整。他一連撰寫了數篇調查報告，並將之彙集成書，命名為《惠安政書》。該書初稿成於一五七三年，所載內容也迄於這年。我使用的版本是現藏於東京東洋文庫的孤本，錄自一六七二年（清康熙十一年）葉春及的文集《石洞集》重印本。[9]

地圖給了葉春及靈感，促成他寫就《惠安政書》。而日後將會證明這是他對晚明地理知識的生產製造，所做出最為重要的貢獻。透過復原地圖來建構對一地的了解這種簡潔的方式，葉春及似乎是無意間回歸到漢代田籍調查時，以地籍簿詳細註記該地方各種資訊的作法。漢代的這種作法，導致隋、唐兩代地圖冊（又稱作「圖記」、「圖經」或「圖志」）的發展，這些地圖冊的卷帙，有時超過一百卷。[10]從這些簡易的地圖冊（也就是附有說明文字的地圖集）之中，產生出地方志（即附有地圖用以佐證的文本）體裁。這顯示知識的傳達，由原先的圖像轉換為文本的形式，因為人們需要能夠承載更多細節的知識紀錄型式，而簡要的圖解說明則難以滿足這樣的需求。對於事物狀態或數量的準確認識（例如土地、作物、以及稅額等），其重要性逐漸凌駕於對事物彼此間相對位置的認知了。自此之後，在地方志中，關於位置的解說就成為概括性質的敘述，而地圖也因此隨之降格，成為一種深具意

6《天下郡國利病書》，第八冊，頁七七 a～七七 b，引《和州志》（一五七五年）。
7《惠安政書．葉序》，頁一 b。
8《惠安政書》，卷二，頁一 a。
9 我很榮幸能夠在一九八〇年時，參加由山根幸夫先生主持的讀書會。山根幸夫先生介紹我到東洋文庫，並且讓我在該處得到一部《惠安政書》的複印本。
10 小川琢治，《支那歷史地理》，頁二六、四一。

義卻相當簡略的描繪，只是從縣署衙門的角度，俯瞰整個縣的大致樣貌而已。到了宋代，「圖」這個字已經從地方志的名稱裡消失了（除非是有意要採用古體），在地方志中為了繪製地圖所投注的精力也越見減少。在明代地方志的前言序文中插入的地圖，大多只是內文的圖像式概述，而非確實傳達空間向度和彼此間關係的準確說明。讀者如果想從這類地圖當中擷取訊息——諸如某地的實際位置、或甚至是如何從甲地到乙地，將會深感困惑，因為這並不是這些地圖繪製的目的。

雖然地圖至此已經失去原先在地方志中作為構建在地知識時的優先地位，不過由於明代初年時，朝廷飭令以地圖作為承載基層農村土地賦稅訊息的標準格式，地圖的重要性因此再次攀升。一三八七年，由於厭惡地方富戶不斷躲避賦稅登記，明太祖下令各地糧長編纂當地的土地清冊，登載所有農業用地的界線與土地的所有權，每一塊土地都要進行步測和丈量。[11]清查丈量的結果，就成了「魚鱗圖冊」，其名稱由來是因為在圖冊首頁的總圖中，每塊土地的形狀看似魚的鱗片，因而得名。魚鱗圖冊對於呈現地形的描述相當準確，官府即以此建立起關於土地所有權與納稅義務人的紀錄。洪武一朝動員所有村莊繪製魚鱗圖冊，可謂是中國在二十世紀之前最為徹底詳盡的地圖繪製工程。[12]

在十六世紀中葉之前，明代地方地圖測繪領域裡因襲舊制，很少有例外出現。直到羅洪先（一五〇四—一五六四）恢復並發展網格繪圖法之後，這個領域方才重振旗鼓。羅洪先是十六世紀中葉備受尊重的學者，他和王陽明一樣重視力行，然而由於批評皇帝遭到撤職，致使他在一五四一年（明嘉靖二十年）至一五五八年之間，均不能任官復職，無法透過正規的官方管道，一展其儒家抱負。[13]羅洪先並不氣餒，在他於江西家居期間，轉而發揮其非官方、提供建議的影響力，致力於解決地方上和區域內的問題。他在鄉的事業還包括重新調查當地土地，以便供知縣調整稅賦不均的弊端。羅洪先尚且於盜匪竄襲本縣時，在縣城中組織地方團勇；十六世紀中葉沿海地區海盜猖獗，他則協助地方官員蒐集海防情報。羅洪先在調查地方土地時所得到的經驗，加上他對於國防事務需要準確的海防與邊界知識的認知，使他開始關注地圖繪製，以及恢復使用網格繪圖法。

所謂網格繪圖法，繪法是將所繪製的地區按等比例縮小，標註於同樣大小的棋盤狀方網格之中，每一塊方格都代表實際陸地相等的距離。最早使用這種技法繪圖者是三國時代的裴秀（二二四—二七一）。現存最早使用網格繪圖法的例證，則是於一一三六年（劉齊阜昌七年、南宋紹興六年）時銘刻在石碑上的《禹跡圖》，在大小相同的格網裡標繪出整個中國。在石碑上還刻有銘文：「每方折抵百里。」[14]在元代，朱思本（一二七三—一三三七）傾注十年心力，使用網格法繪製出一幅全國地圖。他繪製的《輿地圖》，被視為是當時最準確的中國地圖，然而在實質上並沒有改變中國傳統的繪圖技法。這種情形直到羅洪先出現而有所改變，他花了三年時間，找到朱思本的《輿地圖》手稿本，使得

---

11 韋慶遠，《明代黃冊制度》，頁七四。

12 Brook, "Geografia e cartografia," p. 495.

13 參見 Stanley Huang 所撰之〈羅洪先傳〉，收於 Goodrich and Fang, *The Dictionary of Ming Biography*, vol.1, pp. 980-984.

14 小川琢治，《支那歷史地理》，頁四八、五一。裴秀關於網格繪圖法的文字，被英國漢學家李約瑟（Joseph Needham）迻譯為英文。見 Needham, *Science and Civilisation in China*, vol. 3, pp. 539-556. 《禹跡圖》則複印於該書頁五四九。

網格繪圖法重現於世。根據羅洪先的描述，原圖是一幅七尺見方（超過二公尺）的圖卷，以「計里畫方之法」繪製而成。羅洪先接著要做的是，親自用網格之法將原來這張大圖轉換成一本由四十五幅地區、省分圖構成的地圖冊。羅氏的《廣輿圖》於一五五五年（明嘉靖三十四年）初次刊行，這部圖冊廣受好評，在接下來的二十五年之內至少重新再版刊行過五次（分別是一五五八年、一五六一年、一五六六年、一五七二年以及一五七九年）。這部地圖集成為之後所有繪製中國地圖者參考的基準，當中包括利瑪竇（Matteo Ricci，一五五二—一六一〇）在內。利瑪竇在繪製一五八四年（明萬曆十二年）世界全圖時，就曾經參考、仰仗過最新版本（一五七九年）的《廣輿圖》。[15]

葉春及在出任惠安縣知縣以前，已經對羅洪先的繪圖法相當熟悉。實際上，他也和羅洪先本人熟識。一五五〇年代，當時葉春及還未中進士，仍在科場之路奮鬥，曾經好幾次和友人出遊，到江西拜訪羅洪先。[16]羅洪先嚴肅認真的態度，以及他對於探究行政地理知識的興趣，都讓葉春及留下深刻的印象，他內心裡便以羅氏作為自己修德進業的良師。一五七〇年代，在羅洪先逝世以後（葉春及自己當時也暫時被逐出官場），葉將自己的書齋命名為「石洞」，用以紀念羅洪先，因為羅氏罷官在故鄉居住期間（與葉的遭遇相似）的讀書與講學之所，便名叫「石蓮洞」。不過沒有證據顯示，羅洪先曾經親自將繪製地圖的技法傳授給從廣東慕名而來問學的葉春及。應該是葉春及對羅洪先繪製的地圖佩服至極，因而自發地學習起良師益友的學問來。

在《惠安政書》的前兩章中，葉春及反覆提及，自己不僅熟悉羅洪先的繪圖技法，同時還涉獵其他近期的繪圖成果。為了舉例，他提起一部當時相當著名的北部邊防線地圖集，即一五三四年（明嘉靖十三年）許論（一四九五—一五六六）編繪的《九邊圖論》。許論在一五三七年將《九邊圖論》上呈嘉靖皇帝，並在次年出版刊行。羅洪先在繪製北方邊境地圖時曾仰賴許論的《九邊圖論》，很可能也將這部地圖集介紹給葉春及。[17]此外，葉春及還參考了由一位李姓人士所著、名為《輿地圖敘》的書籍，這部圖文集也成於嘉靖年間（一五二二年至一五六六年），但今日已經失傳。葉氏說，他從這兩部地圖集當中學到甚多，但是它們在實際的細節上，都無法與羅洪先所繪地圖相比，這也是羅氏的《廣輿圖》與葉春及所能見到的其他地圖截然不同之處。

可是，將羅洪先的繪圖法運用在繪製一個縣的地圖時，卻並不是一件簡單直接的事情。即使是羅洪先本人，也從來沒有將自己的繪圖技法拓展至如此細微的規模——他的地圖集只及於縣以上的層級。羅洪先讓網格繪圖法重見天日，但是他僅止於在省這個層級的地圖上，以網格法系統性整合既有的繪圖知識。而葉春及要做的，卻是運用羅洪先的繪圖技法，推展到縣這個層級以下的地圖繪製，從而發展出一種根據實地調查基礎來準確繪製地圖的方法。郭造卿在他為《惠安政書》所寫的序言裡，提醒讀者注意這項創新，認為在地方層面上進行準確的地圖繪製，正是葉春及為明代地圖技術做出的

---

15 小川琢治，《支那歷史地理》，頁五九～六二；Wolfgang Franke, *An Introduction to the Sources of Ming History*, 8. 1. 3.

16 《歸善縣志》（一七八三年），卷十四，頁八b。

17 羅洪先為《九邊圖論》撰寫了一篇跋文，見羅氏的《念庵文集》，卷十，頁二五b。關於《九邊圖論》，參見傅吾康（Wolfgang Franke）的《明代史籍滙考》（Franke, *An Introduction to the Sources of Ming History*, 7. 3. 7.）。《九邊圖論》晚明重刊本的部分地圖，在曹婉如的《中國古代地圖集：明代》當中重印（圖十七～二四）。

貢獻。[18]

葉春及在要求地方父老繪製當地的地圖時，明確的指示父老們需運用他從羅洪先的地圖集中學到的網格法。之前曾經提過，這次繪製地圖的結果，並未讓葉縣令感到滿意。關於如何運用羅洪先的繪圖技法一事，很可能在一開始時，葉春及是留待地方父老們自行去琢磨、體會。如果是這樣，看來父老們是用官場上的那一套作法來敷衍應付葉春及的要求。父老僅將原有的地圖畫到網格上去，表面看起來像是使用了網格法繪圖，實際上卻並未按照地圖上的小方格，實地勘查這些地區後，才將調查的結果轉繪到網格上。

葉春及第二次嘗試「羅太史讓其巧以圖吾邑」，[19]則是在他嚴密緊湊的督導之下完成的。他找來了縣內「弟子員之博古者」，協助彙編繪製地圖所需的文獻，並且向他們講解網格法，好讓他們也能參與地圖的編繪。[20]隨後，他在里這個層級動員地方上的父老、村長們，協助繪製里甲制中各個里的地圖，他們一共繪製了一百五十五幅地圖。葉春及把這些地圖當作建構各個「都」地圖的原料，而「都」正是介於縣和里之間的主要行政單位。惠安縣在明代初年時有三十四個「都」；十六世紀時，其中七個被合併到其他的「都」之中，於是葉春及便繪製了二十七幅「都」的地圖。

為了繪製出這些地圖，葉春及設置了網格，其比例尺則按照下文提到的估算來設定。根據一五三〇年修纂的縣志記載，惠安縣方圓縱長九十里、寬八十里（葉春及後來發現這些數據也是不正確的）。由於惠安縣大約是由三十個「都」組成，葉春及如果按照這個數字對全縣面積（七千二百平方里）進行劃分，那麼平均每個「都」的平均面積為二百四十平方里。但是沒有任何一個「都」會是標準的正方形，也就是說，葉春及不能拿各邊都是二百四十的平方根的網格勉強湊合應付。為了容許不規則的形狀，他改為將全縣劃分成十個部分，設置每一邊代表二十四里的網格，每個方格代表一里。葉春及用來描繪各「都」之間界線的繪製板，長二十四方格，寬也是二十四方格，總計為五百七十六個方格。如此他就能依據需要，削減或增加網格。[21]照著這套辦法，葉春及畫出收錄於《惠安政書》中的二十九幅地圖，其中二十七幅為各「都」地圖，城區與縣治總圖各一幅。[22]

葉春及面臨的下一個問題是，如何將形狀、面積都不相同的各「都」地圖，刻印在大小一致的紙張上。他不可能以同樣的比例繪製所有的地圖，同時還期待每幅地圖的大小全都一致。葉春及因此必須為每幅地圖設定不同的比例尺，但是他並不是將地圖繪製在比例尺不同的網格上，而是在紙面上調整方格的大小，或是縮小，或是擴張。於是，可以看出在刻印出來的地圖上，方格的大小由零點七公

18《惠安政書》，郭序，頁六a。郭造卿是羅洪先的朋友，可想而知，將葉春及介紹給羅氏認識的友人就是他。在郭造卿看來，葉春及的作法是可行的，因為在郭氏披覽羅洪先為其家族編纂的族譜時，他發現族譜中包含各種關於家族禮儀的圖表，極為詳盡細緻，使他認為，羅洪先本人在繪製地圖一事上，也是有可能達到這樣準確程度的。

19《惠安政書》，葉序，頁二a。

20《惠安政書》，卷一，頁十二b。葉春及還提及五位助手的姓名（另見卷四，頁五b）。

21《惠安政書》，卷一，頁一a～一b。

22到了葉春及出任知縣的年代，惠安縣原有的三十四個「都」，因為合併的關係，已經減少為二十七個，不過舊有各「都」的編號仍然繼續使用。四幅收錄已合併各「都」的地圖（第三至四都、第十一至十三都、第十四至十七都、以及第十九至二十都），均標明原來各「都」的界線。見《惠安政書》，卷四，頁二八b；卷六，頁二b、十b、二一b。

分到五公分不等。除了兩幅地圖外，網格裡的所有方格所代表的距離均維持不變，除了這兩幅例外的地圖，其餘所有地圖都標示註解「每方一里」。葉春及在談到他的製圖方法時指出「必盈其方冊」，也就是比例相同，但是每張圖紙上網格的大小卻不一定相同。[23]至於與其他地圖比例尺不同的兩幅例外地圖，其中一幅是第十四至十七「都」地圖，採用每方格代表二里的比例繪製；另外那幅為縣治總圖，以網格每方五里的比例繪製。

葉春及宣稱，他繪製這些地圖的目的是要編纂出一部具有準確地形特徵與居民聚落分布的紀錄，[24]而且，他不只是要繪製一個縣的地圖集。葉春及從一開始就體認到，若干特定種類的訊息，像是可耕地之類，很難在地圖上以視覺來傳達表示。

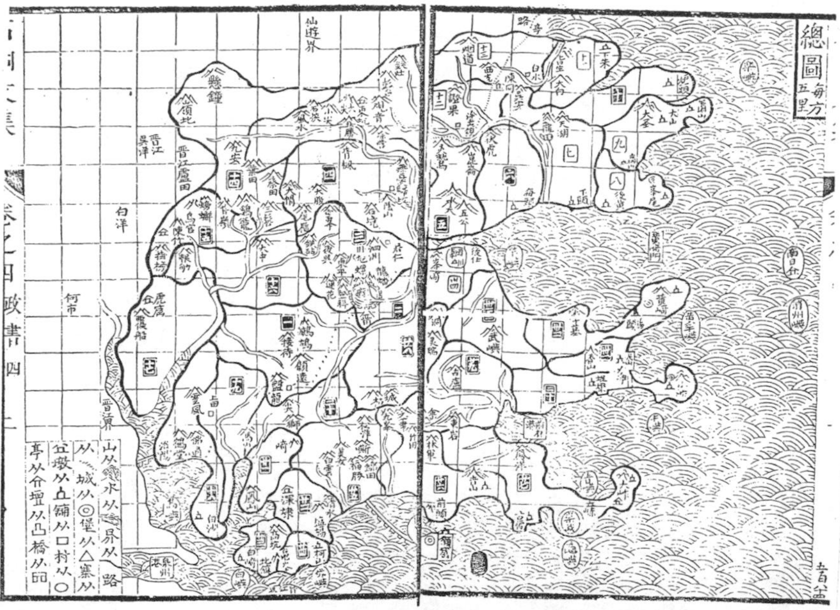

圖 2-1　惠安縣總圖　葉春及，《惠安政書》，卷四，頁一～二 a。資料來源：本圖及之後的各圖，均據葉春及《石洞集》一六七二年重印版複製。東京東洋文庫提供。

且不論葉春及運用什麼樣的技法來經營他的地圖，將這些地圖看成是一項有效組織知識的技術，才是他的目標。他並未試圖編繪出極為細節的土地清丈圖，而是選擇以另外兩種格式，將知識附加在地圖上。首先，在每幅「都」地圖前，葉春及以一頁的篇幅，用文字簡要概括該都的各項主要特徵，作為該圖的序言；在每幅地圖之後，則附有五個表格，依次為社群聚落與具備社會職能的建築（鋪、村、壇、亭、學）、里甲戶籍分類、人口數量統計（分為男性、女性、成人、孩童）、可供耕作的土地以及賦稅。和繪製地圖一樣，在製作上述表格時，葉春及運用的是那些生員助手們收集得來的實際數據，而不是縣署衙門裡的檔案材料。葉春及於就任之後發現，衙門裡的檔案塵封已經有四十年的時間了——換句話說，自從張岳編纂一五三〇年版《惠安縣志》之後，這些資料從來沒有修訂增補過。葉春及自己收集得來的資料，則更新至一五七三年。[25]

圖表也製作成網格狀，使得它們和地圖一樣便於查閱，而每個「都」地圖之下的圖表，也都遵循同樣的格式——葉春及本人相當注意這一點。[26]所以他對於來自不同地方的資訊，並不以發生地為區

---

23 《惠安政書》，卷一，頁十七b。

24 《惠安政書》，卷一，頁二a～二b。

25 葉春及提供的人口統計數字難以核實。他發現該縣人口紀錄與實際戶數完全脫節，而且各戶的狀態與組成結構長年以來受到人為操弄。參見《惠安政書》，卷二，頁一b～二a。與一五三〇年的《惠安縣志》比較，葉春及對戶數的統計數字少了百分之八，而人口總數則少了百分之二十五。這樣的減少並沒有反映出人口的實際趨向。參見《惠安政書》，卷四，頁三b～四a；《惠安縣志》（一五三〇年），卷六，頁二b～三a。

26 《惠安政書》，卷四，頁五b。

別。葉將所有的知識都加以標準化，編進一種單一、可以無限複製的格式當中，只要對地圖上的網格、方格的比例，以及圖表、空白的大小進行調整，這種格式就可以適用於任何環境。

《惠安政書》中收錄的第一幅地圖是惠安縣的總圖（頁九八圖二之一）。這幅地圖是以每方格代表五里的比例，繪製於三百格的網格上。這幅全縣總圖和《惠安政書》中的其他地圖一樣是有區域界限的。也就是說，在此地圖中，除了所標示的地區分界線之外，扣除表示鄰近居民聚落或行政區的簡要說明，還留有空白。他對於細節的留心，可以從這幅地圖中較大的地形與界線特徵看出。行政區的界線在全縣總圖裡以粗線繪出，而各「都」的編號，則大部分是以黑色方框、黑底白字來表示。葉春及說，他面臨到的最大困難是，如何劃定「都」之間的界線，在那些沒有山丘、河川可作為自然界線標誌的地方，尤其如此。令人意外的是，一五三〇年版的《惠安縣志》，對於解決這項難題幾乎完全派不上用場。譬如《惠安縣志》中列舉出的陂塘，所依據的竟是宋代的里，而不是明代的「都」。[27]因此，若要確定自然地貌或公共建設工程落在哪一個「都」，

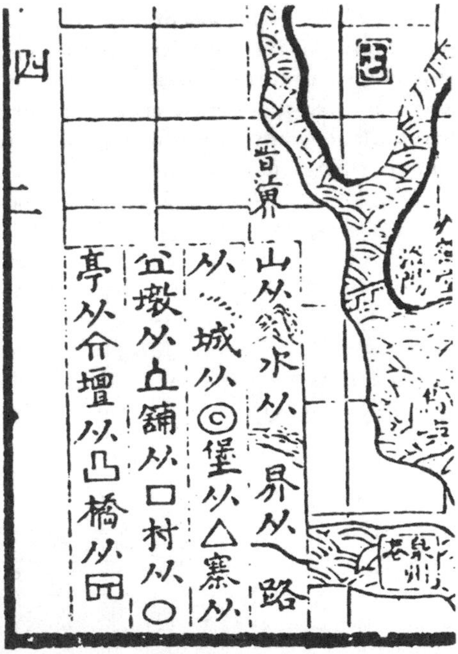

圖 2-2　惠安縣總圖上的圖例　《惠安政書》，卷四，頁二a。

就需要進行實地調查。儘管如此，它們的確切位置也還得等到「都」的邊界確定之後才能最終標定，因為即使連本地居民對於哪塊區域屬於哪一個「都」也都還有爭論。葉春及在論及標定山的位置時說道，比較起來，羅洪先當時面臨的挑戰還比較簡單，因為他繪製的全國地圖裡，只需標明五嶽名山即可。標定河川的位置更是困難，因為在中國繪圖傳統中，對山巒的實際形狀和具體位置不需做太精確的描繪，但是蜿蜒的河川卻不能依樣畫葫蘆、敷衍交代了事。[28]

大部分葉春及在地圖上標明的地形與地貌，都可在地圖左下角的圖例當中查到（見圖二之二）。羅洪先在他的《廣輿圖》裡也運用了若干符號，並將這些符號統一收錄在圖例中說明，但是他將圖例擺在地圖冊之前的序言裡，而不是置於內頁的地圖上。葉春及的惠安縣總圖，顯然是中國第一幅在地圖空白處附有圖例解說的地圖。在圖例中，只有前兩則條目，也就是「山」與「水」（河流），使用圖像表示；其他條目則都以符號代表。例如「界」以粗線表示，「路」以破折號表示，「城」以雙同心圈號表示，不過在地圖上則畫上鋸齒狀的圓圈，用來表示縣城的城牆。其餘的八種符號，用來表示各種建築設施，依次為：堡、寨、墩、鋪、村、亭、壇、橋。在葉春及使用的符號裡，有若干是直接沿襲自羅洪先的圖例（例如表示寨和墩的符號）。另有些符號，例如方框，沿用自羅洪先的圖例，但

27《惠安縣志》（一五三〇年），卷三，頁三 a 以下。另一方面，當縣志標定山的方位時，卻是以「都」為參考物來定位的。

28《惠安政書》，卷一，頁十五 a。關於各種地方志在記載山川與都界時的落差，參見《惠安政書》，卷一，頁十三 a～十三 b、十五 a～十五 b、十六 b。

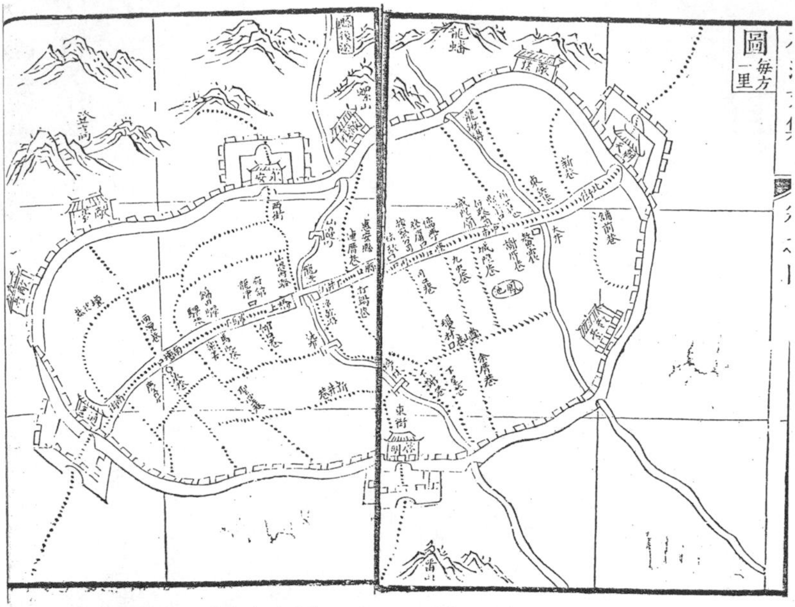

圖 2-3　惠安縣城圖　《惠安政書》，卷四，頁十 b～十一 a。

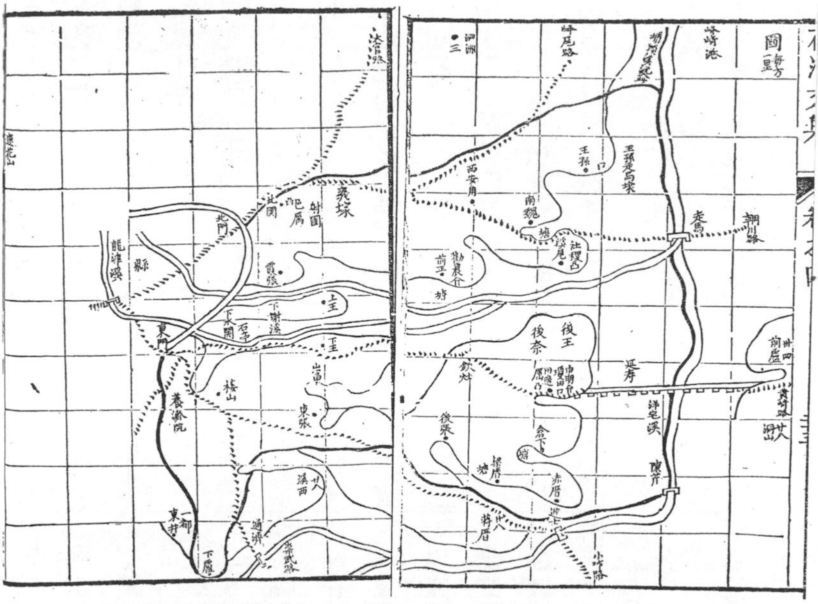

圖 2-4　惠安縣第二都地圖　《惠安政書》，卷四，頁二三 b～二四 a。

是重新設定其代表的意義。方框在羅洪先的圖例中，代表的是府治；而在葉春及的地圖中，方框被用來表示鋪（郵亭或驛站）；其他的符號則都是葉春及自己選用的。實際上，惠安縣總圖並沒有包括圖例列出的所有建築設施，地圖中只標示了沿海地區的墩和鋪而已。葉春及製作的這份圖例，雖然沒有在之後任何一「都」的地圖中再次出現，卻適用於所有的地圖。

《惠安政書》收錄的第二幅地圖為縣城圖（見圖二之三），繪製在只有十二格的網格上，每格代表一里。由於比例尺很低，葉春及在這幅地圖上，得以比在其他地圖上更為自由的揮灑傳統繪畫元素，尤其是圖中的城牆、敵樓、城門護牆以及位於縣城東南的鳳池等，表現得特別明顯。另外，他還重複運用惠安縣總圖的圖例中設定的符號，加上許多讓人感興趣的變化，如在這幅地圖中用來表示城中「鋪」的符號是不封口的長方形，在鄉村地區的「都」裡，鋪指的是驛站，可是在城裡，鋪卻是一家客棧。這幅地圖在和其他地方志當中所繪的縣城地圖比較時，尤其讓人感到震撼，因為單就細節來說，這幅縣城圖畫出城內主要街道、交叉路口、以及公家建築的位置與名稱，後者尤其如此。[29] 人們真的可以持葉春及的地圖走遍全城，按照上面標示一一訪查所有建築與地形。沿著主要街道，由右向左走，從北邊的朝天門到南面的通惠門，你可以在街道南邊看見鰲震客棧（位在剛過龍湫溝處），接著在街道的北邊，分布著本縣主要的驛站、布政分司、城隍廟、儒學（縣立學堂）、登庸客棧、按察分司、絃歌旅店等。再往西走，過了龍津溪，你可以看到府館（泉州府設立的招待所）、龍津客棧、

29 在明代晚期的另外一部地方志中，也有相較之下頗為詳細，但稍微顯得有些抽象的縣城圖，見《海鹽縣圖經》（一六二四年），卷一，頁二二a～二二b。

本縣設立的錦田驛，街道對面，則是樂善客店，再繼續往南走，靠近南門處有慶泉客棧。

惠安縣第二都地圖（見頁一〇二圖二之四）繪製的比例尺，介於全縣總圖和縣城圖的比例之間。網格代表的比例和縣城圖同樣是每方一里，但是此「都」的規模卻需要較為密集的網格（共有一百二十個方格），才能容納其延展縱深。第二都的位置緊鄰接縣城的東南面，縣城城牆就位於本地圖的左邊，由雙彎曲線來表示。此處地形頗為平緩，沒有明顯的地貌特徵，這就表示地圖的繪製需要以河流來作為定位標的物。龍津溪和龍湫溝從左側由縣城流出，向右穿過地圖中部，匯聚在一起之後再流入洋宅溪。洋宅溪貫穿地圖下方，沿途與各溪流匯合，流入地圖右上側。葉春及在每條河流的周圍，畫有連續的細線，看來是想表示這些地方是河川的溢洪道或氾濫區。位於地圖右下角的延壽橋，就能夠很清楚的說明這條連續細線代表的意義。延壽橋和其他四座橫跨洋宅溪的橋樑不同，它不僅跨越河道，而且其細線標示還從河這邊延伸到另外一邊。延壽橋建於一三六六年（元至正二十六年），由一百二十九個橋拱組成，長度近七百公尺[30]。設計這座橋梁的目的是為保證往東邊方向的道路，在河水氾濫時仍然可以保持暢通。運用線條來表現溢洪區——也就是以輪廓線來表示地形地貌——這點非常突出，我在明代其他的地圖中從未見過。

除了河流、橋樑與溢洪區之外，地圖還透露出許多其他種類的資訊：二十個村莊（每個村莊以一個小黑點標示）、三處祭壇、三座亭、一處驛站（鋪）、以及一處防水土壩（埭）。另外，地圖在本「都」鄰近縣城的地區，標明了社圃（縣射箭場）、義塚（公立墳場）以及養濟院（窮困人士收容所）等機構，不過這些機構在地圖上直接寫明文字，而沒有表示符號。二都地圖後附表內所列舉的各個機構，唯一沒有被標註在地圖上的就是學校，表格中列舉了五所學校。在地圖上標註學校位置這件事，顯然是沒有先例可循，而當時葉春及似乎也無意開創先例。這幅地圖繪製得特別精良的地方是，從縣城的東門和北門兩端延伸過來的兩條路網。縣城內那條主要的「大官道」，一出北關後很快分岔為兩條，並且沿著向東的道路繼續細分。出東門的那條道路，一出縣城立刻分為三條岔路，而往東南方向的那條岔路隨即再分出第四條向南的道路。這些道路，不但全部都在地圖上標示出來，而且還附有名稱。葉春及在《惠安政書》的第一章裡提到，他向來特別注意在各「都」地圖中標示出道路，以確保能夠在地圖中找到各「都」之間的道路分界點，也就是道路通往下一個「都」的地點。[31]

葉春及未曾考慮到，他以手工繪製的地圖，在轉換成木版印刷的過程中可能會產生何種問題。他曾在《惠安政書》序言裡提過一次出版事宜，表示要將刻印工作委託給他的友人郭造卿，不過這句話可能只是很有禮貌的暗示，郭造卿支付了該書的刻印費用。如果我們仔細看這些地圖，就可以清楚看出刻印第二都地圖的匠人，與刻印惠安縣總圖及縣城圖的匠師並不是同一人。第二都地圖在視覺上與其他各「都」地圖刻印風格的差異，提供我們明顯的線索。第二都地圖以黑點標示村莊，而不是使用圓圈，在標明道路線時各點的筆鋒也較稜角分明。是否出自不同的匠師之手，就會在標準的記號之外，多出一些東西，從而改變（或是扭曲）地圖的特徵呢？答案已經難以探究了。況且現在我們所看

30 《惠安縣志》（一五三〇年），卷三，頁十一a。

31 《惠安政書》，卷一，頁十六b。

的《惠安政書》版本是一六七二年的重刊本，而非原始版本，更增添了辨認的困難，所以差異之處究竟是從哪裡摻雜進來，我們已經很難判定。

地圖、附錄的文字及表格，大約占了《惠安政書》三分之二的篇幅。然而，如果以章節而論，它們僅占全書十二章當中的五章。在地圖與相關文字、表格之前，另有三章。第一章「圖籍問」提出了二十八個問題，答案中就記錄保存與地圖製作時所遭遇到的種種困難，做了詳細的回覆。第二章「地籍考」則是一系列關於山川、橋梁與各主要建築物的條目。其中，葉春及很細心的注意到在各種地方志中，對於山川、橋梁與建築物記載的差異矛盾之處。他並未逐一列載全部的山川、橋梁與建築物，只挑前人記載不正確之處列舉。第三章「版籍考」，讀來很像是地方志論及一縣賦稅的文字。《惠安政書》的最後四章放在地圖、表格等章節的後面，是有關四個鄉治制度的報告文字，包括鄉約、里社、社學和保甲。葉春及承襲了羅洪先的傳統，以地方官的身分，對這些制度多所支持、贊助。[32]

合在一起看，由十二章組成的《惠安政書》與一般的縣地方志有些不大相同之處。這部書之所以無法被歸類為地方志，有四個理由。首先，《惠安政書》在編排材料時，重視地圖、表格，更甚於文字。其次，在章節安排上，《惠安政書》沒有遵循傳統地方志的次序，也沒有概括地方志應該收錄的項目範圍，例如職官、選舉、人物、藝文等。因此《惠安政書》讀起來更像是一部傳統地方志的三分之一篇幅，而且還是尚未完成的草稿。第三，《惠安政書》和大部分縣地方志不同，並不從縣的層級組織材料，而是從「都」這一級收集資料，所以從這一點來看，它比一般的地方志更加貼近基層。第四，《惠安政書》的作者在書中現身擔任敘述者，與一般的地方志也不相同。葉春及並不遵照地方志的書寫模式，編纂者藏身於客觀敘事文字之後，而是反其道而行，在作品、分析、組織或提出倡議時，處處展現自己的存在，他的《惠安政書》因此而能夠顯現出整部作品和地圖的創造過程。

地方官員選擇編纂一部轄縣的「政書」，而不是修地方志，葉春及並不是唯一的特例。其他人也做同樣的事情，當中有一位，正是較葉春及年長、名聲也更為響亮的海瑞（一五一三－一五八七）。海瑞在擔任浙江淳安知縣時，曾編纂了一部《淳安政事》，記錄自己的政績，此書以內容公正聞名，其成書時間比《惠安政書》早了十一年。《淳安政事》類似《惠安政書》，討論的同樣是地方行政的各項任務和施政程序，也不打算寫成一部記錄縣內各種事務的志書。[33]和《淳安政事》比較，《惠安政書》的書寫體裁稍有傾向傳統地方志，這是因為後者比較注重地理知識，而較少論及財政預算和司法事務的緣故。

葉春及和海瑞一樣，也是一位盡心盡力的地方父母官，他運用自己蒐集、組織起來的知識，雷厲風行的推行縣政。他減低了窮困人家不合比例的賦稅負擔，並且試圖重振保甲與鄉約制度，從中規範全縣百姓的生活。葉春及的這些作法得到平民百姓的愛戴，但是地方上手握權勢者就不以為然了。一七六三年（清乾隆二十八年）的《泉州府志》裡收有一篇葉春及的傳記，其中便說道他不肯屈服於豪強。當葉春及在任時，地方豪強「斂手，莫敢犯法」；顯然，他施政的嚴厲——說得更準確一些，是

32 羅洪先正是組織這類機構、制度，藉以重建地方和諧秩序的倡導者。關於羅氏對於鄉約制度的看法，參見《念庵文集》，卷六，頁六 a～七 b。

33 海瑞，《海瑞集》，頁三六～二〇一。

他對於土地複查所抱持的嚴格態度，使他樹敵甚多。當葉春及在惠安的任期接近尾聲時，他受到拔擢，將調陞到四川擔任知州，而此時一名地方上的反對者竟帶著他的調令藏匿起來。沒有調令，葉春及就不能赴任履新，而且還會因為擅離職守而遭受懲處。[34]此時葉春及已經陷入無計可施的困境，只好向上級告病，辭官返鄉，回到石洞。這次的打擊既惡毒又有效，由於未能赴任新職，葉春及在此後的十八年內都無法起復出任官職，他因而被迫走上和精神導師羅洪先相同的命運道路。

不過，葉春及被迫致仕，對他的學術事業卻是有益處的，因為這使他可以從日常行政瑣務之中抽出身來，成為一位活躍的地方志修纂者。當初他在編著《惠安政書》時，並無意要修纂一部完整的地方志，但是他在第一次進行地方知識試驗時累積起來的那些材料，只要稍加以概括、擴展，朝向編纂地方志發展是相當順理成章的走向。在一五八〇年代，葉春及在廣東家鄉先後編纂了三部地方志，分別是一五八五年（清萬曆十三年）廣州府的《順德縣志》、隔年（一五八六年）與他的家鄉同屬惠州府的《永安縣志》、以及一五八八年的《肇慶府志》。[35]一五九一年他起復重返官場以後，即不曾再編纂過地方志。[36]

葉春及將他在惠安時所得來的創新繪圖技術，運用在一五八六年的《永安縣志》地圖繪製上。他再一次囑託助手們使用網格繪圖法，對地形地貌進行實地勘查，又於刊刻時把地圖描畫到網格上，[37]這些地圖立刻就能被認出，乃是葉春及親手繪製而成。不過，原先在惠安縣地圖中因為比例而可以清楚交代的細節，在《永安縣志》的地圖裡受到限縮。相較於《惠安政書》收有二十九幅地圖，《永安縣志》只收錄了四幅地圖，分別是一幅永安縣地圖及三幅「都」地圖。惠安縣的地圖是在每方格一到五里的網格上繪製，而永安縣的地圖使用的卻是每方格代表十五到二十里的網格。按照這種比例尺，許多原先葉春及在惠安縣地圖上可以標註出的獨特細節，有如溢洪區的邊際輪廓，就在永安縣的地圖裡消失了。然而在提供地理資訊量這一層面上，永安縣地圖卻有一項進步，也就是將道路、河川、以及偶爾出現的地形地貌，標記在行政單位界線之外的空白區域裡。永安縣各「都」地圖內，似乎較欠缺標註抽象繪圖符號的空間。為了適應永安縣的環境，葉春及也調整了圖例解說。他不是將惠安縣的圖例原樣照搬到永安縣來，而是將標示符號縮減了兩種，並且改動圖例中加以標記的場所類型，後者或許是考量到永安縣位處廣東內陸，在機構設置和用語上都和福建沿海的惠安縣有著差異。將這兩個縣地圖的圖例拿來比對，主要的標示符號維持不變，但是當中有兩個符號的用途不一樣，另外又使用

34《泉州府志》（一七六三年），卷三一，頁三五b。

35 在《歸善縣志》（一七八三年）收錄葉春及的傳中（卷十四，頁九a），列舉出葉春及修纂的《順德縣志》（一五八五年）、《永安縣志》（一五八六年）、《肇慶府志》（一五八八年）三部地方志。最後那部《肇慶府志》又稱為《僊州志》，明代以前肇慶又稱為僊州。這三部地方志今日皆存於世，參見《中國地方志聯合目錄》，頁六八五、六九五、七〇九。羅洪先也是一位熱誠鼓吹修纂地方志的倡議者；他為兩部地方志撰寫的序言，收錄在他的文集之中，見《念庵集》，卷十一，頁二三a、三三b。

36 葉春及起復之後所編撰的唯一一部地方史志，是對進入北京徵收商稅和貨物的詳細紀錄，名為《崇文榷書》。《歸善縣志》（一七八三年）提到了這部書（卷十四，頁九a），但此書今已不存。

37 胡邦波所撰〈《永安縣志》地圖研究〉一文，對於《永安縣志》當中的地圖進行考察，但是這篇論文發表時，胡邦波還未看到《惠安政書》，因此他在這篇論文之中的若干論點，諸如曾精心考證羅洪先對葉春及帶來的影響等（頁九六～九七），現在看來都顯得過時，而且已無討論的必要。

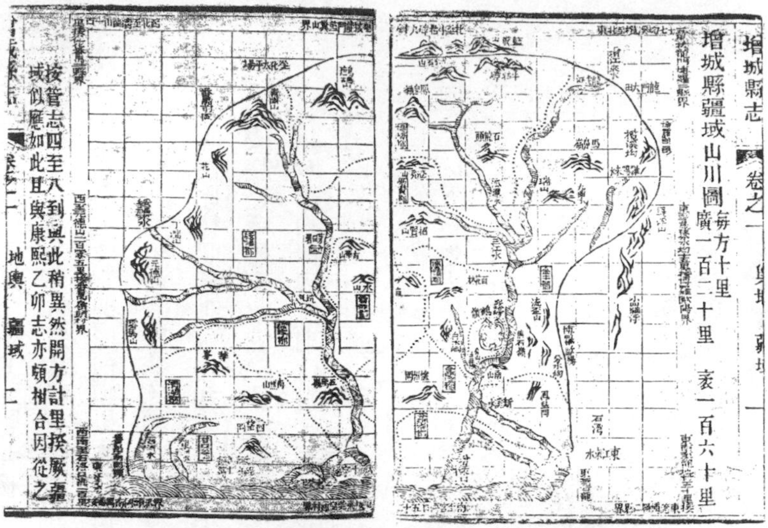

圖 2-5　廣東增城縣圖　《增城縣志》，一八二〇年，卷一，頁一 b～二 a。這是清代地圖中，我所能找到最早重新以網格法繪製的地圖。比例為每方十里。

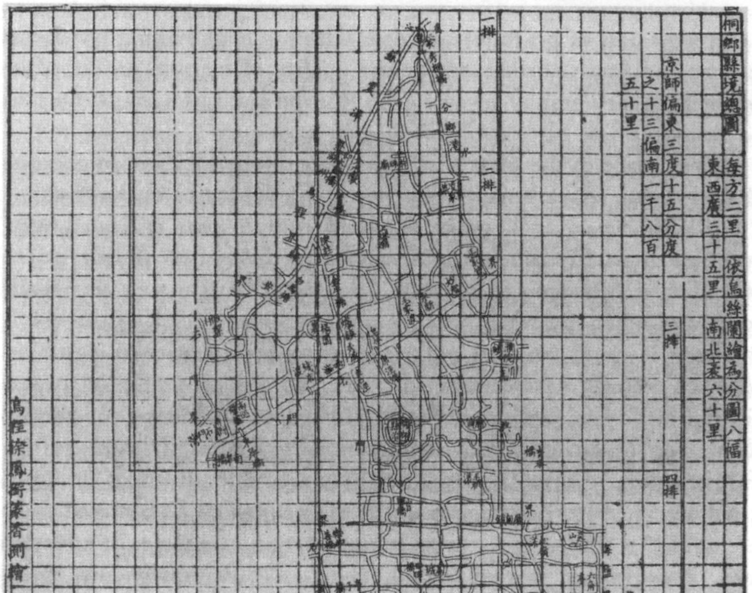

圖 2-6　浙江桐鄉縣水道分布圖　《桐鄉縣志》，一八八七年，卷一。這幅地圖值得在此一提，因為它以網格法繪製（每方二里），但是同時又與緯度產生關聯。地圖右上方的說明文字指出，該縣位置在「京師偏東三度十五分度之十三（3° 13'）」。實際上，這段說明可能誤差了整整一度。桐鄉縣位在 120° 37'，而北京則位於 116° 22'，兩地間緯度相差 4° 15'。以穿越北京的經線作為本初子午線的地圖繪製作法，始於康熙年間的天主教耶穌會傳教士。地圖說明文字並未提到緯度，而只是說桐鄉縣在北京「偏南一千八百五十里」。

了三個新的符號。葉春及懂得變通，能夠因地制宜，調整自己的作品。對於他來說，在地的實況比起先前的成規更具有權威地位，即使是自己訂下的成規也不能例外。

葉春及繪製的地圖，附有圖例與網格框線，外觀看來頗為類似近代繪圖作品，相當引人注目。這種雷同，在葉春及繪製地圖的年代，只能說是偶然。利瑪竇於一五八四年刊印其世界全圖以前，中國人並不知道歐洲人以線條表示經緯度的作法。他們更不明白，歐洲人地圖中表示經線、緯線的網格是依照球狀設計，而並非平面的棋盤格狀，儘管如此，中西之間的偶然巧合卻造成影響。利瑪竇所繪製的網格地圖，由於類似羅洪先的圖冊，使得中國讀書人易於接受，認為它是一幅悉心繪製的地圖。也有可能，正是利瑪竇本人，這位始終用心在文化差異的環境下找尋與中國受眾溝通橋樑的傳教士，看出了網格繪圖法恰是具備了溝通中西文化的意義。畢竟，當利瑪竇繪製《坤輿萬國全圖》（*mappa mundi*）之時，他心中清楚羅洪先繪製的《廣輿圖》是中國最好的地圖。

中國與歐洲之間對於地圖繪製技法的彼此相互誤解，並未對中國的地圖繪製作法帶來任何改變。儘管葉春及的繪圖技法明顯具備諸多優點，地方志的繪製地圖者卻還是繼續使用早年的繪圖成法來傳達空間資訊。在葉春及身後，一項對福建、廣東、浙江三省地方志的非正式調查發現，在十九世紀之前，沒有再發現有任何使用網格法繪製的縣或「都」地圖。之後最早刊有網格地圖的地方志是廣東增城縣的縣志，時間可以追溯到一八二〇年（參見圖二之五）；廣東及江南一帶的地方志隨即紛紛仿效。[38]到了一八七〇年代，從福建到長江流域，網格繪圖法已經廣泛的在地方志當中得到運用，[39]但也就是在此時，廣東的地方志編纂者卻開始放棄傳統的網格繪圖，轉而採用西洋的經度與緯度。[40]事實上，廣東這些改採用經、緯度編纂的地方志，其中一部就是一八七六年（清光緒二年）修成的《肇慶府志》——葉春及是一五八八年版本的修纂者。很難認定兩者之間存在任何內部聯繫關係，一八七六年版是否曾向一五八八年版借鏡取經？網格法的重振旗鼓，很顯然是中國在歐洲地圖東傳之後的一種反應，因為網格法讓中國地圖在外觀上看來與歐洲地圖很相似。然而這種振興只是一種過渡，一八八七年（清光緒十三年）的浙江《桐鄉縣志》就能證明這一點（參見頁一一〇圖二之六）。在這部地方志中，製圖者將地圖畫在傳統中國網格上，同時標明其緯度，藉此將中國與歐洲的網格繪圖連結起來。[41]如果不是因為網格法繪製出的地圖，在外觀上與國外傳入的技法相似，網格法可能不會在十九世紀復興起來。這次網格法的復興，也就等於宣告它的退場，一旦中國的地圖繪製者接受歐洲技法的訓練，並且按照歐洲方式繪製地圖，以葉春及模式繪製地圖的興趣，便壽終正寢了。

換句話說，網格繪圖法提供了一個通往歐洲繪圖法的道路，此路快速便捷，卻很快失去效用。從地圖學譜系的角度來說，葉春及在中國地圖繪製演進史上做出的貢獻，毋寧是極為重要的，他將羅洪先的技法應用到羅氏未曾嘗試過的細節層面，並且在其著作裡留下大量關於地圖繪製過程的紀錄。但儘管如此，在繪製地圖的實務領域裡，葉春及帶來的影響卻甚為有限，他的作品未能廣泛傳布，《惠安政書》在當時幾乎完全不為人所知，而且只留下一部重刊本傳世。葉春及修纂的另外三部地方志，同樣也罕為人知。葉春及繪製的地圖，在當時似乎沒有任何市場需求可言，一直到歐洲的繪製地圖技法傳入中國，與當時既存的技法產生牴觸，從而占據了圖像視覺的主導地位、讓網格法之前的地圖繪製技法相形見絀以後，網格法才重新受到人們的重視。葉春及擔任地方父母官時，在「一條鞭法」改革期間致力追求的準確性，到改革過後即無人聞問，看來地方州縣官員都以官府簿冊文書上的記載敷衍應付為滿足，不去計較這些記載與轄區之內的真實地形與疆界是否相符。

從更寬廣的視角來看，葉春及在中國地理知識體系發展史上的地位，要比他在地圖繪製史當中的貢獻，更加難以評定。《惠安政書》是一部令人印象深刻的創新之作，但是卻未能產生任何影響，甚至葉春及之後繼續編纂地方志的事業，這部作品也沒能促成他發展出新的地理知識整理、收集模式。葉春及之所以寫作《惠安政書》，其動機來自於他的立場觀點，也就是一位現任地方父母官念茲在茲的施政考量。他收集、整理這些資訊，並不是對知識本身有興趣，而是因為他了解準確的知識對於像他這樣的官員「為政」時的重要價值。繪製地圖乃是為了建立國家秩序，因此需要更精確的地圖，或

38《增城縣志》（一八二〇年），卷一，頁一b～三a；另參見《電白縣志》（一八二五年），卷一，頁一b、五b；《西寧縣志》（一八三〇年），卷首，頁一b、八b～二七a；《江陰縣志》（一八四〇年），圖部，頁九b～四九a；《新會縣志》（一八四一年），卷一，頁一b、九b～三七a。地圖繪製的比例尺，由每方一里到十三里不等；西寧、江陰、新會三縣的地方志除繪有全縣總圖外，也有各「都」地圖。

39《福建通志》（一八七一年）；《海鹽縣志》（一八七六年），卷首，頁五b～十一a；《孝豐縣志》（一八七七年），卷一，頁二b～八a；《江寧府志》（一八八〇年），圖部；《上虞縣志》（一八九一年）。

40《番禺縣志》（一八七一年），卷二，頁一b～十二b；《肇慶府志》（一八七六年），卷首，頁一b～三一a。

41《桐鄉縣志》（一八八七年），卷一，頁三三～四一。

是更詳細的文字概述，希望在治國之道的層面上有所貢獻。這些文獻之所以需要精益求精，從某種意義上來說，只是因為國家需要提高其登錄在案的資訊準確度。然而看來諷刺的是，明代中葉以後，水準最高的地圖繪製技術，以及最為詳盡的地理知識概述，竟然都是由羅洪先、葉春及這樣大半生失意於官場的學者所完成的。同樣的，他們在國家體系的邊緣地帶完成上述事業，其對於知識的追求是為了增進治術，而不是為了探索學問。葉春及在繪製這些地圖的時候，心中除此恐怕也沒有其他的想法。不過，在當時，要不是他身處的位置，需要這方面的知識，他可能永遠不會去繪製這些地圖。

第二部　田野

第三章 江南圩田及其稅收

時間大約在一六二〇年（明萬曆四十八年），丁元薦（一五六三—一六二八，一五八六年取中進士）在家鄉長興縣南邊泛舟游湖。明代浙江湖州府下設置有五個縣，位於太湖南岸的長興縣就是其中之一。太湖水域廣袤，可謂是江南一帶的水利灌溉中心。長興縣與位於其東側的烏程縣，都是湖州府轄境裡雨水最豐沛的地區，為遍布低地圩田的水鄉。這天，當丁元薦泛舟經過一個名為呂山的村莊時，發現一塊位在太湖岸邊的石刻。他在日記中寫下這樣一段記載：

> 余舟過呂山岸畔，有一石，高二尺許（約三分之二公尺）。上刻某字圩共田若干畝。字畫幾漫漶，當是二百餘年物。每區每圩，皆有之。或年久石斷，或沉水，或為人持去，無有按區按圩遍查之者。就此清查，以圩合區，以區合縣，則丈量之法，簡要明白。[1]

對於好幾個世紀之後，常對著古時碑文苦思鑽研，想知道明代人如何過生活的我們來說，看到晚明的人在辨識一塊本朝石碑的碑文時，竟然也會碰上麻煩，這種古今相似的情況，實在讓人感到欣慰。而「丁元薦辨識本朝石碑」這件事情，也如同那塊漫漶的刻石，逐漸變得難以釐清了。石碑立在那裡的目的為何？為什麼到了一六二〇年，它就已然成為一段消逝過往的褪色記憶了呢？

注意到這塊石刻的丁元薦，並不是一位單純途經鄉村的旅人，而是長興縣裡盡責熱誠的地方仕紳領袖。他出生在一個有名望的仕紳之家，自幼家學淵源、飽讀詩書，才能以二十三歲這個讓人驚異的年齡，一舉中進士。如果丁元薦待在官場的時間夠久，能成為主要角色，以他的少年才俊、道德文章，再加上不屈不撓堅持理想的氣節，或許會使他成為萬曆年間朝廷黨爭的風暴中心人物。然而，每次他獲派官職，無不想盡辦法與各方朋黨勢力疏遠，特別是和宦官主導的派系保持距離，最終使他落得罷職返鄉的下場。[2]除了短暫擔任廣東按察使司的職務以外，丁元薦在官場時並無農田管理的經驗，因此他對於圩田的認識，乃是得益於他身為仕紳在長興縣積極參與地方事務所致，[3]這一點相當重要。丁元薦和許多萬曆一朝志存改革的仕紳一樣，服膺於激勵他們投身鑽研治國之道的信念，相信只要得出整體的解決辦法，諸項存在於社會的問題，就可以迎刃而解。長興縣圩田堤岸的潰爛失修，正是這些社會問題當中的一環，而丁元薦在呂山發現的石碑，似乎為他提供了一項解決之道。

根據丁元薦研判，這塊石碑的歷史有兩個世紀之久；日後證明，他所做的估計稍微偏長了一些。這塊石碑刻上文字，並且立於面向河流的農田源頭處，大約只有一百五十年的時間。立碑之年為一四七二年（明成化八年）是當時長興縣重新清理錢糧圖冊所得的成果之一。長興縣和明代其他縣分一

1 丁元薦，《西山日記》，卷一，轉引自濱島敦俊，《明代江南農村社会の研究》，頁二三。

2 《明史》中有一篇丁元薦傳記，筆調中充滿欽敬之情，見頁六一五六～六一五七。

3 關於丁元薦涉入地方財稅事務的事蹟，參見濱島敦俊，《明代江南農村社会の研究》，頁三二二、三二五、四九二；另在該書頁六〇五中，還提到在一六二四年（天啟四年）平息長興知縣被刺殺後引發的暴動，丁元薦在其中所扮演的角色。

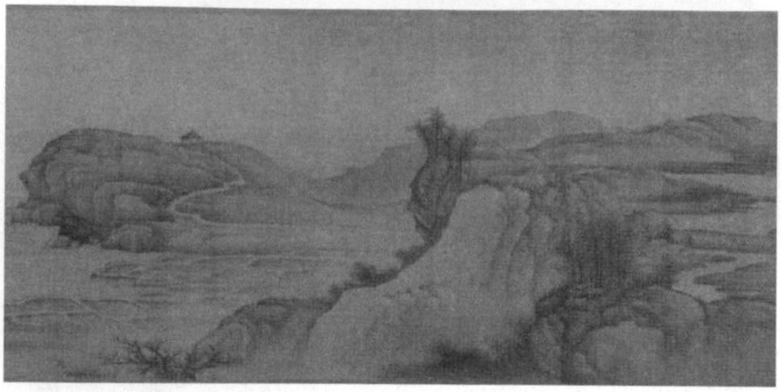

圖 3-1　樊圻（一六一六──一六九四後）卷軸畫《江畔景色》中，長江沿岸的小塊圩田，根據雷德侯（Lothar Ledderose）編著《蘭花與奇岩》（Orchideen und Felsen）複製。（Ledderose, Orchideen und Felsen, pl. 184.）資料來源：柏林國立博物館東方部藏品。

樣，轄下也設有各級鄉治行政單位，明太祖朱元璋於一三七〇年代在全國各地施行此種鄉治制度，作為地籍調查與賦稅徵收的基礎。這個由基層行政單位交織構成的架構網絡，密度最高的地方位在浙江北部，穿過南直隸省境，延伸到其東南部一帶。在本書第一章曾經說過，這一帶地方，每個縣平均有一百五十多個里。長興縣位處於這一地帶的中心，一四六一年時，「里甲」制轄下擁有數量驚人的二百五十七個里，「圖」的數量則與里相近。[4]一四七二年時，這些「圖」由於土地重新登記而遭到撤廢，以適應當初洪武年間未能考慮到的若干現實因素。洪武年間的里甲制，乃是將賦稅徵收圖冊強加於村莊與耕地之上，而一四七二年重新清查的作法則是反過來，按照實際存在的田地界線進行課徵。透過這樣的途徑，有效的扭轉了洪武年間所設定國家行政與社會實務之間的關係。丁元薦在呂山和太湖畔其他地方見到的石碑，正是這項制度變革留下的遺跡。

圩田

一四七二年的錢糧清查屬於區域性質，只在像長興縣這樣，境內有圩田、地勢較低的地區施行。從嚴格定義上來說，圩（或者叫做「圍」）是修築在田地周圍抵擋洪水氾濫的堤壩。不過，這個詞通常也用來表示堤壩內的耕地。農人們將河川湖畔的沼澤或淤積地用堤壩圈圍起來，然後闢為耕地（參見圖三之一）。[5]由於圩田堤壩外的水位通常要高過圩內，堤壩的妥善維護，對於圩內作物的生長就顯得至關緊要。地方志的修纂者們經常提到，颱風是明代圩田的大敵。例如在一五一〇年（明正德五年）七月，長江沿岸、上海一帶的農民們就經歷了颱風造成的慘重災情，當時「大風決田圍，民流離飢疫死者無算」。[6]而堤壩因為日久失修、坐視不理所造成的潰壞，其規模雖然沒有颱風造成的災情那樣巨大，發生的次數卻更為頻繁。

對於圩田，國家有兩種反應方式：一是禁止闢建圩田，以確保同一灌溉系統內的其他農田；二是鼓勵闢建圩田，以求能增加農作物產量——至於該採取哪一種反應方式，則端看當地環境而定。闢建

---

4 梁方仲，《中國歷代戶口、田地、田賦統計》，頁二三四；長興縣有二萬八千七百二十戶。

5 在中文裡，「polder」這個字可以翻作「圍」或「圩」，後者在江南使用的情形較為普遍。「圍」和「圩」這兩個字在現代漢語中的發音，已經統一發成「維（wei）」音（譯註：據我國教育部「異體字字典」網站，「圩」字音讀同「魚」音，又可做「維」音。）此外，「塘」這個字也被用來指稱圩田周邊各種各樣的堤壩、水溝，或是鄰近一般非圩田耕地的灌溉用蓄水池。

6《婁縣志》（一七八八年），卷十五，頁五b。

圩田有時會引發若干問題，像是強行圍堤會造成水道舟船交通的阻礙與混亂，[7]或是引發水位上升，倒灌其他沒有堤壩保護的低地農田，或是淹沒地方水利系統裡高度較低的堤壩。[8]但是圩田也能將難以耕作的荒土變為良田，所以在某些時機和地點，舉凡長久以來有圩田之地、耕地缺乏之地，作物產量趕不上需求之時，以及賦稅的重要關頭，國家就會介入其中，以確保地方稻米生產所仰仗的圩堤不至於潰決。在長興這樣的縣分，乃至於江南大部分地區，國家鼓勵闢建圩田的方式居於主導地位。

明代農民運用許多方法以求增加耕作面積，修築圩田是其中之一。明代時在山區闢建梯田或是在邊境開墾屯田，乃是將偏僻的土地納入總體農業生產之舉；圩田則不一樣，圩田是從大自然獲取的，必然是肥沃的土地，產量能夠達到一般土地無法企及的程度。修築圩田最早可以追溯到兩千年之前的春秋時代，不過要到了宋代，圩田才成為江南地區普遍存在的景觀。[9]一三一三年（元仁宗皇慶二年），王禎在其撰寫的《農書》中，首度對圩田做了徹底的描述，當中還注意到圩堤可以被地方豪門大族作為手段，用來圈占、掌控圩內耕地。[10]三個世紀以後，徐光啟在其《農政全書》裡，用整整三卷的篇幅，對於圩田的修築與維護提出各項建議，此外還在另一卷中介紹有效實施圩田灌溉的技術。[11]圩田的規模落差很大，小則區區數畝，大則達數萬畝之廣。[12]同樣的，圩田之內個人擁有的耕地，規模的差別也很大，這些田地間，通常是以一套複雜的系統來分界，這套系統則由用來傳送和控制灌溉水流的渠道與田埂所組成。由於圩田的修築、維護及灌溉，需要大量勞動力，因此同一社群的圩田農民，經常共同集體勞作。[13]

明代時，圩田是江南農耕體系裡最醒目的人為建設景觀。「城湖水所經，東西皆圩，」大約十六世紀後期時，在位於太湖西岸的高淳縣，有一位文士如此寫道：「（縣城）左右前後，四面圩田。」由於圩田在南直隸和浙江一帶相當普遍（見下頁圖三之二），這些地方的農民，通常也就被稱作「圩民」。[14]他們的生活圍繞在圩田農業所需要的技術及其能提供的資源展開，而圩田在十六世紀時能供給的資源，和二十世紀時差不多。一九三〇年代，費孝通在描述太湖沿岸圩田區域內的一處村莊時，

7《常熟縣志》（一五三七年），卷四，頁十八b，提及十五世紀時，「圍田有禁，則水道廣而無障。」

8 Peter Perdue, *Exhausting the Earth: State and Peasant in Hunan, 1500-1850*, ch. 7.

9 關於對宋代圩田的研究，可參見米拉・米赫利克（Mira Mihelich）的論文 "Polders and Politics of Land Reclamation in Southeast China during the Northern Sung," 以及約翰・史圖莫（John Steumer）的 "Polder Construction and the Pattern of Land Ownership in the Tai-Hu Basin during the Southern Sung Dynasty." 關於元代時期圩田修築往西擴展，到達長江中游的研究，參見白馥蘭（Francesca Bray）的專著：Bray, *Science and Civilisation in China: Agriculture*, pp. 113-118. 關於明清兩代在這些地方修造圩田的歷史，參見濮德培（Peter Perdue）的研究：Perdue, *Exhausting the Earth*, pp.197-219.

10 王禎，《農書》，頁一八六；西山武一也強調修築圩堤在這方面的作用，見西山武一，〈亞洲農業源流〉，頁四一。

11 徐光啟，《農政全書》，卷十三、十四、十五、十七。

12 徐光啟，《農政全書》，頁十七~十八；我在晚清史料當中見過規模最大的圩田，位於廣東，總面積達五萬九百七十畝，見《高要縣志》（一八二六年），卷六，頁一b。

13 Fei Hsiao-t'ung（費孝通），*Peasant Life in China*, pl. xi. 當圩田農民屬於同一個宗族社群時，圩田就成為宗族共同擁有的財產，這種情況在湖南和廣東很常見。參見 Perdue, *Exhausting the Earth*, pp 174-176.

14《高淳縣志》（一八八一年），卷二一，頁八b、十a；感謝費絲言教授告知這一材料。類似《高淳縣志》的描述，可以參見《嘉興府志》，卷二二，轉引自川勝守，《中国封建国家の支配構造》，頁六〇六。

注意到村民的土地分布在十一塊圩田裡，而他們則居住在其中四塊圩田的邊緣。這四塊圩田位於三條溪流的交匯處，溪流上架有橋樑，便利人們在村莊內相互往來交通，因而避免了村內不同區域被隔開的情況出現。十一塊圩田裡，九塊完全屬於村內民眾所有，另外兩塊圩田則有若干土地屬於其他村莊的民眾。[15]因此，圩田和村莊的界線，也就未必會完全重合，不過村莊的發展卻受到圩田地形地貌所施加的影響。

一三七〇年代，當新興的明代建立起地方行政體系與施政機構時，所面對的並不是像加拿大草原三省（Canadian prairies）那樣整齊劃一的地形。後者在一八七〇年代時，政府調查人員只需循著《自治土地法案》（Dominion Land Act）的路線，就能劃分出極為整齊的方格行政區劃。反觀一三七〇年

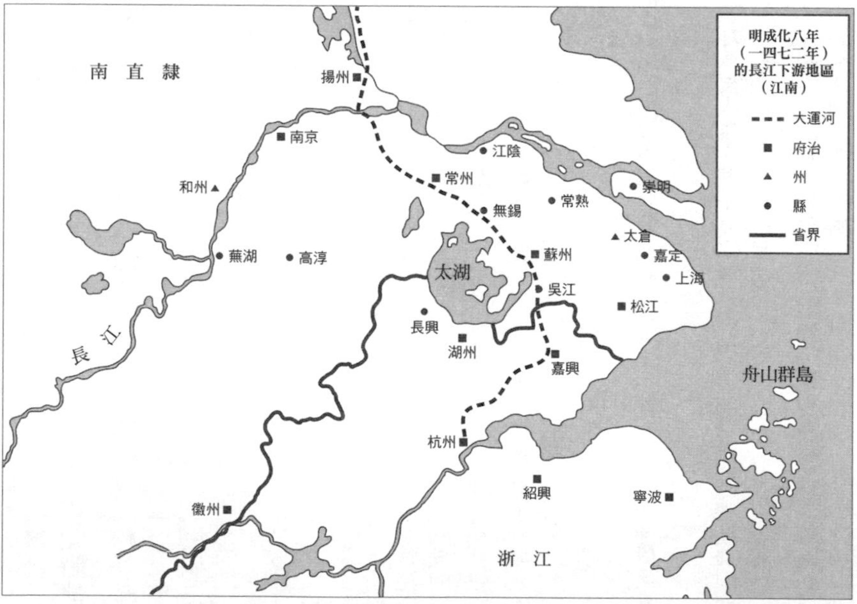

圖 3-2　明成化八年（一四七二年）時的長江下游地區（江南）

代的中國土地調查官員，根本不敢夢想能劃出這樣整齊的行政區域。中國的地形景觀不只是因為自然地貌不同而有差異，還受到人為農業施作的影響，其中最明顯的就是圩田。土地調查官員為每塊耕地設定公平合理的賦稅額度時，不得不將這樣的差異列入考量，最後再將這些小面積的耕地匯合成規模相近的「圖」。一三八一年建立起來的里甲制度，對於圩田並沒有設立特別的規範。下圩田耕作的農民，和其他地方的農民一樣，被編入里、甲當中，然後再彙總成為由糧長管轄的「區」。一開始，每區設置一名糧長，為了課徵土地稅，這些耕地都登記在「圖」的名下，然後再往上匯入各「都」。

區

在丁元薦見到的那塊石碑上，對於圩田制度的分析文字裡，「區」看來相當顯眼，所以我們必須從這個行政單位開始說起。區的設置是以土地所能提供課徵作物賦稅產量作為基礎，每區所設定的課稅額度，應為一萬石，不過大部分的區都略低於這個數字，約為數千石之譜。這就表明一個區底下所轄的「圖」數量，實際上相當具有彈性，少則只有六個，多則可達八十個「圖」。從十五世紀中葉起，當各項繁重徵稅職責往下轉移到糧長的身上時，有些縣分下轄的「區」數量就開始急遽地減少，或者是乾脆將其撤除。[16]即使是在那些仍然保留「區」的地方，它們的管轄權限也經常被分割到稱作

15 Fei, *Peasant Life in China*, pp.18-20.

16 梁方仲，《明代糧長制度》，頁六一～八四。

「扇」或「角」的較低層級分區。[17]

在江南一帶，「區」之所以還繼續被沿用下去，因為它們除了用來組織賦稅徵收之外，還被附加上管理水利的相關職能。有些「區」作為糧長徵收賦稅的單位，原先一度已告消失，但是由於水利資源管理的需要，又重出江湖。不過，通常賦稅徵收和水利資源設施的管理，兩者是相互重合的。糧長因為要負起該區內賦稅徵收的全責，所以他對於投入一些能夠確保農作產量的建設會感到興趣，尤其是水利灌溉工程。[18]這種及於地方基礎建設的興趣，最初開始時可能是為應付緊急的需求，例如明代初年的蘇州府吳江縣，巡撫要求各糧長須在水患肆虐時擔負起協調區內里甲救災的責任。[19]不過早在洪武年間，浙江北部各地的糧長就受到水利管理官吏的協助，這批人被稱為「圩長」。[20]據吳江縣本地人氏史鑒認為，蘇州府的水利資源設施由糧長監管，時間可以追溯到永樂年間（一四〇三至一四二四），[21]最晚到一四三〇年（明宣德五年）時，蘇州府每位糧長手下，都有六名「圩老」協助其管理水利設施，這些圩老由一名「總圩長」監督，而「小圩長」則在地方層級活動。

上述這些史料並不完整，不足以用來指稱圩田是正式的鄉治單位，也不能證明圩長除了負責水利設施的維護之外，還被賦予其他職責。[22]不過在十五世紀初年的某些時間裡，圩長開始成為國家行政體系的非正式代表，負責管理圩田。[23]譬如位於長江出海口的崇明縣是一個遍築堤防的島嶼，在一四四四年（明英宗正統九年）修纂地方志時，還屬於太倉衛（後來升格成為太倉州）管轄；根據這部地方志指出，「區」成為介於鄉與圖之間的地方鄉治單位——也就是說，「區」的位階和「都」對等，從中可以看出，地方仰仗圩田組織財政事務的程度正在提升。[24]一個世紀以後，一五四八年（明嘉靖

17 「扇」原來是帳冊簿本的單位量詞，可參見余繼登，《典故紀聞》，頁一九四。明代時，「扇」用來指稱地方行政分區的單位，例如在湖州府，鄉底下有時候被分為幾個「扇」，參見《湖州府志》（一六四九年），卷二，頁三a～三b。另外，在蘇州府與杭州府，鄉村地區的「都」有時也會被分成若干「扇」，參見《吳縣志》（一六四二年），卷二，頁二a～五a；《杭州府志》（一四七五年），卷二，頁八a；而杭州近郊的衛所，也會被分成幾個「扇」，參見《杭州府志》（一四七五年），卷二，頁四a。「扇」同時還被用來作為溫州府永嘉縣內八個鹽區的單位名稱，參見《永嘉縣志》（一五六六年），轉引自《天下郡國利病書》，第二十二冊，頁一三三a。

18 鶴見尚弘，《明代における鄉村支配》，頁二六二。

19 《吳江志》（一四八八年），卷五，頁二三b～二四a。

20 川勝守，《中国封建国家の支配構造》，頁一二七～一二八。

21 伊懋可（Mark Elvin）在其著作裡英譯了部分史鑒的文字，他是從川勝守於一九七三年發表的一篇論文中轉引這篇文字的，參見 Mark Elvin, "Market Towns and Waterways," p.450.

22 據一五四八年（世宗嘉靖二十七年）修纂的《吳江縣志》指出，圩長似乎只負責管理水利設施，也就是所謂「按區設糧長，以收稅糧。扇書以稽出納。塘長以修水利。」圩長在此稱為塘長，以和新設置的低階地方行政官吏圩長區別。該地方志聲稱，全縣有三千一百五十八位塘長；參見《吳江縣志》（一五六一年），卷十，頁二b。不過該地方志沒有說明這項措施是從何時開始實施，而該縣一四八八年版本的地方志則記載區為主要的鄉治單位。見《吳江志》（一四八八年），卷一，頁四a。塘長這項職務，在李濟賢《明代塘長述略》一書裡有所描述。

23 在這裡，我採用的是川勝守的解釋，他同樣認為早期稱作圩長或塘長的職務，主要職責在維護水利設施，而不是財政稅收；參見氏著，《中国封建国家の支配構造》，頁一三五～一三六。

24 《崇明縣志》（一四四四年），卷二，頁四a。

二十七年）修成的《太倉州志》表明，「塘浦」已經被州土地登記簿冊用來劃分各「區」地界。[25]這些史料記載只能暗示圩田具備地方行政單位的地位，究竟它們是不是正式的行政單位？圩田具備行政職能，是否可以追溯到一四四四年之前，還是稍後產生的一種創新作法？這種作法是針對地方行政問題的一種解決方案，或者是財政運作的重組整頓？答案目前還不清楚。

不過，從上述這些觀察當中，我們可以預料到有若干變化將要產生——從原來圩田隸屬於鄉治單位，轉變成為鄉治單位隸屬於圩田。這樣的變化，看來似乎於一四七二年首先發生在丁元薦的家鄉湖州府。然而，解釋這種變化最佳的數據資料，卻並非出自長興縣，而是得自於附近的烏程縣。該縣圩田的規模，和長興縣相近。[26]在一四七二年之前，烏程縣下分為十三個鄉、六十一「都」（當中有八個位於城區、五十三個位於鄉村地區）、二百八十二個里，其中有十個位於城區。一四七二年時，在這個架構之下，再增設了二十三個區。雖然這項改革並未影響各「都」之下「圖」的組成，但是將「區」一級加諸在現有體制上，確實改動了各鄉底下「都」的分布。通常「區」納編的「都」會在同一個鄉內，卻也不會全都如此。「區」可以不顧各鄉之間的界線，由不同鄉的「都」組成。舉例來說，第五區即是合併三碑鄉、霅水鄉各自的其中一個「都」，加上城內的八個「界」所組成。而第六區則以霅水鄉的其他三個「都」、靈壽鄉的三個「都」，以及九元鄉的一個「都」合併而成。如此把鄉這一級的單位攪亂，其目的是要以不同於明朝創建時採用的「里圖合一」原則來建立賦稅登記制度；也就是說，「區」的編成是按照實際地域而非社群聚落。正如丁元薦所說，太湖岸邊的石碑文字記載了圩田之內的田畝數量，代表當中的「區」不再按戶數登記（這是里甲編制的原則），而是以當地的土地數量來決定。丁元薦很推崇一四七二年這種「以圩合區，以區合縣」的安排。烏程縣有二十三個「區」，丁元薦的家鄉長興縣則只有十二個；在這十二個區底下，延伸出數十處圩田，分別按照《千字文》裡的文字順序進行標記。丁元薦帶著讚許宣稱說，這種作法「簡要明白」。在一四七二年的江南，田地讓我們得以觀察，國家力量如何在縣這一級施展其對轄區內的財政控制。

登記制度從里甲改為圩田，由社群界線改為劃定圩田的邊界，這是一項相當重大的改變。圩田絕對不是含糊混亂的戶口數字，而是長期以來農人細心耕耘照顧的田地，某些地方的圩田甚至將近有四百年的歷史，它們尚且還決定了戶口的安居、社群聚落的形成。使這個地區農作高產量得以實現的圩堤，並不僅只是保障高產量農業活動的基礎設施而已，圩堤同時還是財產與社群聚落的分界線。里甲制度原先認定，藉由組織戶口、追蹤戶口，就讓官員得以對土地進行追查和監管，而不必考慮實際上的土地界線，結果逼得朝廷只能修造《魚鱗圖冊》來重新覆核這種偏差情況。可是，上述只是每戶須上繳國家稅賦的其中一部分；另外一部分則是按照黃冊徵集各戶所服的勞役。以圩田農作的情況來說，勞役的平均分攤非常重要，因為所有在圩田裡耕作的農人，都要仰仗圩堤、水道和公共水利設施

---

25 張櫝，〈答曉川太史論水利書略〉，轉引自《天下郡國利病書》，第五冊，頁五八b；這一筆記載還出現在《太倉州志》（一五四八年），卷十，頁四三b～五〇b。但是在上海書店影印重刊的一六二九年天一閣鈔本當中，提及分區地界的第四十九頁散佚了。

26 這裡對湖州府鄉治行政體系的復原重建是根據以下資料：《湖州府志》（一四九一年），卷四；《湖州府志》（一五四二年），卷七；《烏程縣志》（一六三八年），卷二，頁九六～一二六。上述材料的摘要內容，收錄於曾我部靜雄，《中國及び古代日本における鄉村形態の變遷》，頁二四四～二四七。

的維護。上述任何一處設施一旦潰決，都會造成整個圩田社群聚落的毀滅。一四七二年的土地登記重新整頓，對於這種情況加以承認，決定讓圩田作物收成同時繳納賦稅，並且提供勞役人力。如此一來，能夠以圩田作為徵集勞役的基礎，便是按照其資源能力來調整徵稅層級，也能確保有足夠的勞動力可以維護圩田設施。這麼作對國家有利，因為國家可以藉此提高動員勞役的能力；同時圩田裡較貧窮的農戶也因此受惠，因為稅賦分擔更為公平；而單憑他們個人力量無法做到的圩堤維護等事項，因此也有了保障。

湖州府的變革，並未成為特例。在其他轄境內有圩田的縣，地方官也分別以各種方式仿效跟進，不過，關於這一點的史料較為零散不全。在鄰省南直隸的松江府，「區」在十六世紀初期（或許還更早）就已成了「圖」以上的主要稅收管理單位。[27]然而增設「區」這一級意味著什麼，至今還沒有完全清楚，根據伊懋可（Mark Elvin）的推斷，對「區」的依賴，乃是「起源於十六世紀時的混亂，而幾乎成為所有一般規模的（水利）工程在組織時的途徑」。[28]與其說是混亂，增設「區」這一舉動也許還意味著調適，因為「區」不僅是用來標明糧長治水責任區域的界線，還被用來徵集勞役；更有可能的是，「區」扮演重要角色可以追溯到十五世紀之時。在松江府太倉州，前面引用的一五四八年《太倉州志》就提到，當地的土地登記是以圩為單位；州志修纂者也觀察到，至少在一五二〇年代以前，在土地調查登記簿冊上，每塊圩田都繪製單幅地圖，而之後形成的登記簿冊上，還有每一區的總圖。圩田和「區」現在成為土地調查時的單位，如果圩和區不具備某種行政管理上的價值，或許就不會以圩為單位進行登記了。

土地登記以圩和區作為單位的改變，並不徹底而全面。首先是人們對於「區」的性質為何，仍然抱存著疑惑，另外還伴隨著其他因素，使得「圖」和「都」這些原有的行政單位在新單位出現後仍舊存在。一六四九年（清順治六年）版《湖州府志》的修纂者如實記載，稱「以區合里」，讀者或許會認為這是從前的「里甲／糧長」制度，但是接下來，他就為其觀察下了一句評語：「區劃為畝」。換句話說，也就是丁元薦所提及的，「區」被用作登記農業用地，而不僅是登記戶口而已，[29]「區」已經移植到另外一種制度中去了。

圩田與一條鞭法

在這裡，我們不打算繼續重複贅述土地登記制度，而是要談另外一套與之平行、按畝測量土地制度的興起。設計這套制度的用意，不是為了組織土地稅的徵集（土地稅仍然按照「圖」進行徵收），而是派服勞役之用。根據本朝開國時太祖皇帝的規劃，每戶需服的勞役（各戶須償付給國家的勞役時間），是以該戶中成年男子的人數為計算基礎的。可是在圩田地區，人們要不是認為這套系統並不公平，就是感覺它窒礙難行。儘管圩田的農人從維護良善的基礎設施身上獲得很高的利益，但是保持圩

27《松江府志》（一五一二年），卷九，頁十四～b十九b。
28 Elvin, "Market Towns and Waterways," pp. 450-451.
29《湖州府志》（一六四九年），卷二，頁一a。

田處在良好狀態底下卻需要大量的勞動力。問題在於那些不勞而獲（或是僅服少量勞役）、享有好處的人。那些坐擁大筆土地，卻欠缺男丁的家戶，只承擔輕微的勞役，卻能因為他們名下的大量土地而得到極高的報酬。洪武朝時訂下的制度精神，認定那些勞動力充足的家戶應該是較富有的，比那些欠缺勞動力的家戶擁有更多土地。但是在交易頻繁的商業用地和勞動力市場中，上述這種對應關係，就算曾經一度存在過，也很快就消逝無蹤了。現在改按照每戶在圩田裡擁有的土地規模來分派勞役，所認可的是以下這項原則：在維護基礎設施時，較富有的家戶應該要比一般家庭付出更多的力；這項改變也體認到，比起戶口規模，土地更能顯示出支付稅收的能力。圩田制度取代的並不是「圖」，而是原來的里甲體系。按照這條思路，下一步就是將坐擁大筆土地的富戶原來應提供的勞役轉為以金錢支付，因為這些富戶並無足夠人力來應付更繁重的勞役。最終的結果，就是圩田裡每個擁有土地的家戶，都要根據其名下土地的規模支付白銀，以替代服勞役。

上述圩田內人家服勞役方式的重組整頓，屬於改革的初期階段，這項改革被明代晚期的人們及今天的歷史學者們稱為「一條鞭法」，其過程有如下述：

> 役完全被取消；里甲體系，不管在形式上，還是實質含義上，都不再存在；任何殘留的人頭稅，都將併入田賦之中。而納稅人可以通過分期支付單一的、固定的白銀來履行對國家的義務。[30]

儘管黃仁宇對於一條鞭法的定義，只將若干後期發展的特徵囊括在內，但卻也捕捉到了一四七二年役法重新調整時的關鍵要素。放棄原先里甲制以社群聚落分配勞役的作法；服勞役的標準也從以成年男丁為基準，改成以土地判斷。這項定義也提及勞役最終將會折入田賦，而新的勞役實際上只是換用其他的名稱。

當丁元薦端詳著那塊一百五十餘年前立下的石碑，苦思不得其解碑文所言時，想當然爾，他對上述的這一切，所見自然不多。如果我們也只鑽研湖州府的記載，知道的也不會更多。為了對當時的情況有更全面的掌握，我們必須參照江南其他地方的官員，在圩田賦稅改革時的作為。顧炎武在十七世紀中葉編成的地方史料《天下郡國利病書》中，收錄了兩名南直隸的地方官員在一四九四年（明弘治七年）論及此事的奏議。一四八四年（明成化二十年）取中進士的姚文灝當時是工部的官員，在一四九一年到一四九四年間曾經擔任過位於蘇州西北邊的常州府同知，負責治水。以這段經歷為基礎，姚文灝發表了江南七府的《修築圩坦事宜》。[31]這份史料表明，土地既按照新規定以圩登記，同時也照原來的「圖」為登記單位。姚文灝希望登記方式能夠一致，於是每「圖」被分為十圩，使一圩等於一甲。（一圩等於一甲這種對應關係，似乎顯示出當時常州府的圩田規模相對較小），如果一「圖」少於十圩，則可以將較大的圩田拆分給數個甲；要是一「圖」之下圩田超過十個，那麼較小的幾個圩可

---

30 Ray Huang, *Taxation and Governmental Finance in Sixteenth-Century Ming China*, p. 118.【譯按：引文參考黃仁宇著、阿風譯，《十六世紀明代中國之財政與稅收》（臺北：聯經，二〇〇一年）。】

31《天下郡國利病書》，第七冊，頁五九ａ；也轉引自濱島敦俊，《明代江南農村社会の研究》，頁二二一。

以合併成一甲。

姚文灝將圩與甲結合在一起，目的是要確保勞役人力的充足供應。他使用經過調整修正的「里甲」術語，任命一位「糧耆」來監督每一區的水利設施，而輪值的里長則「排年」同時監管圩和甲的維護事宜。在此制度下，每個圩都得到一個識別用的文字，刻在一塊石碑上──丁元薦見到的那塊石碑，雖然銘刻的文字不同，用意正是如此。這些石碑都清楚載明該圩位處的「都」、「圖」，以及輪值「排年」的姓名。姚文灝以原先里甲制的「甲」為基礎，運用里甲長負責維護水利設施，登記土地時以「都」而非以區為單位，在在顯示出他只是想依照圩田農業的需求，對傳統的勞役進行若干調整，沒有徹底朝更新的制度邁進的意思。儘管如此，姚文灝將圩與甲合併在一起的建議，顯示出圩在這時已被看做是財稅登記的重要單位。

金藻是一位在姚文灝麾下做事的松江府生員，此時他對於松江府的水利設施維護事項，也提出過好幾次建議。在江南七府當中，松江府位處最東邊。金藻和姚文灝一樣，也試著重新釐定原先里甲長的職責，並且替圩田的勞役分派，建立起一套新的守則。他授予輪值的里甲長維護圩田堤岸的職責（稱為「排長」），而且建議排長的姓名應該載明在豎立於圩堤南岸的石碑上。金藻也認為圩的規模應該大致上等同原來的甲，這一點和姚文灝相同，基於這個設想，他又認定舊有里甲長的職責，可以轉移到圩田單位上。在圩這一層級上面，維護一「圖」之內所有圩堤的安全，仍然交由里長來負總責。只不過里長所管轄的單位，將會是實際存在的圩田，而不是出現在簿冊上的甲。金藻建議，由輪值的里長負責保管各圩的登記簿冊，然後再以這些登記簿冊為基礎，編修出全縣的官方土地登記記錄。由原先的「里甲」朝向圩田的轉換，因為這樣的建議而得到增強。[32]換句話說，雖然以黃冊登錄戶口與用《魚鱗圖冊》登記土地的雙軌並行制度還會繼續存在，不過土地和戶口登記的單位，現在已經改成了圩。如此安排證實了原先在湖州府沒那麼明確的變化，圩被運用來組織勞役、徵收田賦，進而以「一條鞭」的形式，將各戶的稅收配額分攤到其名下擁有的土地上。[33]

區與一條鞭法

對於有志革新的地方官而言，如何將圩田這個層級發生的變革，和轄境內的財稅運作整合協調，將是他們所面臨的挑戰。蘇州府的常熟縣，為他們如何因應這種挑戰，提供了史料證明。當時的人們描述常熟縣內由交叉水道構成、星羅棋布，如同完美格狀的景觀，形容簡直就像棋盤般整齊。[34]我們

32 這段記載參見《天下郡國利病書》，卷四，頁二六 a～二七 b；其最初一段的英譯，參見 Elvin, "Market Towns and Waterways," p. 450. 濱島敦俊在《明代江南農村社会の研究》一書中提及金藻的身分為姚文灝的幕僚（頁二三）。我一直無法斷定金藻提出的各項建議是在何處施行？如何實施？直到八年以後，在蘇州府中部一個縣的地方志裡提到，維護圩田是塘長的責任，而非里長之責。另一方面，當地圩田直到一五三〇年代時，都得到完善的維護，這或許表示上述的改革，或類似的舉措，扭轉了一四九〇年代時圩田的衰頹傾圮之勢。參見《長洲縣志》（一五七一年），卷二，頁九 b。

33 賦稅的基礎是土地所有權，而不是戶口登記，這一點在金藻的建議中得到更進一步的申述。他主張維修圩田所需的勞役，應該向需要修護的圩堤附近田地的所有人徵派。參見《天下郡國利病書》，卷四，頁二六 b。

34 《天下郡國利病書》，卷四，頁十一 b。

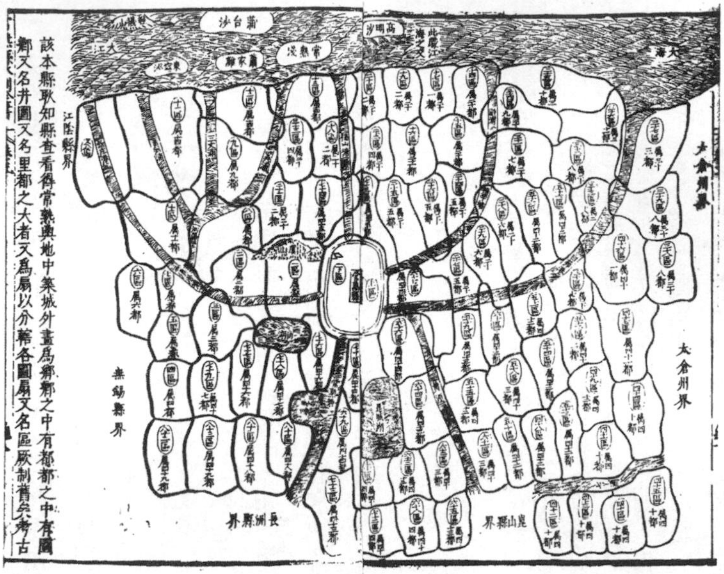

圖 3-3　**萬曆三十四年（一六〇六年）常熟縣分區圖**　耿橘，《常熟縣水利全書》，卷三，頁七 b～八 a。資料來源：圖 3-2、3-3 皆承蒙東京東洋文庫提供。

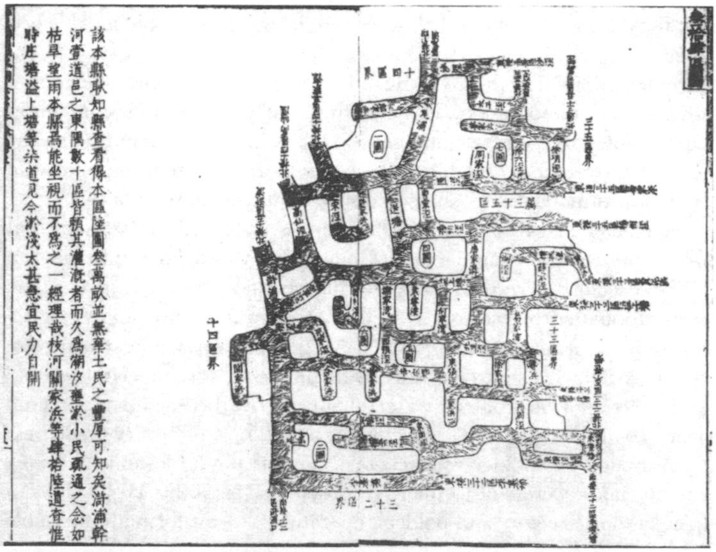

圖 3-4　**常熟縣第三十四區圖**　本圖中所有的「圖」均編號排序，各圩在水渠旁標註。《常熟縣水利全書》，卷五，頁七四 b～七五 b。

在看《常熟縣水利全書》裡收錄的八十六幅地圖時，也會得到同樣的印象。這部書是在一六〇六年（明萬曆三十四年）由該縣縣令耿橘刊行，用來推動常熟縣賦稅改革。本書的圖三之三是該書的第一幅地圖，也就是全縣總圖。當耿橘到常熟就任時，他發現該縣的鄉治體系相當標準，是鄉、都、圖的結構；他另外還見到了一組平行的結構，規模較大的「都」被分為「扇」，以便編組各「圖」，「扇」則與各區平行。[35]耿橘的地圖同時顯示出上述的兩種結構，有些「區」取代了原來的「都」，另有些位於人口較稠密地方的「區」，規模大小約是原來「都」的一半或三分之一。縣城以外的八十三個區，則依序分為圩。圖三之四是該縣第三十四區的地圖，同時也是第二十九都，圖裡可看出畫了至少二十三塊圩田。

耿橘並不是設計出這套格局的人，他只是將現狀繪製成圖。[36]常熟縣「區」體系的設置實施是前任縣令馮汝弼（一五三二年，即明嘉靖十一年進士）所規劃的。一五三七年（明嘉靖十六年），馮汝弼按照圩田的分布，重行調查並登記常熟縣境內的所有耕地。他並未改為新制，按圩田徵派勞役。說得更準確一點，馮汝弼保留了原來按照「都」、「圖」徵派賦役的作法，另行設置了一套獨立的體

35 另一個蘇州府轄下的縣嘉定也使用「扇」這個單位，在當地，「扇」由排年輪值的里長負責，而這些排年則由負責水利設施維護的塘長監督；參見《嘉定縣志》（一六〇五年），轉引自《天下郡國利病書》，第六冊，頁十九b～二一a。

36 耿橘，《常熟縣水利全書》（一六〇六年），卷一，頁三a、九b；濱島敦俊在《明代江南農村社会の研究》一書中對耿橘的改革觀點有所討論，見該書頁八四～九二。

系，以圩田為基礎，用來支應維護圩堤的勞役與金錢需求。從這時起，常熟縣的財稅運作就分為二途，「都」和「區」同時並存，而且運作順暢。同樣的過程，似乎也發生在晚明蘇州府的其他地方。例如蘇州吳縣的聖恩寺，其土地登記紀錄顯示，住持既將寺院田產依照「某字圩田」的序號登記，同時又按舊有「都圖」體系的「第某都第某圖」來排序。[37]這算是某種行政層面上的妥協折衷之舉，而日後在進行「一條鞭」改革的過程中，發現自己必須做出讓步的群體，不是只有地方官員而已。

然而，馮汝弼的改革措施也無法確保國家徵派的勞役足以應付大自然對圩田的破壞。根據蘇州府長洲縣在一五七一年（明隆慶五年）修纂的地方志記載，該地區可行船的河道水位，在過去五十年來不斷上漲，對於經濟狀況較窮困的圩田農民而言，因為需要維持圩田完整而承受的壓力，已經到了無法忍受的地步，洪水災情更是時常爆發。[38]當巡按御史林應訓（隆慶五年進士）於六年之後來到南直隸時，發現當地提供的勞役無法趕上長江三角洲地區水文狀況造成的壓力，他建議地方官員應該按照馮汝弼的作法（林應訓在奏議中沒有提及馮汝弼的名字），將各區析分為圩，由圩這一層級組織、徵派所需之勞役。在他的計畫中，一圩等同於一圖，這和八十餘年前姚文灝、金藻以一圩為一甲不同。每塊圩田都應由一名圩長管理，以保持圩田的完善狀態，每區再設一名塘長，監督、統籌整個區內的事務。[39]

林應訓的建議，乃是時勢潮流之所趨。有充足的史料表明，在一五七〇和八〇年代從長江以北的揚州府，[40]再到江南的嘉興府，[41]整個長江下游三角洲地帶，都在普遍施行按圩田重新組織勞役的新辦法。可是，這些作法並沒有獲得上下一致的支持。就在同一年，應天巡撫宋儀望（嘉靖二十六年進士）決定採取另一方針，他再次重申要按照「圖」，而非圩與區來徵收賦役，藉此支撐舊有的制度，這就是所謂「圖運」之法。關於「圖運」法的實施情況，我所找到的唯一史料記載是來自常州府，而且該府只有一個縣（宜興縣）實際施行。其他四個縣的縣令拒絕從命，不肯放棄目下正在使用的圩田

---

37 《鄧尉聖恩寺志》（一六四四年），卷七，頁十三b。

38 《長洲縣志》（一五七一年），卷二，頁八a、九b。

39 林應訓的奏議引自徐光啟，《農政全書校註》，頁三四五ff。該文的部分英譯可參見伊懋可的論文。Elvin, "Market Towns and Waterways," p. 452.

40 《江都志》（一五九九年），卷二；曾我部靜雄在其著作《中國及び古代日本における鄉村形態の變遷》曾引用這一條史料，頁二四九。伊懋可提到江蘇北部地方曾經有過「塘長」的設置，參見 Elvin, "Market Towns and Waterways," p. 740, n. 11. 不過，伊懋可所引用的段落，係出自顧炎武《天下郡國利病書》（第十二冊，頁一〇五b），該段的原意是塘長的職責，在於維護大運河沿岸的堤壩，而非支持農業生產。

41 關於嘉興府秀水縣的情形，參見川勝守，《中国封建国家の支配構造》，頁一三一。秀水縣志提及，在嘉靖年間（一五二二至一五六六年），圖和都已被圩與區所取代，因而構成該縣九鄉、十六區、四五三圩的層級。參見《秀水縣志》（一五九六年），卷一；濱島敦俊的著作《明代江南農村社会の研究》曾引用這條史料（頁一一五～一一七）。關於附近嘉善縣的情形，參見《嘉善縣志》（一八九四年），卷十，頁六a、四一a、四二a，以及奧崎裕司，《中國鄉紳地主の研究》，頁九八。最遲到了一五八二年舉行「大造」之時，嘉善縣的土地已經改以圩、區進行登記了。當嘉善縣本地人士陳龍正（一五八五～一六四五）為了賑濟地方而準備要建立名冊時，他請求為其登錄調查的仕紳，在本縣轄下的二十個區裡，為每個圩繪製地圖，標明村莊的位置；陳龍正，《幾亭全集》，卷二五，轉引自濱島敦俊，《明代江南農村社会の研究》，頁五三七；另可參見 Joanna Handlin Smith, "Benevolent Societies," p. 329. 至於嘉興縣的水文地理狀況，似乎被轉鈔在《嘉興七縣塘圩水利圖》中，據黃虞稷（編），《千頃堂書目》，卷八，頁十b所示，該書有七卷，不過我沒能找到這則史料。

制度。其中有一位縣令分辯說，「圖」並非對等的單位，而每個「圖」內人口多寡的差異，也讓合理攤派稅收變得不可能。[42]

於是，以圖運法徵派賦稅的命令，在一五九三年（明萬曆二十一年）撤銷。在這一年，常州府治所在的武進縣被分為十三個區，[43]這些區被賦予收集稅收（每區各任命二十名糧長）之責，同時還要協調維護水利基礎設施事宜。為了分攤疏濬河道的勞役與經費，武進縣令重新制定「里」的規程，統一改為占地五百四十畝的固定單位，而且有系統地登記了新制各里和「分」（十分之一里，實際上就是甲）內所有的塘溝、圩埂、基墳（墳地）與河街。[44]儘管這時圩已經被確認是調查土地與分派賦稅的基本單位，但是稅收在正式紀錄上卻依舊按「圖」登記。可見武進縣並沒有完全轉換成區和圩，至少在形式上，實施的是一種類似馮汝弼在常熟縣推行的雙軌併存制度。

在同一年，常州府轄下的其他各縣也做出同樣的調整。[45]無錫縣令在該縣設置了十三個區，以及二十六個稱為「扇」的分區，每甲均指派十名糧長，負責催辦徵稅事宜。[46]根據《無錫縣志》和鄉地方志（《泰伯梅里志》），我們得以重新建構該縣由原有的「都」轉為新設之「區」的過程。原先無錫縣是由六十四個「都」（其中六十個在鄉間，四個位於城區）所組成，分布在二十二個鄉。新制單位，則由十四個區構成，其名稱沿用原來十四個鄉的舊名，有二十個原來的「都」不加改動，僅改名為「扇」，另外四十四個「都」則打散重行劃分。其中二十七個「都」被劃分到同一區內的兩個分區裡，另外十七個「都」卻被打散，分到不同的區之中。以第一都為例子，該都原來有十一個「圖」，其中四個被分到天授區下扇，另外七個則分在景雲區上扇。天授區下扇，還從原屬第二都的九個

「圖」裡接收到四個；景雲區上扇擴編，納入原屬第五十七都的九個「圖」當中的四個，第五十八都七個「圖」當中的一個，第五十九都原有六個「圖」當中的三個，第六十都全部七個「圖」，以及原屬舊城一都八個「圖」當中的兩個。景雲區上扇如此組建，產生不少效應，其中之一是打破了十四世紀以來在「都」結構中存在的城鄉界線，這大概也反映出二百二十餘年來城市化趨勢帶來的影響。[47]

一五九三年由「都」移轉為「區」的變化，給人一種印象，即無錫縣放棄原有以「都」徵收賦稅的制度，轉為以「區」徵收的新制。若是有些地方志還記載著舊有的制度（實際上若干地方志確實如此），那純粹只是將「都」作為一套標定空間的座標系統罷了，並不是實際施行的框架。十八世紀

42《天下郡國利病書》，卷七，頁二四a～二四b。引自《武進縣志》（一六〇五年）。

43《高山志》（一八七七年），卷二，頁二六b。

44《天下郡國利病書》，卷七，頁五b。

45在鄰近的江陰縣，知縣在分派疏濬河道的勞役時，也跟進採用他的武進縣同僚的辦法，並且發現此種辦法對於減少逃稅頗收成效；見《天下郡國利病書》，卷七，頁五b。晚明江陰縣之下分為區與分區，參見《江陰縣志》（一八七八年），卷四，頁七八a。

46《天下郡國利病書》，卷七，頁五b；無錫縣令為桑學夔，一五九二年（萬曆二十年）進士。【譯按：作者將區底下之分區（subsectors）名稱誤植為「甲」（jia），今據《泰伯梅里志》，卷一，頁二a修正。】

47《無錫縣志》（一七五三年），卷五，頁五b～三二a；《泰伯梅里志》（一八九七年），卷一，頁二b～十一a。在這次改動調整中，原來位於無錫縣城區的「都」無一保持完整，位於城區的各「圖」則被合併到另外四個分區當中（分別是開化區的上、下扇，興安區下扇以及金魚區的上扇），每個分區的設置，都打破了原來制度中的城鄉分界。

《無錫縣志》的修纂者解釋說，該縣此次圍繞著圩田所做的賦稅制度重整，其背景是為了推動一條鞭法的改革，正如其所言，新制度「以地為母（稅收）」，而以戶口為「子」。[48]推行一條鞭法是為了尋求更為公平、有效率的賦稅制度，因此勢必要放棄從前里甲制度所採用的那一套作法。無錫縣對行政區重新分劃的程度之深、範圍之廣，表示該縣的地方官員在重新釐定行政架構之時相當徹底周延，因此更能與實際居民聚落、田地分布的情況相符合。萬曆年間的地方官員們如果想要完成上述的行政區重劃，就必須在轉化賦稅制度由「里甲」到「圩區」的同時，信賴其地方幹部，並且加強他們手上的權力。回到這一節開始時所談的常熟縣案例，一六〇六年時，知縣耿橘正是這樣做的，他授權給稱為「區總正」的地方行政幹部，讓他們能夠迫使各自轄區內擁有土地者簽訂賦稅契約。[49]賦稅契約規定地主有義務提供資金，支付維護基礎水利設施所需的勞役；如此一來，賦稅的責任就轉移到最需要資金挹注的地方基層，從前稅收一旦由基層上繳，就很難再往下回流了。新制度同時還有效確保「區」作為圩田經濟中主要的徵稅派役單位，而土地所有權則為勞役徵派的基礎。

江南各處以圩田為基礎的改革，不是每一處都能像無錫、常熟那樣徹底——這也是為什麼一條鞭法要在地方上落實推行，竟耗時如此之久的眾多原因之一。其他重新劃定行政區域的縣分，例如丁元薦家鄉長興附近的烏程縣，雖然重新建立新制度的程度同樣相當徹底，但是所得到的結果乍看之下完全不同。前面已經提過，烏程縣在一四七二年改革時，已經完全按照圩田為基礎重新劃定行政區界線。不過到了萬曆年間，當縣令必須將這些圩轉型為區的時候，他所要做的就是保持原來各「都」的界線不變，僅僅將舊有的鄉當中若干個「都」劃分到新設立的區之中，除了名稱更動之外，沒有其他改動。[50]平心而論，正是由於一四七二年改革獲得的成果，萬曆年間的這位縣令才得以不必大事更張，只需對其行政區做出些微的調整，就能使之符合新的結構。可是縣令的作為，或許會像其他受到國家驅使而執行基礎改組調整的地方官員，把原來已有的事物不停的調動順序，試著將其改動為上級樂於見到的模樣。無論實際上是否同意上級的見解，在表面上也要裝得奉命惟謹。這樣顯而易見的官場逢迎手腕，正是我們單憑閱讀明代官方的檔案史料，難以徹底觀察當時社會運作實況的其中一個原因。我們所見到的，真是明代人們如何安排生活的實況嗎？還是只看到某些官員用來遮蔽社會運作實況，使其失去真實樣貌的有序包裝？我們見到的國家是正在運作，還是消極不作為呢？上面這一連串的問題，只有在我們更深入探索、發掘地方史之時，才能夠得到解答，不過等我們求得答案的時候，

48《無錫縣志》（一七五三年），卷五，頁五 a～五 b。關於新的土地與戶口關係，在論及海鹽縣於一五八一年推動「均甲法」改革時，有另種比喻，「以田為主，而戶勿論」，參見《海鹽縣圖經》（一六二四年），卷九，頁二五 b。

49徐光啟的《農政全書》中（頁三七六），就複印了一份此種契約的抄件。【譯按：契約名稱為「佃戶支領工食票」，即實施「照田派役」的改革之後，地主以「業食佃力」的方式支付給佃戶工食，佃戶出勞力以治理圩田。參見黃仁宇，〈從《三言》看晚明商人〉，收於《放寬歷史的視野》（臺北：允晨，一九八八年）】。

50《烏程縣志》（一六三八年）。曾我部靜雄，《中國及び古代日本における鄉村形態の變遷》，頁二四五～二四七中，以表格列舉這些名稱前後的變化。

會發現其實解答也是因地制宜、各有不同的——或許，這才是實情的應然樣貌。[51]

國家的成功與失敗

到了一六二〇年時，丁元薦已經穿過歷史的重重迷霧，見到了按照圩田重組賦稅改革的首次創新之舉。如果說那塊石碑上所記載的原創圩區制度讓人見了讚嘆不已，並且還引來丁元薦大發思古之幽情，有部分乃是因為這種制度期望能達到的精簡、合理特性，到後來沒能夠實現，或是沒能保持下來。一四七二年的土地制度重整，可說是後來以改善江南賦稅基礎為目標的一條鞭法改革先聲。但呂山的這塊石碑，對此刻的丁元薦來說，卻不過只是創新發端失敗以後殘存孑餘的破片而已。當時圩田顯然並未消失，國家也沒有回到從前以里甲為基礎的土地登記制度，為什麼丁元薦還會緬懷過往、發思古之幽情？從一四七二年到丁氏生活的一六二〇年之間，究竟發生了什麼事情？

看來，改變的不是圩田，而是對圩田的管理措施有了變化。對於圩田的管理措施來說，改革既是手段，同時也是象徵。在丁元薦的年代，從兩個地方可以看出圩田管理的衰敗。首先是國家力量從地方社會的運作撤出，關於這點，太倉州為我們間接提供了一個有趣的例證。大約在丁元薦泛舟經過呂山二十五年之後，當時滿洲鐵騎席捲南下，揮戈江南，太倉人氏陳瑚帶著父親，到鄰近崑山縣的一個村莊裡避難。在這裡，陳瑚擬定了一份規章，用來規範村莊周圍圩田的公共管理事宜。依照他擬定的章程，各圩田需要逐一進行登記，這份章程之後會送呈區和縣裡的官員核備，這麼做的目的，主要是希望能夠得到官方事後的授權追認。陳瑚將管理圩田的權力，交給他稱為「田甲」的地方幹部，不過，這些「田甲」並不是縣衙認命的屬員（在當時動盪的時局底下，縣級的官署可能也無法對鄉村行使治理），而是當地地主所指派的幹部。[52]換句話說，陳瑚擬定的章程，已經考慮到國家無法再繼續運作能使圩田保持良好狀態的制度，而維護圩田的責任，只有交到地方精英的手上，才能得到保障。於是，地方精英遂掌控了任命田甲幹部的權力。

雖然陳瑚是處在一個格外動盪的時代裡草擬出這份章程的，不過從中還是可以看出國家監督力量衰退的情形，數十年間在江南地區不斷地加深惡化。從這個層面來說，一五九三年在江南一帶推行的改革，應該是地方官員們面臨國家在動員勞役與有效介入地方社會的能力衰退時所作出的反應，因此陳瑚對於國家力量衰弱的推定是合理的。十年之前，太倉人氏陸世儀就曾因為這個原因，主張廢除黃冊，完全按照《魚鱗圖冊》來計算賦稅配額。陸世儀稱，其中尤其是圩田，已經成為逃避賦稅的淵藪；只有建立起完全按照土地所有制為基礎的賦稅配額制度，才能終結這種亂象，並且徵收到維護圩田所需的收益。[53]陸世儀此說的前提是，國家本來應該是這項工作的執行者——如丁元薦想像中的情

51 按照圩田登記土地的制度，在浙江北部其他地方也有使用，不過並不是各地皆然。據一六四六年（清世祖順治三年）的一部地方志記載，杭州一所知名佛寺名下，有一處位於錢塘縣的地產就是按「圩」登記的，而該寺在鄰近的仁和縣擁有的另一塊地產，卻是按照「都」、「圖」登記的。參見《上天竺講寺志》（一八九七年），卷十，頁十五b～十六a。

52 陳瑚擬定的章程，詳見川勝守，《中国封建国家の支配構造》，頁六四九～六五三。

53 陸世儀，〈論魚鱗圖冊〉，收錄於賀長齡，《皇朝經世文編》，卷二九；轉引自韋慶遠，《明代黃冊制度》，頁二四〇～二四一。

況，在一四七二年時運作極為順暢——但他的觀察，卻表明國家愈來愈不能承擔這項職責。

然而，對上述這種情況，卻可以設想有另外一種不同的解釋。丁元薦見到的那塊石碑，代表著當時圩田社會處在一個以「機械團結」（mechanical solidarity）為基礎運作的時代，貧富之間的分化並不劇烈，地方精英願意承擔服務社群的責任，而國家也有信心將公共利益交到地方精英的手上。若是我們如此解讀丁元薦的思古幽情，就會忽視以下這個事實，這塊石碑是在長興縣進行賦稅配額調整之時豎立的，其目的不是為了要保存先前的狀況，從而更將忽略此前的歷史，正是因為勞役分攤不合理，才引起賦稅配額調整的改革。可是，這種解讀又有看似合理之處，因為它注意到貧富兩極分化的趨勢，而在一四七二年到一六二〇年之間，這種趨勢確實在加劇之中。且不論丁元薦對十五世紀農村生活那種家父長制的想像如何虛幻，他卻可以抱持這種不切實際的想像，來譴責他所生活時代農村的艱困環境。大地主率相遷居到城市，隨之帶走的是他們本來可以挹注在地方上的一切資源和領導角色；而除非發生緊急事故，國家看似無力重行調整社群資源。因此，地方官員斷斷續續為了維護圩田而修正勞役徵派方式的嘗試，既可以看成是地方精英地主怠忽、放棄社群職責的後果，也可以視為國家沒有能力有效地再介入地方事務。[54]

我們也許不必在上面這兩種解釋當中做出選擇。這兩種理解問題的方式——或認為地方仕紳從儀式性的職責當中抽身，或是國家缺乏能力——在丁元薦生活的時代都能見到，而且糾結成一場關於資源與權威競爭的討論，沒有一方能夠贏得徹底的勝利。在這裡，只要地方仕紳和官員其中任何一方，能認真看待他們身上肩負的儒家社會公共責任，這場競爭就不需要以損害地方社會作為代價。然而，當這種競爭確實使地方社會付出代價時，圩田就成為共同的焦點，承受更劇烈的破壞，並且產生比城牆傾圮、道路毀壞更具災難性的直接後果。

清代對圩田的賦役徵收，和明代的情況呈現強烈的對比。在明代，促使圩田永續存在並成為稅源的努力，多半是來自地方層級，發動者先是在府、縣一級，到萬曆年間推行一條鞭法的全盛時期，才上升到由省級出面辦理。地方發動所帶來的後果是造成政策與制度上的疊床架屋，當中還包括地方官員之間彼此橫向的效法挪借。到了清代，維護圩田並使其成為稅基的動力，很大程度上是由上層發動、來自京師與各省的「強勢」國家運作。在大略對清代在圩田稅收的政策進行瀏覽以後，就至少能夠得到這樣的印象。一六六四年（清康熙三年）的「均田均役」制度，此為清代國家力量對江南圩田地區推行的首次重大政策性調整。此項制度最終重新定義了舊有的里甲單位，不再按照戶籍，而改以田土面積劃分。重劃後的里甲，依次被編入新的「區」內，這些新「區」不同於原先糧長制度中的區；在松江府的婁縣（一六五六年從華亭縣分出），負責田土調查的人員事前受到特意告誡，為新區

54 這是濱島敦俊在論及晚明圩田維護危機時所做出的解釋，參見濱島敦俊，《明代江南農村社会の研究》，頁五二三ff。另一方面，川勝守則將這一問題納入國家範圍來討論，認為國家在此時放棄對地方社群的治理，而地主在此時介入，參見川勝守，《中国封建国家の支配構造》，頁一三五～一三六、六五三～六五六。還可參見黃宗智（Philip Huang）的相關論述：Huang, *The Peasant Family and Rural Development in the Yangzi Delta*, pp. 35-38.

登錄土地時，不得沿用「舊區」。[55]但重新分配稅額激起若干地主的抵制，因為他們此前都從未被發現的逃稅行為當中得到好處；在婁縣，地主們的抵制極為劇烈，甚至弄到該縣縣令丟官下台的地步，儘管實際上他並未受命推行這項制度。[56]這種按照土地平均攤派賦役的作法，因為「順莊法」的推行而更進一步加強；該項辦法於一七二七年（清雍正五年）首先出現，由丁元薦的家鄉——浙江省的官員發展出來，嗣後在一七三三年作為土地登記的標準，施行於整個江南地區。順莊法規定賦稅登記完全以實際居住村莊為基礎，各個村落（在當時行政術語中稱為「莊」）裡的住戶都被編入保甲制的「甲」當中。土地登記簿要先在每甲十戶之間傳遞，然後再傳遞到村莊內的各甲，規定要求每戶都要完整填寫所有土地持有資訊，不論其名下土地位在哪裡，並將申報內容呈交公共監督。雖然這項制度距離達成「讓所有應該納稅的土地全數聽命繳納」的目標，還有漫漫長路，畢竟它總算是承認圩田社群聚落為「村莊」了。[57]

英國學者白馥蘭（Francesca Bray）在其對稻米經濟的研究裡指出，由習慣法和地方勢力來處理水利管理制度裡的糾紛衝突，比起由國家介入管理更能收到成效。[58]可是，我撰寫這篇關於圩田稅收的文章，所運用、依據的史料文獻當中，毫無關於習慣法的記載，而那些仰賴圩堤為生、在圩田裡耕作的人所組成的社群聚落，在史料紀錄裡更是付之闕如。國家行政體系所關心的，反而是記錄下行政管理者用以徵派賦稅與勞役時的機制，而且視圩田農業仰賴的圩是屹立不動的。一個認真盡責的地方官，須達成下列這兩個目標：一是將圩田裡的農民編進明代行政體系授權代管的單位，確保這些圩田能充分且公平的繳納賦稅；二是與此同時需盡他所能的保障圩田農業的產量得以維持，並且努力將維護圩田的成本平均攤派下去。這樣一來，存在於圩田內多種多樣的形態，例如耕地、賦稅的實體、以及人們生活的社群聚落，就都和地方官員產生聯繫。上述的每一種存在形態，都需要不同的對應方式，如何對應，端看國家視哪一種存在形態會對其產生威脅而定。不過，地方官員所能做的事情終歸有限，他們只是外人，按照國家的利益行事，自然會與地方社群的利益產生分歧，地方官員的行事會受限於他們對實際社會關係的理解，也會因為他們對現實社會具有影響力而造成局限，地方官員們的作為能否取得成功，則有賴於他們在當地風俗習慣、在地產權關係以及社會網絡中的協調能力而定，各種經濟上的機運正是透過這樣的網絡，在其間進行掌握、交易。地方官員的成敗同時還取決於他是否有心，如盡力達成賦稅徵收額度，且認真對待賦役公平的問題，這取決於他是否願意將眼光看向自己轄區之外的地方，觀察其他地方正採取什麼作法，使得賦稅額度和賦稅公平二者間可以兼容並蓄、

---

55 《婁縣志》（一七八八年），卷二，頁五b；卷七，頁九a。在晚明時期的其他賦稅紀錄中，也可以看到同樣堅持將原有里甲制的糧長單位，與新設置的單位區分開來的情形，例如《松江府志》（一六三〇年）稱糧長之區為「舊制」，見卷十一，頁四b。

56 Jerry Dennerline, "Fiscal Reform and Local Control," p. 113. 清代中期松江府的地契顯示，婁縣的多筆土地都是按照區、圩來辨認的。參見上海博物館圖書資料室，《上海碑刻資料選輯》，頁六六～六七。目前保存在日本東京大學東洋文化研究所的十九世紀初年婁縣縣署頒發的土地重分證明，同樣也是以區和圩來指名具體位置。

57 川勝守，《中国封建国家の支配構造》，頁五八三、六〇三～六〇五、六一五～六一六。曾小萍（Madeleine Zelin）追溯其源頭到一七二三年，參見 Zelin, *The Magistrate's Tael*, pp. 248-249. 順莊法於一七三三年在江陰縣施行，見《江陰縣志》（一八七八年），卷二，頁六a。

58 Francesca Bray, *The Rice Economies*, p. 64.

相互體諒。或許，丁元薦見到那些石碑，之所以會如此深受震撼，很可能單只是因為它們豎立在呂山村周圍每一塊圩田的南岸。丁氏生活在一個錯綜複雜的年代，當國家、農民和地方精英，沒有任何一方具有優勢的時候，石碑裡保存的昔日時光，自然值得懷念。

理解丁元薦這番思古情懷，並不能使我們正確無誤的導出結論，即認定明代的國家力量正從社會撤出，而國家在地方基層的代表，要不是漫無目的、無所作為，就是只能提出某些臨時、短期的解決方案。而這確實就是萬曆朝的學者文人所發出的論調，他們默觀現勢，憂心如搗，更對前景感覺悲觀；有如在一五七一年蘇州的一部地方志，執筆者憂鬱地寫道：

> 上無作者，下無奉行者，卒至利不克修，患不克弭。賦縮民困，吾不知其終何所取給也！[59]

不過，相較於那些大肆渲染明代衰弱、滅亡的人所描述的情況，明代國家力量對社會的干預其實並沒有完全結束。盡責的官員持續介入地方事務，嘗試找出解決問題的方案。為了因應這一幾乎無解的問題，他們動用國家勞役的力量，來維持私有土地的生產力——為了確保江南能繼續為朝廷輸送高額的賦稅，他們不得不這麼做。地方官員對於維護圩田水利設施壓力的回應，我們是否可以將它視為晚明國家力量相對衰退的證明？抑或是國家介入地方事務相對較為強勢的表現？答案端看我們將這段歷史擺在什麼樣的比較關係之中。如果比較的時代是洪武朝，有鑑於這個時代的國家力量在推動基層改革方面能力極強，萬曆朝的國家力量就顯得衰弱。但是話又說回來，晚明時期經濟與社會的複雜程度，對於行政管理造成的挑戰和道德困境，則遠遠超過明太祖朱元璋當年所需應付的局面。為了使國家陳腐不堪的財稅體系，在運作時能和經濟、社會的現況相符一致，地方官員和基層幹部需要涉及的工作內容極為繁劇。明亡以後，萬曆年間的國家運作往往被論者描述為一段無能混亂、陷入絕境而難以挽救的時期，考慮到當時地方官員們的工作量是如此之龐雜巨大，得到如此評斷似乎並不公允。明末清初的論者之所以會有這種評斷，因為他們關心的是另一項截然不同的議題——三十年後，本朝為何抵擋不住叛亂、瘟疫、飢荒與外敵入侵的聯合衝擊？清代的保守主義者認為，一切都起源於萬曆朝，而問題的答案，恐怕較他們所願意承認的還要來得深遠。我們與其在「晚明的國家運作究竟是衰弱還是強勢」這一問題上苦苦糾纏，不如乾脆認定對於圩田社群，明代國家力量在不同時期作出不同的反應，還來得更有創造性。面對史無前例的龐大施政規模，以及疆域之內各種形形色色的複雜問題，明代國家致力於調整行政組織運作，而這種調整與適應的能力，無論我們對其理解的程度是如何的掛一漏萬、不夠完整，或許是我們檢視某些官員實際作為的最好標準。

59《長洲縣志》（一五七一年），卷二，頁十a。

第四章 北直隸的水稻栽種

＊本章初稿原題〈明清兩代河北地區水稻種植的推廣及栽種技術〉（The Spread of Rice Cultivation and Rice Technology into the Hebei Region in the Ming and Qing），刊載於李國豪、張孟聞、曹天欽主編，《中國科技史探索》（上海：上海古籍出版社，一九八二年）。收入本書時，做過若干修改更動。

十四世紀初年，王禎在其著作《農書》裡提及，中國農業以淮河分界：淮河以北適合種植粟米，淮河以南則適合栽種水稻。[1]此一對南北農業特色的描述相當合理，直至今日，仍然被人們所採用。然而，明代卻嘗試在北方推廣稻作栽種，似乎是在挑戰這一原則的正確性。到了明代末季，著名官員徐光啟（一五六二－一六三三）撰寫《農政全書》，批評王禎的論點，並且強力主張北方同樣也能栽種水稻。「風土不宜，或百中間有一二。」他如此堅持道。[2]

明代北直隸，也就是北京周邊的京畿地區（清代時稱為直隸，即今天的河北省）的稻作栽種推廣，在十六世紀後半葉一開始就頗具規模。一五八〇年代以及一六二〇年代曾經兩度在北京任官的鄒元標（一五五一－一六二四）於宦途後期回憶道：「三十年前，京民不知稻草何物，今所在皆是。」[3]這個時候，徐光啟也在京師附近，他本人更親身在其位於天津的農莊裡試驗南方的稻作技術。[4]徐氏希望經由這次的實驗，能夠鼓勵北方的農民，由旱地作物轉為栽種稻米，從而增加華北的糧食產量。顧炎武（一六一三—一六八二）同樣力倡在北直隸栽種水稻，他認為這是緩和因向北方駐軍輸送糧食而造成供應緊張的可行之道。[5]從糧食主要生產地華南轉運軍糧到邊境屯駐大量士兵的北方，長期以來一直是帝制中國的重責大任。將南、北方原來的經濟關係加以調整，或許可以緩解向北方屯邊駐軍供應糧食的沉重負擔。因此，提倡在北方栽種水稻，就成為某種傳統，並且延續到林則徐（一七八五—一八五〇），由他接棒繼續傳承下去。林則徐因為出任欽差大臣，到廣州與英國人談判取消鴉片貿易而為人所熟知，他在一篇關於水利的奏議當中樂觀的認為：「直隸土性宜稻，有水皆可成田。」[6]

不過，在林則徐的時代，向北直隸的新地區推廣水稻的趨勢已經停止；實際上，稻作在此時正從某些原先栽種的地方消失。晚清和民國時期的北方水稻產量一直很低，遂掩蓋了明代與清初在華北栽種水稻的盛況。可是，無論林則徐、顧炎武和徐光啟如何努力，這就等於承認稻田在北方農業從來就不占主要地位。為什麼這些官員努力要使一個生態上不利於栽種水稻的地區，成為稻作農業地區呢？

1 王禎，《農書》，頁六。
2 徐光啟，《農政全書》，頁六二八。
3 林則徐，《畿輔水利議》，頁二四 a，重刊於陳祖椝，《稻》，頁四五五。
4 鄭克晟，〈關於明代的水田〉，頁一〇二。
5 《天下郡國利病書》，卷一，頁四九 a~七二 b。
6 林則徐，《畿輔水利議》，頁九 a。

而又是何種技術上與社會層面的原因，抑制了水稻與栽種稻作的技術傳入北方呢？

北直隸的作物農業

一九三〇年代，美國學者卜凱（John Buck）在考察中國農業的研究中，遵循王禎對中國農作物分界的看法，以淮河作為南北界線。他以氣候水土的語彙表達這種分界，而不是運用地理術語。在八百公釐等雨線處劃一條分界線，此線以北的年平均降雨量，少於八百公釐。這條分界線起自江蘇北部（淮河流域），穿過安徽中部、河南南部，最後延伸到秦嶺山脈。卜凱稱分界線以南的地區為「長江稻麥區」（Yangzi rice-wheat area），而分界線以北地區則是「冬麥高粱區」（winter wheat-gaoliang area）。[7]不過，北直隸的各種地方志卻始終記載，後者不只栽種冬麥與高粱，還包括像黍、稷、粟、[8]大麥、蕎麥、蜀黍等作物。燕麥和薏苡（或稱草黍）等作物也在地方志紀錄之中現蹤，不過只出現在特定的區域，例如河間府和宣化產燕麥，而順天與永平兩府則收成薏苡。根據清代地方志的記載，玉米只在天津一帶栽種，而且僅出現在十九世紀之時。

北直隸的地方志還證實，該省境內栽種過各種各樣的稻作。根據一位評論家於一八二四年（清道光四年）的記載，北直隸地方志記錄下的稻作名稱，不下一千餘種。[9]總的來說，這些作物可以概括成四大類：水稻、旱稻，糯稻與粳稻。水稻與旱稻，需要不同的耕種方法。水稻從播種到插秧移栽，都是在水田之中進行；而旱稻則在旱田栽種，不過種植期間也需保障有三到四個月的充足水分灌溉。旱稻的單位面積產量，大約是水稻的三分之二左右。在今天的日本，旱稻只占全國稻作總產量的百分之五，這個比例很能說明旱稻在全世界稻穀生產之中所扮演的次要角色。[10]在史料中，關於北直隸旱稻種植範圍的記載是相互矛盾的。一方面，如元代王禎與明代的李時珍等人認為，旱稻是中國北方唯一栽種的稻種，[11]甚至很多清代的地方志也持這種錯誤的看法。[12]徐光啟在其著作《農政全書》裡有一處記載，似乎也同意這種說法，他寫道「今北土種（稻）者甚多」，並舉北直隸和山東的幾個縣為例。[13]但是在另一方面，徐光啟卻在《農政全書》的其他地方，表達相反的論調——北方並未大範圍的種植旱稻，他表示：「北人之未解種旱田也。」[14]實際上，大多數北直隸的地方志強調水稻多過旱田。在我查閱過的地方志史料當中，只有十三種提及旱稻，當中還有不少旱稻栽種範圍有限的記載。水稻似乎一直是接受程度較高的稻種。

7 John Buck, *Land Utilization in China*, p. 27.

8 在順天府的一些地方志中，粟這種橢圓小粒草本作物被稱為「穀」，這個字可以用來統稱任何一種未脫殼的糧食。

9 吳邦慶，《澤農要錄》，卷三，頁一b。

10 David H. Grist, *Rice*, pp. 163-165.

11 王禎，《農書》，頁五七；李時珍，《本草綱目》，卷二二，頁八b。

12 有一部縣志甚至解釋說，水稻是南方人的稻種，北方人只栽種旱稻，參見《臨和縣志》（一七七九年），卷五，頁十b。在遵化，據說旱稻占該地穀類作物的十分之九，參見《遵化州志》（一六七六年），卷七，頁一b。根據平鄉縣的記錄，該縣雖然耕地規模不大，卻只栽種旱稻，參見《萍鄉縣志》（一八七八年），卷五，頁十一a。

13 徐光啟，《農政全書》，頁六二八。

14 徐光啟，《農政全書》，頁三〇八。

糯米和粳米的栽種，則是為了不同的消費目的。粳米和秈米是糧食作物，而糯米是製作特殊食品或釀酒之用。[15]據史料記載，北直隸有二十二處州縣，既栽種粳米，同時也種植糯米，不過很顯然的，粳米因為其營養價值和高產量，而在作物之中取得更加重要的地位。至於那些沒有栽種糯米的地方，就使用秫米（高粱米）來釀酒。[16]

從自然環境來看，北直隸顯然不是適合栽種稻米的地方。在八十公分等雨線以南的地區，平均年降雨量是一〇五點九公分，無霜期有二百四十三天。根據卜凱的研究，本地區百分之七十四的農田，每年至少栽種一次稻米，占農地總面積百分之五十六點八。相比之下，八十公分等雨線以北的地區，年平均降雨量為五九點二公分，無霜期只有一百九十一天。卜凱發現在調查的這段時期，華北只有百分之二的農地栽種稻米，稻田占農地總面積的比例僅是微不足道的百分之零點七。[17]稻米生長期所需的最低平均溫度，不能低於攝氏二十度；而北直隸的北半部地區，一年當中只有三個月（即六、七、八月）平均溫度高於攝氏二十度。北直隸東南邊的氣候較為溫暖，因此插秧種稻的時間，如同江蘇省的大部分地方，可以向前推至四月十日，而稻的開花期，則可以持續到八月底。[18]位於北直隸南邊磁州的地方志記載，糯米和粳米都在農曆五月（即陽曆六月）種植，於農曆九月（陽曆十月）收成。[19]越是往北去，適合稻米生長的時間就越短；在這些地方，六月才適合種稻，但是如果等到十月收割就顯得太遲，因此需要有早熟的品種，在地方志中曾提及好幾種這類早熟的稻種。在一部修於一五四四年（明嘉靖二十三年）的地方志裡，曾舉出一種名為「小青稻」的改良稻種，另一部修於一六一二年（明萬曆四十年）的地方志則提到被稱作「奪麥場」的早熟品種。[20]最常被提及的一種改良早熟稻種是在北京北郊一處御花園裡培植出來的「御稻」。康熙皇帝稱，這種稻作在農曆六月（陽曆七月）即可成熟，他還宣稱此一品種可以在北方廣為栽種，甚至一年兩收。[21]

比起溫度，降雨量對北方稻作的限制更多。在正常的年分裡，北直隸只有在六月能有十天以上的雨水，在七、八兩個月得到較豐沛的降雨。一到九月，降雨量就驟降，而且在此後的八個月裡，雨量一直都在低檔盤旋。然而夏季雨水來臨的時間，又相當的不穩定。夏季降雨必須有兩種因素在同時間交會才能造成，也就是需要富含水氣的東南季風，遇上北邊的冷空氣，在交會的過程中東南季風釋放出水氣，形成降雨。因此，要確保水稻耕作能得到充足水量，唯一辦法就是灌溉。稍後我們將會看到，這才是限制北方稻作推廣最為重要的唯一因素。

---

15 松尾孝嶺在其論文中，探討了「粳」、「秈」和「糯」三個字的辭源；參見：Matsuo Takane, "Rice Culture in China," pp. 161-162.

16 《大名府志》（一六七二年），卷十二，頁二a。

17 Buck, *Land Utilization in China*, pp. 111, 116, 188, 211, 215.

18 Grist, *Rice*, p. 11; Matsuo, "Rice Culture in China," pp. 162-163.

19 《磁州志》（一七〇〇年），卷十，頁三a。

20 《河間府志》（一五四四年），卷七，頁七b；《真定縣志》（一六一二年），卷三，頁八a。

21 《畿輔通志》（一七三五年），卷五六，頁二a；一九四九年之後華北稻作種植的增加，主要歸功於短季收成品種的研發；參見 International Rice Research Institute, *Rice Research and Production in China*, p. 41. 短季收成品種不但消除了低溫帶來的威脅，更能有效地運用有限的降雨季節。

既然需要灌溉稻作，就代表必須控制水流，使其流入稻田當中；在河流含沙量相當大的北直隸一帶，這並不是一項簡單能達成的任務。保定有一位文人就有下面這樣的描寫：

> 南方之水多清，北方之水多渾。清水安流有定，渾水遷徙不常。北水性猛，北土性鬆，以猛流遇鬆土，嚙決不常，利不可以久。……直隸諸水大渠發源於西北，地勢建瓴，浮沙鹼土，挾之而下。石水斗泥，深者淤淺，淺者淤平。當其下流，尤易淹塞。疏瀹之功，不能常施。[22]

華北平原的河川流量，因而極不穩定，一旦遇到洪水氾濫，沖破堤岸，可能就會淹沒大範圍的農田。那些最適合闢為稻田的低窪地區，由於過量的水很難立刻自行排出，也就長期處在水患的威脅之下。一位十七世紀時的地方志編纂者因而抱怨道：「（稻田）既租種又十年九澇焉。」[23]

土壤的品質，並不是限制水稻栽種的重要因素。河北的土壤，除了當時北直隸的東南一帶，也就是明代的保定、河間兩府以外，一般而言頗為肥沃。修於一七三五年（清雍正十三年）的《畿輔通志》便對保安、懷來的土壤讚譽有加，稱在當地栽種水稻，可以不用施肥；[24]不過其他的地方志卻抱怨道，栽種水稻對肥料的需求實在太高。土壤的最主要問題，不在於貧瘠，而是鹽分太高，特別是在渤海沿岸地方與北直隸東南部分更是如此。這就是為什麼滄州的地方志聲稱當地「土頗不宜」，而且將稻米排在作物名單最後一位的原因。[25]儘管某些品種的稻作能在鹽分較低的土壤生長，但是過量的鹽鹼終歸對稻作有害。土壤中的鹽分可以靠挖掘排水渠，並以淡水來澆灌、沖刷表層鹽分，使之降低到適合耕種的程度。[26]不過，如果草率地將旱地輕易轉為稻田，反而會使鹽分升高，傷害土壤。排水渠道系統要是設計不良，會使得鹽鹼在灌溉時沉澱於田土內，最終造成土壤鹽鹼化。[27]同樣的，在設計和興建排水溝渠時必須特別留意，否則從某塊土地中沖刷掉的鹽分，將會浸透到另一塊土地裡。

氣候和土壤帶來的各種問題，各自以不同的方式影響稻作的品種，進而也在農民栽種時的選擇當中起到作用。在某些情況較為特殊的案例中，明清時期北直隸的自然環境對稻作栽種造成極大的困難——種稻所需要的勞力、灌溉及肥料，遠遠超過栽種粟米，甚至是小麥——以至於根本無利可圖。不過在大部分的州縣，栽種稻作還是能夠得到回報的。倡導經世之說的人士，相信投入稻作農業是有

---

22 《安瀾志》，載於《保定府志》（一八八六年），卷二一，頁四五a。根據和田保的調查，華北河川在洪水來臨時，水量可能暴增到原來的一千倍以上。參見和田保，《北支ノ土地改良ニ関スル調查報告書要旨》（一九三八年），頁七。

23 《保定縣志》（一六七三年），卷一，頁四三a。

24 《畿輔通志》（一七三五年），卷四六，頁二二b。

25 《滄州志》（一七四三年），卷四，頁二八a。

26 直到一九一一年，運用井灌技術沖淡深層土壤才引進中國，參見 Wu Lien Teh（伍連德），"A Striking Example of Scientific Farming in North China," p. 20.

27 河水中鹽分的自然含量，通常低於百分之零點一。雖然這低於海水鹽分含量的百分之三點五，但是其累積所造成的後果卻可能極其嚴重。承蒙密西根科技大學（Michigan Technology University）的史派格勒（K. S. Spiegler）教授，在與作者談話時告知這一事實。

價值的，並且大力提倡。

明代以前北直隸的稻作農業

美國學者柏金斯（Dwight Perkins）在研究明清時期的中國農業時，接受王禎、卜凱等人對於水稻栽種最北界線所持的論點。他在繪製糧食作物地圖時，只對卜凱在一九三〇年代的分界，做了若干細節的改動，將十八世紀的水稻種植界線劃在江蘇、安徽北部。「如果稻作農業有過任何的擴展，」他表示：「所指的是在稻麥交界過渡地區稻田面積的擴大。」例如淮河以北的江蘇地區，在論及以水稻取代產量偏低的小米或高粱時，柏金斯有以下這番判斷：「很顯然，中國人在這方面投注的努力，向來都非常低微。」[28]北直隸農業耕作的歷史，大致上可以印證這一種論斷，不過同時也表明了長期有個人或國家的力量，投入到開闢與增加稻田的事業上，努力試圖提高北方的糧食產量。

早在明代以前，有人就已在華北為栽種水稻做過零星的嘗試了。在西元一世紀前半，位於邊境地帶的漁陽，也就是今天北京東北邊的密雲縣，曾經開闢出八百頃（八萬畝）的稻田。[29]晉代時，據說渤海灣沿岸曾經遍栽水稻，[30]隋代時飢荒肆虐，受災難民到此食用稻米，這幕景象到了唐朝末季、西元八七六年（唐僖宗乾符三年）時又再度重演。[31]唐代官員裴行儉（六一九—六八二）曾發起一項大型水利工程的建設，即利用今天永定河的河水灌溉數百頃稻田，使得作物產量為之提高。[32]宋代也出現過類似的工程，尤其是第二任皇帝宋太宗（九七六—九九七年在位）統治時期，他提倡南北方糧食作物都應多樣化，並且在北方興修水利，栽種水稻。[33]九八九年（宋太宗端拱二年）時，滄州節度副使何承矩在洪災肆虐的地區築塘儲水，又發動軍隊進行大規模的屯田，然而稻種晚熟所帶來的各種問題，加上士兵因開闢農田的繁重勞役而心生怨恨，使得何承矩的計畫最後以失敗收場。[34]

在契丹和女真人占據北方帶來長達數個世紀的空白之後，水稻耕作於元代又重新在華北出現。顧炎武根據永平府一部地方志裡的記載，指出在一二六二年（元世祖中統三年）時，河北省東北角一帶地方已經開始栽種水稻，當時有一條河渠已經修建完工，而到此地務農的移民，每人可得兩頭耕牛，用來犁田。[35]元朝時有好幾位官員，如郭守敬、虞集（一二七二—一三四八）和脫脫等人，都曾提出將華北平原的北邊延伸地帶與渤海灣沿岸地區改造為稻田的建議。[36]將土地闢為稻田，其中規模最大的一次，由脫脫發起，位於今日的北京附近，預備將這座城市北面及西北面的所有官田、屯田及荒

28 Dwight Perkins, *Agriculture Development in China*, pp. 41-43.
29 《後漢書》，頁一〇九八。
30 《畿輔通志》（一九一〇年），卷七三，頁二a。
31 《河間府志》（一六一五年），卷四，頁三〇b；《新唐書》，頁一〇一八。
32 《冊府元龜》（一〇〇五年），轉引自朱彝尊，《日下舊聞》，卷二四，頁十一a。
33 丘濬，《大學衍義》（一四八七年），轉引自陳祖槼，《稻》，頁九六。
34 《宋史》，頁四二六四。
35 《天下郡國利病書》，第二冊，頁四二a。
36 徐光啟，《農政全書》，頁二八三、二八七。

地，全部轉為稻田。這項計畫中，也包括海淀沼澤地帶的排水工程，這個地方現在是北京大學的校園。在當時，這片土地讓佃農承租，栽種稻米，據說在一三五二年（元順帝至正十二年）就獲得大豐收。[37]元朝末季，河北南端也有類似的水利工程，當時疏濬漳河、滏水與澧河，引其河水開鑿新渠道，利用水資源闢建新的稻田。[38]上述這些紀錄顯示，水稻耕作農業在明代以前集中在三個地區，分別是北京附近、渤海灣沿岸，以及該省的最南端。這三處地方也將是明代首先栽種稻作，或是率先恢復種植的地區。

明清時期水稻的出現

為了重建明清時期北直隸水稻栽種的發展歷程，我從清代直隸省轄境內三百種省、府、州、縣等地方志當中，揀選出關於稻作存在與否的材料，考察的時間範圍從一三七三年（明洪武六年）到一九〇〇年（清光緒二十六年），另外再加上一部修纂於一九一〇年的《畿輔通志》。[39]在這些地方志中，唯一會提及當地是否栽種稻作之處，大多數都落在「物產」或「土產」等門類，通常一開篇就會列舉當地的糧食作物。在二十一部並未列舉出本地所產糧食作物的地方志裡，「風俗」或「水利」等門也可供參考。此外，有若干史料取材自《明史》，以及徐貞明（一五七二年進士，卒於一五九〇年）、徐昌祚（一五五八—一六〇九）和劉侗（卒於一六三七年）的著作；前面曾經引用過的徐光啟、顧炎武、林則徐等人著作，也包括在內。

考慮到地方志的出版周期（理論上是每過六十年重行修纂一次），上述這些材料並未準確記載水稻引進某個縣的時間；地方志當中的記載，可能與被記載事物實際發生的時間，有多達半個世紀的落差。此外，地方志編纂者有時不願意修正或更動舊志中的記載，《靈壽縣志》的編纂者陸隴其（一六三〇—一六九三）在該部地方志「物產」門開篇的序言中就這樣寫道：「舊志所載，多有其名而無其物。」[40]而另一方面，有些沒有栽種稻米紀錄的地方，實際上卻種過水稻，地方志之所以會闕漏，竟然只是因為之前沒有人提及而已。例如，一八七七年（清光緒三年）版的《蔚州志》修纂者便原封不動的照搬一六五九年（清順治十六年）版舊志的物產目錄，然後表示自己不敢對原志上的物產名單有所更張，即便他相信當中若干物產已經無存。我們不禁好奇，如果新版《蔚州志》修纂者能夠戰勝自己對舊版的敬畏之情，他會在「物產」一門的目錄裡列入些什麼呢？尤其一六三九年（明崇禎十二年）版《蔚州志》已列有水稻栽種紀錄，但是卻被一六五九年版所剔除，而新版只是恭敬地將順治版的全文照錄。[41]這些地方志裡的史料除了有這樣的局限外，我們還需要了解到也可能因為出於偶然，

37 《順天府志》（一八八六年），卷十八，頁九a。

38 《永年縣志》（一八七七年），卷六，頁二a。

39 這些材料的概要，參見〈明清兩代河北地區水稻種植的推廣及栽種技術〉的圖表一，頁六六七~六七一，另外在這裡要補充說明的是，還有若干關於水稻栽種存在的史料記載，參見《永平府志》（一五一七年），卷二，頁二a；《宛縣志》（一五四七年），卷一，頁五b；《趙州志》（一四九八年），卷一，頁四b；卷三，頁二b。

40 《靈壽縣志》（一六八五年），卷三下，頁一a；關於陸隴其與他所編撰的《靈壽縣志》，參見本書第八章。

41 《蔚州志》（一八七七年），卷一，頁二四a、頁二五a；卷五，頁二三b。

有些地方志會被保存下來，流傳至今，而有的地方志則沒能傳世，這才是最大的隨機不可測因素。不過，縱使有這些缺憾，我們還是能憑藉這些史料，重建稻米農作在北直隸的推廣擴散過程。表四之一按照年號先後排列，匯集了在各地方志中首度出現稻作的事例。

從這分表格可以看出，在嘉靖以前，稻作只是零星出現在少數幾個縣內。北直隸南部幾個早期首度記載稻作事例，或許是元代栽種稻作計畫的捲土重來，例如永年縣的情形，或者是北方稻作事業的初期擴展，像是磁州。[42]其他的幾則事例，似乎與在地的農作模式完全無關，例如十五世紀初時，屯駐在慶都縣的南方籍將士，因為吃不慣當地的小米，就修築了一條渠道，用來灌溉稻田。[43]這些稻田面積達九十頃，直到一四三八年（明正統三年）時還在栽種水稻。[44]北直隸稻作的持續穩定發展，要等到嘉靖朝年間才告出現。之後，在隆慶（一五六七—一五七二）和萬曆（一五七三—一六二〇）年間，稻作的引進不斷加快，於崇禎年間（一六二八—一六四四）達到最高峰。

相較之下，清代初期北方的稻作農業並不發達。其情況如《寧河縣志》的修纂者所說：「國初營田，因水土不利，輒罷之。」[45]順治年間水利灌溉設施的敗壞，對水稻產量也帶來負面影響。不過到了康熙年間，水利灌溉設施和水稻栽種的情況，同時都獲得復甦。舉例來說，一七〇四年（清康熙四

42 《永年縣志》（一八七七年），卷六，頁三 a；《磁州志》（一七〇〇年），卷九，頁一 b。

43 《望都縣志》（一七七一年），卷四，頁十 a。

44 《英宗實錄》，卷四一，頁十三 b；在那一年，這塊土地因為稅收的目的而被重新分類，歸為民田。

45 《寧河縣志》（一七七九年），卷十五，頁十一 a。

表 4-1　一三六八至一九〇〇年間，明清地方志中首度記載稻作的北直隸州縣數目（按照年號排列）

年號	時間（公元年）	稻作首度出現的事例（次）	
		該年號期間	每十年間
洪武	1368-1398	2	0.7
建文	1399-1402	0	0
永樂	1403-1424	1	0.5
宣德	1426-1435	0	0
正統	1436-1449	1	0.7
景泰	1450-1456	1	1.4
天順	1457-1464	1	1.3
成化	1465-1487	2	0.9
弘治	1488-1505	2	1.1
正德	1506-1521	1	0.6
嘉靖	1522-1566	8	1.8
隆慶	1567-1572	3	4.3
萬曆	1573-1620	16	3.3
天啟	1621-1627	2	2.9
崇禎	1628-1644	7	4.1
順治	1644-1661	1	0.6
康熙	1662-1722	17	2.8
雍正	1723-1735	14	10.8
乾隆（前期）	1736-1765	6	2.0
乾隆（後期）	1766-1795	0	0
嘉慶	1796-1820	0	0
道光	1821-1850	2	0.7
咸豐	1851-1861	0	0
同治	1862-1874	1	0.8
光緒	1875-1900	7	2.7

十三年）時，朝廷將天津一帶的上百頃荒地闢為水田，並且安排從東南遷來的數十戶農家在此耕作，作為報酬，這些人家可以擁有所耕土地的產權，並且發給一頭耕牛。[46]私有水稻田的面積在此時也開始擴張。在一份寫於一六九九至一七〇五年（清康熙三十八至四十四年）之間的奏疏中，李光地（一六四二－一七一八）注意到，水稻栽種範圍的擴展，使得北京南面的涿州地價為之騰貴，那些容易遭水災的低窪地，先前每畝不到二百文錢，改為稻田後，可以賣到十兩白銀。[47]在一六八四年時，每兩白銀可以換得八、九百文銅錢，十兩銀子就表示地價翻漲了四十五倍。[48]

清代北方稻作在雍正年間（一七二三－一七三五）到達高峰，在一七二五年那場嚴重肆虐的水患過去後的隔年，雍正皇帝在直隸全省大舉興修水利、闢建稻田。此舉首要的目標在防治洪害，而它帶來的其中一項主要效應，則是將大量土地轉為稻田。為了督導這項計畫的實施，雍正任命他的胞弟胤祥（一六八六－一七三〇）出來主持全局，胤祥也就是我們所知的怡親王。胤祥辦事幹練，以全副心力投入工作，在他於一七三〇年（清雍正八年）薨逝之時，已經使得這項計畫收效卓著。一七二六年，此舉從小規模的試驗展開，接著於一七二七年大張旗鼓正式進行，全省分為四處，每處各設置一局總理建設事宜。在一七二七年到一七二九年之間，直隸省三十九個縣境內的稻田面積逐年增加，這些稻田，大部分都來自官方所釋出的土地。在涿州一地，這項計畫於一七二七年時開闢官田一千九百五十二畝，私有地四十八畝，隔年又闢建七百五十一畝官田與二百五十五畝農民自有田地。在平山縣，於一七二七年開闢官有土地為稻田者六千零十一畝、一七二八年九千九百五十四畝、一七二九年達一萬四千四百畝。該縣相應闢建的農民私有稻田，三年下來分別為二千二百零二、九百零七以及五百四十四畝。[49]私人闢建稻田的腳步在國家身後亦步亦趨，顯示國家鼓勵稻作刺激了民間投資的增長。其成效是如此顯著，以至於有一部地方志聲稱，在這些年間已到了「歲不能災」的程度。[50]雍正年間興修水利與稻田的計畫，於一七三〇年胤祥死後快速走下坡，當怡親王薨逝之時，他麾下的官員就藉此計畫弄權牟利。儘管如此，負責水利農田的四個局仍舊繼續後續建設事宜，直到一七三三年（清雍正十一年）。這時期開闢出的稻作總面積，根據估算，從六千頃到超過七千餘頃不等。[51]若干引入水稻栽種的縣分，稻作生產就此站穩陣腳。大約一個世紀以後，某些水稻田依然維持舊觀，[52]不

46《清會典》（一七六四年），轉引自陳祖槼，《稻》，頁二三三。

47胤祥，《怡賢親王疏鈔》，頁一b。

48彭信威，《中國貨幣史》，頁五六九。

49《涿州志》（一八七五年），卷六，頁二八b；《平山縣志》（一八五四年），卷二，頁十八a～十八b。

50《永年縣志》（一七五八年），卷十三，頁一b。【譯按：「歲不能災」的意思是，自然災害也無法阻擋稻作的豐收。】

51較低的數字是官方的估計，引自《畿輔通志》（一七三五年），卷四六，頁二b；較高的估算來自朱雲錦寫於一八二一年的一篇文章，參見陳祖槼，《稻》，頁二五三。

52在這項計畫首度引進水稻耕作至樂亭縣三十年後，當初修建的水利設施依然繼續運作，水稻田也維持原貌。參見《樂亭縣志》（一七五五年），卷五，頁二四b。在平山縣，一個世紀之後，由於繼任的歷屆縣令不懈努力，該縣的稻田與水利設施也依然繼續存在和運作。參見《平山縣志》（一八五四年），卷二，頁十九b。

過在另外一些縣分，水稻田就如同其匆匆而來的蹤跡一樣，很快就宣告消失。[53]

在乾隆年間，北方水稻栽種減緩了發展步伐。乾隆朝前期還可以見到一些縣分開始栽種水稻的報告，但是在一七五六年（清乾隆二十一年）以後就完全見不到了。從一七五六年到一八三一年（清道光十一年）之間，沒有任何水稻栽種的記載，直到一八三一年，才有南宮縣首度栽種稻米的紀錄出現。[54]十九世紀的最後三十餘年，有七個北直隸的縣分留下栽種水稻的紀錄，水稻重振旗鼓的態勢可能與西方科學技術有關聯，但無法確定，因為目前已知的近代農業試驗計畫，都是二十世紀之後的事了。[55]

如果以同樣的地方志材料來看稻作的地域形態，我們會發現萬曆朝以前栽種水稻的地區，分布在太行山東麓，或是位於北京與渤海灣之間平坦、濕軟的土地上。在明代最後的七十年裡，大部分栽種水稻的縣分，同樣也都位於北部平原，因為當地的地勢平坦，具有便利的灌溉水源，以及大片尚未開墾的土地。一六〇二年（明萬曆三十年），保定巡撫汪應蛟（卒於一六二八年）在渤海灣沿岸地區推行一項重要的試驗計畫，他發動士兵充作役伕，在保定修築堤壩與排水溝渠，得到五十頃耕地，其中有二十頃作為稻田。汪應蛟發現，土壤中的鹽分即使降低，仍然會不利於旱稻的栽種，但是對某些特定品種的水稻卻無影響。這項試驗計畫耕種的土地面積微不足道，它所產生的影響卻相當可觀。正如《畿輔通志》所說：

於是軍民始信閩浙治地之法可行於北海，而各官益信斥鹵（無法耕種的鹹鹼地）可盡變為膏腴也。

數十年以後，有一位官員來到此地，發現汪應蛟當時興辦的各項設施仍然完好無損。[56]到了清代，這個地區試行過更多栽種稻作計畫，包括前面提到的一七〇四年與一七二七年兩次大規模栽種。清代最後一次大規模栽種稻作之舉，大約發生於一八九〇年（清光緒十六年），由天津近郊小站駐軍執行，結果在沿海一帶開墾出四百五十餘頃的稻田。[57]在二十世紀初的前幾十年中，這裡仍然是河北省最主要的稻米產區。[58]

清代初年其它地方引進稻作的範圍，從京津走廊的西面和北邊延伸出去，直隸省西南部的許多地方，在此時也有栽種水稻的紀錄。雍正年間大舉推廣稻作的效應，填補了已經栽種水稻地區的空白地

53《畿輔通志》（一七三五年）稱沙河縣的水稻初時作於一七二七年，參見該書卷四七，頁八a；但是，《沙河縣志》卻記載該縣的水稻耕作在三十年後就已消失無蹤，參見該書頁三九a。易州的首部地方志稱初次見到水稻栽種是在一六四五年，百餘年後修纂的另一部地方志，則說水稻栽種已經消失了。參見《易州志》（一六四五年），卷二，頁五一；《易州志》（一七四七年），卷十，頁六b。

54《南宮縣志》（一八三一年），卷六，頁七b。

55 Wu Lien Teh, "A Striking Example of Scientific Farming in North China," p. 17.

56《天下郡國利病書》，第一冊，頁五一b。

57《畿輔通志》（一七三五年），卷四七，頁九b。

58 日本農商務省，《支那稻米調查》，頁四三。

帶，同時還將栽種水稻的邊界往東北方向繼續推進。同樣這股趨勢，大致上一直持續進行到十九世紀。在最北邊，除了著名的承德避暑山莊裡栽種水稻是特例以外，直到二十世紀開始之時仍然未見稻作的身影。[59]直隸縣省南部的各府從來沒有栽種過水稻的地區，包括河間、保定、廣平與大名。雖然這些地方水利灌溉建設頗為完善，土壤卻是出了名的貧瘠，稻秧無法存活，此地市場上的稻米來自南方各省，只有官員才能享用，或是在宴會中用來招待貴客的奢侈食品。[60]一般而言，稻米即使是市場上的昂貴商品，也從未能深入到這些地方。[61]

北直隸的水稻產量

儘管明清兩代，尤其是在十六世紀中葉到十七世紀中葉之間，稻作栽種擴展到北直隸的更多地方，水稻在糧食總產量當中所占的比例卻依然不高。大致上每四部提及水稻栽種的各縣地方志裡，就會有一部強調當地的稻米產量有限。像是《定興縣志》就提到，約在一七七九年（清乾隆四十四年）後引進該縣的水稻，只在某地的特定村莊裡栽種。[62]在《保定縣志》的記載裡，和其它糧食作物相比，稻米的產量並不高。[63]另外還有一部地方志則指出，該縣境內的稻米產量是其它縣的兩倍，但同時也承認實際上該縣所產的稻米只在兩個村莊裡栽種。[64]

想要知道稻米在一個地方物產之中的相對重要性，有時候可以從該地的地方志「物產」門中糧食作物名單的排名位置觀察，就可以得出大致的判斷。糧食作物的排名順序，通常是形式上或分類之用，和作物產量並無關聯，可是有時候排名的位置卻又相當重要。如果稻米出現在糧食作物名單的最後面，就表示它是最近才引進該縣的，儘管這樣，有時稻作的位置也會被置列於前面。例如從一七五八年到一八七七年之間的《永年縣志》各版本，稻米的位置從原來的最後一位一路上升到前面；而從一六二四年（明天啟四年）到一七四九年（清乾隆十四年）間的各版《東安縣志》當中，稻米的排名情況也是如此。不過，從名列前茅到吊車尾這種相反的變化情況，也可以在時間順序上承接的兩版《文安縣志》中看到。在一六七三年版的《文安縣志》中，稻米排在「物產門」的第三位，而到了一七〇三年的版本中，稻米已經下跌到最後一位。

稻米相對於其他糧食作物的重要性，可以從明代中葉以實物稅折抵銀兩之前若干州縣的賦稅額中估算出來。雖然賦稅額度和實際上的生產數量之間的相關性，早已愈離愈遠，因此迭遭批評詬病，不過稻米在田賦當中所占的比例，還是可以反映出它在該地糧產中的地位。下頁表四之二顯示明代一州

59《承德府志》（一八八七年），卷二八，頁二a。

60《景州志》（一六一二年），卷三，頁三八b。

61 北方稻作農業的空間分布，和一七四三年災荒肆虐的地方呈現反比。魏丕信（Pierre-Étience Will）對一七四三年這次災荒波及的地區有所分析，參見 Pierre-Étience Will, *Bureaucratie et famine en Chine au 18e siècle*, p. 39, map 3. 飢荒肆虐最嚴重的幾個縣分（都位於河間府），大部分恰好也就是二十世紀之前無法栽種稻作的縣分。這種巧合只能更清楚的表明先引進水稻栽種的都是那些農業條件較好、可以支持長期生產的縣分。

62《定興縣志》（一七七九年），卷十，頁十a；《定興縣志》（一八九三年），卷十三，頁六b。

63《保定縣志》（一七四五年），卷七，頁六b。

64《保定府志》（一八八六年），卷二一，頁四〇b。

表 4-2　稻米在明代田賦中的比例

縣	時間（西元）	田賦正額（石）	以米支付	百分比	雜稅	以米支付	百分比
昌平	1453	21637.3	674.2	3.1	276711	12140	4.6
滿城	1465-1487	6048.4	42.0	0.7	77384	784	1.1
慶都	1465-1487	7414.3	181.0	2.4	95887	3383	3.5
清苑	1465-1487	10821.9	24.8	0.2	134629	462	0.3
保定	1549	15518.9	53.5	0.3	199967	1000	0.5

資料來源：《昌平縣志》，一六七三年，卷六，頁三 a～四 b；《保定府志》，一六〇七年，卷十八，頁七 a、十八 a～十八 b、二 a；《通州志略》，一五四九年，卷四，頁六 a～六 b。慶都縣在清代改稱望都。

四縣的田賦額度，數字到小數點後一位，在四個縣分當中，有三個縣的年代只能大略追溯到成化年間（一四六五至一四八七年）。從表格數據可以看出，明代中葉時北直隸的稻米產量，並未達到糧食總產量的百分之五，而且是遠低於這個數字。由於隆慶年間之前，引進水稻栽種的地方有限，因此當時北直隸的稻米產量，不會高過糧食作物總產量的百分之一。晚明時稻米占全省糧產總額的比例略有上升，但可能也不會高於百分之二。

可堪用來和明代比較的清代賦稅額度，現在無法取得。少數對本地區稻作農業面積做出區域或全省性的估算，所得的數字有偏低的情形。[65]之前我們已經提及，到一七二九年底時，胤祥在北直隸興辦的事業造就了超過七千頃的稻田。這項統計數字還沒有包括三十九個縣分在此之前的稻作面積，也未將這些縣分之外的稻田面積計算在內。如果將上述這幾項數據合計，北直隸稻作總面積最高應該接近一千四百頃。根據林則徐在一八三〇年代對直隸省稻作面積的估計，大約少於全省作物總面積的百分之二左右，按照他對直隸省耕地面積的估算六十四萬頃計算，則不到總面積百分之二的稻田面積，應該是一萬餘頃。[66]假如我們根據一八三〇年代的實際耕作面積（大約是七十二萬七千頃）來修正林則徐的估算數字，[67]稻作面積則可以提高到一萬五千頃。儘管這些估算數字並不準確，但卻可以證實，雍正之後水稻田在直隸全省耕地總面積中所占比例逐步下降，大致上還未跌破晚明時期的程度。[68]這種衰頹之勢延續到二十世紀，在一九一六年（民國五年）時，河北省稻作的總面積已經縮小到只有二千四百四十三頃了。[69]

65 一八二一年（清道光元年）有一道奏疏透露了如下的情形：在某些地方，產量富饒的稻田並未如實登記，而是將地目登記為水利設施用地。像這類登記錯誤的情況，代表那些實際擁有土地的地主少付土地稅，同時稻田總面積的估算也會低估。參見《大清歷朝實錄》，道光元年二月，卷十三，頁四 a～四 b。

66 林則徐，《畿輔水利議》，頁八 a。

67 孫毓棠、張寄謙，〈清代的墾田與丁口的記錄〉，頁一一三。一八二二年和一八五一年時的耕地總面積皆是七十二萬七千二百六十二頃。嘉慶和同治年間的耕地總面積只有略微的增加。

68 明清時期的水稻產量，或許可以運用林則徐估算的數字，將其轉換為產量的百分比來進行比較。一部安徽的地方志（《鳳台縣志》，一八一四年，卷二，頁三 a）認為，粟米和稻米的比較係數在二到二點五之間。根據林則徐對稻作面積百分之二的估計，那麼稻米產量大約占糧食作物總產量的百分之四到五左右。雖然這個數字看來過高，但是卻能說明晚清稻作在糧食中的比例要高過晚明時期。

69 日本農商務省，《支那稻米調查》，頁四。

國家介入與地方利益

稻米能夠在地方糧食作物產量中扮演重要角色的地區，表示都能在井水之外，取得灌溉水源的穩定供應。對北直隸的大多數縣分來說，要有穩定的灌溉用水，就代表要建設水利設施。舉例而言，位於唐縣的一處山泉，可以直接供應一頃稻田的灌溉用水，不過一五九九年（明萬曆二十七年）時，一組小型的水渠網路建設完成之後，同樣的水源就能為十頃稻田提供灌溉用水。[70]知名的東林黨領袖人物左光斗（一五七五—一六二五）就曾表示：「水利大興，北人始知藝稻。」[71]不過，北直隸的大部分地方，都遭遇到供水不穩與水量不足的問題。即使是一個具備相當完善水利配套措施的縣分，還是無法保證時時會有充足的水可用。正如一部地方志，在列舉出邢台縣的各道水閘門之後，有下列這番評論：

今諸閘壩或存或毀，興廢不時，皆由邢之水非有源遠流長，僅賴本地涓滴泉流以資灌溉。泉有時而通塞，即閘壩有時而廢興。[72]

建設一個引水灌溉農田的水利系統，並不能稍減持續向稻田保證供水造成的困難；如此一來，就需要規模更大的水利設施系統，因此也就需要國家力量的介入。而由誰出面領導水利基礎設施的修建呢？是國家力量的代表人物，還是地方上的投資者？根據地方志的記載，上述兩者都有，但是涉入的程度並不對等相同。在地的地主和仕紳有時候是可以仰仗的，像懷柔縣的鍾其瀠就是一個例子。

明代初年，鍾氏在懷柔縣城外開鑿一條水渠，沖刷土壤中的鹽分，以使田地適合栽種稻米；又如滿城縣一名孫姓仕紳，於一五七〇年（明隆慶四年）時出資修造了三道石閘門，用來灌溉十頃稻田。[73]不過，這樣的記載並不多見，在地方志中，出面負責地方基礎建設事業之人，通常都歸給知縣，或至少也說是由縣令督導主持。將地方建設事業之功歸給縣令，一部分算是方志書類所慣用的手法，因為修纂者必須將本地說成是仰體朝廷善政之處，而縣官正是代表朝廷的最佳人選。這樣的表現手法，也可以延伸到地方上的公共領域來，不問情由，即使地方官員除了表示贊同以外別無作為，地方上也會向官員致敬，感謝他「庇護」之功，這已經是司空見慣的情景了。而認知到這種情況存在下，一位勇於任事的地方官在實際上的作為，通常都不只是隨便露個面如此而已，他也有必須出面承擔的理由。事實上，考慮到地方公共事業的規模龐大，通常都需要重新測繪地形，以確保灌溉用水能流進稻田，除了縣令，很難想像還有誰能夠擔負起這樣的重任。也只有地方官員，才有權籌集資金，調動勞役，興辦所費不貲的工程，甚至是重建地方上的基礎水利設施。

楊一桂正是這類地方官員的代表人物，他在十六世紀末被任命為唐縣知縣，積極投入轄境內的灌溉設施建設。一五九九年，他命人鑿通一條灌溉用水道，能夠提供十餘頃稻田的用水。在一個豐年過

70《唐縣志》（一八七八年），卷三，頁二九a。
71 龍文彬，《明會要》，頁九九九。
72《順德府志》（一七五〇年），卷二，頁二七b。
73 林則徐，《畿輔水利議》，頁二三b，引《大明一統志》；《滿城縣志》（一七一三年），卷五，頁三〇b。

後，唐縣受到乾旱侵襲，因而在一六〇二年至〇三年的冬季，楊一桂出面主持廣利渠的開鑿。對於這項公共設施工程的預算與實際開銷，楊一桂留下了詳細的紀錄，[74]在他的預算中，石材、泥灰、以及支付石匠們的工資，最少需要一百兩銀子，另外還要加上一萬五千名勞工所需的三百石糧食。楊一桂認為，大興土木造成糧倉存糧耗盡只是暫時的，而完工後帶來的盈餘，不僅能填補糧食的耗損，還有盈餘。這三百石糧食在一六〇二年撥付出去，隔年在帳面上又有另一筆糧食支出，工程的糧食總支出超過五百石，不過在物料和工資方面的實際開銷，倒是與楊一桂事前的預估相近，約七萬二千文，按照一六一一年時每兩銀子折換六百六十文銅錢的比率，七萬二千文大概是一百零九兩白銀。[75]其他的開支項目，像是木樁、竹簍等，因為可以向地方上徵集，所以沒有列入帳目。完工後建成一條長七十里的水渠，有二十五道放水閘，可以供給三十八個村莊、一百九十頃稻田灌溉用水。隔年，楊一桂沿著金朝遺留下來的河道舊址，又開鑿出一條渠道，可以灌溉十頃稻田。[76]身為地方官，楊一桂手上擁有支付勞動的資金，握有號令動工的權柄，也有將幾個村莊的利益串連起來的能力。

像楊一桂這樣的地方官員，之所以對發展水利感到興趣，乃是將水利建設當作增加農業產量的一種辦法，其目的則是要確保當地的糧食供應，並且穩定稅基。而在國家官僚體系的上層，則對軍事防禦的考量更為重視。工科給事中徐貞明是萬曆年間首先大力提倡大規模水利工程與栽種水稻的官員，徐氏認為，想要提高農業生產力，需「如南人築圩之制」，如此北方人便可以因地貌改變而提高產量。[77]徐貞明之所以有此倡議，主要出自軍事上的著眼，即改善北邊駐軍的糧食供應情況，同時減輕那些被派去屯田開墾士兵的負擔。軍士們是用處很大的人力資源，因為他們可以動員起來充作勞役，闢建農田，不過徐貞明還想進一步激發屯田軍士的興趣，他主張任何由士兵開闢的農田，在軍士解甲退役之後，只要願意繼續耕種，產權就歸當初屯墾的士兵所有。由於很多軍士是南方人，熟悉水稻栽種技術，這項計畫可以使他們的技術傳到北方來。徐貞明還認為，軍士屯田計畫對於安置大量北方的流民，可能也會起到積極作用。他表示：

往者劉六、劉七之亂，持竿一呼，從者數萬，則游惰歸之也。蓋業農者，縻其田里。惟游惰之民，輕去鄉土，而易於為亂。今西北之境，土曠而民游，識者常惴惴焉。誠使水利興而曠土可墾，而遊民有所歸，消釁彌亂，深且遠矣。[78]

徐貞明注重北方邊境安全，他既關切流民的安置問題，又想要振奮屯田軍士的士氣，都是這種意

74 楊一桂，〈廣利渠記〉，收錄於《唐縣志》（一八七八年），卷三，頁三二a～三四a。
75 彭信威，《中國貨幣史》，頁四七〇。由於糧食支出超出預算，如果將折算比率定在每兩銀子換得七百二十文以下，仍可合理推斷金錢款項上的支出，同樣也超出預算。
76 《唐縣志》（一八七八年），卷三，頁二九a～二九b。
77 《明史》，頁五八八二。
78 徐貞明，《潞水客談》，頁四b；轉刊自徐光啟，《農政全書》，頁二九二～二九三。徐貞明關於北方農業的著作文字，部分可見於《明史》，頁五八八一～五八八四。

向的延伸。提高軍糧產量是這項計畫中的一部分，安頓北方邊境附近的流民則是另一部分。徐貞明對於北方農業的觀點，其實正是回歸到明代初年時「耕者有其田」的理想，因為他將北方的動盪不安歸結到土地的大規模兼併、佃農受壓迫等因素上，希望這些得到朝廷支持的計畫，能夠將勞動力從大地主的田地上給拉回來。

從十六世紀後期的徐貞明、汪應蛟，中間經過十七世紀的徐光啟、顧炎武，最後來到十九世紀的林則徐，這條知識性的譜系一脈相傳，都認為在北直隸引進水稻栽種，乃是解決軍需糧食的方案。不過，並不是所有人都有辦法將自己的建議落實成為朝廷支持的具體方案，其中，徐貞明辦到了。一五八五年至一五八六年，他在北京東北面主持一項工程，最後開闢了三百九十頃稻田。然而在隔年春季，由於原來由「貴勢有力之家」掌控著此地蘆葦和柴薪的生意，進項可觀，在國家開闢荒土為農田之後，這些豪門大戶將失去那些土地，自然大表不滿，於是萬曆皇帝叫停了工程所需的勞役徵派詔令。[79]由此可見，國家在認為有利可圖之時可能會主動採取行動，不過要是遭遇地方勢力的持續反對，也會讓步妥協。汪應蛟在一六〇二年於天津附近試行屯田時，他的運氣比較好，推想箇中原因，如果不是地方勢力並未帶來嚴重威脅，那就是因為當時日本入侵朝鮮，這裡所栽種的稻米具有很高的軍事價值，朝廷不能放棄。[80]但這項試驗在汪應蛟離任之後也沒能維持下去，根據一六二二年（明天啟二年）一名官員的報告，這些在汪應蛟指導之下闢建出來的水稻田，現在又成了荒地。[81]

朝廷在北方試圖建立水稻生產基地的屢次零星嘗試之舉，通常規模很大，但是和地方官員或是在地精英所主持的地方建設計畫相比，似乎就不是那麼成功了。國家力量可以由上而下挹注資金與勞動力，可是對建設設施的維護，卻只能靠發自基層的投入來加以保證。正如汪應蛟的稻作屯墾不出數十年就告衰敗，雍正年間在怡親王胤祥主持下灌溉出的大量水稻田也重新拋荒，成為乾涸之土，有些地方甚至在五年之內即告荒廢。[82]在胤祥身後，國家力量在華北平原基礎建設上投注的努力也漸漸畫上句點，大規模闢建荒土改作稻田的可能性也跟著告一段落。我在直隸的各地方志裡所找到朝廷興辦水利的記載，時間最遲的一次，出現在一七六〇年（清乾隆二十五年）。[83]我在一部地方志中找到，一八三〇年之前北直隸最後一次引進水稻栽種的紀錄年代是一七五六年，與上述的年份相當接近。[84]十八世紀國家力量的「強勢」介入，並未能夠維持住北方的稻作栽種。

水稻栽種技術的傳播

北直隸水稻栽種推廣的關鍵，在於能否獲得適當的技術，以及如何加以運用的知識。儘管早在明

79 《明史》，頁二二七一。在《明史．徐貞明傳》裡寫道，反對他的人，據說是宦官與勳戚，頁五八八五；在鄭克晟〈關於明代天津的水田〉一文中，列舉出這兩個集團占有土地的若干例證，頁九七。

80 Ray Huang, biography of Wang Ying-chiao, in Goodrich and Fang, *Dictionary of Ming Biography*, p. 1452.

81 龍文彬，《明會要》，頁九九九。

82 《唐縣志》（一八七八年），卷三，頁三四b。

83 《正定府志》（一七六二年），卷四，頁三三b。

84 《臨榆縣志》（一七五六年），卷二，頁二一b。

代以前，北方與南方的農業技術就發揮了互補的作用，但是北方的農民仍然欠缺水稻栽種的相關技術和知識。當時的人們曾反覆提到這一問題，「北人不知水利，」左光斗於一六一九年時感嘆道。[85]另有一位直隸省志修纂者，在提及一七二七年（清雍正五年）紀事時，觀察到彼時「津農不習水種。」[86]傳播技術知識的方法之一是將南方的「甸師」[87]請到北方來，由其教授或是實地示範、教育北方農民，元代時的脫脫就曾經如此做過。[88]另一個辦法，則是由當地官員親自示範講授，像是一五二〇年代時的北直隸永年縣知縣高汝行，就曾親身指導當地農民栽種水稻，只不過高縣令的老家是在山西太原，並不栽種水稻。[89]另外一位更有名氣的人物，也曾經發起過同樣的事情，這個人就是提倡日常道德哲學的學者袁黃（一五三三—一六〇六）[90]。袁氏在擔任寶坻縣令期間，教導該縣農民如何栽種水稻，並且在日後以通俗筆法，將栽種之法寫入他的著作之中，以利散布流通。[91]

官員親身傳授耕種的作法，在明亡之後仍舊繼續。[92]清代有一位出身北方的官員吳邦慶（一七六六—一八四八）相當重視這一職責，為此特地撰寫一部專著，名為《澤農要錄》。在該書的序言中，吳邦慶說自己在家鄉霸州考察水稻栽種，發現其中若干作法，與經典農書《齊民要術》、《農桑輯要》中記載的方法不盡相同。他因此決心親自下田，在稻田裡以俚俗語言教授農民最好的耕種技術；有過這番經歷，使得吳邦慶精心挑選以往文獻記載當中的各種資訊，編寫成《澤農要錄》一書。他敦促讀者，在閒暇時詳讀該書，然後將書中所載知識傳授給二到三位可以幫助傳播的老農。[93]他的這部《澤農要錄》成了農耕知識的實踐教科書，改善水稻栽種在各方面的技藝，並提升其工法水準。該書大力倡導興修水利設施以及排水抽水技術，主張比照江南的作法，在直隸南端的沼澤地修造圩田，並且建議排乾北邊沼澤荒地的積水。改造沼澤地在北方已是行之有年的成熟技術，[94]不過修築圩田卻還未普及（不過在下頁圖四之一中，我們可以看見一個例子，就是位於直隸省南部的永年縣圩田）。吳邦慶的建議說明了直到一八二四年時，北方農業對於最精良的水稻耕種技藝，還不能夠完全掌握和運用。吳邦慶寄望在地仕紳擔負起領導地方事務的角色，能夠在耕種技術方面引領一般民眾。不過，究

85 龍文彬，《明會要》，頁九九九。
86 《畿輔通志》（一七三七年），卷四七，頁十一 a。
87 《鳳台縣志》（一八一四年），卷二，頁四 a。【譯按：根據《周禮》，甸師原來是古代官名，執掌農耕，後來被引喻為教導農耕技術之人。】
88 《順天府志》（一八八六年），卷十八，頁九 a。
89 《永年縣志》（一八七七年），卷六，頁三。
90 譯註：袁黃，原名表，字坤儀，學海，號了凡，崇信佛法，晚年時將一生的心得寫成《了凡四訓》。
91 袁黃，〈勸農書〉、〈寶坻政書〉，見於《了凡雜著》。前者亦可參見林則徐，《畿輔水利議》，頁四四 a～四四 b。
92 清代李光地於十八世紀初曾建議，地方官員應該教導人民如何栽種水稻，這是北直隸河間府稻作推廣計畫其中一項。參見胤祥，《怡賢親王疏鈔》，頁一 b。一七二七年，胤祥麾下的僚屬曾在天津一帶修造秧池，用來作為栽種水稻的示範。參見《畿輔通志》（一七三五年），卷四七，頁十一 a。
93 吳邦慶，《澤農要錄》，序言，頁一 b～二 b。
94 舉例來說，《畿輔通志》（一七三五年）就提到一七三三年在直隸大城縣有一項沼澤改造工程，參見該書，卷四六，頁二三 b。

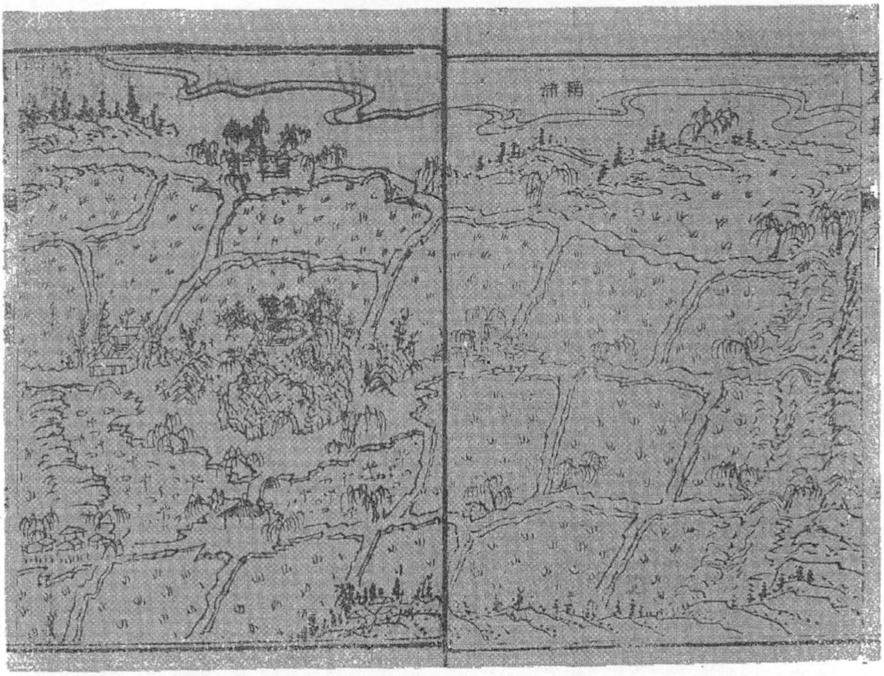

圖 4-1　稻浦灌溉下的水稻田　《永年縣志》插圖，稻浦為永年縣八景之一，使得永年縣有「小江南」的美譽。（資料來源：《永年縣志》，一七五八年，卷首，頁十五 b～十六 a。東京東洋文庫提供。）

竟會不會有人願意採納他的教誨呢？則誠屬未知。

推廣排水技術所遭遇到的挑戰，並不亞於傳播水稻栽種技術。元代時雖然曾經推廣過水車的運用，包括在地勢高處利用水車，以及分送木材給無法負擔原物料的人家之計畫，不過水車的運用並不普及。[95] 一直到一七七一年（清乾隆三十六年），望都縣令陳洪書還在埋怨道：「望邑水田之荒蕪，半由於民力之怠窳，半由於水車之制未具。」[96] 陳洪書認為，雖然在當時該縣民眾都懂得運用「桔槔」（一種踏輪吊桶水車），但是要耗費很大的力氣，才能使水稻田獲益。[97]

儘管陳洪書聽說天津一帶已經掌握了運用「桔槔」的技術，不過他仍舊考慮聘用南方的匠師來教導當地民眾如何使用這款器械。[98]半個世紀以後，許多抽水和水車引水技術的標準組成要素，仍然沒有推廣到直隸。[99]

儘管抽水幫浦有諸多好處，它們的造價實在太過昂貴，以至於在一九四九年之前，即使在華南，也只有地主與富農才能擁有水車之類的器械。其次，這些抽水器械結構相當脆弱，容易破損。打造水車機具與後續的維修保養，都需要有經驗的工匠，而在北方，這類富有經驗的匠師，並不是到處都找得著。再者，雖然水車比「桔槔」提水更快，但是操作起來卻甚為耗時，[100]而北方的農業發展本來就受限於缺乏勞動人力。陳洪書和其他議論者一樣，一口咬定北方之人過於懶惰，不願付出勞力耕作水稻田。本章在前面討論過楊一桂興辦的水利工程，他在這一項問題上，表達得更為實際：「北方民習農家之業，水田耕耨，其勞十倍岸地。」楊一桂說道：「多致坐廢生業，人事不齊。」[101]相較於南

95《天下郡國利病書》，第二冊，頁四二a。
96《望都縣志》（一七七一年），卷四，頁十六a。
97 踏輪水車是一種「耗時勞動」，參見田中正俊、鶴見尚宏，〈竜骨車と農民〉，頁十二。
98《望都縣志》（一七七一年），卷四，頁十六a。
99 吳邦慶，《澤農要錄》，卷五，頁二a。
100 田中正俊、鶴見尚宏，〈竜骨車と農民〉，頁五、七、八、十二。
101《保定府志》（一八八六年），卷二一，頁四五a。

方，北方農民從事的是一種粗放農業形態，而不是集約農業。耕種和灌溉稻田都需要投注勞動力，還要加上額外投入的時間心力，在在都超過北直隸大部分的農民所能承擔負荷。

水稻推廣的阻礙

要簡明扼要地列舉出北直隸水稻推廣的技術層面阻礙，我們可以拿王植權的奏摺為例。一七三七年，也就是清代北方推廣水稻栽種計畫最活躍時期的十年之後，王植權向皇帝呈遞一份奏議。在此奏摺中，王植權認為北方栽種水稻有八項不宜之處，以下是八項不宜理由的簡單摘要：

一、密集耕作會快速消耗北方沙壤地中的養分（在此或許是指灌溉會增加土壤裡的鹽分）。

二、北方的河流通常在春季乾涸、夏季暴漲，水量多寡無定，致使灌溉用水的豐沛與乾枯不依農時。

三、北方地勢不利於蓄水和導引水流。

四、北方耕地大多一馬平川，從而讓必須的蓄水池建設變得複雜困難。

五、直隸在此前並無既有的水利灌溉體系，這或許是水稻在北方傳播遲緩的其中一個主因，因為從農田界線到長距離的水渠，一切都需要從無到有，從頭開始，因此往往需要朝廷的介入。

六、北方農民欠缺稻作農業所需要的知識和工具。

七、北方旱地原本就需要重肥，而水稻田則需要更多肥料。

八、北方降雨量不足，每年雨水較豐沛的時間，往往趕不上秧苗的生長期。

王植權總結以上各項後指出，雖然以北方所產糧食供應北方駐軍較為理想，但是圍繞軍隊糧食需求的爭論，本身並不足以證明朝廷在北方大規模推廣稻作是合理之舉。[102]他因而反對從徐光啟一脈傳承下來（日後還由林則徐繼承），認為朝廷挹注投資足以克服這些阻礙的看法，而我們從日後北方水稻栽種在十八世紀中期開始走下坡的情形看來，王植權的見解在當時可能更受支持。

聚焦在技術層面問題上，既可能會誤導當時的評論者，同樣也會讓今天的我們產生誤會，使我們較少接觸到推廣水稻栽種所遭遇的各種文化、社會阻礙。文化和社會阻礙因素確實存在，只不過它們藏身於更明顯的技術層面難題之後，經常不受人們的注意。首先我們要認識到，大多數北方百姓習慣食用小米，而不喜歡稻米。例如，朱彝尊稍後在十七世紀時提到，北方人不喜稻米，害怕吃稻米會生病。[103]對許多北方人來說，情願將土地改種水稻的唯一理由，就是想用所產的稻米賣錢。反過來說，就表示這些耕作水稻的北方農民是依賴市場而獲得適當的收入，然後再購進更多合胃口的糧食作物來養家餬口。雍正皇帝知悉此一弊端，他在一七二九年時表示，擔心種稻的農民不願食用稻米這種新作物，會立即將收成的稻作賣給米商販子。傾銷稻米會導致米價下跌，從而打擊栽種水稻的農民，讓他

102《保定府志》（一七六二年），卷四，頁十四b。上述羅列各項技術層面的短處，讀來像是對華中、華南水稻栽種地區的反面描述——王植權的用意也正是如此。南方有悠久的水稻栽種傳統，而水利灌溉系統則在地主的掌控之下。北方農業欠缺這些條件，而快速發展又有技術上的阻礙，因此國家需要比南方更多的介入和投資。

103朱彝尊，《日下舊聞》，卷三八，補，頁十四b。

們不願再種水稻。雍正的解決之道，是命朝廷以全價收購多出的餘糧。[104]

在消費觀念和市場因素造成的阻礙之外，農民還擔心物質條件的改良和更高的生產力會威脅到他們的所有權。有如一位萬曆年間的官員所說，那些意在刺激水稻栽種的水利設施導致了既有農田區劃的改變，對於貧困又無權無勢的百姓相當不利。[105]兩個半世紀之後，林則徐仔細地在糧政條款中提出建議方案，保護稻作農民的土地，並且補償他們因建設水利設施遭致的損失。[106]另外還有一件事，更讓農民苦惱焦慮，產量愈是提高，賦稅額度就可能隨之升高，[107]土地價格也水漲船高，從而有權勢地主的侵占。

顧炎武同樣也明白，改種水稻可能會威脅到農民的土地所有權，他徵引一份一六二〇年代的皇帝詔令，其要旨是表明，此前未開墾耕種的土地，一旦成為稻田，並且開始收成，「勢豪及經管地主」就會將農田據為己有。[108]這種威脅對栽種水稻的農民而言是一大麻煩阻礙因素，而朝廷卻無法對此向他們提供適切的保護。不過這類觀察並不常見，或許是因為大部分在北直隸提倡水稻栽種的人士，本身就出自豪門大家和經管地主之列，升斗小民對他們或多或少有所畏懼。徐光啟雖然具有晚明最富有遠見的政治家名聲，他在天津的地產（徐光啟在該地試驗水稻栽種）無可避免的證明他也是地主階級的一員。不過，徐光啟本人卻不這麼認為。他覺得自己是一位開明進步的小地主，像他這樣的人，不會造成水稻栽種的問題。徐光啟堅持認為是那些坐擁大批土地、看法保守的大地主，才無可救藥地「狃於變習」，不願意試驗闢建稻田。當徐試圖向仕紳官員們解釋排水渠道的功用時，發現這種保守觀點也延伸到官員階層當中：「余嘗為有司及鄉縉言之，以為然，而當事者不知此理，遂中止之。」

他還指責仕紳一般而言對農事的態度都頗為冷淡，而地主也沒有意願為增加產量而努力。[109]

由於內心顧慮恐懼，地主們的態度顯得猶豫，不願跟隨徐光啟開闢稻田。對於可能失去荒地資源的掌握，他們感到十分焦慮。還未闢建成稻田的荒地，擁有如蘆葦和柴薪等資源，而正是因為這個因素，如同之前提到過的，萬曆皇帝於一五八六年下詔停止了徐貞明的稻田開闢計畫。地主們還擔心闢建稻田之後，會過於仰賴如水利灌溉系統等一體均霑的公共投資建設，利潤就不會只是被他們拿去了。這項議題，在一份呈給雍正皇帝的奏摺中被提上檯面，這份奏摺向皇上報告：磁州因為兩道水閘門發生爭議，在地方上引起騷動。當時受灌溉田地的地主們，在年底時節達成協議，將控制灌溉用水的兩道閘門，於來年時每隔五日開關一次。但是到了次年春季，卻有一名衙門胥吏夥同一名「刁民」，領著一群暴民阻止開閘門，因為他們唯恐自己那份配額有所損失。雍正皇帝對於此事件的處理

104《畿輔通志》（一七三五年），卷四六，頁二一b。

105 姜揚武，〈水田議〉，見於：陳祖槼，《稻》，頁一一六。

106 林則徐，《畿輔水利議》，頁五四a。

107 在雍正年間，直隸唐縣的「劣衿」、「劣監」試圖妨礙水稻引進，他們認為栽種水稻將會增加百姓繳納的賦稅。在該縣闢建稻田的計畫因此懸而未決，直到朝廷介入，並懲罰了帶頭阻撓的人之後，事情才告一段落。參見宜兆熊的奏疏，載於林則徐，《畿輔水利議》，頁四一b～四二a。

108《天下郡國利病書》，第九冊，頁九b。

109 徐光啟，《農政全書》，頁三〇二、三〇〇、六二八。

方式，是將爭議的兩造都予以懲處。[110]

徐光啟以及與他主張相似的一派當中的每一個人，都認為北直隸引進水稻耕作的限制，不在於技術層面，而在社會方面。增加北方農作物產量的解決方案，主要不在於國家的介入（雖然國家在挹注資源方面的角色極為關鍵），而在於在地農民們所維繫（或是放棄）的地方網絡，也在於他們對於水稻在當地經濟生活裡所帶來新的生產與消費形態，抱持的期望和態度，以及是否能夠調適上面。歷來主張在北方引進稻米的一派，都認為只要地方上努力，就能克服當地的社會阻力，林則徐是這派思想觀點的最後傳人。他認為「稻田之不廣，良由人事之未修」並不是因為稻田在技術上難以關建。[111]在林則徐之後，再也沒有著名的大臣主張在北方栽種水稻，也再沒有人會認為，稻作能夠緩解過時的財政政策與迫在眉睫的耕地危機。國家力量和若干它的代表人物，在萬曆、雍正兩朝年間的一些鼓勵種稻的作為，尤其不會再重新面世。晚清的國家力量既無法排除在北方栽種水稻的社會層面阻礙，也無力投入所需的財政資源，以證明改變社會傳統習俗的價值所在。一直要到一九四九年以後，這些關於北方種稻的社會阻礙才被根除，而在許多頒布新農田制度的地方，卻造成生態上的浩劫。

110 林則徐，《畿輔水利議》，頁四二 a～四二 b。

111 林則徐，《畿輔水利議》，頁十七 a。

第三部　書籍

第五章　明代中葉的藏書樓

＊本文之前以〈啟發知識：明代中國官學的藏書樓〉（Edifying knowledge: The Building of School Libraries in Ming China）為題，刊登於《清史問題》（*Late Imperial China*），第十七卷第一期（一九九六年六月），頁八八～一一四。本章以這篇文章擴充改寫而成。

十八世紀的法國漢學家杜赫德（Jean-Baptiste du Halde）在其影響甚廣的巨著《中華帝國全志》（*General History of China*）中，以歐洲人的角度，列舉出許多項中國的偉大成就。其中有一項，根據杜赫德的耶穌會士朋友傳回歐洲的報告，引起了他的注意；這項成就，按照一七三六年的初版英譯本的說法，是「中國建有大量之藏書樓，建築堂皇宏偉，裝飾雕琢精美，且有數量驚人的藏書。」[1]杜赫德所身處的文化，接觸印刷書籍才不到三個世紀，中國藏書樓規模之豪華、藏書之豐富，讓他覺得既羨慕、又忌妒。

雖然藏書樓在中國至少已經有兩千年的歷史，但是十六世紀後期來華耶穌會士所見到的那類大型藏書樓，一直要到十五世紀前後才在中國社會中成為常見的設施。明代藏書樓的茁壯發展，首先必須歸功於印刷書籍在當時已普遍容易取得，書籍既然可以大規模生產，想必其消費市場的規模也不遑多讓。因為如此，大量搜集書籍進行收藏，現在就成為可能的事情；於是擁有書籍的主人翁們不得不設想出各種收藏書籍的辦法，一方面既要將書籍當作一項珍品加以保護，另方面又要對書籍分門別類、進行組織編排，讓每一部書的內容都能一目了然，便於查考，彷彿書籍的主人就只有那麼一部書一樣。藏書樓正是安排、收納大批書籍的解決之道。

藏書樓自然不是明代才出現的產物，不過能夠收藏數千卷乃至上萬卷書籍的藏書樓，卻是到了明代才在各地大規模的興起。在宋代時，著名的「萬卷樓」稱號，用來指稱那些藏書內容全面、幾近完美的書閣，[2]不過一直要到明代中葉時，藏書真正到達這個數字的「萬卷樓」才告出現；到了明代晚期，才有收集書籍達數萬卷的藏書樓。[3]明代最著名的藏書樓都是私人產業，像是有名的寧波范氏天一閣、上海郁氏萬卷樓等。不過，在這些豪富藏書之家以外，社會上還有其他所在也有若干的藏書樓出現，比如下一節提到的縣學。

---

1 Du Halde, *General History of China*, vol. 3, p. 63.

2 例如《湖廣圖經志書》（一五二二年），卷六，頁六二a，提及十一世紀初時建成的一座「萬卷樓」。

3 我對於明代藏書規模的認識，來自於吳晗《江浙藏書家史略》，其中列舉出明代中期藏書萬卷的若干例證，見該書，頁十、二二、一四五、一五五、一七六、二二九、二三二；也可見《明史》，頁五三二一。關於晚明藏書達數萬卷的例證，參見《江浙藏書家史略》，頁二〇、五九、八九、一二六、一三八、一四〇、二〇一。十七世紀初期時南京有一家出版事業，就以「萬卷樓」為名。參見賈晉珠（Lucille Chia）的研究：Lucille Chia, *Printing for Profit: The Commercial Publishers of Jianyang, Fujian, 11th-17th Centuries*, p. 165.

尊經閣

明代官學藏書樓建設的開展，開始於本朝中葉時期。和它們收藏的書籍一樣，學堂內的藏書樓也不是始創於明代，而是到了明代時才開始普及。宋代時已經有學堂藏書樓，不過數量很少，而且大多數都在省城或府城的學校之中。史料記載最早的學堂藏書樓，其中一所是江西中部的吉安（宋代時稱為吉州）的州學藏書樓，這所學校創建於一〇三二年（北宋天聖十年），重建於一二八六至一二八七年（元世祖至元二十三至二十四年）。[4]其他一些創建於宋代的學堂藏書樓，[5]理學大家朱熹在一一七六年到一一九五年間（南宋淳熙三年至慶元元年），[6]至少曾經為其中五所寫過紀念性的文章；元代時創建的學校藏書樓則更多。至於「要求」下至每個縣的縣學都需設置藏書樓，則已到了明代。不過，這麼說對明代以前的藏書家似乎有些不公平，因為要求各縣設立官學也只是從明代才開始，在後面會提到這一點。即使如此，明代時的學堂也未必就設有藏書樓；學校內的藏書樓是後來才出現的，並且是基於特殊的原因。

明代學校藏書樓有一個標準名稱，稱作「尊經閣」，這個名稱在史書記載中首次出現是在元代。一二九九年（元成宗大德三年），山東濟寧州學藏書樓建成，即取名為尊經閣。[7]建於一〇六〇年（宋仁宗嘉佑五年）的蘇州府學藏書樓，稱為「六經閣」，之後於一一八七年重建時，更名為「御書閣」。宋代學校藏書樓的其他名稱，還包括「經史閣」、「稽古閣」、「藏書閣」、「藏經閣」等等。其中，「藏經閣」是宋元時期最常見的名稱，通常指的是佛寺的藏書樓，在這個時期佛寺內藏經閣的設施，較一般學校藏書樓更為完善。藏經閣顧名思義，用來收藏佛經。「經」有兩重意思，既象徵佛經，也指儒家經典，因此使得這個名稱不露痕跡的從佛寺藏書樓被挪借到學校來。宋代書院也多設有藏書樓，並且仿照佛寺的作法，命名為藏經閣。[8]

「藏經閣」的名稱到了明代初年不再使用，改稱為「尊經閣」。這項命名的成規一直延續下去，直到一四四〇年（明正統五年），松江府學藏經閣重建落成之時（原樓於一四一〇年因颱風吹襲而告坍塌），也遵此作法，更名為「尊經閣」。[9]為新藏書樓落成撰寫〈尊經閣記〉的作者表示，自己很

---

4 《吉安府志》（一六四八年），卷十五，頁七a；卷三四，頁八a。

5 除了下一個註解列出的五間學校藏書樓之外，蘇州府學的藏書樓始建於一〇六〇年，於一一八七年重建，參見《蘇州府志》（一八八三年），卷二五，頁一b～二b；松江府學的藏書樓，創建時間今已不存，重建於一二九六年，參見《松江府志》（一六三〇年），卷二三，頁三四b；漳州府學創立於一一三九年，參見《漳州府志》（一八七七年），卷七，頁一b；揚州府學的創建年分則是一一七八年，參見《揚州府志》（一八七四年），卷四，頁二a。

6 當中的四篇，收錄於《朱子文集》，第八冊，頁三八九二～三八九四、三九〇五～三九〇六、三九六四～三九六六、三九七九～三九八〇。朱熹為武昌縣學稽古閣所寫的記，則收錄於《湖廣圖經志書》（一五二二年），卷二・文部，頁一b。朱熹在關於福建建陽縣學藏書樓新增藏書而撰寫的一篇記文當中，他很訝異於一所位在商業書籍出版中心地帶的學校，竟然沒有藏書。見《朱子文集》，第八冊，頁三九〇五）。

7 《濟寧州志》（一六七二年），卷五，頁八a～八b；卷八，頁十四b。濟寧州學藏書樓之後於一五五三、一五六四年兩次重建，可是當州志修纂之時，這座尊經閣已經不存在了，令修纂者相當沮喪。他還寫道：「書籍原儲尊經閣，閣毀無存，志此以候後之藏書者有所興感焉。」見卷五，頁十a。

8 關於書院藏經閣，參見來新夏，《中國古代圖書事業史》，頁二七二～二七三。

9 《松江府志》（一六三〇年），卷二三，頁三九b。雖然王英的〈尊經閣記〉將該樓落成的時間推遲到一四四三年，不過根據一八一七年版的《松江府志》（卷二三，頁四九b），已經將年分校正過來。

清楚「藏經閣」原名與「尊經閣」新名之間的差別，並強調新名稱較為適切。（關於「尊」的意涵，我在本章結尾處會再提出來討論。）信奉理學的教育家們之所以偏好使用「尊經閣」之名取代「藏經閣」，或許源自於他們想要遮掩「藏經閣」實際上取法自佛寺先例的企圖，有部分原因也是因為理學家對於形而上的玄學普遍帶有一種焦慮感，想要掩蓋自身受到影響的痕跡。無論是什麼原因促成這種改變，「尊經閣」快速崛起，成為很有競爭力的名稱。在宋代學校藏書樓的其他名稱當中，私人興辦的書院和佛寺使用「藏經閣」，「稽古閣」依舊為私人藏書樓所沿用，而「御書閣」則專指那些奉有皇帝御筆親書手跡的藏書樓。[10]明代官學藏書樓還使用過若干特殊的名稱，像是「崇文閣」、[11]「聚奎閣」以及「文昌閣」等，[12]不過「尊經閣」的用法已經定於一尊，上述這些名稱不過是少數特例而已。

保存在地方史志中的記載，讓我們得以重建明代縣學「尊經閣」的源由歷程，並且探索明代中葉的歷史發展特色。不過，這些史料記載卻不是前後連貫的。譬如，在某部地方志裡記述某座藏書樓重修落成，卻沒有提及該樓原先是於哪一年起建；[13]又如在另一部方志的某個段落裡，提到了藏書樓的存在，但是對其歷史淵源隻字未提。[14]雖然如此，在浩若煙海的明清地方志史料之中，還是有足夠的材料可以描繪出明代官學藏書樓興起與發展的大致輪廓。從分布地域來看，我所檢閱的明清地方志，大致上來自北方、華東及東南各省，以此為基礎，進行隨機抽樣，將一三九五至一六三一年這段期間（明洪武二十八年至崇禎四年），總共一百零二則關於官學藏書樓的興建、重建或重修記載製成表格，並附加少數幾則年份更前的例子。[15]將這些資料，按照十年為一單位分組，可以看出藏書樓的建設與重修活動，在一四五八至一四六八年（明天順及成化初年）、一五一六至一五二六年（明正德後期及嘉靖初年）間最為頻繁。其他較有顯著活動出現的時段，則分別落在一四三八至一四四八年（明正統年間）、一五三〇至四〇年（明嘉靖中期），以及同屬於萬曆朝的一五七一至一五八一年，與一五九九至一六〇九年。上面這些時間說明，明代對興建官學藏書樓的興趣，從一四三〇年代後期開始向上攀升，在一四六〇年代到一五四〇年代這幾十年之間維持高峰，之後緩緩下降，並在萬曆年間有一次溫和的復興。總體看來，一四三九至一五三九年這一百年間，可謂是明代藏書樓興建最為繁榮活

---

10 儘管原來「御書樓」的名稱逐漸受到取代，明代官學藏書樓少數使用「御書閣」的罕例，參見《揚州府志》（一六一三年），卷三，頁十六ａ；《龍泉縣志》（一八七八年），卷五，頁二ａ～三ａ。龍泉縣學的「御書閣」，最遲也在十八世紀前後更名為「尊經閣」。

11 《揚州府志》（一七三三年），卷十二，頁三ｂ。

12 當新鄉縣令於一五八二年重修縣學藏書樓時，他將其更名為「聚奎閣」。「聚奎」的意思指的是文昌星聚集，文昌星即庇護文運的神祇。半個世紀以後，當另一位知縣對藏書樓進行維修時，又將其改回「文昌閣」的原名。參見《衛輝府志》（一七八八年），卷十，頁二十ａ。這次維修和一五八二年那次一樣，在藏書樓中闢建祀奉文昌帝君的祠堂，這或許可以說明為什麼歷任知縣維修藏書樓時，都偏好「聚奎」、「文昌」這一類帶有神祇意味的名稱。

13 例如《福寧州志》（一五九三年）只記載寧波縣學的藏書樓重修於一五二五年，沒有記載初建年份（卷三，頁二四ａ）。

14 例如《吉安府志》（一六四八年），卷十五，頁七ｂ。

15 想要參考本段論述根據史料的讀者，可以參見本章的原來版本：“Edifying knowledge: The Building of School Libraries in Ming China,” pp. 96-101. 陝西、四川、廣西、貴州、雲南諸省，由於缺乏可供比較的史料，因此不列入討論範圍。

躍的年代，而從一五七〇年到一六二〇年這半個世紀裡，則有明顯重振旗鼓的復甦跡象。

正因為如此，到了一五二〇年代時，有一位福建文人在回顧本朝初期的歷史後宣稱，國朝之初書籍散逸的主要原因，乃是由於學校未設置藏書樓的緣故。[16]這種觀察，將書籍保存與藏書樓的建置聯繫起來，此事要是放在一個世紀以前，就不會發出這樣的議論了，因為在當時，藏書樓的設置還很少見。不過，設置藏書樓是維持學校運作所必須（或者至少是維護校方財產）的新觀念，並不表示明代中後期所有創設或恢復藏書樓的請求，都能獲得成功；[17]許多縣學一直要到清代才有藏書樓的設置。更何況，人們開始重視藏書樓的設置，也不代表藏書樓落成之後就不會遭到棄置。[18]但是話又說回來，一三九五年前學校藏書樓數量之稀少，與一四三九年後各級官學藏書樓的快速增加，在在說明到了明代中期之後，在各級學校中設置藏書樓，已經成為基礎建設投資的常規慣例，也表示學校藏書樓的建置，確實是明代時出現的新現象。

在這些史料背後，有一個明顯的問題逐漸浮現：為什麼在明代中葉，地方官員會願意興建一棟專門用來存放書籍的建築？答案就跟世間所有其他平淡無奇的日常問題一樣，我們怎麼看待它，就會得出不同的回答。或許我們會這麼推測，藏書樓的興起，反映出明代社會對於知識取得的開放性；但這是從我們自身的角度推想出的答案，且先把它放在一邊，去了解更多明代藏書樓建造者的所思所想，及其所作所為，然後再下結論。為了取得這方面的知識，我們必須從一些微薄的線索開始找起，這些線索大部分都零星的散落在各地方志的記載當中。我對於這些資料的解讀，產生五項問題（及其答案），分別觸及興建藏書樓的五個主要層面，能夠幫助我們釐清這一歷史現象。這五個問題是：藏書樓裡存放的是什麼（書籍）？藏書樓建造的地點在哪裡（學校）？藏書樓的建築採取何種形式（獨棟建築）？藏書樓的興建者是什麼人（官員）？以及藏書樓所代表的象徵意義（文本知識的權威）。

官刻書籍

我們的討論從書籍開始，畢竟先要有書，才會有藏書樓應運而生。然而，藏書樓與書籍之間的關係，既不簡單、也不直接，因為如果沒有與書籍相關的特定政治、文化和經濟理念作為支持，很難想像會有藏書樓的出現。舉例來說，書籍既可以被視為政治正統思想的特殊傳遞者，或是承載著令人尊敬的古代智慧，也可以僅僅將它看作是值錢的時髦物品。這也就是說，藏書樓所倚賴的不只是物質性的書籍生產，還包括書籍的文化性製造。對於附設於官學之下的藏書樓而言，明代官刻書籍帶來的文

16 《惠安縣志》（一五三〇年），卷九，頁十a。關於書籍散佚的類似論述，參見《慈利縣志》（一五七四年），卷十一，頁十四b；《定襄縣志》（一七二七年）曾統計過散失的書籍數目（卷二，頁十三b），惠安與定襄兩縣的官學都沒有藏書樓。

17 譬如陳鳳梧（時任湖廣提學）想要重修始建於十二世紀的武昌府學稽古閣，但最後未能如願。事見《湖廣圖經志書》（一五二二年），卷二，文部，頁二〇b。

18 這裡舉出若干例子：（一）河南光山縣的藏書樓，建於一四四五年，於一個世紀後遭到廢棄。參見《光山縣志》（一五五六年），卷一，頁二七b；（二）江西瑞昌縣的藏書樓，創建於一五二三年，之後有近半的時間荒廢，致使原來存放在此的圖書被迫搬到別的建築去，參見《瑞昌縣志》（一五六八年），卷五，頁四a；（三）在北直隸的正定縣，大多數的縣學藏書樓，在一七六二年修成的《正定府志》當中，被列為「廢」。見《正定府志》，卷八，頁四七bff。

化與物質性生產，率先推動了興建藏書樓的第一波浪潮。

明太祖朱元璋（一三六八至一三九八年在位）知道，雖然依靠謀略和武力可以平定亂世，但是在天下底定之後，對於治國的方向則採用知識的控制與傳播。他發現有些書籍對其統治是有幫助的，他希望傳授法律、條例和禮儀等知識給底下的官員們，希望官員能尊重、百姓得以奉行這些知識；他提倡向官學生員傳授朱熹（一一三〇—一二〇〇）和其他宋代理學家按照朱的傳統注釋過的儒家思想。對於佛教僧眾，朱元璋要求他們須對佛教基本經典有一定程度的了解；他還規定一般庶民百姓須閱讀、聽講，乃至於背誦他定下的簡單規則，此外即不需去涉獵更多。這些規則的用意，在於重建一個自給自足的農業社會。針對官員、士子、僧團及庶民這四類不同的群體，太祖皇帝要求朝中的文學侍從之臣，各為其編纂合適的教本，並將其出版刊行，印量通常都相當龐大。朱元璋第一次插手書籍出版是在一三六六年底，當時他尚未登基稱帝。由朱元璋下令編纂的書籍，分別是《公子書》和《務農技藝商賈書》。《公子書》是一系列文章的選集，用來教導他的諸子，使他們能明辨是非善惡。朱元璋承認，「（公卿貴人子弟）多不能通曉奧義」，所以這類讀本，內容務必簡單明白。《務農技藝商賈書》的訴求對象，則是更廣大的普通民眾。他認為：「其民間商工農賈子弟，亦多不知讀書，宜以其所當務者，直辭解說。」[19]這兩部書籍都在宮內刊刻，然後頒布民間流通。

一三六八年，朱元璋即位之後，定年號為「洪武」，朝廷旋即頒行《大明令》。《大明令》雖是一本小冊子，卻是洪武年間一系列大部頭法律、行政管理及禮儀彙編的先聲；朱元璋在位年間，陸續頒布了很多規章和誥令，用來規範皇子與大臣的行為，前述這些彙編就是其中的一部分。在明代初年刊刻的官書裡，如《大明集禮》是一部禮儀和相關規章的彙編，於一三七〇年十月下詔編纂，隔年問世。題為《大明志》的行政地理手冊，在一三七一年元月刊行；而首版《大明律》則在一三七三年十二月頒行全國。以上所列舉的，不過是洪武年間陸續刊刻的眾多官書裡其中的三部而已。[20]朝廷還涉入科舉考試的教材讀本的刊刻印製，也就是核心的儒家經典——《四書》和《五經》，一三八一年，朝廷將這兩套書頒行到全國所有官學。在佛教方面，朱元璋主持了《大藏經》的刊印，由南京禮部負責督導印製，刻印的雕版則收藏於報恩寺。對於一般庶民百姓，太祖皇帝則將自己的歷次訓誡刊布發行，也就是四個版本的《大誥》（一三八五至一三八八年），與一三九八年頒布的《教民榜文》。

成祖永樂皇帝（一四〇三至一四二四年在位）在刊行書籍一事上，具備和父皇朱元璋相同的價值信念，他也喜好頒布讀本，令臣民恭讀並且遵循。永樂命臣下將儒家經典及主要理學家的著作彙集起來，修纂、刊布了三部《大全》（即《五經大全》、《四書大全》與《性理大全》）。他還敕令重新修纂佛、道二教的經典，並加以刊刻，不過這些版本到他駕崩之際都還未能面世。永樂所修纂的佛教藏經稱為「北藏」（即在北京雕造的大藏經），必須得到朝廷特諭恩許方能取得。不過當年太祖下詔修纂的《大藏經》，現在又稱為「南藏」，欲請得這部經的僧眾，只需到南京出示度牒並繳交費用就

19 《太祖實錄》，卷二一，頁七b。

20 《太祖實錄》，卷五六，頁十四a；卷五九，頁二a；卷八六，頁六b～七a。

可以如願。[21]為了教化民眾，永樂還刊行了幾種流通甚廣的普及教誨刊物，較為著名的有一四〇七年的《勸善書》、一四一九年的《為善陰騭》，以及刊行於一四二〇年的《孝順事實》。

在永樂之後，明代皇帝無論在纂修書籍的範圍和出版的時間上，都不再那樣廣泛而頻繁。儒家經典的彙編已經大功告成，而道德勸誡刊物的號召力看來也今非昔比，在這種趨勢之下，宣德皇帝下令修纂的《五倫書》，就成為這一重要讀物系列的壓軸之作了。不過，《五倫書》因為篇幅太大，難以成為普及讀物。此後，朝廷轉而刊刻行政地理、歷史方面的參考典籍，如一四六一年（明天順五年）刊行卷帙浩繁的重量級之作《大明一統志》，以及十年後出版的朱熹編《資治通鑑綱目》等書。世宗嘉靖皇帝（一五二二至六六年在位）是明代中晚期最熱衷於主持宮廷刻書的一位皇帝，他曾於一五二〇年代多次刊刻書籍，目的是為了逼迫臣下，在歷次重大爭議時接受他的決定。於一五二五年時刊行的《大禮集議》，模仿太祖洪武皇帝所編的《孝慈錄》，彙編了朝臣在「大禮議」之中辯論是否尊嘉靖之生父為皇帝的相關文件[22]。這部書後來經過擴充，於一五二八年更名為《明倫大典》，並重新刊行。隨後又有《大獄錄》[23]一書的刊行，該書內容是因一位山西官員審理盜匪頭目一案而引起的黨爭。

上述書籍都在皇宮大內的「經廠」刊刻，而由工部派官員監督。它們因此而得到如「經本」、「官書」或「御製書」等各式各樣的稱呼。以「經本」樣式刊行的書籍，就等於是取得了官方的出版許可。由於具備此一無可匹敵的條件，「經本」一類的官刻書籍，其用途往往作為官僚體系的學習範本，以及學術界的經典版本。有志於科舉入仕的儒生，對上述兩種書籍必須都能熟悉、掌握。之後顧炎武曾抱怨，永樂年間修纂的諸版《大全》，將儒家經典竄改的面目全非，[24]不過顧炎武在作此評論時，應該心知肚明，此種竄改作法，乃是有意為之，目的在於鞏固明代的統治。皇帝及其閣臣選定某經典的某一注釋本為正確版本，與該版本在學術流變史的論戰當中居於何種地位，並無太大關聯；該版本之所以被樹立為權威，單純出於朝廷的需求。

看來，朝廷此舉的目的，在於統整、簡化國家合法性賴以維繫的基礎經典，明初的歷任皇帝必須建立一套知識的準則，以減低因文本晦澀分歧帶來的含混模稜情況。經典版本一經確立，不但設立了無可踰越的標準，更降低了文本的多變分歧，從而使得注釋的不確定情形也為之減少。如此一來，全

21《金陵梵刹志》（一六〇七年），卷三一，頁十九a。

22《明史》，頁五三一〇。《大禮集議》一書的分配傳布事宜，記載在《世宗實錄》，卷九五，頁八a。譯註：大禮議起於一五二一年，歷時三年，這是一場嘉靖皇帝與廷臣的政治鬥爭。先是正德皇帝朱厚照駕崩，因其沒有子嗣，閣臣楊廷和等決議迎湖北藩王之子、正德的堂弟朱厚熜入繼大統，是為嘉靖。大部分廷臣以嘉靖是外藩入嗣大統，認為他應該改尊孝宗皇帝為父，生父興王為「皇叔考」，嘉靖堅決反對，終以皇權壓迫群臣，為其生父上皇帝尊號，而結束為期三年的紛擾論爭。

23譯註：《大獄錄》仍然是「大禮議」一案的延伸。根據谷應泰，《明史紀事本末》，卷五六〈李福達之獄〉條記載：嘉靖五年七月，山西代州人李福達被告發聚眾組織「彌勒教」，自任教主，逮捕後下獄論死。李在之前與勳貴武定侯郭勳往來密切，群臣於是彈劾郭勳結交叛黨。郭勳為求自保，反向嘉靖表示，群臣欲藉此案為議禮一事翻案，嘉靖竟為李福達平反，將其釋放，並將原先審理本案、參與意見的各級官員，均行懲處，分別罷職或貶官。郭勳等自認為「平反」有功，於是蒐集本案有關文字，編為《大獄錄》。

24顧炎武，《日知錄集釋》，卷十八，頁十一a～十二a。

國各地所有士子生員口中所稱的經典，版本全都相同，日後也會永遠相同。而那些讓朝廷厭惡的學者，也就無法再運用版本之間的差異，對國家正統意識形態比手畫腳、指指點點了。因此刊行書籍是國家統整知識計畫的第一步。不過除了刊行書籍之外，國家將知識標準化的努力還需要進行第二個步驟，也就是建立規律程序，將這些書籍分送到朝廷預設的讀者手中。目前我們並不清楚最初宮廷刻印的官書是如何分發的，但至少到了洪武朝晚期時，各地官學都會指定專門的位置，以便安放這些新修纂成的經典。

官學：書籍存儲處

一三六九年底，洪武皇帝下詔命「州縣皆立學」。這些學校並不是基礎教育機構，而是那些有志仕途的年輕人參加科舉初階考試獲得生員功名的場所。他們在此準備更高一級的考試，偶爾擔負教諭地方的任務，並持續保持受到朝廷注意的能見度；學校同時也是奉祀儒門先師以及先賢的場所。在明代之前，官方儒學最多設置到府這一級。朱元璋下詔命要求各縣地方官在縣一級設置學校，為生員準備科舉考試，這是史上頭一回。這道命令於一三七〇年在所有已恢復秩序的地方實施，隔年，南京就舉行首次全國性的科舉考試。這些學校的運作，維持得極為嚴謹，因此翰林學士彭時在一個世紀以後，猶然可以自信地聲稱：「國朝學校遍天下。」[25]

繼設置學校之後，隨之而來的是修纂經典。此前在太祖皇帝詔命設置學校的聖諭中，隻字未提書籍與藏書樓。當初朱元璋在全國各地設置官學體系的目的，並不是用來存放官刻書籍。不過，由於各地官學位置分布適當，倒使得朝廷獲得了一個頒行官刻書籍的全國性網路架構。在洪武年間，皇上就已諭令將那些預備分送全國的書籍，先送往各地官學。我查找到縣學收到官刻書籍的最早紀錄，是一三八二年江西德化縣的縣學，收到「經、史、律、誥」；不過，這個年份顯然是太早了。[26]官學是如何安置這些奉頒的書籍，《德化縣志》中並沒有特別說明。在該縣及其他的地方志中，經常用到「頒」這個字，表示這些書籍是免費賜予的。

這些學校獲得官刻書籍的速度，也是朝廷免費頒賜的間接證據。要是學校必須為取得這些高品質的出版品付費，可以想見在獲取書籍的過程會有一些耽擱。（這個時期的書價，我們無從得知，不過透過比較，也可以做一番推測。當時一套《南藏經》共六千三百六十一卷，其價格根據紙張、裝幀的好壞而定，約在六十四到二百九十兩銀子之間。[27]）一五七四年（明萬曆二年）湖廣《慈利縣志》中保存下來的慈利縣學書目，就記載著該縣於一四一四年奉「頒」得到《四書大全》、《五經大全》等官刻典籍，《為善陰騭》於一四一九年「頒」下，而《孝順事實》則在隔年獲「頒」——顯然，這些書籍都是甫出版就頒給各地官學的。然而，慈利縣學收藏的六十二卷版《五倫書》，卻直到一四四七

25《河間府志》（一五四〇年），卷五，頁五b。這句話引自彭時（一四四八年，英宗天順元年進士）所撰〈重修河間縣學記〉。

26《德化縣志》（一八七二年），卷二二，頁三b。這條史料認為該縣縣學獲得包含《大誥》在內的官刻書籍是在一三八二年，但是《大誥初編》印行於一三八五年，因此一三八二年這個時間或許有誤，可能是一三九二年。

27道安，《大藏經雕刻史話》，頁一二七。

年，也就是該書刊行四年之後才頒下。[28]從刊行到頒賜之間的時間差，可能表示該縣需要時間，從預算之中撥出款項，或是在預算以外另籌款項，才能購入這部書。山東境內一所縣學的情況，可能也是如此。該縣縣學藏書樓收有一部手抄版的《五倫書》，之後又奉頒一部刻印版，如果我們假定刻印版的取得是在手抄版之後，就可以推測該縣也需時間籌集購書預算。[29]不過奇怪的是，該縣的地方志將這部書列入奉「頒」書類，而不是購「置」書，[30]所以最後看來，縣學還是免費奉頒到這部宮廷刻印的書籍。此外，我們或許還可以從《明實錄》當中若干令人好奇的記載裡，爬梳出相關的證據。一四四八年（明正統十三年）底，禮部官員向皇帝奏報：各地收到《五倫書》的教師與生員，往往為了此事特地動身前往北京謝恩。禮部指責此等浮禮虛文，荒廢生員學業，特請求皇上頒下旨意，師生人等往後只需在各自原籍望闕謝恩即可。[31]如果各地官學派遣師生前來京師謝恩的舉動是如此頻繁，以至於朝廷必須明令禁止，就代表這部書是大規模的向各地頒發，而且很可能是自動分發到各處官學之中。

在《明實錄》中，我沒有找到任何關於書籍頒發程序細節的記載，大部分見到的描述，都像是一三七〇年太祖皇帝頒賜《大明集禮》時那樣，下達一道官面上的旨意：「詔頒行之。」不過，《明實錄》裡倒是有一則案例，簡略記述了朝廷頒發書籍的機制。一四三七年（明正統二年），有一名外地藩王王府的官員向禮部反映，王府裡缺乏某部關於禮制方面的書籍。雖然他並沒有明確寫出王府所缺的書籍是一三七〇年刊行的《大明集禮》，不過從他報告中提到所缺者為「國朝禮制集要書」一語看來，應該是此書無誤。禮部將這名王府官員的報告轉呈皇帝御覽，並建議工部重印這部書籍，各王府均頒發一部。皇帝同意所請，認為王府不可缺此一書，不過由於重新刊印這一部卷帙達五十卷的書籍耗資過鉅，皇帝因此指示禮部應有所節制，僅需將該部庫存藏書頒發給各王府即可。[32]從這次王府官員與朝廷的交流，可以看出要請得一部宮廷刻書，需先向禮部報告，然後由禮部轉呈皇帝，命令工部辦理。《明實錄》中還有若干時間較後的案例，記錄了若干向朝廷請求官刻書籍的事例。例如在一五二六年，另一位藩王在承襲王位之後不久，據說朝廷就「從其所請」，頒下《四書大全》一部，[33]但是對於實質的頒賜程序則未有記載。九年以後，南京國子學得到一套《大全》和一部《五倫書》，可能是應請求撥發，用以替換原先已磨損的舊版，不過仍然沒有關於頒賜程序細節的記載。[34]

無論頒賜書籍的程序如何進行，朝廷都已經成功的將重要的官刻書籍頒發到全國各縣的基層官

28《慈利縣志》（一五七四年），卷十一，頁十四b。嘉興縣學在一四一七年收到各部《大全》，參見《嘉興縣志》（一六三七年），卷二，頁四二b。

29《莘縣志》（一五四八年），卷三，頁九b。

30 相關的例證，還可以參見《建昌府志》（一五一七年），卷八，頁一b。

31《英宗實錄》，卷一七二，頁六a。

32《英宗實錄》，卷三七，頁二b。

33《世宗實錄》，卷六十，頁七a。這位藩王是南渭王朱彥濱（一五四三年卒），一五二五年襲封，參見《明史》，頁二七四一。關於向大臣賜書的情況，可以參見《世宗實錄》，卷九六，頁十a。

34《世宗實錄》，卷一八〇，頁六b。

學，從而在某種程度上決定了學校所應該收藏的書籍項目。明代以前的官學也收藏有書籍，[35]不過官學要在朝廷頒賜的書籍之外，自行負擔購書經費以求增加藏書數量，實在是力有未逮。明代官學則與前朝不同，校內藏書都是官方頒賜，這種情況在明代建立後的第一個世紀尤其如此。我們從地方志裡所保存有限的學校藏書書目記載裡，能夠看到明代中葉的州、縣學收藏的主要典籍。在表五之一當中列舉出書目中最頻繁出現的書籍，包括朱熹注釋版本的《四書大全》與《五經大全》、七部關於律令、行政與禮制方面的典籍、六部道德勸諭典籍，當中有《大誥》與《五倫書》、嘉靖年間歷次頒布的「大禮議」相關著作三部、以及另外三部地理與歷史方面的書籍——上述所有書籍，都由朝廷刊印並頒發。

坊刻書籍

明代官刻書籍的種類，總計不到一千卷。如果按照松江知府於一四四〇年時所說，府學藏書樓的理想藏書數量應為一萬卷，[36]那麼他就不得不將官刻書籍以外的書納入收藏範圍，好讓藏書增色；實際上，那些非官方的書籍，確實使收藏增色不少。大多數官學藏書都是以朝廷頒發的書籍為起點，不過在核心經典以外的書籍，就要仰賴商業流通。當松江府上海縣於一四八四年（明成化二十年）興建縣學尊經閣時，當地一位文人就相當自豪的表示，閣中藏書包括「六經、聖朝御製諸書及百家子史，無不具在。」[37]這樣的藏書內容當然遠超過朝廷所頒下的書籍。與此相反的是，當湖廣提學陳鳳梧（一四七五—一五四一）在一五〇五年（明弘治十八年）查看武昌府學藏書目錄時，沮喪地發現藏書之中「僅有聖朝頒降經籍，而子史俱闕」，他只好「遣人購求於南雍，經史子集若干種。」[38]顯然，陳鳳梧認為府學藏書只收朝廷頒賜的書籍，對於學生們的教育來說是不夠的。他將充實藏書的希望，寄託在南京的商業出版界，因為在明代中葉時，南京有各種上乘水準的圖書，[39]可供充實藏書之用。

在十六世紀某些官學藏書樓的收藏書目裡，將朝廷刊行的書籍與坊間出版物區分開來的情況依然存在，也就是標明哪些書籍是「頒降」下來的，而哪部分的書籍是「置」的。在書目中「置」這一類的圖書，範圍相當廣泛，包括儒家經典的非官方注疏本、歷朝史書、宋代理學家的著作，甚至還有少數幾部道、佛兩教的文獻。例如一五四〇年北直隸河間府學的藏書目錄，就列舉出七十種書籍，其中十五種是永樂或嘉靖年間頒發的官刻書籍，另外五十五種「題名」（這裡所指的「題名」容易使讀者

35 例如，一三六四年時，松江府官員發現府學中的藏書有半數以上已經佚失，他安排向蘇州一戶富人家中購得一套《十三經注疏》。參見《松江府志》（一六三〇年），卷二三，頁三四b。許多學校的藏書毀於十四世紀中葉的戰火紛亂之中，如一三三一年，廣東萬州州學遭到盜匪劫掠，史稱「寇火群書」，史書用「群書」一詞，表示原來藏書數量之龐大；一直到五年以後，當地官府才開始做恢復原先藏書的努力。參見《瓊州府志》（一六一九年），卷六，頁二六a。

36 《松江府志》（一六三〇年），卷二三，頁三五a。

37 《松江府志》（一六三〇年），卷二四，頁三一a。

38 《湖廣圖經志書》（一五二二年），卷二，文部，頁二〇b。

39 關於南京及其書籍貿易，參見 Chia, *Printing for Profit*, p. 185 引用謝肇淛（一五六七—一六二四）對出版中心所做的著名排序。

表 5-1　明代官學藏書樓常見藏書

儒家經典	卷數
《四書大全》	36
《五經大全》	68
《性理大全》	70
《四書集注》（朱熹編纂）	26
律令、行政與禮制方面書籍	**卷數**
《大明令》（一三六八年）	1
《皇明祖訓》（一三七三年）	1
《大明律》（一三九七年）	30
《諸司職掌》（一三九三年）	10
《射禮集要》	1
《大明會典》（一五〇三年）	180
《大明集禮》（一三七〇、一五三〇年）	53
勸諭類著作	**卷數**
《大誥》（一三八五至八七年）	1
《教民榜文》（一三九八年）[1]	1
《勸善書》（一四〇七年）	19
《為善陰騭》（一四一九年）	2
《孝順事實》（一四二〇年）	2
《五倫書》（一四四三年）	62
嘉靖朝「大禮議」相關文獻	**卷數**
《大禮集議》（一五二五年）	4
《明倫大典》（一五二八年）	24
《大獄錄》（一五二八年）	
地理與歷史典籍	**卷數**
《大明一統志》（一四六一年）	90
丘濬注《大學衍義補》（一五〇六年）	160
朱熹著《資治通鑑綱目》（成化年間，一四六五至一四八七年）	59

資料來源：《安鄉縣志》，一六八七年，卷四，頁十 a；《常德府志》，一五三八年，卷四，頁四 b～五 a；《慈利縣志》，一五七四年，卷十一，頁十四 b；《定襄縣志》，一七二七年，卷二，頁十三 b；《河間府志》，一五四〇年，卷二八，頁五八 b～五九 b；《吉安府志》，一六四八年，卷十五，頁七 a；《建昌府志》，一五一七年，卷八，頁一 a～八 a；《瑞昌縣志》，一五六八年，卷五，頁六 a～七 a；《瑞金縣志》，一五四二年，卷三，頁三 a～四 a；《莘縣志》，一五四八年，卷三，頁九 a～九 b；《文水縣志》，一六七三年，卷四，頁三 b～四 b；《武城縣志》，一五四九年，卷一，頁三八 b；《延平府志》，一五二六年，卷十二，頁七 a～八 a。

發生誤解，因為其中一項為「二十一史」，實際上便包括了二十一部正史[40]。）則是分別在一五三〇年代中期與後期，分兩次購入的。[41]而一五一七年江西建昌府學的藏書目錄，內容更為豐富，計有二十三種「頒降書」與一百八十六種「收儲書」。[42]這些藏書中包括若干實用教本，如童蒙讀物、儒家經典平話譯本等；建昌府學的尊經閣中同時還收有另外十五種書籍的雕板。照此看來，有些學校自身也兼充出版單位。[43]

地方志裡通常不會記載學校取得藏書的日期年份，不過河間府的情況卻是例外。河間府學取得藏書的年份，顯示這些書籍是坊間刻印的商業印刷品，因為在一五三九年購入的圖書中，有《五經大全》一套。前面提過，雖然南京國子監曾經在一五三五年時取得一套朝廷頒降的《大全》，不過朝廷似乎不大可能在這個時候還向縣學頒發這套書。事實上，大部分現存於世的《大全》都不是朝廷刻印的官書，而是十六世紀時坊間重新刊印的版本。[44]例如，現存最常見的《性理大全》版本是一五九七

40 譯註：明代在宋朝「十七史」的基礎上，增加《宋史》、《遼史》、《金史》、《元史》等四部史書，合稱「二十一史」。

41 《河間府志》（一五四〇年），卷二八，頁五八 b～五九 b。

42 《建昌府志》（一五一七年），卷八，頁一 a～十 a。

43 Chia, *Printing for Profit*, pp. 106, 140, 175.

44 《建昌府志》（一五一七年），卷八，頁一 a～十 a。在明代刊刻的經典書籍之中，福建建陽的商業書坊就占了其中三分之一。對此，賈晉珠評論道：「可能看來令人感到驚訝。」（Chia, *Printing for Profit*, p. 222）但是這些書籍都是生員士子應考所需的教材課本，而建陽的印坊正好能以低廉的價格供應給他們。賈晉珠還在其書中另一處提到，這類出版品在嘉靖年間密集出現——這是因為嘉靖年間，官方刊印事業正在走下坡，因此學校不得不選擇其他資源補充其藏書。（p. 178）

年（明萬曆二十五年）徽州書坊「師古齋」的本子，在南京、杭州的書肆上都可以見到。六年以後，不知是出於糾正坊間刻本中襲抄竄入的謬誤，或是為了想在市場上分得一杯羹的企圖，應天府學也刊行了自己的《性理大全》版本。[45]

學校和大多數的買書人一樣，在累積自己的藏書量時，都遭遇相同的難題，「書籍的價格是否能夠負擔得起？可取得的便利程度又是如何？」前面提到的那位松江知府或許在人前誇口，要讓府學藏書達到理想中的一萬卷，但是他心裡大概並不真的相信在當時能夠辦到此事。那些位於主要商業中心城市的學校，自然頗有機會可以累積數百卷以上的藏書，這種藏書量已經遠勝同時期的劍橋大學（Cambridge University）圖書館，後者位居當時英國藏書規模最大的圖書館之一。一四二四年時，劍橋大學圖書館有藏書一百二十二種，按照當時英國的標準，這已經算是龐大的館藏了。[46]至於那些遠離各色書籍流通貿易網路的縣學，如果打算將藏書擴展到這樣的規模，就會面臨相當大的阻礙。江西瑞昌縣學位於農村地帶，在一五六八年時據稱藏書只有三十二種，而瑞金縣學在一五四二年時則只有四十一種藏書。山東的情況，由於距離全國各主要出版中心都頗為遙遠，因此更為惡劣：莘縣縣學的藏書僅十三種，武城縣學的藏書更只有區區十一種，湖廣常德府轄下的各官學也報稱欠缺書籍。一五三八年時，各處學校的藏書都在九種到十一種之間，而且幾乎都是雷同的幾種。[47]從這些例子可以看出，儘管民間出版業製造出許多書籍，並且流通進入較開發地區的學校藏書之中，但是卻無法將書籍送達遠離江南、福建等出版中心的偏僻學校去。品質要求高的學術用書，和其他商品一樣，由於太過專門，致使無法到市場下層鋪售，也不能進入偏遠內地。這種情況，一直到十六世紀時依然如此。稍後，我們將以海南島為例，再來探討這一問題。

藏書樓建築

建造一棟存放書籍的建築，是安置學校藏書的解決方案之一，然而，這也是一個要價不菲的方案。某些明初的官員，或許是感受到朝廷賜書的恩德，將這些頒賜書籍看作等同御賜之物，因此才不計成本的建造屋舍供奉起來。例如，在一四一〇年代時，有一位杭州府的官員就宣稱，朝廷頒賜一套《大全》給杭州府學，因此應該興建一座尊經閣，專門用來安放這套書籍。[48]為了安放這三部《大全》，竟然特地興建一棟藏書樓，不但在當時屬於過度鋪張之舉，也很少有其他學校考慮仿效。早在興建藏書樓成為普遍作法之前，甚至在藏書樓變得常見之後，針對書籍的存放安全、管理等問題，還曾經嘗試過其他對策。

---

45 東洋文化研究所，《東京大學東洋文化研究所漢籍分類目錄》，頁四五二；尊經閣文庫，《尊經閣文庫漢籍分類目錄》，頁七四四～七四五；羅偉國、胡平（編），《古籍版本題記索引》，頁六九五；關於明代後期國家對於坊間自行推出經典刻本這種歪風的注意，參見 K. T. Wu, "Ming Printing and Printers," p. 230.

46 Douglas Chambers, "A Catalogue of the Library of Bishop Lancelot Andrews," p. 103.

47 《瑞昌縣志》（一五六八年），卷五，頁六 a～七 a；《瑞金縣志》（一五四二年），卷三，頁三 a～四 a；《莘縣志》（一五四八年），卷三，頁九 a～九 b；《武城縣志》（一五四九年），卷一，頁三八 b；《常德府志》（一五三八年），卷九，頁四 a～十一 b。關於廣東的案例，參見《靈山縣志》（一七三三年），卷五，頁十 a～十 b。

48 《杭州府志》（一九二二年），卷十四，頁二八 a。

要想掌握學校內藏書，最簡單的方法就是編纂書目。書目能夠提醒主管官學的官員，學校內現收藏有哪些書籍，還能防止藏書被順手牽羊、不告而取。為使所藏書目能夠永久保存，書目被銘刻在石碑上，「將以傳之於無窮也。」[49]有時人們採用這種勒石紀事的方式來保管書籍，就像編製學校中其他的財產，如家具、祭祀用具等物的目錄那樣。將藏書目錄載入地方志中，也是另一個防止書籍遺失和年久耗損的辦法。可是書目雖然可以記載書名，但是對於保存實體書籍卻毫無作用。為了安置書籍，最初是存放在木質書櫥內，通常還加上鎖鑰，只要數量不多，這類書櫥可以到處安置，而不必特意修造一棟建築來存放。不過，儲藏在木質書櫥內的書籍容易受潮，而主張建造藏書樓的人士也時常解釋，正是因為見到濕氣使學校所藏書籍毀損，才需要建造專門的建築。[50]為了長久保存書籍起見，學校可能會在現有房舍中，指定一間較小而安全的房間，作為藏書存放之所，稱為「藏經庫」。學校在修建之初，通常會規畫上鎖的儲藏室，以便存放價值高的財產物品，「藏經庫」的設置，只是這種作法的延伸罷了。[51]設置「藏經庫」有利於書籍的維護，卻會阻礙書籍的取用；另外一種作法是在現有建築上加蓋一層閣樓，但是同樣也不便於使用者的取用。[52]

為了安放學校有如汗牛充棟般、不斷增加的經典藏書與坊刻書籍，而特地興建一棟藏書樓是最為昂貴的解決之道。在明代初年關於學校建築的史料中，很少提及專門用來安放書籍的獨立建物。舉例來說，當一四三五年（明宣德十年）順天府尹向皇帝請求撥款維修京師近郊的通州州學時，他列舉出現存以及可能需要修復的州學各建築，當中包括設置於每所官學中央、作為祭祀至聖先師孔子處所的「明倫堂」，以及東西兩側廡廊、神廚、神庫、射圃等，但就是沒有提及藏書樓。[53]然而，就在數年之後，藏書樓的建置開始出現在學校興建者的規劃之中。

有些學校的藏書樓可能很小，不過也有的學校將藏書樓修造得和學校的主要建築明倫堂一樣宏敞。藏書樓通常都位於明倫堂之後，這是借鏡自佛寺的藏經閣，大多建在正殿後方的作法。藏書樓的規模大小，並不完全是藏書量多寡的問題。有些校方人士可能會以藏書量龐大，作為其建造宏大藏書樓的理由，不過他們也可以主張，藏書樓作為安放儒家學問核心經典的處所，在規制上必須顯得堂皇宏大，才能讓人一見到就留下極深印象。供放朝廷頒賜書籍的場所格局必須寬敞，也是促成藏書樓建築軒敞恢弘的原因，因為如此，藏書樓通常都是官學內讓人印象最為深刻的建築。一四四〇年時重建、並改名為「尊經閣」的松江府學藏書樓，就是一棟堂皇壯麗的方塔形建築，樓高逾二十五公尺，

49《湖廣圖經志書》（一五二二年），卷二，文部，頁二〇b。

50《湖州府志》（一五四七年），卷二，頁二〇a。晚明時的文震亨（一五八五—一六四五）表示，相形之下，藏書家們更偏好將他們的藏書擺放在開架式的寬大書架上，便於展示和取用。參見 Clunas, *Chinese Furniture*, p. 89.

51 河南彰德府的地方志提到，重建於一三七〇年的彰德府學，因為收到朝廷頒賜的書籍，特地闢建一間儲藏室，專門供放；這些書籍在一四九六年藏書樓落成之前，一直都存放在那裡。參見《彰德府志》（一五二二年），卷三，頁四a。海南島的崖州州學設有兩間彼此不相連的儲藏室，一間安放藏書，另一間則放置其他物品。參見《崖州志》（一九〇〇年），頁一〇三～一〇四。崖州州學到一六六七年之前，一直還沒建成藏書樓。

52《交城縣志》（一八八二年），卷五，頁四b。

53《宣宗實錄》，卷一一〇，頁八a。

每邊長二十二公尺，巍然聳立，人們登上尊經閣頂層，可以一覽湖山環繞的勝景。[54]當時就有一種流行風尚，推薦人們到尊經閣遊覽登臨樓頂，不只可以讀書，還能飽覽風景。（不幸的是，關於何人曾經駕臨尊經閣，又為了什麼理由前來，並沒有史料出處可供佐證；實際上，我至今還沒有在史料中找到有生員確實進入藏書樓讀書的記載——儘管史料曾經暗示，到藏書樓登高望遠這項活動至少是存在的。）隨著明代國勢漸走下坡，松江府學的尊經閣也逐漸衰頹，之後於明清鼎革之際嚴重破損。改朝換代許久之後，松江府人氏葉夢珠回首自己的青年時代，不禁感慨道：「（尊經）閣雖稍殘，而巍然雄峙也。」[55]

興建一座藏書樓需要多少銀兩，目前我還未能找到確切的史料佐證。在一五七〇年代初期，興建一座佛寺藏經閣，造價約一千兩白銀，[56]不過，若是興建一座兩層樓的大型建築，這樣的金額似乎頗嫌不足。建造或維修藏書樓這一類的建築之所以耗費銀兩，並不只是因為建築本身的開銷，而是藏書樓一旦落成，主管官員和贊助人士會立刻感受到需將其藏書補足的壓力，而添購藏書本身就是一項要價不菲的支出。松江府學尊經閣在一四四〇年重修落成以後，就面臨到這種後果，前面提到那位對建造尊經閣充滿熱情的知府大人，就決定必須購入一些書籍，藉以充實藏書，達成藏書樓的收藏標準。[57]

贊助者

在史料記載中，幾乎所有學校藏書樓的起造與重建，都是由地方官員完成的。這當中有部分是地方志文類的書寫慣例，樂於描述地方遵從朝廷法令的情形，並且將功勞全數歸給現任的地方官員。縣令可能會勸說地方豪富之家出資分攤建設費用，松江府知府在一四四〇年重修府學尊經閣時就曾這麼做。不過，由某位地方仕紳獨自發起興建或重修學校藏書樓的情況，一般來說頗為少見。有鑑於學校能夠對仕紳子弟的進學修業可說是裨益良多，仕紳們卻普遍地在贊助藏書樓建設的活動裡缺席，似乎不太合乎情理；不過從另一方面看，學校是朝廷設立的機構，也許深受國家法令規章的束縛，加上官方編列預算的緣故，因此很難吸引外部的資金挹注。為了探討仕紳對地方學校藏書樓建設興趣缺缺的原因，先看少數的反面例證，也就是熱衷贊助藏書樓興建的例子，或許會有幫助。

十五世紀後期的傑出經世學者丘濬（一四二〇—一四九五），出生在偏僻的海南島。丘氏的父親在一四二六年時去世，當時他僅有六歲，父親身後遺下數百卷藏書，這些書籍後來陸續散佚了。丘濬在求學時期需要書籍，曾經試圖索回父親遺留的藏書，不過只取回一小部分。他無奈之餘，只好向家鄉書商租書來讀，不過後來他抱怨道：「市書類多俚俗駁雜之說，所得亦無幾。」在偏遠的南邊，坊

---

54 參見《松江府志》（一六三〇年），卷二三，頁五〇a。

55 參見《松江府志》（一八一七年），卷三十，頁二一a。

56 禪僧道安於一五六七年時重建位於南昌府的永寧寺。後來，他請得一部《大藏經》，並於一五七三年募集到一千兩銀子，修造了一座藏經閣。參見《南昌府志》（一五八八年），卷二九，頁二六b。王穉登（一五三五—一六一二）為了修建寒山寺藏經閣而撰寫了一篇募捐疏，他在文中聲稱，住持的《大藏經》需要一座「巍閣」來安置。參見《寒山寺志》（一九一一年、一九八六年），頁九。

57 《松江府志》（一六三〇年），卷二三，頁五〇a。

間流通的書籍裡很少能見到學術經籍。不過丘濬最終克服艱難，在仕途上飛黃騰達。然而當他於一四六九年（明成化五年）因母喪回鄉丁憂守制時，再一次感受到在經籍匱乏之地生活，多所不便。當時海南島上的瓊州府轄有十個縣，其中只有一個縣設有縣學藏書樓，於是在一四七二年，丘濬決定為家鄉的讀書子弟興建一座府學藏書樓。為了防止南方濕熱的氣候損害書籍，丘濬以石材砌造藏書樓，只有安置書籍的櫥櫃是木質。丘濬將新建的藏書樓命名為「石室」，該建築典藏經籍圖書歷時百餘年之久，直到一六一四年（明萬曆四十二年）新樓落成，書籍才從石室遷出。[58]當石室建成之時，丘濬興奮的宣稱，有此石室，學子便可以「處乎一室之間，而周乎萬里之勢」，藏書樓是要便於學子使用書籍，而不是將藏書束之高閣；石室所藏之書，乃可使人「一處之狹，而可以通四海之廣。」他認為自己所興辦的這項事業，將使未來的海南學子超越地理環境的限制，能交流學術、參與時政（丘濬視學業與宦途二者乃相輔相成）。

官學藏書樓向來由在任地方官出面主持籌建，丘濬是少數的例外。地方仕紳很少在藏書樓創建名單上列名，[59]這種情況與仕紳參與其他地方建設的能見度、尤其是從一五五〇年代起，熱衷於捐資興修佛寺的頻繁程度相比，可說是有天壤之別。當仕紳出資贊助佛寺這類的機構時，他們將此視為一種集體的責任，透過彼此聯繫，從而確立自己在地方社會中的精英地位。[60]主持藏書樓建設者多是朝廷命官，參與其事的外界人士則屬於國家權力，而不是地方社會的範疇。這表明捐資藏書樓興建主要是國家權力領域範圍內的事情，地方難以過問。倘使有地方仕紳像丘濬這樣出面倡議興造藏書樓，從權力結構的角度來看，他們似乎也只是個人在官僚體制當中進行的努力，而不是作為地方精英成員出來領袖群倫。按照這個觀點而論，丘濬創建石室藏書樓，顯然是憑藉自己京官的聲望，以及他身為海南文苑領袖、學子仕途楷模的地位，而不是因為他欲藉此顯示與在地仕紳之間具有共同的利益關係。同樣的道理，也可以用來解釋那位飽受厭憎的內閣首輔大學士嚴嵩（一四八〇—一五六七）對家鄉江西分宜縣學的資助上[61]。嚴嵩向分宜縣學尊經閣捐資，供其購買書籍，他個人的行為，背後的權力基礎來自家鄉之外，因此不能看做是地方精英成員的作為。[62]

地方官學藏書量的增加，或許是興建一座藏書樓的重要條件，但是如果沒有其他因素伴隨其中，單憑藏書增加這一點，並不足以驅使地方官員或仕紳出面倡導修造工程。地方官員因其特殊的地位和宦途關係，在興建藏書樓這件事上，通常會比在地仕紳來得更有意願。明代的史料文獻，並沒有直接探討這一議題，不過有一些細節暗示，若干因素對於藏書樓的興建，有相當重要的影響。首先，地方官員有責維護朝廷頒賜的書籍，由於這些書籍視同國家資產，縣令勢必會關切這些書籍是否得到妥善

58《瓊州府志》（一六一九年），卷四，頁六三b；卷六，頁八a、九b。丘濬建造此一藏書樓的記載，參見卷十一（上），頁二六b。這篇文字重刊於《瓊山縣志》（一九一七年），卷十四，頁三七a~四〇a。

59 若干例子，可以參見《衛輝府志》（一七八八年），卷十，頁二五b；《濟南府志》（一八四〇年），卷一，頁六八b。

60 Brook, *Praying for Power*, pp. 215-223, 242-245, 271-277.

61 譯註：嚴嵩家鄉，原文誤為「宜春」，據《明史・嚴嵩傳》更正。

62《袁州府志》（一八七四年），卷四，頁二〇b；分宜縣學為該縣縣令於一三九六年創建。

的保護。其次，地方官員也職司教育，提倡興修藏書樓這類的建設，能夠提升該縣的文風，勉勵士子在科場上努力求取功名。第三個因素，可能是地方官員意識到縣裡還有與官學競爭的文教機構，而這些機構，像是佛寺、甚或為數更多的私人書院等，並不在官府的庇護之下。講學之所應有藏書樓，自然是在情理之中，正如一位江西文人在其關於書院創建尊經閣的文章裡所說：「書院藏書有閣」[63]，這也成為官學應設置藏書樓的有力理由。

還有一個因素，可能也與地方官員願意推動藏書樓建設有關，那就是時機。一四三八年到一四四八年這十年期間，可說是明代興建藏書樓的第一波高峰時期。對於本朝太祖皇帝下詔設置的機構，地方官員有責任進行維護。而在某些時候，這種責任會造成極為艱鉅的負擔，因為各藏書樓並非永久牢固的建築，必須定期維修，才能保障其繼續屹立。一般而言，大型建築物每隔五十年需做一次大規模整修，以保持其良好狀態，[64]而當時的人們堅信，一棟建築物若是失修超過六十年，就可能有倒塌之虞。由於明代首次密集創建學校的時期，出現在一三六九年太祖皇帝下令在各地建立官學之後，到了一四三〇年代，許多在洪武初年創建的學校，此時都已進入建築老舊、需要維修的時期。這就是各地官學在此時紛紛開始維修的原因，恰好也是第一批藏書樓得以大量建造的時期。兩者之間的巧合說明，地方官員在維修學校工程排入時程之際，很可能超出原先整修的計畫，在學校內增建藏書樓。十五世紀時對地方官員和仕紳都產生深刻影響的文化變革，也和此時藏書樓的建設有關，相較於學校創設之際，教育水準已大有提升、高端精英文化當中的理性化（intellectualization）和崇尚經典的傾向也隨之增加、哲學思辨發展，愈來愈獨立於國家設定的綱目之外，而能夠取得、利用的書籍數量也日漸增長。上述這一切變化，都可能促成學校在維修之時增建藏書樓。那些接受王陽明心學之教的地方官員們，對教育現況抱持著批判性的態度，他們和丘濬一樣，希望藏書樓能夠起到官方教育課程無法達到的作用，也就是開啟莘莘學子的心智和視野。然而在另一方面，可能正是由於官學設計的課程所代表的是顛撲不破的國家利益，才使得這種理性思考的發展潮流漸趨乾涸。位於江西中部的廬陵縣學，其藏書樓和忠節祠在一五七一年時被歸併入白鷺洲書院，[65]這種情況或許一方面代表了當時江西私人興辦書院的運動，正值方興未艾、風起雲湧，但另方面也象徵了官方教程的貧乏，以及地方官員對於官學藏書樓興趣的消退。

「尊」與「教」

藏書樓究竟要達到何種目的？因而又延伸出下一個問題：為什麼要建造一座藏書樓？即使是贊助、支持藏書樓興建的人士，對這樣的問題也是莫衷一是、未有定論。倡議興建藏書樓的人士，為創建或重修尊經閣所寫的紀念文章，當中反映出各方在面對國家權力與書籍知識間的緊張關係時，彼此觀點的微妙差別。這些紀念文字，通常會將藏書樓出現的原因，與明代中葉以後逐漸形成、嗣後盛行

63《吉安府志》（一六四八年），卷三五，頁四五b。
64 Brook, *Praying for Power*, p. 162.
65《吉安府志》（一六四八年），卷十五，頁七b。

一時的崇尚經典思潮聯繫起來。例如在一四八四年，一位散文家為上海縣學尊經閣撰寫〈尊經閣記〉時，就極力強調供放於尊經閣中經典之神聖性質，以此彰顯興建尊經閣的意義。經典是承載「道」的器皿，因而具有特殊地位，應該加以尊崇。興建尊經閣乃屬必要之舉，因為它能適切的培養學子對經典的尊敬之情，使他們學會帶著敬意來與珍藏於儒家經典中的知識交會。[66]若是沒有這樣的尊敬之情，學子們將無所適從，不知如何與經典親近。類似的思路，也出現在一五三五年泉州府學〈重修尊經閣記〉之中。[67]

籍隸江西的重要理學家羅洪先（一五〇四－一五六四），在其撰寫的一篇文章之中，為我們揭示了另一種不同的觀點。羅洪先在地圖繪製方面的成就，在本書第二章已有介紹。羅氏這篇文章，是他於一五四六年（明嘉靖二十五年）為紀念吉水縣學藏書樓的創建而寫的文字。在文章一開頭，羅洪先即對若干他認為錯誤的尊經觀念加以澄清，他認為，尊經與復古乃是截然不同的兩件事。雖然經典可以傳授古代的知識，但經典不能代表全部上古文獻。更有甚者，儘管經典應該受到尊崇，不過對經典的尊崇，卻不表示要恢復上古之法。尊經的目的在於建構當下，經籍與上古之間，只有稀薄的聯繫。羅洪先秉承王陽明的見解，認為古人除了倚靠固有經籍之外，尚有更為直捷的方式可以領略「本心」。文獻之所以重要，乃是因為今天人們距離正確的理解方式愈來愈遠；而古人卻能透過自我修持來掌握正道，並不是從書籍當中學習領略，所獲甚少。後人只是由於沒有別的途徑可以依循，乃不得不倚賴經典，作為學習古時聖賢教誨的媒介。[68]羅洪先藉此含蓄的表明自己與前述上海〈尊經閣記〉作者「尊經」看法的不同，按照後者的看法，經典是通往正道的唯一直接路徑。和丘濬一樣，羅洪先並不反對「尊經」，只不過他認為藏書樓的重要性，在於保護經籍卷帙不受損害，而不在於其所象徵的權威力量，「道」是神聖的，而經籍則不能如此等量齊觀。是以「尊」經的確重要，但前提是必須先「教」。[69]

「尊經」代表的是一種自我設限，只在既定的範疇內求取知識的傾向。而羅洪先所理解的「教」，卻應該是一種拓展與交流知識的開放性進程，不是對既有已知的權威進行封閉式的強化。他的看法，應該和朱熹所持的觀點若合符節。朱熹儘管在一些論及學校藏書樓的文章裡提倡尊經，不過他也不斷強調「教」的重要，似乎還希望在地學子們應該切實的去閱讀這些經典。[70]不過，羅洪先對於學院形式主義（academicism）一事竟採取如此負隅頑抗、抵死不從的態度，想必朱熹也會感到困惑不解；畢竟明代透過科舉考試窄門作為進身之階，社會崇尚經典的風氣早已確立。

「尊」與「教」之間的緊張矛盾關係，也出現在某些地方志的編纂過程當中。修纂者面臨一個問題：究竟學校的藏書目錄應該放在地方志的哪一處？在一五一七年的《建昌府志》與一五四〇年的

66《松江府志》（一六三〇年），卷二四，頁三一a～三一b。

67《泉州府志》（一七六三年），卷十四，頁五a。

68《吉安府志》（一六四八年），卷三五，頁五b～七a。

69以經典施「教」以求「道」的重要性，在張九一（一五五三年進士）作於一五八九年的一篇關於河南某學校尊經閣的文章之中，也有類似的討論。參見《襄城縣志》（一九一一年），卷九，頁三五b。

70朱熹，《朱子文集》，第八冊，頁三八九三、三九七九、三九六五。

《河間府志》兩部方志中，學校藏書目錄與在地文人的著述目錄放在一起。[71]這種編排方式凸顯出書籍是知識的載體，尤其是地方知識，羅洪先對此應該會表示贊同。然而，地方志修纂者更常將藏書目錄置於學校的財產清冊中，和祭祀用器具、樂器、樂譜，乃至於田產等並列一處。[72]藏書目錄被擺到這個位置，書籍所代表的就不是知識學習的導引文獻，而是可堪估價與保存的校方資產。對書籍的管理，因此也就被納入尊崇的範疇，非教育的領域之內。從這個角度來看，藏書樓就成為一處典藏經典的地方，並不是知識的寶庫。

我們承認藏書樓是印刷出版文化發達之下的必然出現的機構，但是書籍文化的昌盛，卻並不必然會造就出專門用來典藏書籍的建築物。然而，建設藏書樓這種現象卻的確在明代的學校之中出現，而且遍及全國各地。各地學校廣泛設置藏書樓一事，必須放在書籍生產製造的脈絡中來檢視，藏書樓建設在明代的興起，首先是因為朝廷不斷刻印各種經典文獻，並陸續進行頒賜，要求各地學校接受；其次才是各地學校因收藏了愈來愈多的坊間書籍，而必須建造藏書樓來安放。隨著書籍的增加，存放和管理就成為勢必解決的問題，其中一種解決之道，就是興建藏書樓。遭遇這種問題的，並不只是地方官學而已，明代中期以後，隨著大量購買書籍變得愈來愈輕而易舉，藏書家之間彼此相互競爭，兩相推波助瀾之下，使得其他個人和機構也開始興建藏書樓；於是，藏書萬卷的理想和競相蒐集孤本圖書的風潮，此後就變得愈發強烈。因此，在解釋地方官員出於何種理由，願意興建官學藏書樓的時候，必須將這個時代的書籍文化考慮在內。

然而，興建學校藏書樓尚且還與官僚體系、知識階層等議題息息相關。我們的解釋會因此變得更形複雜，這是因為文獻知識在中國具有相當特殊地位的緣故。儒家的知識系統被整理，編纂成一系列的問學教範，並且與國家權力的運作緊密連結在一起。代表知識學問的「教」，屈從於代表國家權力的「尊」，就傳達出這種緊密的連結關係，像丘濬、羅洪先這樣的飽學之士，終身秉持信奉的理念，認為儒學應是更為開放的「教」的概念，因此對於上述知識與權力的連結關係，暗中微妙地加以抵制。可是，當「尊」與「教」兩種動機同時催促地方官員興建藏書樓之時，像丘濬、羅洪先這樣抱持「教」的開放態度者，在贊助者當中似乎居於少數。對多數派來說，他們支持藏書樓興建的初衷，與其說是要「周乎萬里之勢」，還不如說是藉由藏書樓來定義何種書可讀，並限制何種書不需讀。大部分的地方官在興建堂皇巨廈以收納書籍之時，都會認為他們正在參與國家對知識的控制和教化計畫，而不是要開啟學子們的心智。從今天來解讀明代的藏書樓建築運動，我們會將它理解成為一種社會運動，在這個運動的進程中，取得知識的管道逐漸開放，並且在刺激中得到發展，但那只是反映出我們這個時代的觀點，可不是當年興建者的想法。同樣的，儘管保守立場主導了朝廷官學體系的建構，但還是有些人藉由在各地官學進學，使心靈得到了啟迪開放（十六世紀時的諸多學子正是如此）；而他們當中的某些人，正是因為到官學藏書樓閱覽群書，才使得心靈或多或少的得到啟發。

71《建昌府志》（一五一七年），卷八，頁十 a～二四 a；《河間府志》（一五四〇年），卷二八，頁五一 b～五九 b。

72 如此編排的地方志，有《延平府志》（一五二六年），卷十二，頁七 a～八 a；《瑞金縣志》（一五四二年），卷三，頁三 a～四 a；《莘縣志》（一五四八年），卷三，頁九 a～九 b；《瑞昌縣志》（一五六八年），卷五，頁六 a～七 a；《吉安府志》（一六四八年），卷十五，頁七 a；《定襄縣志》（一七二七年），卷二，頁十三 a～十三 b。

第六章 國家圖書審查與書籍貿易

＊本章曾以〈明清時期的國家圖書檢查與圖書貿易〉為題，以中文發表在上海社會科學院編，《史林》（二〇〇三年第三期），頁九九～一〇四。本章的部分內容，另以〈十八世紀中國的圖書檢查：以書籍貿易為視角的討論〉（Censorship in Eighteenth-Century China: A View from the Book Trade）為題，發表於《加拿大歷史期刊》（*Canadian Journal of History*），第二三卷第二期（一九八八年八月），頁一七七～一九六。

中國書籍出版史傾向於認定明清兩代為國家對圖書施行檢查制度的時期。明代被描寫成一個以圖書檢查作為其國家控制特色的朝代，對圖書的檢查不再只是偶爾抽查，而更接近於一種政治運動。正如上海的一項研究指出，國家政權對思想表達的打壓和控制，使得出版自由從明代開始就進入了漫漫長夜。[1]清代不但沿襲了明代開始的圖書檢查制度，而且還加以強化，清代國家力量監控及干預地方事務的能力更加強大，因此能夠將圖書檢查的羅網，嚴密地覆蓋在整個中國社會。[2]這一章裡提出的史料證據，也證實了帝制晚期的中國確實曾經查禁過若干書籍與作者。不過，因為這些處在初期發端階段的措施，就據此稱之為成熟的國家圖書檢查制度，則是一種現代的解釋建構。人們之所以會形成「明代與清代是實施書籍檢查制度的國家」這一觀點，或許是因為在回顧過往歷史時，太過受到近代中國的影響，二十世紀時的中國國家力量，對讀者和作者施加夢魘般的禁錮。但是抱持這種看法的人們，卻未能細心檢視，在明清兩代，當某本書（或更常見的是某位作者）引起皇帝的注意後，實際上到底發生了什麼？或者是當某位官員提請朝廷禁燬某部書籍時，他所主張的理由為何？

今天我們對於圖書檢查的概念是基於以下的理解：思想理念可以被動員成為政治資源，而書籍則為這些理念的散布，提供了有效的載具，因此現代民族國家在控制並利用這項資源方面，扮演了重要角色。無論是民主國家，還是獨裁政體，只要其領導人感覺受到威脅，就會積極出手，干預書籍的生產與傳播；這類例證，在二十世紀的歷史中，可謂史不絕書。帝制晚期國家的書籍檢查，固然與明清兩代對於良好社會秩序與朝代合法正當性的意識形態焦慮密切相關，但是這兩個朝代卻都沒有像現代國家那樣，運用書籍檢查作為一種持續性的意識形態干預措施。乾隆朝（一七三六至九五年）於一七七二至一七九三年（清乾隆三十七至五十八年）之間施行的圖書檢查，為明清書籍檢查中距今最近的一次，期間留下了國家查禁書籍的詳盡史料。正是因為這個原因，我在這一章中將集中探討這個時期，不過這麼作的目的，除了將書籍檢查作為一種意識形態控制的模式來加以分析之外，更要檢視這些史料中顯示出的書籍生產與流通情況。我不準備去追問這些書籍傳達出的理念思想，或甚至是寫這些書的作者們遭遇如何，而是要探索那些書籍本身的情況。

我準備以兩則明代書籍檢查的事例作為開場，對圖書檢查作簡略的分析。明清兩代的圖書檢查歷

1 這種觀點，可以舉談蓓芳為代表，她是《中國禁書簡史》明清部分的作者。該書由安平秋與章培恒主編。參見安平秋、章培恒（編），《中國禁書簡史》，頁一六二、二一八、二二七。

2 謝國禎，《晚明史籍考》，卷十六，頁十二a。

史，或許不能一概而論。明清兩代在統治模式上的差異，以及他們對於自身統治權力的文化理解，都相差甚多。尤其明代的皇帝從來不需因民族和文化的差異，而煩惱於鞏固自身的統治合法性，但清代皇帝卻為此苦惱不已。不過，我仍然將明清兩代放在一起討論，之所以如此，主要是基於另外一個原因——無論這兩個朝代是如何截然不同，明清時期的書籍歷史是連貫相續的。關於改朝換代的焦慮，誠然在一六四四年有了天翻地覆的變化，但是對書籍的歷史而言，則變動不大。

《剪燈新話》

一四四二年三月（明正統七年二月），國子監祭酒李時勉（明永樂二年進士）上書皇帝，稱自己對於目前那些「假托怪異之事，飾以無根之言」的作品，於市井坊間流傳氾濫的憂心[3]。他特地舉出一部名為《剪燈新話》的怪誕、情色小說作為例證。這部小說的序言作於一三七八年（明洪武十一年），並且於一四二〇年（明永樂十八年）重新刊行。不巧，很可能是因為有國子監學生在讀這部小說，使得李時勉見到該書的抄本，這使他相當不悅，[4]李時勉並未清楚說明這部小說犯忌之處何在，只是含糊指出該書內容的不得體。令他更為憂心困擾的，看來並不是這部小說本身，而是小說的讀者群，因為他描述說：「至於經生儒士，多捨正學不講，日夜記憶以資談論。」在李時勉看來，這絕非受過高等教育的文人學士所應有之舉，他還悲觀的想像，事態如再這樣發展下去，將會產生骨牌連鎖效應：「若不嚴禁，恐邪說異端，日新月盛，惑亂人心。」[5]

究竟什麼才算是「邪說異端」？而一位學者在被認為偏離「正學」之前，又有什麼樣的門檻限制，能夠對其發揮攔阻作用呢？對此，李時勉沒有詳細的解釋，而我所過目關於十四、十五世紀書籍檢查的奏摺，也同樣語焉不詳。從儒門正宗的嚴肅觀點來看，李時勉想必會覺得自己這番主張其理自明、無須多加解釋；然而正如我在別處地方曾經討論過，儒家思想當中並沒有打壓輕佻、標新立異主張的傳統。自然，也不是所有的書籍都承載了正道，宋儒程頤曾經針對和他同時代的若干十一世紀著述發出警告，認為不好的作品足以「損道」，[6]浪費時間去讀這些著作，將會荒廢學業；可是，儒家士大夫並沒有因此更進一步，贊同國家應取締這些書籍。倘若閱讀使「道」有損，錯在讀者，而不在書籍；如果讀者的偏差需要被矯正，責任在其師長，而不在國家。[7]可是，此時某些明代的官員卻想把國家給拉進來，動用國家的資源來追查那些他們認定有問題的書籍。李時勉正是如此，他要求禮

3 譯註：原文作「一四四二年八月」，據顧炎武《日知錄之餘》，卷四：「正統七年二月辛未，國子監祭酒李時勉言：『近有俗儒，假托怪異之事，飾以無根之言，如《剪燈新話》之類』……」改正，並據中央研究院資訊服務處「兩千年中西曆轉換」網站換算西元月份。

4 根據賈晉珠（Lucille Chia）的推測，李時勉見到的抄本，實際上不是《剪燈新話》，而是《剪燈餘話》，這部小說是福建建陽知縣在一四四三年主持刻印的續集，建陽是明代的坊間圖書出版中心。參見 Chia, *Printing for Profit*, pp. 176-177.

5 《英宗實錄》，卷九十，頁五 a。轉引自安平秋、章培恒（編），《中國禁書簡史》，頁一七八。關於李時勉的生平，可以參見柯啟玄（Norman Kutcher）的介紹；見 Norman Kutcher, *Mourning in Late Imperial China*, pp. 68-69.

6 Wing-tsit Chan, *Reflections on Things at Hand*, p. 42.

7 這個觀點，在我的一篇論文中有更多的表述。參見 Brook, "Confucianism," pp. 570-572.

部，訓令派駐各省的御史去搜繳《剪燈新話》：「有印賣及藏習者，問罪如律。」從兩層意義上來說，李時勉的這項要求顯得極不尋常。首先，明代並沒有合適的國家監察機制執行這類任務，由於現有體制內欠缺反映、回報此種事項的程序，各省官員們在不能確定自己努力辦理此事是否能獲得回饋、甚或得到朝廷的重視之時，還能夠帶著熱情來執行此項任務，著實讓人懷疑。因此，當皇帝的閣臣將李時勉的奏摺發交禮部討論時，禮部尚書的回覆意見就帶著一種小心和審慎，認為這樣的訓令「切理可行」。但是，這道訓令發出之後發生了什麼事？在現存的史料記載中並沒有交代。

李時勉說「問罪如律」，顯然是要藉由訴諸《大明律》來支持自己奏摺中的建議，不巧的是，《大明律》實際上並沒有圖書檢查的條款。官員們如果一定要懲治《剪燈新話》的持有人或販售者，可以在《大明律》裡找到兩處類似的罪名。頭一處出現在「禮律」部分，即禁止民眾持有朝廷專用器物，如玄象器物、天文圖讖、歷代帝王圖像、以及金玉符璽等。該條款十分逗趣的，以朝廷時常出現的循環論證方式，禁止「當禁之書」。這種循環論證說明，如果不是《大明律》的制定者當初有意將這類罪名模糊化，就是更為簡單的表明，該條款的適用性是不言可喻的，因為皇權的神聖與正當性是無論如何都不得冒犯的。既然天象向來總是潛在地與政權合法性相連結（在歐洲也是一樣），[8]任何解讀這些天象的途徑管道，諸如占星器物、天文圖盤等，都在禁止之列。不過，這種焦慮並未導致律法將「書籍」這一種類列入懷疑的對象，所以也就與李時勉建請檢查書籍的提議產生不了直接關聯。相反地，該條款倒是確保了專屬於皇帝的特別權利，不致於脫離朝廷法令的掌控，而在民間流通。

官員們還可以運用《大明律》中的另一項條款來取締書籍的擁有人與販售者，那就是針對編著或收藏「妖書」的條款。根據《大明律》的解釋，所謂「妖書」，即蠱惑人心的著作。這項罪名在「刑律」當中相當顯眼，被列在第三順位，僅次於「謀反大逆」和「謀叛」之後——這條法律意在將保護皇權的範圍，延伸到創作領域當中，因為創作可能以明文表達，對國家的權威造成威脅。該條款和前面所述的「禮律」條款不同，它將懲罰的範圍，由因為著作內容觸犯皇權者，擴展到在言論上有威脅君主統治之虞者，特別是那些預言或宣稱即將改朝換代的文字或言論。[9]這項條款還可以進一步延伸，適用於某些並未主張推翻明代統治、但是鼓吹想像中國度的文字或言論，像是民間祕密宗教裡經常提及的千年救度，特別是那些以道教作為標榜的文字著述。

我在《明實錄》的記載中發現時間最早的一起檢查案例，就是這類標榜道教的文字著述。一三九〇年，有一名開封府民眾向朝廷進呈一千多部名為《九宮太一》、《太一入運》、《太一草算》等的禁書。[10]由於「太一」向來被視為世間萬物的神祕起源，其是預知未來的重要概念，因此有人認為值得向朝廷舉報這類圖書，也就不足為奇。《明實錄》中並未將這些著作冠上「妖書」之名，也沒有記載皇帝對此事的反應，不過大致上應該是將其歸入律法中這一類範圍。《明實錄》之後在記載不為國家所認可的著作時，最常使用的名詞，正是「妖書」一類。例如一四八一年（明成化十七年）時，一

8 關於羅馬天主教教宗的合法性與復活節的星象觀測之間的關聯，可以參見 J. L. Heilbron, *The Sun in the Church: Cathedrals as Solar Observatories*, pp. 3-5.

9 《大明律》，頁二八一、三六八～三六九。

10 《太祖實錄》，卷二〇三，頁二b。

名廣東民眾，運用其「偶得妖書並印文地圖」，起來「惑眾倡亂」；一四九八年（明弘治十一年）時，北直隸一名男子糾眾攻打縣城，行前先「造妖書惑眾」。兩人後來都被處決，不過他們所持有或製造的「妖書」，可能是與之後聚眾公開叛亂的罪行相連，因此才被認定為有罪；倘若他們之後並未公開叛亂，朝廷似乎不會注意到這些「妖書」的存在。《明實錄》中記載的大部分這類案件摘要，都沒能提供「妖書」的內容，然而在一五七八年（明萬曆六年）時，湖廣出現一部名為《大乾起運錄》的「妖書」，書名就清楚表露反朝廷的意圖，自然也就逃不過遭到鎮壓取締的下場。[11]

回到一四四二年的《剪燈新話》一案，難道李時勉真想將《剪燈新話》這部小品歸入惑眾作亂一類禁書？所有接觸過這部小說的人，都將一概遭到處決？如果和萬曆年間《大乾起運錄》一書內所隱含煽惑叛亂的威脅相比，對《剪燈新話》的處置似乎是太過嚴厲了。我懷疑無論李時勉認為該作品敗壞道德的程度如何，他都會請求皇帝將其視為「邪書」加以查禁。同樣的，李時勉對此書「惑亂人心」的評斷，以及認為這部小說將會引來道德淪喪骨牌效應的信念，都暗示著誨淫誨邪的作品，日後被歸類於「妖書」一流，此時已經踏出了一小步。三個世紀後，《大清律》完成了「淫書」與「妖言惑眾」之間的連結。《大清律》幾乎是逐字照錄的沿用了前述《大明律》的兩項條款，而在「妖書」條款之下則附加了新的適用範圍。[12]在一七四〇年（清乾隆五年）修訂版的《大清律》中，又在「妖書」條款下補充了四條章程，指名應受檢查的著作範圍較明代更廣。該補充條款詳細列舉出三種文字形式，應被視作「妖書妖言」，分別是「妄布邪書，書寫張貼，煽惑人心」、「造讖諱妖書妖言」、以及「以鄙俚褻嫚之詞刊刻傳播者」。如果是在清代，李時勉便可以毫無困難的將《剪燈新話》歸入

「妖書妖言」這一類中。他在一四四二年向朝廷呈上的建請，對於將律法中關於「妖書」一類的禁令適用在取締政治、道德方面的違禁作品，在實際上起到了推動作用。

上述《大明律》的兩款條例，都沒有對書籍這種文字刊布形式給予特別關注。這正是我將兩款條例中的「書」字英譯為「著作」（writings），而不譯為「書籍」（books）的原因。（在中文裡，「書」既有著作之意，也可指書籍。）本朝初年制定律法時，並未意識到日後印刷技術將會威脅帝國的統治。然而，這種不在意的態度，到了明代末季開始發生變化。一六〇九年（明萬曆三十七年）時，紹興有一位名叫陳應明的男子被控「假印偽敕妖書」，儘管此案的重大關鍵在於陳偽造朝廷敕命，不過「假印」這個奇怪的措辭用語，代表印刷技術問題在此時已經開始受到人們的重視了。[13]當一六二六年（明天啟六年）時，十方僧人福本將自己私下收藏的揚州知州劉鐸（一六一六年進士）題寫在扇面上的詩句印行出版，當中收入錦衣衛知事歐陽暉作的一首詩，沒想到就因此惹禍上身；南京刑部在審查之後，判定詩中「陰霾國事非」一句犯禁。[14]在《熹宗實錄》裡關於本案案情的短短三行簡介裡，就有四次提到「圖書」或「製書」等詞。這一情況說明了圖書在市面上流通的可能性，和書籍本身的內容一樣，開始成為讓朝廷感到棘手的問題；同時也表示印刷技術作為圖書檢查的充分條

11 《憲宗實錄》，卷二一六，頁五b；《孝宗實錄》，卷一三三，頁三a；《神宗實錄》，卷七六，頁九b。
12 《大清律例》，頁二八一、三六八～三六九。
13 《神宗實錄》，卷四五六，頁九b。
14 《熹宗實錄》，卷七十，頁二三b。

件，在這時已經逐漸顯露頭角。

不過，一直要到一七四〇年《大清律》修訂之時，印刷、商業流通等問題才正式躍上檯面。法律細則中明確地舉出「刊刻」（出版者）、「傳播」（散布者）、「坊肆」（販售者）和「刻印」（印刷者）等字眼。當朝廷準備要查禁某一部書籍時，上述與這部書籍相關的人等，就可能會遭到懲處。法律條文的更動，總是遠遠落後於社會變遷的腳步，甚至還落在法律實踐的後面。對於那些想要動用國家力量取締違禁圖書的人，他們注意到印刷所引來的問題，應該不需要花上四個世紀的時間。當李時勉在奏摺上主張按照《大明律》對那些「印賣及藏習」書籍者「問罪如律」時，顯然已經對商業印刷造成的問題有所認知。《大明律》的制定者並未提到印書者及販售者，但是李時勉卻提到了，很可能正是由於那部一四二〇年版《剪燈新話》帶來的衝擊，促使李時勉尋求以國家力量作為出面介入干涉的適當機構，從國子監學生手中，將這部小說收繳過來。印刷技術的發達，使得原本不該接觸如《剪燈新話》這樣小說的人們，讀到此類著作的機會大增。除了取締學生手上的這種小說之外，還必須做一件事情，不多不少，就是那件事情。

《焚書》與《藏書》

明代圖書檢查最為知名的事例，莫過於言官張問達彈劾素有爭議的思想家李贄（一五二七－一六〇二），並導致後者自殺一案；此案經常被後世學者引用，作為明代實施圖書檢查制度的證據。一六四四年之後的學者，經常評論這個案例，他們讚揚張問達的攻擊，認為這是對於明代思想誤入歧途的一次公正審判，同時還將李贄當作是早於他之前即發生的明代道德崩潰之代罪羔羊，而明末的道德淪喪，最終造成國家的土崩瓦解。[15]在他們看來，李贄的著作有部分已經危害到中國文化的存續命脈，因此禁燬他的著作，並不是濫用國家權力之舉。然而在另一方面，年齡只較李贄略為年輕一些的那個世代，儘管對李贄在北京所遭受到的待遇感到驚駭，卻仍然拒絕向隨之而來的圖書檢查服軟低頭。

李贄在一五七〇年代時開始有系統的批判儒家權威思想，當時他是一小群知識分子講學結社當中的成員，這群人以南京為主要活動場所，銳意思索德行以及儒佛合一的可能性。李贄從官場退下來之後，逐漸開始懷疑以外在標準建立內心絕對道德判斷的可能性。在他看來，所謂真理，並不是登載於儒家經典上的那些文字；人唯有透過良知內省，才能夠求得真理。此後，李贄逐漸和之前往來的友人疏遠，並且在一五八八年（明萬曆十六年）落髮為僧。不過他並未正式出家，而是以儒佛合一的居士身分度過餘生。在一場論戰過後，李贄終究還是被迫離開他位於湖廣北部的暫時棲身處。一六〇二年（明萬曆三十年）四月，當張問達（卒於一六二五年）上書彈劾李贄之時，後者正住在北京近郊（通州）、亦友亦徒的馬經綸（一五八九年進士）處。在張問達向李贄提出的諸多指控當中，其中有一項，認為李贄的著作將會對年輕世代造成危害。從一五九〇年起，李贄就勤於將所著的文章、讀書筆記和書信刻印刊行，並且廣為傳播流通，他為這些著作取了兩個頗具煽動性的書名——《焚書》與

15 《明實錄》當中記載張問達彈劾李贄的奏疏摘要，廣受到十七世紀學者的引用和肯定。顧炎武將其收入《日知錄》中，參見《日知錄集釋》，卷十八，頁三〇b。王夫之對李贄的抨擊更為嚴厲，見其《讀通鑑論》，頁一一一一；《張子正蒙注》，頁三三二。

《藏書》。張問達請求將這些著作如同其書名那樣付之一炬。李贄在為自己辯護時，承認「罪人著書甚多」，卻辯稱其全部著作「於聖教有益無損。」[16]在氣氛嚴酷肅殺的當時，李贄這番自我辯護，太容易被看成是虛詐的狡辯，我們可以從一位當時人的著作中感受到這種氣氛。屠隆（一五四二—一六〇五）在其於一六〇〇年出版的《格言集》序言中提到，曾有一位友人提出警告，不要任由自己的著作「遠播通都」。屠隆決定聽從朋友的忠告，表示將著作「姑庋之篋笥」。[17]可見，兩年之後將李贄掃入監獄的這股圖書檢查寒流，同樣也曾影響他人；不過李、屠兩人仍然敢於公開宣稱自己的著作中有若干具爭議性的內容，從這一點來看，他們並不認為自己的著作會立即成為朝廷禁燬的對象。或許他們如此宣告，並不是有預感朝廷的圖書檢查將要降臨，而是想要表達一種不受俗世所羈絆的思想自主。

朝廷是否真的認為屠隆和李贄的思想很危險？張問達在彈劾奏章之中，確實曾譴責李贄對儒家經典與孔子的批判和嘲笑，但是張對李贄批判的重點，在於李的行為，尤其是聲稱他和門下一位女弟子有不正當關係。這種人身攻擊是張問達的彈劾背後帶有政治意圖的鐵證。張的這一指控，涉及李贄門下一位身分特殊的弟子，即名臣梅國楨（一五八三年進士）孀居之女。當時，梅國楨正與內閣首輔大學士沈一貫（一五三一—一六一五）為首的黨派（背後有宦官支持）發生衝突，而沈一貫正是張問達的政治後台。[18]張問達在聽聞李贄準備攻訐沈一貫的傳言後，決定先發制人。然而傳言並不確實。當時之人都認為李贄只是被犧牲的砲灰，梅國楨才是張問達要攻擊的真正對象。「人未嘗不知此老之不能惑世，未嘗不知此老之不能宣淫」，提供李贄居停的馬經綸，在他自殺之後不久即如此說道：「然今日獨䂂然為此事者，其意不在此老也昭昭著也。」[19]朝廷後來對李贄的判決是暫時處以緩刑，但是責令他將其書籍刻版焚毀。不過判決的詔令留在宮中遲遲未能發下，於是李贄寧可選擇自我了結性命，而不願面臨被押解回鄉的公然羞辱。

歷來對於李贄一案的討論，大多聚焦於李贄思想的實質內容，張問達的彈劾在道德層面是否適切，以及思想衝突所涉及的本質問題。但是學者姜進相當具說服力的論證指出，朝廷之所以迫害李贄，並不是因為他的思想犯忌。李贄的各種主張或許引來不少爭議，不過如果李贄謹慎地遠離京師這一是非之地，通常朝廷不會去注意到他的思想。姜進因此做出結論，使李贄招禍上身的是他種種離經叛道的「異端行徑」（heteropraxis），非關離經叛道的思想：「正是由於李贄本人現身於京師近郊地區，使得朝廷有了對他採取行動的理由，而不是因為他的著作流傳的緣故。」[20]這一論斷很有道理，李贄離經叛道的思想，朝廷可以將其視為他個人的誤入歧途，無須動用國家力量加以撲滅；但是我並

16 袁中道撰〈李溫陵傳〉，重印收錄於《焚書》，頁四；黃仁宇（Ray Huang）在其著作中曾加以引用。參見 Huang, *1587, a Year of No Significance*, p. 190.

17 屠隆，《娑羅館清言》，作者自序，頁一。

18 學者姜進指出，本案也帶有地方政治糾葛，梅國楨是湖廣麻城縣的大族出身，而麻城正是李贄在論戰前託身寄居之地，之前庇護李贄的耿氏家族則與其發生爭執。參見 Jiang, "Heresy and Persecution in Late Ming Society."

19 馬經綸，〈與當道書〉，複印於廈門大學歷史系（編），《李贄研究參考資料》，頁六一。

20 Jiang Jin, "Heresy and Persecution in Late Ming Society," pp. 28-29.

不認為李贄刊行的著作與他所遭受的指控毫無牽連。試想李贄所撰著作，不但是承載其精神思想的實質載體，同時更是他個人身分的象徵，能夠將李贄的名聲廣泛散布到各地。張問達就相當重視李贄的著作，特別指出李贄「近又刻《藏書》、《焚書》、《卓吾大德》（譯按：李贄號卓吾）」之事實，以及「流行海內，惑亂人心」的後果。張問達的建議是這些著作「不可不毀」。如果這起書籍檢查的案例實因李贄的行為而起，而非由於思想惹禍，則李贄積極將自己的著作付梓刊行，正也是他的離經叛道行為當中之一環。李贄著作的出版，雖然為他帶來聲譽，但是卻也威脅到某些人的地位，使他們煩惱不安。

儘管張問達請求朝廷銷毀李贄的著作，但是在此後的四十餘年間，人們還是繼續刻印、收藏和流通李贄的作品。若干李贄生前未曾出版的文章，於一六一八年（明萬曆四十六年）集結成冊，而且直接了當的以《續藏書》為名問世。編纂這部作品者不是別人，正是在南京學術界資望頗高的焦竑（一五四〇－一六二〇）。正如李維楨（一五四七－一六二六）在這本書的序言當中所說：「李卓吾先生沒，而其遺書盛傳。」在其序文之末，李維楨甚至還相當大膽的列舉出所有與李贄有關聯的著名人士。[21]七年之後，御史王雅量再次請求禁燬李贄的著作，但這一次矛頭所指還更進一步，除了李贄的著作，更包括流通散布其書籍的商業網絡，要求「不許坊間發賣。」[22]官方對此事的反應和上次一樣，似乎有些漫不經心，因為就在第二次針對李贄著作的禁令下達十五年後，錢啟忠（一六二八年進士）又發起一場募款活動，欲敦聘寧波一家書坊重刻《李卓吾制義》一書，這本書是李贄以所謂的「八股」或「制義」撰寫而成的科舉應試範本集。[23]雖然清代末季時，人們對於八股取士迭有批評，但是在晚明，李贄、錢啟忠，以及當時知識階層的其他人士，包括屠隆在內，[24]卻都不認為「八股」這種文體有何過錯。朝廷有令禁止李贄著作，錢啟忠對此並非不知，因為在他倡議募款重刻李贄著作時，就曾提到「聞先生被逮時，當事者火其書，一切制義之在版者，以壞文體，並禁。」但是對錢啟忠來說，此種禁令實在無關緊要，並不能改變他閱讀、出版李贄著作的決定。「（衛道人士）甚欲埋其（李贄）名，而不能投其字於水火。」錢啟忠如是欣慰的表示。[25]

事實上，朝廷對李贄著作的禁令，在京師之外廣受鄙視、嘲弄，這反映出當時的知識分子，都認為此種基於黨爭而起的決策，沒有維護贊成的義務，更遑論因而感到恐懼了。此事還有其他的象徵意義，無論國家多麼希望將某些書籍從公共領域中移除，只要坊間還繼續刊印這些書籍，而讀者也願意購買，朝廷實際上難以阻止這些書籍的流通。從清代乾隆皇帝留下的豐富「文字獄」史料，就能清楚看出朝廷失去對民間書籍貿易的掌控，已經到了什麼樣的地步。

---

21 李維楨序，收於：李贄，《續藏書》，頁一 a、四 a。

22 王雅量的奏議收錄於顧炎武的《日知錄》中，見：《日知錄集釋》，卷十八，頁三二 b。

23 李贄，《焚書》，頁一一七。關於「制義」，可以參見：Benjamin Elman, *A Cultural History of the Civil Examinations in Late Imperial China*, pp. 382, 396.

24 屠隆，《白榆集》，卷四，頁七 b。

25 錢啟忠，《清溪遺稿》，卷一，頁四三 a～四三 b。

《四庫全書》

在一七七四年十二月十一日（清乾隆三十九年十一月初九）發布的一道上諭中，乾隆皇帝告誡其臣工，此前於十七世紀出版的書籍中，可能多含「違礙字跡」，並且表示：「其中如有詆毀本朝字句，必應削版焚篇，杜遏邪說，勿使貽惑後世（頁一二六）。」[26]六周之後，皇帝再一次猛烈抨擊十七世紀時出版的著作：「此等違礙書籍，不但印就書本應行查禁，其版片自應一併銷毀（頁一三六）。」朝廷興辦的大規模圖書編輯整理計畫，也就是《四庫全書》的編撰，使得全國各地的書籍如潮水般湧入京師，因而引來乾隆皇帝對於其中「違礙書籍」的注意。編撰《四庫全書》的徵集圖書作業，起於三年之前，目的在於充實朝廷藏書，並且蒐羅一切已知的著作。到了一七七四年，負責編纂的臣工開始在其中發現若干被皇帝認為有「違礙」的書籍，隨後朝廷便陸續發起對各種書籍的查禁，時間長達十五年。

修纂這部《四庫全書》，乾隆皇帝心中最為縈懷的，既不是儒家正統思想，也不是端正男女風化，而是如何建構中原內地和中亞內陸（Inner Asia）之間的歷史關係。滿洲人如要取得統治合法性，就必須被看做是天命的承應者，而不能再如清人入關以前的文獻著作那樣，在提及滿人草原上的先人時，屢屢將他們描寫成文明世界柵欄外的野蠻入侵者。文明的意義有許多種解釋，既然其中之一即是以文字形式記錄知識，因此掌握文字著作，也就等於是掌握了國家統治正當性的關鍵。乾隆皇帝需要主導對於過去史事的論述，以便提出足以證明滿洲統治合法性的歷史解釋。

從一八四二年卡爾．馬克思（Karl Marx）一篇評論普魯士新聞檢查的文章中可以看出，乾隆皇帝興起文字獄一事，在十九世紀的歐洲已是廣為人所知。[27]到了一九三〇年代，由富路德（Luther Carrington Goodrich）的研究開始，乾隆朝文字獄受到西方學術界的注意。富路德以民國建立後的學術成果為基礎，因此深受反滿情緒的影響，將清代興起文字獄（他將其英譯為 literary inquisition）的動機，解釋為滿洲人對統治中國合法性的焦慮表述。這種看法的起源，可以追溯到乾隆朝興起文字獄的年代，當時外國的觀察人士，如朝鮮使臣朴趾源於一七八〇年（清乾隆四十五年）出使中國，就曾坦率的表示：「非秦之坑殺而乾沒於校讎之役，非秦之燔燒而離裂於聚珍之局。」聚珍局是朝廷的出版機構。不時出現的嚴酷文字獄，也與上了年紀的老皇帝情緒惡劣有關。根據朴趾源的說法，乾隆皇帝「君道日亢，猜暴嚴苛，喜怒無常。」[28]文字獄因此被描寫為乾隆本人的性格與他對學術士林的猜忌之下，應運而生的產物。

美國清史學者蓋博堅（Kent Guy）在研究《四庫全書》時，對上述這種帶有情感色彩的論斷提出質疑。蓋博堅並不否認滿漢之間的種族衝突，以及乾隆本人性情喜怒無常等因素，與清代文字獄的興起有著高度關聯，但是他的研究則更進一步地指出，上述原因之所以演變成一場充滿猜忌、告發的文

---

26 本章以下正文所引乾隆上諭括弧中的頁碼，均為富路德（L. Carrington Goodrich）教授所撰《乾隆時期的文字獄》（*The Literary Inquisition of Ch'ien-lung*）一書附錄之英譯史料頁數，該書中原來以羅馬字母拼寫的文字，一概改為標準漢語拼音。

27 引自 Norman Levine, "The Myth of Asiatic Restoration," p. 74.

28 引自 Min Tu-ki, *National Polity and Local Power*, p. 14.【譯按：引文據朴趾源《熱河日記》還原。】

字迫害，其原因在於漢人精英（相對於滿人統治階層而言）發現，修撰《四庫全書》的指導綱領曖昧模糊，可以伺機加以利用，假借官方查禁名義，而行私人報仇之實。官員大臣開始彼此相互攻訐，既是要解決宿怨，也是為了吸引上級長官的注意。[29]實際上，正如蓋博堅的研究顯示，擔心文字獄將會撼動目前滿漢之間的脆弱一致局面，因而出手制止攻訐事態繼續惡化下去的正是滿洲親貴。因此文字獄是形成於滿漢聯手造就的局面，並不是兩方中的任一陣營想要打破這種合作關係。

乾隆朝發生文字獄大案的期間，滿洲人正處在權力的頂峰，他們的統治也沒有遭遇挑戰，而文字獄卻偏偏出現在這個時候，為了回答何以如此，人們或許會從史料文獻中強調的幾個概念——也就是從所謂「詆毀本朝」、「邪說」、「妖書」等語彙裡，努力建構出一種解釋。可是，如果從其他途徑入手，考慮另外一組詞彙：「版」、「篇」、「印就書本」及其「版片」，所得解釋又將全然不同。這些史料將我們的注意力引向書籍生產、流通的技術環境上面，文字獄就產生在這種環境之中，且很大程度上是對這種環境的回應。如果我們考察文字獄一案中的書籍本身，而不是去追蹤當中的思想理念，我們就可以發展出一個較不受到意識形態限制，也比較符合歷史事實的論述，從中可以說明清代的國家力量遭遇到什麼樣的挑戰困難，以及朝廷感到難以掌控的層面所在。由於朝廷缺乏和書籍出版界交流的制度，因此不得不從外界對此行業進行監控，發起文字獄正是官僚體制實施監控的其中一項運作辦法。這樣的運作架構，在很多方面決定了文字獄的實質內容，至於哪些書籍能夠一讀，哪些書籍則干犯禁令，則與這些內容關係不大。十八世紀的圖書檢查制度，從實際施行層面來說，和書籍生產的技術，以及政府監控的技術局限密切相關，這種相關聯的程度，至少可與國家對其自身統治正當性的概念塑造程度等量齊觀，或者可以說，與國家認定自身和社會上其他權力來源的關係大致相同。

宗教改革時期的歐洲歷史，為我們考察圖書檢查的技術發展歷程，提供了可堪比較的參照基準。印刷技術發展在十五世紀時的突飛猛進，引來歐洲各地清楚明確的反應。在英格蘭，國王亨利七世（Henry VII）在首部活字印刷機傳入英倫不到九年的時間，就開始對出版業界頒發許可執照。[30]印刷技術的傳播，更使得羅馬教廷深懷戒懼；教廷對世俗領袖提出告誡，認為印刷術這項新發明的技術，可能會被運用來傳布異端思想。教宗思道四世（Sixtus IV）於一四七九年頒布詔命，授權科隆大學（University of Cologne）各學院的院長對校內的書籍、書籍印刷者和讀者進行審查。一四八七年，教宗英諾森八世（Innocent VIII）發布了一道詔書，要信眾警惕帶有異端思想的書籍著作，並於一四八三及一四八七年兩度查禁若干特定著作。教宗亞歷山大六世（Alexander VI）與利奧十世（Leo X）則分別於一五〇一年和一五一五年授予教廷全權，對出版品進行全面性的檢查。[31]不過，在教廷於一五五九年、一五六四年兩度頒布禁書目錄之前，圖書檢查法令在開始時收效甚微，甚或毫無所獲。教廷的擔憂不為無因，在當時，如馬丁・路德（Martin Luther）這類深具爭議的人物，正利用印刷術這項

29 Kent Guy, *The Emperor's Four Treasuries: Scholars and the State in the Late Ch'ien-Lung Era*, p. 158. 左步青的論文在史料細節方面，雖然未如蓋博堅的研究詳細，但是也提出相似的論點，參見左步青，《乾隆焚書》，頁一七六。

30 Donald Thomas, *A Long Time Burning: The History of Literary Censorship in England*, p. 8.

31 Paul Grendler, *The Roman Inqusition and the Venetian Press, 1540-1605*, p. 71. 關於涉及天文學著作圖書檢查背後的政治因素，可參見 J. L. Heilbron, *The Sun in the Church*, pp. 198-216.

新創發的技術，印製批判天主教會的書籍與小冊。在教廷頒布禁書目錄之時，歐洲各國不論信仰天主教或新教，都已經實施出版審查。

利用印刷術來考察帝制晚期中國圖書檢查的進程，相較於歐洲要來得困難許多，因為乾隆朝前，活字刻版文化在中國已經有千年以上的歷史了。現存於世的最早活字雕版印刷作品是八世紀時的佛教經籍，大量複製即可累積相應的功德。到了十一世紀，書籍活版印刷已甚為普遍，以至晚清時的版本目錄學者葉德輝（一八六四－一九二七）可以從此時期的史料文獻中，統計出二十一種關於「刻板」的不同名稱。[32]可見對於乾隆時代的人們來說，印刷已經不是什麼新奇事物了。此時沒有任何加速圖書檢查強化的技術突進出現，因此也不會如歐洲宗教改革時期，因技術條件的變化，從而產生明顯衝擊（歐洲正是因為活字印刷的應用，成為書籍在社會造成衝擊影響的關鍵要素）。[33]但同樣的道理卻不能用於中國，中國的印刷業者最晚在九世紀時就已運用活字印刷技術，不過出於各種原因，活字排版未能取代刻版印刷。[34]清代的優異活字排版作品，恰巧都是來自皇宮大內，品質最佳的四庫聚珍本《武英殿聚珍版叢書》正是使用木版活字印刷而成。由於十八世紀中國所處在的社會、政治脈絡，和文藝復興時期的歐洲不同，因此活字印刷術並沒有造成書籍生產環境的顛覆效應。中國與歐洲之間，在國家地位和角色上的各種不同（國家在中國意謂「天下」，在歐洲卻是代表區域性質），加上決定知識探詢的政治與宗教因素也不相同（中國由朝廷主導，歐洲由教會主導），緩和了印刷術對中國政治秩序的衝擊程度。雖然如此，我仍認為印刷術在中國的發展歷程，對於文字獄起到了重要的影響，只不過其影響的層面與方式，和印刷術在歐洲的發展道路不同罷了。因此我們必須尋找的，不是技術上的驟然變革，而是一種緩慢發展、逐漸積累的影響。

這種路徑背後的邏輯很簡單，到了十八世紀時，社會上書籍的數量之多，已來到史無前例的程度。雕版印刷技術起源於八世紀，在十一世紀就應用在書籍的大量生產上，但是自此卻再無更進一步的技術變革。[35]除了十七世紀時開始研發，幾經艱辛，終於研發成功的多色套印技術以外，印刷的製程始終簡單不變。唯一發生改變的是費用，十六世紀時，刻版成本大幅降低，即使是目不識丁的工人，也能夠掌握刻版的基本技能。[36]舉例而言，明末來華的耶穌會傳教士利瑪竇（一五五二－一六一〇）就曾經讚嘆過中國書籍生產的簡便與廉價：「整個方法至為簡便，以至於人們只需旁觀一回印刷製程，便躍躍欲試，要親自動手，」他如此聲稱：「中土印刷技術之簡便，說明了此地為何能刊行如

---

32 葉德輝，《書林清話》，頁二七。

33 Elizabeth Eisenstein, *The Printing Press as an Agent of Change*, ch. 2.

34 Chia, *Printing for Profit*, pp. 61-62, 202; 也參見 K. T. Wu, "Ming Printing and Printers."

35 一〇〇五年（北宋真宗景德二年），一位大臣曾對皇帝表示：「今版本大備，士庶家皆有之，斯乃儒者逢辰之幸也。」參見羅孟禎，《中國古代目錄學簡編》，頁一六八。

36 葉德輝曾列舉出十四世紀公家出版的成本費用，並以之和十七世紀中葉的私人刻印書籍成本做比較，他注意到刻書價格從十四世紀時的每頁一兩白銀，下降到十七世紀的每頁八分之一兩白銀。參見葉德輝，《書林清話》，頁一七八、一八六。關於刻書價格的更詳盡觀察，可以參見羅友枝（Evelyn Rawski）的研究：Evelyn Rawski, *Education and Popular Literacy in Ch'ing China*, pp. 120-122.

此巨量的書籍著作，而其售價又出奇的低廉。」[37]書籍生產成本的降低是受到十六世紀時普遍的商業化，以及印刷技術簡化的影響。敢於進取的商人抓住了出版業界的商機，使得以牟利為目的之印書坊如雨後春筍般萌芽。[38]私人藏書同樣大有發展，一七七五年（清乾隆四十年）發生的僧人澹歸文字獄一案顯示，廣東韶州某家族曾為其著作刊印提供資金，他們的父輩當家之時已坐擁一百二十一種書籍，外加上兩部著作的刻版，該家族的親家則擁有六十八種圖書。[39]不但如此，這兩家的藏書規模，在當時皆被看作稀鬆平常。

然而，商業化進程對於書籍檢查的影響並不簡單明瞭，甚至也難以看出直接效應的痕跡。從乾隆朝關於文字獄的奏摺與皇帝硃批當中可以看出，十八世紀遭到查禁的書籍著作多半由私人刊行，由書坊刻印而遭查禁者卻不多。坊間的出版業者印製經銷的書籍，通常和政治保持距離，都是年曆、小說等一類作品。不過，朝廷在一六五二年到一七五四年間頒布的一系列詔令，卻尋求禁止坊間販售那些「有乖風化」的「淫語瑣詞」一類書籍。[40]（對此，李時勉和張問達想必都會贊同。）像乾隆皇帝這樣對於政局敏感之人，令他更加憂慮的是那些私人刊印的書籍，因為在皇上看來，這類著作不但能躲過他手下臣工的偵緝，而其流通的網絡相對較為封閉。可是，乾隆很快就發現，實情並非如此，坊間可能沒有刊印他認為有「違礙」的著作，但是卻為私人刊行的書籍在贈送之外，提供另一個市場流通的管道。[41]正如一份訴狀中感嘆的，這些書籍一旦「刷書貨賣」，後果更為嚴重，[42]因為屆時這些書籍就得以充分利用商業網絡的機動性質，離開最初出版者，流通到遠處去。

以上海舉人蔡顯（生於一六九七年）「逆書」一案為例。[43]他在一七六七年（清乾隆三十二年）

被逮捕前的十餘年間，刊刻了生涯全部著作當中的七種，最後一種即是後來惹禍的《閑漁閑閑錄》。這部書的刊印過程，極適合說明私人出版業者與商業書籍貿易之間的關係。蔡顯先是在當地雇用了一位名叫聞子尚的刻書匠來刊刻他的著作；接著，他又與一位四處議價、兜售印務的湖州「書客」吳建千商定，刊印《閑漁閑閑錄》一百二十部。吳建千自備印書紙張，並雇用本地一位人稱「馬師傅」的專業印書匠（文字獄檔案中並沒有記載此人的全名），在蔡顯自宅進行印刷。蔡顯得到一百二十部書當中的二十部，作為提供書版的報酬；剩下的一百部，則歸吳建千所有。吳送了一部書給馬師傅，充當印書的酬勞（稱作「酒資」）。馬師傅本人不識字，但是這部書對他來說還是有價值的，因為他可

37 引自 Louis Gallagher, *China in the Sixteenth Century: The Journal of Matteo Ricci, 1583-1610*, p. 21.

38 根據歷史學者洪煥椿的推估，華中的出版業在十七世紀末到十八世紀初之時到達顛峰期。參見洪煥椿，《浙江文獻叢考》，頁一一一。

39 《清代文字獄檔》，第三輯〈澹歸〉，頁八 a～十五 b。本案的調查人員列出了兩家藏書的詳盡書目。

40 魏晉錫，《學政全書》，卷七，頁一 a。王利器在《元明清三代禁毀小說戲曲史料》一書中，匯集了公家與私人關於查禁小說的文獻紀錄。

41 山西人氏黃檢的祖父黃廷桂（一六九一－一七五九）曾任總督、大學士，黃將祖父生前的奏議彙編成書，於家鄉刊印。黃檢之後在福建任官，他曾經將這部著作贈送給福建的上司；參見《清代文字獄檔》，第四輯〈黃檢〉，頁三 a。這部著作後來因為收錄黃檢不得私自刊印的皇帝硃批，因而遭到查禁。

42 《清代文字獄檔》，第一輯〈劉震宇〉，頁一 a。

43 《清代文字獄檔》，第二輯〈蔡顯〉，頁一 b～三 a、五 b～七 a。

以將其轉賣換錢。吳建千帶著其餘九十九部書返回湖州販售，當他遭捕時，手中尚有一些書還未脫手，但官府也沒能將已經售出的書追繳回來。

蔡顯這邊得到的二十部，有一部贈送給刻書匠聞子尚的兒子聞聲遠。聞氏父子兩人皆不識字，蔡顯聽說聞子尚患病，需要錢治療，因此送聞聲遠一部，好讓他換錢為父治病。剩下的十九部書，蔡顯自己留下五部，其他都贈送給「親友」，有些受贈者將這部書視為可以轉售的商品。蔡顯的一位姻親，收到贈書後，立刻拿到南京近郊的江寧鎮上出售，至於賣了多少錢至今都不清楚。（他脫手書籍的速度如此之快，使他在稍後免於遭受懲處），聞聲遠也打算賣掉他手中的那一部來為父親籌措醫藥費，但是案發之時他尚未脫手。（難道他對蔡顯說自己急需用錢，並不是真話？）另有一位名叫陳鳴山的人，和蔡顯沒有任何關係，他從最初的受贈者那裡購得一部，指望著靠這部被人們視為「時文」（與時事有關之文字）的著作獲利。不過當乾隆皇帝派來查緝禁書的官員盯上《閑漁閑閑錄》的時候，陳鳴山的書還沒有脫手。陳鳴山和聞聲遠、馬師傅一樣都不識字，對他來說，這部著作的價值，僅僅是一件待價而沽的商品。（陳、馬、聞等人正因為不識字，三人後來所受的刑罰才得以減輕，不必按照販賣禁書罪論刑，從原來的「杖一百、流三年」減到「杖八十」）[44]，調查本案的官員能夠將蔡顯、吳建千贈送給友人和相關人等的書追回，但是透過商業貿易網路而非個人關係散布出去的則難以追回。官員們後來將所有追繳到的書籍，連同蔡顯的刻版在內，悉數焚毀。[45]

追查書籍商業經銷網路內的所有管道至為困難，致使官員們一次次無功而返。書籍的印製本來就分散各地，而那些四處遊歷之人，將書籍攜往全國各地書坊販售，更使得追蹤書籍去向難上加難。當然，書籍批發經銷的動向並非隨意為之，這表示倘若查緝禁書的官員精力充沛、不怕麻煩，確實是能夠追回許多查禁書籍的。這裡可以舉文學批評家沈德潛（一六七三—一七六九）著作遭禁一案為例，沈氏編纂了一部清代詩作選集（此書為《清詩別裁》），其中若干詩句有悖逆之語，因而在他去世之後的一七七七年（清乾隆四十二年）遭到查禁。[46]廣東巡撫接到命令，在省內搜找該詩選，隨即派出偵緝人員，前往廣州各家書鋪檢查。搜查結果，並未找到任何沈德潛的著作，但卻因而得知有數名江蘇書商可能攜有沈氏所著書籍，此刻正住在金陵會館。偵緝人員循線找到了周學先，他從一七六〇年

44 魏晉錫，《學政全書》，卷七，頁二b。福州轎夫李浩一案（參見《清代文字獄檔》，第二輯〈李浩〉，頁一a～二a），證實目不識丁之人，在書籍交易活動中相當活躍，甚至還會充當出版者。李浩在福州街市上遇見一名販售碑記拓文之人，據此人聲稱，碑文乃奇蹟似的出現在南邊的廣東省。李浩覺得這是一次賺錢營利的機會，就買了一本，帶到傅姓刻書匠人的店舖，付給他八十錢，請他將拓文雕刻成版。李浩將拓文刻成多部復刻本後，就沿著海岸線北行，攜往浙江出售。隨後，李浩在浙江因散布內容涉及謀反的「逆書」而被捕，他就如蔡顯一案中那些不識字的人，因為目不識丁，才能免除散布妖言的重罪。

45 譯註：蔡顯一案又稱「紫牡丹詩案」，先是乾隆年間有一舉人徐述夔做〈紫牡丹〉詩，其中有「奪朱非正色，異種也稱王」之句，蔡顯在《閑漁閑閑錄》內加以引用，後遭人告發，遂成大獄，《閑漁閑閑錄》定為逆書焚毀，蔡顯本人梟首棄市，其子斬決，門人發至伊犁為奴。又據《清代文字獄檔．第二輯》，兩江總督高晉、江蘇巡撫明德兩人聯名向乾隆奏陳案情：「吳西序係蔡顯妻族之侄，蔡顯送書之先，已往江寧販布，其書係伊妻接受。」可知「姻親」並非得到贈書後專程至江寧脫手。而「聞子尚雇與蔡顯刊刻《閑閑錄》，刻成之後即已病故，蔡顯念其手刻，送給伊子一部。」可知刻匠之子聞聲遠獲贈一部，與需錢治父病無關。再者「其以時文換去一部之陳姓者，查係陳鳴山，訊明所換之書尚未出售。」可知陳鳴山所擁有之一部書，則是以「時文」換得，而非將《閑漁閑閑錄》看作時文。

46 《清代文字獄檔》，第七輯〈沈德潛〉，頁二b。

起，就開始將書籍由南京運往廣州銷售。官府還發現周學先還隨身攜帶一部文字有違禁嫌疑的手抄詩選至廣州刻版，因此地刻製費用較低，不過周學先並未打算在廣州付印這部詩集，而是將刻版帶回南京印行。記載此案的史料並沒有明確指出，周學先在返回廣州時，是否攜帶印妥的書籍在此販售。

三種禁書

為了探究清代書籍出版與國家查禁之間的關係，我挑選出三部在十七世紀後半遭到查禁的著作進行討論，這三部著作各自代表不同的類型——分別是坊間印製的商業出版品、宗教機構的出版物、以及私人刊印作品，雖然三部著作被捲入朝廷文字獄案的原因各有不同，但它們彼此之間互有關聯。

《歸錢尺牘》是歸有光（一五〇六—一五七一）和錢謙益（一五八二—一六六四）這兩位知名學者、官員的書信選集。歸、錢二人的著作都在乾隆朝文字獄中被禁，這部作品也不例外。[47]錢謙益在晚明已任高官，入清之後竟又出仕，乾隆皇帝個人對他益發產生強烈的敵視心態。歸有光則是萬曆年間極富創造力、文字風格無特定門派的散文家，他之所以受到清廷的疑忌，並非由於其筆下文字犯禁，而是一六七〇年代時，南京的學者兼出版家呂留良（一六二九—一六八三）註釋、重刊歸氏作品的緣故。因為呂留良身後遭人告發，其文字有反滿「悖逆」之言，因而被雍正皇帝（一七二三至三五年在位）下令開棺戮屍。呂留良一案也成為雍正朝牽連規模最廣的文字獄，任何與他有關的著作與文字，都在朝廷禁燬之列。前述《歸錢尺牘》一書，編輯、出版者為錢謙益的常熟同鄉顧棫；根據一位同樣不甚知名的作者為此書所寫的序言暗指《歸錢尺牘》由顧棫出資刊印。[48]在有顧棫署名的扉頁上，註明該書由宛委堂「發兌」（發行），在此書各冊大多數的尾頁，刻有兩道印章，分別表明「顧氏藏書」與「虞山如月樓刊」。虞山位於常熟縣城近郊，因為風景如畫，向來是文人墨客出遊之地。至於顧棫與宛委堂、如月樓之間有何關係，書中並未解釋，顧棫本人在書後的跋文，對此也沒有交代；跋文讀來更像是一則廣告，告訴讀者本書適合收藏於家戶之中。顧棫本人並無功名，看來應該不是學者，而是一名出版業者；如月樓則是他的出版社，而宛委堂如果不是為顧棫經銷書籍的分支書鋪，就是一家於一六九九年（清康熙三十八年）後買下原書刻版重刊的書坊，以後者的可能性較高。宛委堂重印舊版圖書，只在扉頁加上重刊書坊的字號，原有的出版項都未加更動。在十八世紀時，書籍的商業出版是一項複雜的產業。

查禁錢謙益的著作，與他有關聯的作品同樣也受到波及，當中包括《曹溪通志》在內。[49]《曹溪通志》是廣東享有盛名的南華寺的志書，於一六七二年該寺進行大規模翻修之後出版，這部志書雖由俗家人士編纂，不過刻版與印刷都在寺院內進行。像南華寺這樣的場所，相當適合書籍出版印行，因為佛寺既有能力負擔印刷出版的費用，也有空間足以儲藏體積龐大的刻版。所以佛寺與坊間以印書牟利的書鋪不同，通常有辦法印製一種或兩種專門的書籍，然後任由刻版閒置，直到下一次需要重印時

47 吳哲夫，《清代禁毀書目研究》，頁四六二、四九一。
48 顧棫，《歸錢尺牘》，王序（一六九九年），頁二 a。
49 關於現存《曹溪通志》的版本，參見：Brook, *Geographical Sources of Ming-Qing History*, p. 218.

再拿出來。南華寺在之前已經於一五九八年（明萬曆二十六年）修纂過一部時間較早的寺志版本，出版的時間大約在一六〇四年，或是更早。不過從一六〇四年到一六七二年之間，南華寺的樣貌已有了很大的變化，大規模整修後由馬元重新編纂的《曹溪通志》是一個全新的寺志版本。一六七七年的版本後來遭到查禁，有幾個原因，當中最為直接的因素是，《曹溪通志》中收有錢謙益與其他被查禁之作者的著作。

除此之外，《曹溪通志》還被發現「語句亦有違礙」，[50]不避皇帝的名諱。某些書籍內容無視於避諱皇帝姓名與年代的規定，著實讓許多官員感到驚訝。他們原本認定滿洲人繼承天命一事，在統治者與臣民之間應已有共識協議，而且業已建立多時了。在一七七四年兩名地方督撫大員（當中有一位是滿人）上呈皇帝的奏摺當中，我們可以看出這種帶有憂慮不安的驚訝之情。為了遮掩他們未能及時察覺轄境內有禁書流傳的窘迫，他們寫道：「竟未計明末稗官私載，或有違礙字句。（頁一一六）」一三年之後，當另外一位滿人巡撫（江西巡撫海成）得知，自己曾經出資贊助一本違反本朝歷代皇帝名諱禁忌的字典刊行時，他的驚訝更甚於前者。這名滿洲官員後來也因為此案，被下獄論罪，判處斬監候之刑。[51]

《曹溪通志》與「三藩」之一的平南王尚可喜（卒於一六七六年）有所關聯，在書中雖然沒有明確提及，但同樣是導致該書被禁的罪名。尚可喜是降清原明軍將領，一六五〇年代為清廷攻取廣東，並在當地坐鎮，統領軍政，直到一六七三年自請撤藩歸老為止。此時正值朝廷撤藩而激起「三藩之亂」，在南方威脅推翻清朝統治，尚可喜因牽連其中而獲罪。一六六七年南華寺大舉翻修，尚可喜是主要贊助者；他對於南華寺的捐助，清楚記載在《曹溪通志》第一卷、第三卷當中。[52]在這部書修纂之初無論內容為何都不會有影響，但在三藩亂後，單是「尚可喜」三字出現在書中，就足以為《曹溪通志》招來查禁焚毀的禍事。現存一六七二年版的《曹溪通志》中，還夾雜有一六八〇年的記載，這就表示該書的刻版可能是刻於平定三藩之亂後，接著對這部書的查禁也緊接而來，不過隨著時間過去，禁令逐漸放寬，被禁的版本得以在一八三六年（清道光十六年）重刻問世。

我們要討論的第三起禁書案例，是知名文人艾南英（一五八三—一六四六）私下刻印的文章書信選集《天傭子集》。[53]這部文集和《歸錢尺牘》一樣於一六九九年出版，在艾南英的故鄉、江西東部的東鄉縣刊行。[54]據艾南英之孫艾為珖（生於一六三二年）表示，他的祖父「隨作隨刻」，全部作品集中包含許多篇幅不長、內容互異的著作。[55]一六六一年（清順治十八年），也就是艾南英殉難於南明抗清事業十五年之後，他家鄉的知府大人要當地一位學者整理艾氏遺稿，並安排由在地的印書商為

---

50 吳哲夫，《清代禁毀書目研究》，頁三四七。

51 Guy, *The Emperor's Four Treasuries*, pp. 176-177.

52 《曹溪通志》（一六七二年），卷一，頁十二b；卷三，頁八a。

53 「天傭子」是艾南英的別號。

54 富路得為艾南英撰寫的英文簡傳，可見於：Arthur Hummel, ed, *Eminent Chinese of the Ch'ing Period*, p. 4.

55 關於艾南英文集刊刻成書的經過，可參見艾為珖，〈原刻凡例〉（一六九九年）、艾舟，〈重刻述略〉（一八三六年），兩篇均見於艾南英《天傭子集》書前序言。

其出版一部規格統一的文集，承印的印書商後來因經濟困難，將刻版質押給另一戶人家。東鄉縣的知縣知道此事後，隨即以二十兩銀子將刻版贖回，另交給一名可堪託付的縣學生員保管。一六七四年夏季三藩亂起，[56]東鄉縣一度遭鄰省叛軍占領，這位生員有一胡姓姻親，竟然趁亂侵占了這些刻版。二十多年以後，艾為珖試圖從胡家買回這批刻版，但屢屢遭拒，胡家不但不願意交出當年侵占的刻版，甚至還拒絕艾為珖借用這些刻版印書的請求。艾為珖尋求其他地方仕紳的協助，但也沒有效果。

於是艾為珖決定另起爐灶，重新蒐集祖父著作手稿，為了籌集費用，他轉而經商，努力賺錢。與此同時，他還說服東鄉知縣撥出一筆經費，從江西省湖北的一位學者那裡，購入一批祖父著作的手抄稿本。新版艾南英文集，也就是後來所稱的「家刻」版本，最終在一六九九年得以付梓出版。在此十一年前，江蘇有一位名叫張良御的文人（他與艾為珖並不相識）也曾經刻印了一部艾南英的文集，篇幅略少於艾為珖的版本，日後被稱為「張刻」本。到了十九世紀初年，「家刻」本的刻版已經腐朽不堪。有位艾家後人想要刊刻新版，但是這項工作一直要到他的下一代艾舟，才算大功告成。艾舟在校對過「家刻」本與「張刻」本以後（張刻本收錄內容較少，但是編輯與註釋比較完善），於一八三六年以「舊學山房」之名，刊行新版《天傭子集》；「舊學山房」大概是艾舟的居所名稱，而不是專業的印書坊。[57]

像艾南英這樣為了反清復明而犧牲生命的文人，為什麼他的著作卻能逃過被清廷查禁的命運？其中有好幾個原因。清代皇帝對於為君主效命而奉獻生命的忠臣，大多採取肯定態度，即便是為了明代皇帝盡忠而死也是如此，只要是已成過去之事，不要公然煽動滿漢間的種族仇恨即可。此外，艾南英的思想守舊，在哲學和文章風格方面都主張回歸宋代，反對明代奢豔浮誇之風，這些看法皆為清代皇帝所認可。但是艾南英的著作最後終究不免遭到查禁，原因並不在於他筆下的文字或生前的行為，而在於他歸屬的學派。艾南英辭世多年之後，仍有自認為其追隨者、門徒之人，當中最為熱誠的，不是別人，正是那位重刊歸有光著作的南京文人呂留良。在一六七〇年代呂留良所主持的修纂編輯事業之中，其中一項就是重新刊行艾南英對經義的註釋文集，名為《艾千子稿》，這部作品很可能大受應考科舉士子的歡迎，因為艾氏和李贄一樣，以科舉考試「八股」或「制義」的寫作技巧聞名。呂留良作為編輯者，也在這部書中留下身影，他的姓名出現在該書的目錄與正文首頁，並且還寫了一篇序言。艾南英在其身後，因為思想和出版作品的緣故，和呂留良產生關連，這就表示他因呂江西省湖北這位追隨者的反清意識而受到連累。

於是《天傭子集》遭到查禁，部分原因和《歸錢尺牘》的遭遇有相似之處。朝廷向來有猜疑反滿心態的傳統，而這兩部作品的作者，在其身後都被認定有反清思想。《歸錢尺牘》之所以被禁，部分也與乾隆皇帝對錢謙益的厭惡有關；《曹溪通志》之所以被查禁，因為書中收有若干遭查禁的作者文字，而且不避皇帝名諱。這三起案例，沒有任何一起是因為其表達的思想而遭到取締查禁。可見查禁

56《撫州府志》（一八七六年），卷八四，頁十b。

57「山房」並不是出版書坊常用的名稱，參見葉德輝，《書林清話》，卷五，頁十一a～一二a。吳哲夫的研究中還提過一部一七五一年版的《天傭子集》，而艾舟在新版問世時卻未提到這一版本。參見吳哲夫，《清代禁毀書目研究》，頁一七七。

書籍的目的，在於確保內容有以尊重清朝皇室的方式，來規範滿漢之間的歷史關係表述，主要的議題或許與滿洲人奪取漢人皇位是否正當，但是實際上自我審查已經使得這一議題無由表達。乾隆朝的文字獄也就成了表達方式之爭，而不是思想理念之爭。使國家對於文本之外的政治寓意產生警惕、猜疑的，已然不是語言本身，受到矚目的是語言表達的方式，從而使得朝廷對那些認定表達方式謬誤的著作，進行取締鎮壓。

出版的力量

對於印刷術在傳播上述這些「謬誤」表述所扮演的角色，乾隆皇帝心知肚明，他明白如果沒有找出印製的刻版並加以銷毀，單憑查禁市面上流通的書籍必定徒勞無功。他多次指示，務須同時追查書籍與刻版，將其「削板焚篇」（頁一二五）、「搜繳盡淨」（頁一九八）。皇帝尚且時常提醒他的官員們，不但要注意原來的刻版，還要留心可能散布到其他省分的重刻版（頁一〇七、一六二）；書籍刻版可能藏於許多地方，有時候在作者家中（頁一六四），或是他的子孫家中（頁一一三），有時候在作者的門人弟子手中（頁一七一），又有時是在後來買下刻版的出版商手中（頁一七七）。

某些犯禁著作，只要有違礙之處的段落被刪削，乾隆皇帝還是願意讓這些書籍的刻版留存於世（頁二一七）。但是，對於出版業者為了節省成本而自行改版的行為，皇帝的反應就不是那麼愉快了。這類自行改版在清代刻本當中相當常見，多倫多大學（University of Toronto）東亞圖書館所收藏的《歸錢尺牘》版本，正是此種自我審查之下的案例，多名在歸有光、錢謙益信函中提到的人，之後被乾隆皇帝判定為叛逆者，在目錄和正文之中都被完全刪去。這種類型的改版，就是在刻版上削去犯禁的內容，並且在原本出現人名之處插入一塊扁平的小木片，有時只是將收信人的名字蓋住，保留姓氏，但更常見的情況是將姓名一齊隱去。出版業者在對刻版進行刪改之後，希望書籍能夠就此繼續印行，而不必花錢重行刻版。[58]到了一七八〇年（清乾隆四十五年），皇帝諭令採用類似的作法，要求編修《四庫全書》的館臣與各省官員，將查抄來的刻版上的違礙字句削除，另以可接受的文句替代。[59]這種「止須酌改一、二語」（頁一四七）的作法，可以說是釜底抽薪的一招，以官方授權刪改的版本流通於市面，取代原有的違禁版本。以新的文句段落替代被刪除處，也可以避免書籍流通於市面時，因為內容出現塗黑或留白，而引發聯想的尷尬情況。

文字獄檔案史料顯示，朝廷對於印刷品的容易流通，有很清楚的認識，從以下反覆出現與書籍有關的文句，例如「或有流傳各省」（頁一六五）、「流傳各省」（頁一七〇）、「外間流傳」（頁一九四）等可以看出。以地區來說，江南最需要朝廷的特別關注。江南地方包含了江蘇南部與浙江北部的長江下游三角洲地帶，此地是漢人精英文化的核心區域，也是乾隆皇帝認為抵制國家力量最為劇烈的地區。[60]這種抵制同樣也體現在書籍出版事業上，很大程度上是因為出版印刷產業多半集中於江

58 之後以這種方式進行刪改的《歸錢尺牘》版本，通常以「某」字來代替被隱去的人名。一九一一年致古堂版的《歸錢尺牘》就是如此。

59 Goodrich, *The Literary Inquisition of Ch'ien-lung*, p. 192; Guy, *The Emperor's Four Treasuries*, p. 13.

60 Philip Kuhn, "Political Crime and Bureaucratic Monarchy: A Chinese Case of 1768," p. 94.

南。乾隆皇帝提及，這一地區「藏書之家，售書之肆，皆倍於它省」（頁一五七）；江南「尤書籍所匯聚」（頁一六七）；「江南為文物之邦，藏書甲於他省，立說著書之輩亦復不少。」（頁一八八）在乾隆眼中，江南一帶出版事業的力量強大、有效率，能使本地在文化上形成高度自主自理，游離於朝廷之外的狀態，從而構成反滿抵抗運動的根據地。乾隆並不是第一個對江南出版事業點名批判的人，早在一個世紀之前，在蘇州和松江張貼的一張官方布告，就曾痛批當地書商，只要能牟利，什麼文字都願意承攬印刷。[61]江南地區商業出版業的繁榮興盛，因此就被看作是本地區能夠規避國家文字檢查的力量來源，這種繁榮景況其實有其危險性，對於那些自認為懂得利用出版業規避朝廷檢查的人來說，實際上已經身處在不可想像的險境之中了。

圖書檢查的力量

一五三四年十月，法蘭西國王法蘭索瓦一世（François I）在一場被稱作「檄文事件」（Affair of the Placards）的風波之後，認為自己統治法國的權威，在宗教層面上遭到檄文作者的挑戰，於是頒布禁令，禁止一切出版印刷。[62]一五三五年又頒發第二道敕令，責成最高法院（Parlement）挑選出二十四家出版業者，接受官方的特別檢查。[63]雖然這道禁令後來並未實施，至少對於巴黎的出版業者來說，仍然是一次嚴厲的警告。而在中國這樣地廣人多的國家，印刷出版文化如此根深柢固，書籍貿易又是那樣活躍發達，想要落實這種禁令，就顯得更加不切實際。乾隆皇帝注意到，書坊是京師圖書來源的其中一項管道（頁一二五）；他因此指示四庫館臣，《四庫全書》應該要收錄坊間「通行本」，而不僅只是私家藏書，[64]此外尚且規定官員應負責告知書商，哪些書籍屬於查禁之列（頁二三二）。可是，在現存的文字獄檔案史料中，很少出現出版業者和書商的姓名，不免使人感到好奇。乾隆年間，一位署理兩江總督（譯按：應為薩載）曾向皇帝報告，他在蘇州的部屬從錢景凱處取得一批禁書（頁一二八），錢氏是蘇州三大書商之一。[65]一七七九年，湖南巡撫李湖在一道奏摺中奏陳，他手下官員於省城長沙的書坊「二酉堂」中發現一部禁書刻版，而這部刻版原在江南刻印，二酉堂於一七六〇年向原作者家徒四壁的子孫購買得來的（頁一一七）。[66]文字獄檔案裡另外還保留了若干書商的姓名，但沒有證據顯示他們的交易活動就此遭受限制，書商經手銷售違禁書籍，顯然不被視作有罪，除

61 引自湯斌（一六二七—一六八七），《蘇松告諭》，轉引自王利器，《元明清三代禁毀小說戲曲史料》，頁九〇。明季道學家袁黃（一五三三—一六〇六）也對出版商「賣淫書淫畫以及春藥射利」的行徑感到不安，並且告誡那些只顧牟利的書商，這麼做會遭到上天懲罰，子孫將淪為戲子，或是娼妓。參見王利器，《元明清三代禁毀小說戲曲史料》，頁一七八。

62 譯註：一五三四年十月十七日夜間，反天主教人士在巴黎、布盧瓦（Blois）、盧昂（Rouen）、奧爾良（Orléans）等五個城市同時張貼抨擊天主教廷的聲討檄文，其中一張甚至貼到了法蘭索瓦一世位於昂布瓦斯（Amboise）的寢宮大門口，後者視之為莫大侮辱，於是一改先前對新教較為寬容的政策。

63 Francis Higmen, *Censorship and the Sorbonne*, p. 34.

64 永瑢，《四庫全書總目．卷首．凡例》，頁五a。

65 關於錢景凱，參見吳晗，《江浙藏書家述略》，頁二；葉德輝，《書林清話》，頁二五〇、二五五。譯註：錢時霽，字景凱，以字行，浙江湖州人，清代著名藏書家、書商。

66 《清代文字獄檔》，第四輯〈陶煊〉，頁二a。

非查獲的違禁書籍是他們自行刊印，才會因而獲罪。[67]這種處理手段，未必是寬大為懷，而是朝廷了解到倘若以嚴厲措施對付書商，將使得官員更難以查獲違禁圖書。

乾隆皇帝在查禁文字著作時，未能具備一項英國君主所享有的優勢，即後者能夠與出版業者組成的聯合公會進行合作。一五五六年，英格蘭女王瑪麗一世（Mary I）批准成立「英國出版同業公會」（The Company of Stationers），所有倫敦的書商都必須加入該公會，女王並授予該公會代表皇家頒授出版發行執照的權利，以利執行對「不法及異端圖書」的查禁任務，任何書籍在出版前未能取得該公會發給的執照，都將自動被沒收充公。[68]這項業界與國家相勾結的制度，一直施行到一六九五年，當時印刷太過普及，以至無法再以這套機制進行控制，才告終止。讓書籍貿易界進行自我規範是英國特有的情況，在歐洲其他地方的出版同業公會（guild），即使是對自身的成員，也不具備如此出版審查的權力。

中國沒有與之相應的組織架構，能夠在一個城市之內監控全國各地的書籍貿易。一六五二年（清順治九年）時，順治皇帝曾下詔：

> 坊間書賈，止許刊行理學政治有益文業諸書；其他瑣語淫詞，及一切濫刻窗藝社稿，通行嚴禁。[69]

這道命令可說是雄心萬丈，但無論順治皇帝本人，還是他之後的歷代繼承者，都沒有足以推行禁令的組織架構。當時連鎖經營的書坊很少，即便存在，大多也是任憑各地的分店經營者自主營運，[70]出版業者的行會的確存在，不過這些行會在任何正式的書籍貿易管道當中，其規模僅限於一城一地，皇帝需要的是一個具有全國管道關係的書籍出版同業公會，當時卻並無這類組織存在。乾隆年間，北京有一江西書商組成的行會，掌握城中的書籍貿易，可是那些非江西籍的出版業者卻被排除在外，不得參加江西會館。在十九世紀中葉，北方書商效法江西會館，自行成立「北直書行」，稍後於一八七〇年代建立自己的北直文昌會館。[71]可是，無論是江西會館還是北直書行，都不能代表全北京城的出版業者，二者和其他城市的出版業者之間也缺乏經常性的聯繫關係。倫敦商界可以主導整個英國商業，而英格蘭的國家力量則利用這種主導關係，並從中得利。相較之下，北京商界卻無法掌握中國的商業貿易，因為無論怎麼看，北京既不是全國的出版中心，也不是文化中心。

皇帝唯一可以用來操控掌握出版業的組織，就是官僚機構——乾隆皇帝正是這麼做的，他將追查

67 乾隆皇帝在興起文字獄的初期，曾三番兩次的諭令，強調「將不應存留之書即速交出，並無干礙（頁一二六）。」

68 Donald Thomas, *A Long Time Burning: The History of Literacy Censorship in England*, pp. 9-15.

69 轉引自 Guy, *The Emperor's Four Treasuries*, pp. 18-19, 英譯時作了改動。【譯按：引文還原，根據（清）伊桑阿等纂修，《大清會典・康熙朝》，卷五一（臺北：文海出版社，一九九二年），頁二〇a。原文年代原作「一六五三年」，據《大清會典》更正為順治九年（一六五二年）。】

70 在吳敬梓的小說《儒林外史》中，曾經描述過一家位於浙江的連鎖書店，見《儒林外史》，頁一六〇。

71 孫殿起，《琉璃廠小志》，頁二七三、二八〇～二八三。

違禁著作的重擔交到官員們的肩上，要是官員們上繳京師的禁書數量不能讓皇上滿意，則對他們加以懲處。乾隆這種運用官員查緝禁書的方式，最後導致官員遭受指責、獲罪的緣由，不是因為散播「逆書」或是使用明代紀年，而是因為他們無法貫徹皇上的指令。書籍貿易的商業化，只是更增添官員們無法完成任務的可能性，畢竟要追查的書籍著作浩若煙海，一旦違禁書籍流入商業交易網絡在讀者之間流傳，誰也不能保證該部著作可以搜繳盡淨。在英格蘭，印刷術的「奧祕」是初來乍到的新奇事物，因此國王亨利七世（Henry VII）在這項技術甫傳入英國時就注意到、並試圖掌控它。但是對乾隆皇帝而言，印刷術毫無神祕之處，他沒有預料到的是，印刷術具有複製文本的連鎖效應，延伸擴展的範圍遠遠超過國家力量所能企及。由於乾隆皇帝沒有書籍貿易業界自身的組織可以仰仗，他只能動員手下的官員來監控書籍著作自然散播的過程。官僚組織的惰性與它有限的影響範圍，都使得追查某部特定著作，幾乎是難如登天。於是，乾隆皇帝乃不得不將原本小範圍的搜查，升級成一場政治運動，他認為如此一來可以彌補官員們對查禁書籍欠缺熱情的狀況，而明代的歷任皇帝卻從來沒有這樣做過。[72]絕大多數乾隆皇帝查禁的書籍，透過商業貿易網絡，歷經乾隆一朝的文字獄禁燬運動之後都得以保存下來。清代或許是一個缺乏安全感的焦慮國家，但是它既缺乏意願，也沒有能力成為一個書籍檢查國家。就這樣，印刷術在歷史中扮演起令皇帝害怕、卻又無力阻止的角色。

---

72 關於文字獄與現代政治運動的比較，可以參見 Kuhn, "Political Crime and Bureaucratic Monarchy," 以及左步青，〈乾隆焚書〉，頁一五九。

第四部　寺廟

第七章　在公共權威的邊緣：明代國家與佛教

＊本章曾經以〈在公共權威的邊緣：明代國家與佛教〉（At the margin of public authority: The Ming state and Buddhism）為題，收錄於胡志德（Theodore Huters）、王國斌（R. Bin Wong）、余寶琳（Pauline Yu）, ed., *Culture and State in Chinese History* (Stanford, CA: Stanford University Press, 1997), pp. 161-181. 收進本書時，略有修改。

中國乃文明禮樂之邦，人心慈善，易為教化，若僧善達祖風者，演大乘以覺聽，談因緣以化愚。——朱元璋，一三七一年

邇年以來踵佛道者，未見智人，但見奸邪無籍之徒，避患難以偷生，更名易姓，潛入法門。——朱元璋，一三九四年[1]

從一三七一年到一三九四年，當中想必是發生了某件事情，致使明代開國皇帝改變想法。太祖洪武皇帝朱元璋當初在朝代肇建伊始，擺出的是聖君姿態，他相信，自己的仁慈與悲憫能夠潛移默化臣民，自己的統治能夠得到各種宗教信仰的支持擁戴，包括佛教在內。可是，他在二十三年以後所做的這番評論，卻表示當初的聖君姿態已經難以為繼，仁慈遭到厭惡情緒取代，悲憫則為威脅、譴責所代

替。朱元璋在一三七一年與一三九四年間態度的轉變，或許和佛教僧眾素質的墮落不無關聯，不過無法確定。會發生這樣的變化，更有可能是因為洪武皇帝對於治國之道及對制度的認識有了改變所致。伴隨著這樣的改變，朱元璋更動了朝廷管理佛教寺院生活的法令。在一三八一年到一三九四年之間，明太祖陸續頒布了一系列法令規章，意圖將佛教僧眾與寺廟納入國家權威的管轄之下，佛教在明代接下來的歲月之中，都將要努力調適，使自己適應這些規範，並且在法令規範的束縛底下，努力尋找成長茁壯的空間。

佛教與國家的關係，先是在十五世紀初曾經發生改變，之後我們將會看到，在十六世紀的最後二十五年當中再次出現變化。這些變化在朝廷的文獻紀錄裡，只留下微弱的痕跡，論及猛烈的程度，也遠不如明代初年對佛教的攻擊，但是同樣反映出國家與有組織的宗教團體之間那種不穩定的關係。綜觀這三次變化，我們可以藉此機會，探討明代社會組織與公共權威之間關係的演變。更為特別的是，佛教各寺院對國家法制變更作出的回應，還能幫助我們探究明代公共權威於朝代肇建之初與後期之間，在制度法令層面上發生的改變。

我希望以「公共權威」（public authority）的概念來建構討論，而不是使用較為狹隘的「國家控制」概念。區分「公共權威」與「國家控制」，有助於導正明史研究中一種出於本能的趨向——研究明史的學者習慣將國家認定為具備壟斷性的霸權；因此，佛教寺院遭受打壓迫害，似乎只是更加確證

1《金陵梵剎志》，第二卷，頁二四a；第一卷，頁一b。

這種觀點。如此區分，還能幫助我們察覺其中的變化，雖然國家力量在明代時相對維持穩定，但是我卻認為「公共權威」此時歷經了一番重新定義的過程。因此，要注意兩者之間的差別，在中國，國家力量是正規權威的主要來源，在地方運作的場域代表國家權威，或是將這種權威宜之於眾（make public）的人物，則是地方官員。另一方面，公共權威的概念，也反映出在此場域中對於國家權威的接受程度，人們知道公共權威的存在，並且對各種權威的來源有所反應，這些權力來源當中最為顯著的，就是國家。[2]但公共權威的定義不僅限於國家，而是透過國家與社會的互動往來而成型。這種對話式的互動，無可避免地造成國家與社會之間的不穩定關係，也表示公共權威會經常被重新定義，尤其是當社會中出現強而有力的其他因素，試圖干預、或是想取代國家在地方層級的主導地位之時，更是如此。公共權威源自於國家，當它散布到公眾領域時，或許會因為各種新的政治可能性出現，而產生偏差，甚或遭到利用。「權力精英運用國家霸權產生偏差」這一情況，在明代初年不成問題，當時只要國家有意願，就能對社會機構的管理加以干預、介入。不過到了明代中葉，隨著在地仕紳掌握了地方社會的重新界定權力，開始將佛教寺院也納入地方事業計畫之中，藉以重新定義公共權力。公共權力的內涵並不固定，時常遭受重新定義，而佛教諸寺院則被牽連捲入這一重新定義的過程當中；這一章在討論國家制度變遷對佛教造成的衝擊時，所設定的前提，正是基於前述這兩項事實。

人們如果只讀官方文獻，或許會認定明代國家對於佛教是採取直接打壓的方式，譬如洪武皇帝就制定了嚴峻的律法，對佛教寺院的規模及影響力加以限制，而這些寺院也順服在國家的意志底下。「佛教寺院輕易的順從國家法令」這一解釋，對於明代佛教史學敘事的影響是如此徹底，以至於時至今日，除了研究佛教社會史的學者之外，很少有歷史學者知道明太祖曾經打壓佛教，至於是否了解此次打壓的規模史無前例，就更不必提了。[3]洪武皇帝對佛教的壓制如今少有人知，為何如此？這一點值得我們思考，也是這一章預備要揭示的。洪武排佛之所以不為人知，原因出於本文討論的第一個案例，也就是官方對於此事的宣告和記錄方式。明代歷任皇帝從來沒有公然宣稱，佛教對於國家或公共權威構成威脅；即便連太祖皇帝本人，也從未承認自己正在壓制佛教。相反地，朱元璋和之後的歷任皇帝所頒布的法令規章，充斥著官僚集團合理化考量的邏輯氣息，將壓制佛教一事說成不像是粉碎一場騙局，或甚至是平息了一次騷亂，反而更像是無關痛癢地按照需求所進行的資源調整。要是說這種邏輯居然能不被當時之人識破，應該歸因於本章要討論的第二則案例，也就是儒家學者的共謀。在歷經元代的動盪不安之後，胸懷抱負的官員們急切盼望在新建的明代政治體系中鞏固地位，他們樂於見到在元代時深受蒙古皇帝支持庇護的佛教，被明代挪置到公共權威的邊緣地帶。此外，在本章討論的第三個案例裡可以看出，洪武朝特許佛教的豁免權利，在明代隨後的時間裡，一直被視為具有神聖不可侵犯性質，開國皇帝以聖聰睿智所頒布的詔命是不容許受人質疑，甚至是妄加評論的。因此，「明

2 可以將國家權威與公共權威之間的區別，看做是中文「官」與「公」兩字含意的不完全類比。「官」的概念比國家要來得狹窄，而「公」的概念則比「公共權威」來得更為寬廣。我在結論時還會再討論這一問題。

3 洪武對於佛教頒布的各項法令，于君方在其以英文寫就的研究中進行了詳盡的考察，參見 Chun-fang Yu, *The Renewal of Buddhism in China*, pp. 144-169. 在日文研究方面，主要有龍池清，〈明代の僧官〉、〈明初の寺院〉、〈明太祖的佛教政策〉等論文，以及間野潛龍，〈明代の佛教と明朝〉等。

太祖針對佛教，頒布一連串規範、打壓佛教的律令」這一觀點，也就消失在聖明君主與感恩順從的臣民這一虛幻假象之後了。

日本學者竺沙雅章對於北宋相似律令規範的研究顯示，這些法令規範向來難以達成原先預期的效果。[4]不過比起為數不多的成功，這些失敗更讓人感到興趣，而且為國家與社會之間的關係，提供更為豐富的訊息。國家頒設法令的目的，在於建立規範，但是這些規範和與佛教相關聯的哪一項社會習俗產生互動，卻不是它們可以決定的。佛教教團作為社會組織，一旦接受國家的監督，就要受到嚴格的限制；不過，由於佛教並未被立為明代的國教，所以還保留著相當程度的自由，足以抵制朝廷的打壓，並且重塑社會上的信眾支持群體，而在明代晚期時重新回到公共權威當中的主要位置。

明初前十年的佛教

明代的開國之君深深明白佛教存在於他治下子民的生活之中，朱元璋對佛教影響臣民的了解之深，除了自己年輕時曾被送往佛寺裡寄住，日後他起兵與群雄爭霸時，也曾善加利用佛教信眾的社會網路，對追隨他的支持者進行戰爭動員。同時他也清楚，儘管佛教信眾的人際網絡能歷經戰爭劫難而倖存下來，寺院在戰亂中卻更容易被毀。元明兩朝代交替時期，尤其是一三五〇年代初期，佛教寺院遭到戰火毀壞的情況非常嚴重。根據稍後一位揚州文人的記載，揚州在元末飽受兵災之苦，寺院能安然無恙、建築保持完整者，十不過二、三而已。[5]即便是那些歷經戰火而倖存下來的寺廟，也很難再維持寺廟的收入，因而無法供養之前曾住在廟產土地上的僧眾。

在洪武一朝的前十年間，如果說朝廷認為佛教有任何問題，那也只是因為被兵災摧毀的寺廟遺址廢墟猶自矗立，彷彿成了朝代交替之際造就出的毀滅象徵，僅此而已。面對如此情景，洪武皇帝在這十年期間採取寬仁的態度，他諭令朝廷捐資，以供各寺院進行重建；在京師，皇帝親自撥款修繕佛寺，並頒賜大批免稅地產給寺廟，他還讓出家僧眾涉入朝廷事務，派他們擔任使節出使外邦（例如前往吐魯番和日本），指派僧侶擔任皇子的王府顧問。[6]實際上，他幾乎將全國各地的知名比丘都召至南京（應天府）說法，並且親自接見。在他登基的前五年內，經常要求比丘聚集南京各大叢林寺院，主持法會，以超度那些在連年戰亂中喪生的亡魂。在一三七一、一三七二年於南京舉行的廣薦法華會，這是唐代之後佛教高僧聚會規模最盛大的一次。[7]

最初洪武皇帝仿效六朝君主扶植佛教，使佛教得以附屬於以朝廷為中心的公共權力結構之中，幾乎成為官方宗教。當時佛教不但能夠自行管理教內事務，還具有國家棟樑的角色。在這十年之間，唯一堪稱重要的法令頒布於一三七三年之初：當時皇帝下旨，要求天下僧人都需從南京僧錄司領取度

4 竺沙雅章，《中国仏教社会史研究》；另見韓森（Valerie Hansen）在一篇書評中對竺沙雅章觀點的總結概述：*Bulletin of Song Yuan Sudies*, 20（1988），pp. 97-108.

5 《平山堂圖志》（一七〇五年），卷六，頁十三b，引用一篇明代中葉的文章。

6 《金陵梵刹志》，卷十六，頁六a；徐一夔，《始豐稿》，卷十一，頁八b；褚華，《滬城備考》，卷七，頁二a。

7 間野潛龍，〈明代の佛教と明朝〉，頁二四六。《金陵梵刹志》收有宋濂為參加這次法會的幾位高僧所寫的傳記，見卷十六，頁二七a～二九a。

牒。在之前的六百五十年當中，朝廷一直以頒發度牒這種作法來管理出家眾。[8]洪武皇帝恢復度牒制度的目的，在於終結天下動盪時佛教僧侶居無定所、四處行方、托缽布施的亂象；戰亂時有許多人佯扮僧侶，四處遊方乞討，以維持生計或藉以逃避兵役。由於出家僧人可以豁免一般民眾必須負擔的勞役，因此恢復度牒之法還有防止逃稅的用意。相較於從前的度牒之法，一三七三年頒布的法令還有一項創新之處，那就是頒行「周知文冊」制度，這套「周知文冊」辦法，詳細開列全國之內持有度牒的比丘姓名，再將複印的名冊發送至天下所有叢林寺院，好讓僧官在遇上那些自稱僧侶的人士時，可以藉以核實他們的身分。到了一三九四年（明洪武二十七年），太祖皇帝又重申了這套登記制度。不過毫不令人意外的是，這些登記名冊數量如此龐大笨重，沒有任何證據能夠表明，它們究竟是自行製作，或是官府頒發下來的。然而，一三七三年頒布的這項法令，還有一項重要特徵，那就是對於剃度出家並不加以任何限制，朝廷也沒有擅自將剃度的權力收歸己有。剃度儀式仍然由主要寺院裡的年長高僧登壇施行。所以，這僅僅是一套登記制度，而不是限制僧侶人數規模的計畫。

一三八〇年後的佛教

一三八〇年（明洪武十三年），朱元璋對於胡惟庸（卒於一三八〇年）及其在朝廷中的餘黨大肆整肅，並且重整朝綱，以使自己能夠親自掌握朝廷的日常運作。[9]此次政治危機影響了皇帝對自身及他治理天下的認識，也使他對佛教的態度發生改變。是否佛教團體在胡惟庸一案當中涉有重嫌？還是朱元璋基於其他特別的原因，放棄了原先對佛教的支持庇護，轉而採取監控與壓迫的作法？我尚不清楚箇中原因。但是一三八〇年代興起的打壓佛教政策與胡惟庸一案時間太過靠近，兩者之間很難說沒有關係，或許，這只是因為朱元璋的改革必須觸及治理的所有層面，對佛教的改革，不過只是這些驟然產生的影響當中的一部分而已。一三八〇年以後，在以朝廷為中心運作的公共權力架構中，佛教已不再被洪武皇帝看做是重要的組成部分；不但如此，佛教還反過來隱約地成為一種潛在不穩定的因素，由於它不受朝廷控制，如果不加以抑制，甚至會使公共權力遭到削弱。現在佛教不但不再是一種可堪運用的資源，反倒成為對朝廷的威脅。僧侶不再是智者的象徵，而是逃避納稅的江湖騙子，他們在社會上普遍的存在，就代表公共權力在監控不穩定因素上的失敗。

為了防範佛教可能帶來的威脅，朝廷在一三八〇年後的數年內，接連推出一系列範圍廣泛的宗教政策法令，旨在對佛教組織進行大規模重整。第一步是在禮部之下設立監督管理佛教事務的專責機關，佛教事務不再交由寺院內的僧官自行管理，僧官自此以後只能管理自身寺院的事務，朝廷新設立

8 關於唐、宋兩代頒發度牒的歷史，見竺沙雅章，《中国仏教社会史研究》，頁十七ff。朝廷在一三七三年還頒布了另一項重要的宗教諭令，即詔命天下各府、州、縣，皆只能保留佛寺與道觀各一所，所有出家僧眾與道士，均須居住其中。見龍文彬，《明會要》，頁六九四。可是這道出奇嚴峻的詔命，卻只在京師應天府附近的六個府州施行，即使是在這六個府州，似乎也沒有嚴格執行這項諭令。參見 Chun-fang Yu, *The Renewal of Buddhism in China*, pp. 145-146. 在一三八一年戶口制度建立起來之後，這道諭令就轉而被詮釋成為天下各府、州、縣都要指派轄境內佛寺與道觀各一座，以為國家掌管當地的宗教事務。

9 關於胡惟庸一案的大整肅，參見美國明史學者賀凱（Charles Hucker）的研究：Hucker, *The Ming Dynasty*, p. 41 ff; 以及戴德（Edward Dreyer）的專著：Dreyer, *Early Ming China*, chp. 4. 沒有任何文獻將胡惟庸一案與朱元璋後來對佛教態度的轉變聯繫起來，不過對佛教加以限制這一改變，卻正是緊接著胡惟庸一案之後的政策轉變而來的。

的專責機關，由朝廷以降，到府、州、縣各級的「僧錄司」（以及管理道教事務的「道錄司」）所組成，其官員由該地僧、道出任。早在一三七〇年代，已有若干府、州設置僧錄司來管理轄境之內的佛教事務，[10]不過，僧、道錄司一直要到一三八一年，洪武皇帝下詔在全國各級行政機關設立僧錄司之後，才開始在各地普遍設置。[11]此時這類佛教事務管理機構，在府一級稱為「僧綱司」，在州一級稱為「僧正司」，在縣一級則稱為「僧會司」。這三級管理機構的長官，分別稱為都綱、僧正和僧會，道教的管理機構也比照佛教的架構設置。僧綱司、僧正司及僧會司一般通常設於該府、州、縣城內名聲最盛的寺院之中，有時若干原已荒廢的寺院，正是因為這些僧政機關要設置於此，才得以恢復。接下來的四年之間，全國各地廣設僧政單位，[12]始終沒有設置這類機關的縣分可說是少之又少。[13]

僧政官員通常由設置僧錄司的寺院住持方丈出任，不過實際負責寺院日常事務的監院和尚，或許同時也會兼理僧政事務。[14]根據十六世紀時浙江一部縣地方志的總結概述，僧政官員有四大項職責，監督管理所在州縣的僧侶、弘揚佛門，正法、檢舉行為失當的出家眾，並報由地方官員調查與懲處、以及主持地方上的公開儀式。[15]僧政官員還可以召集出家僧眾，評定、登記寺有田產，以便分配稅額。[16]在若干開發程度較低地區任職的僧政官員，可能還要承擔其它職責。例如，在雲南偏遠的邊境地方，僧政官員受命去各處視察，確保分布在官道沿線的小寺廟（據指出，這些小寺廟約以每十五公里一所的原則設置）都有出家僧侶主持，以使得僧侶在鄉間能夠發揮穩定地方的效用。[17]如此一來，僧政體系在那些學校、書院幾乎付之闕如的地方，能夠填補國家施政之不足。這些職責表明，僧政官員的職能，乃是代表國家管理佛教事務，而不是以佛門中人的身分管理自家事務；此外，在那些國家法令難以抵達的地方，他們還能作為公共權威的具體象徵。

僧政體系的建立，給予洪武皇帝一個干預佛教寺院事務的系統性工具。皇上於一三八二年開始採取行動，首先派遣僧官至天下各縣佛教叢林寺院，進行登記、分類工作。作為整頓佛教計畫的一部分，太祖皇帝對佛教各宗派重新定義，分為「禪」、「講」以及「教」等三派。根據一三八二年朱元

10 杭州府於一三七一年以及「洪武初年」時，先後設立過兩個僧錄司，參見《武林梵志》（一七八〇年），卷一，頁一b、二〇b。廣西全州於一三七八年時成立州級的「僧綱司」，參見《湘山志》（一六八二年），卷三，頁二〇b。嘉興縣在元代時就已有設立僧綱司、道紀司的紀載，參見《嘉興縣志》（一六八五年），卷五，頁十九b～二〇a；劉敦楨，《北平護國寺殘跡》，頁二五；蔡美彪，《元代白話碑集錄》，頁三一。也可參見明太祖在明代開國以前和僧官贊寧的談話，收於翟灝，《通俗編》（一七五一年），卷二十，頁二b。

11 一三八二年規定，府治所在地的附郭縣城可以不另設立縣級僧、道錄司，該縣的宗教事務可委由府僧綱司代為管理。參見《金陵梵剎志》，卷二，頁七a。

12 舉例來說，北直隸開州的僧正司於一三八二年設置，見《開州志》（一五三四年），卷二，頁四b；河南偃師縣僧會司設於一三八三年，參見《偃師縣志》（一五〇四年），屬司。

13 比如陝西延安以東的宜川縣，就從未有過設立僧會司或道會司的紀錄，參見《宜川縣志》（一七五三年），卷二，頁三b。

14 《曹溪通志》（一六七二年），卷三，頁十三b。

15 《定海縣志》（一七一一年），卷六，頁三a～三b。

16 《金陵梵剎志》有一三八五年時，某縣僧官召集群僧評定土地稅等的記載，參見該志，卷二，頁九b。

17 陳垣，《明季滇黔佛教考》，頁一一九。

璋所頒布的諭旨，禪僧要集中精力於禪修，以期於悟道；講僧要致力於佛經的研習，深入領會經典中的奧義。至於教僧一派，則是朱元璋個人的創造，由那些深入民間弘法與主持法會（尤其是主持往生者的佛事）的出家眾所組成。[18]朝廷對佛教宗派做如此簡化的分門別類，似乎沒有教義上的理由，這種分類只是官僚體制加諸於佛教的統一形式而已。然而，朝廷就憑藉著這項對佛門宗派的分類與定位，就取得之前從未能享有的特權，可以支配佛教內部組織，並且使佛法為朝廷所用。佛教因此更加被塑造成為國家創造出來的產物。

對寺院財產的掌控，比起對宗派的劃分，使朝廷能更加深入佛教寺院的核心。如果沒有大筆的土地，那些大佛寺就無法維持其教團組織的運作，並且供養在寺內修行的出家眾。洪武皇帝並不打算直接控制寺院名下的財產，但是他希望能確保寺廟財產不要落入個別僧侶之手，以免他們有機會中飽私囊，而且徒增所屬寺院不穩定的因素。皇上在一三八二年下詔，規定天下所有僧、道都無權將其居住的土地抵押或出售，倘若有膽敢抵押或購買者，將會受到懲罰，所屬財產充公。[19]為了防止寺產土地遭人侵占，朱元璋大約於一三八六年時命令禮部，要求天下各寺院道觀皆要指派一名「砧基道人」。這名砧基道人的職責是監督管理寺院的錢糧出納，並負責為寺院的賦稅事宜與地方官府交涉。雖然皇帝於一三九三年時曾提及，民眾多有狀告砧基道人對寺院錢糧經理不當者，但是他仍然在隔年再次重申，寺院必須設置這一職務。[20]朱元璋此舉在於保護佛寺所屬財產，其用意為確保出家僧眾能夠安心在寺院修行，不必出外化緣，從而可以避免出家人介入俗世事務，或是在社會人群之間建立起人際網絡的可能。皇帝之所以如此重視對寺院財產規範管制，目的是為了確保宗教領域隔離在俗世之外，朝廷於一三九四年頒布的「避趨條例」，簡單來說，也使這樣的印象更得到確認。可是，在土地作為商品，又可以在市場上進行交易的經濟形態下，國家力量無法對市場機制進行管控，而「避趨條例」這樣的規範，實際上最終也成為徒勞無功之舉。

太祖皇帝於一三九一年發動了他登基以來對佛教寺院最為嚴厲的一次打擊。他透過所謂的「百日諭令」（即詔令中的各項條款，均須於一百天之內完成），強制推動佛教寺院的合併。「百日諭令」要求全國各地大部分較小的寺廟關閉，並將在寺中修行的出家眾及廟產移轉給數量有限的名山大寺，這些大寺院被指定為「叢林」（南方對大型佛寺的稱呼）。能夠不受合併諭令影響的，只有那些一或二名僧侶的小精舍，或是比丘尼修行的尼姑庵。這道諭令最終達成了對中國佛教寺院生活的徹底重整，雖然有些寺院遲至一四一五年（明永樂十三年）才完成合併，[21]不過這道諭令確實在百日限期之

18《金陵梵剎志》，卷二，頁六b～七a；一三九一年朱元璋再頒布第二道關於佛教宗派區分的諭旨，其中「教」的部分，以「瑜珈」取代，不過兩者的內容仍然相同。參見《金陵梵剎志》，卷二，頁十五a～十六b。

19《大明會典》，卷一〇四，頁四a；《金陵梵剎志》，卷二，頁五b。

20 Chun-fang Yu, *The Renewal of Buddhism in China*, p. 168. 間野潛龍，〈明代の佛教と明朝〉，頁二七〇～二七一。還可參見《金陵梵剎志》，卷二，頁二二b；《淨慈寺志》（一八八八年），卷二七，頁九b～十a。「砧基」一詞最早出現在一三七二年的皇上聖諭之中，當時朱元璋要求將南京蔣山（即靈谷寺）的土地登記在「砧基簿」上，參見《金陵梵剎志》，卷二，頁一b。

21例如，著名的寧波禪寺天龍寺即是如此。參見《天龍寺志》（一八一一年），卷二，頁十四b。

內完成了大多數寺院的整併。有若干寺院成功地避免遭到歸併的命運，但它們只是少數的例外，[22]即使是已經廢棄的佛寺，也必須納入合併之列，以防止它們將來以獨立寺院之名重新開山。[23]從此以後，只有大寺院叢林才可以繼續存在。

一三九一年整併佛寺的百日諭令，對中國佛教造成的改變，其程度之徹底，影響之深遠，遠超過之前的任何排佛運動，之後也只有一九五〇年代共產黨人對佛教的打擊整頓，才能與其相比擬。[24]不過，在這個時期的文獻史料中呈現出的卻不是對佛教的打壓，而是各項更有效運用資源的措施。這樣的政策方針並非完全不合理，因為許多佛教寺院早已在元明易代之際遭到摧毀、廢棄，在寺院修行的出家眾人數自元代以來也大幅下降。另一方面，一三九一年的佛寺整併，使得寺院的數量較之前銳減了四分之三，百日諭令的效應之一，就是使朝廷和地方官府得到許多可以挪作其他用途的建築，例如將原來的佛寺改建成學校。[25]不過，等到太祖皇帝龍馭上賓之後，就開始出現要求撤銷百日諭令的反彈聲浪；永樂皇帝朱棣甚至在他於一四〇二年登上皇位之前，就曾允許在一三八二年前即已存在的佛教寺院，可以恢復各自的獨立地位。[26]

一三九一年的百日諭令尚且還包括另外一項國家控制機制——各大寺院叢林如果之前沒有獲頒過皇帝御筆親題的匾額，可以得到朝廷御賜匾額。匾額為一塊木質長板，上面刻有寺院的名稱，由皇帝本人親筆題寫，或是由他指定的書法家書寫。御賜匾額實際上就成為一種法律文件，象徵國家對這所寺院的承認，百日諭令使得擁有一塊御賜匾額成為寺廟合法性的證明，而後來新建或是重修的寺院則沒有資格得到賜匾。[27]這等於對一三九一年之後私人興建佛寺設下一道禁令，並在六年之後明文載入

《大明律》之中。[28]永樂皇帝在一四〇二年頒發的詔令中，雖然部分推翻了百日諭令的規定，但是仍然再次重申寺院賜匾作為法律許可執照的地位。之後繼位的歷代皇帝，由於在頒賜寺院匾額一事上大多自行其是，因此朱元璋設下不准設置新寺院的禁令也就形同被推翻了，而大臣與寺院住持更是經常

---

22 杭州的佛寺辯利院修纂的寺志特別指出，在杭州那些規模較大、眾所矚目的佛教寺院當中，該院是唯一沒有在一三九一年的諭令之下遭到整併的佛寺。參見《辯利院志》（一八三〇年），吳序，頁一ａ。

23 這方面的例證可以參見《漳州府志》（一六一三年），卷三四，頁三ｂ。

24 將明代初年和中共建政初期對佛教的控制放在一起比較，二者相似之處令人感到訝異。這兩個時期都建立以僧侶充任官員、專責監督管理佛教的機構（譯按：中共在中央及各省、縣、市政府設宗教局，另有準官方性質的中國佛教協會），都介入寺院地產，關閉佛寺並將其挪作其他用途，將出家僧侶集中到幾所大叢林寺院，對出家剃度人數實施配額管理，也都對出家僧侶的行動自由加以限制。參見美國學者尉遲酣（Holmes Welch）的研究：Welch, *Buddhism under Mao*, pp. 29-31, 42-45, 73, 80-81, 117-118, 124-126.

25 研究明代初年的社學的日本學者松本善海，估計有百分之九十五的新設立社學，都是由佛寺改建而成。參見松本善海，《中国村落制度の史的研究》，頁四七五。這一觀察可以在《河間府志》（一五四〇年）得到印證（卷五，頁十ｂ），該方志提到，鄉村社學大多由佛寺或道觀改建而成。

26 《大明會典》，卷一〇四，頁六ｂ。

27 Yu, *The Renewal of Buddhism in China*, p. 146, 將「舊額」解釋為「過去的配額」（old quota），並且認為洪武皇帝是在查禁那些不遵照一三七三年「每縣只能設置一所寺院」配額詔命的佛寺。不過，我認為「舊額」的意思，指的是「舊有的匾額」，朱元璋應該是要禁絕那些新建成、沒有賜額資格的寺院；關於這方面的證據，可以參見《沙縣志》（一七〇一年），卷七，頁四九ａ。宋代向佛寺賜額的情況，在竺沙雅章的《中国仏教社会史研究》第二章有所考察。

28 懷效鋒點校，《大明律》，卷四，頁四六～四七。

上表請求朝廷賜匾。向皇帝奏請頒賜物品，在政治上屬於一種微妙敏感的策略，有些明代皇帝乾脆一概拒絕，以免經常面對這類請求。一四六七年（明成化三年）時，皇帝朱見深就是這麼做的。當時他對那些在京師郊外積極修建寺院的宦官們說，不會再考慮他們請朝廷頒賜匾額的請求，皇上還提醒這些太監，未得朝廷許可而重修或擴建寺院是不合法的。[29]

洪武皇帝對佛教事務最後一次的重大干預舉措，於一三九四年發動。他在該年頒布「避趨條例」，規定僧侶不得外出化緣，不得進出地方官府，不許結交在地仕紳，不許與官員、俗家民眾為友往來，也不許收未成年人為沙彌。最值得注意的是，僧侶必須居住在（合併之後形成的）大叢林教團之中，以方便監督管理。只有在距離城市最少二十里開外（即十公里），超過平常聯繫接觸的範圍，才能允許修行人數少於二十人的寺院存在。出家眾如果在修行避靜處參禪修真，可以獨自修行，也可以兩人結伴，但若是三人以上則不被允許。[30]如果可以還原朱元璋頒發「避趨條例」時那種急切的想像，就不難看出這道諭令背後的目的是為將僧侶的修行與俗世徹底隔離開來，杜絕僧、俗二界的接觸，避免密謀顛覆國家政權。宗教領域與世俗社會因此被徹底分隔，前者對後者所施加的影響，也被控制在最低程度。國家不再認為佛教能夠輔佐朝廷治理百姓；相反地，在國家眼中，佛教是和國家權威競爭的團體，必須加以監控。「避趨條例」雖然是一篇政策聲明，當中的文字卻充斥著對佛教的猛烈撻伐，但是我卻未能從史料中發現任何證據，能夠證明上述條款當中對佛教的限制規定，曾經實際獲得施行過。儘管如此，「避趨條例」畢竟營造出一種氛圍，使得此後的數十年中，官員對於佛教一直採取有敵意的態度。

洪武皇帝最初對佛教採取庇護的態度，顯示他曾認為佛教可以輔佐朝廷的治理，並且可以在意識形態和教育方面為國家效力；百日諭令與「避趨條例」的頒布，則表示他已經放棄這一觀念。隨著洪武朝晚期的整頓措施，佛教被排除在公共權威、意識形態或者其他統治權力的結構之外，不再扮演任何角色。現在佛教僅僅是一種被統治的對象，它所代表的活動領域，不但受到國家法令的規範，而且完全處在政治領域之外。佛教已經被挪移到公共權力的邊緣了。

十五世紀的國家與佛教

一五六六年（明嘉靖四十五年），山西有一部縣志的修纂者認為一三九一年頒布的百日諭令是本朝最後一次排佛的禁令。據他指出，在一三九一年以後，對於佛教的教眾、文學與寺院，朝廷即不再有進一步的打壓行為。[31]但是這樣的敘述並不準確，實際上，十五世紀的明代皇帝在佛教的兩個層面又增添了新的限縮措施；一是設限未受戒的沙彌人數，二是控管寺院擁有的土地數量。不過，我將在下面論述，和朱元璋頒布的諭令相比，這些禁令缺乏威力。此後，明代國家力量與佛教的關係，與其

29 徐學聚，《國朝典匯》，卷一三四，頁二〇b。

30《金陵梵剎志》，卷二，頁二四a～二七b。除了上述提到的各項之外，諭令中尚有其他若干限制。

31《峰縣志》（一五六六年），卷八，頁九b。福建一位地方志編纂者也有相似的觀察，參見《沙縣志》（一七〇一年），卷七，頁四九a。

說是朝廷對佛教進行壓制，不如說是容忍佛教。

永樂皇帝對佛教事務的介入干涉，可見於他在一四一八年發布的詔令。這道詔令明文設定地方佛寺收納沙彌的人數上限，分別是府四十名、州三十名、縣二十名，並且規定這些沙彌必須經過五年學習，才能向朝廷的僧錄司領取度牒。[32]從沙彌人數的限額規定方面來看，這是明代首度對出家僧侶名額加以限制，頗類似朝廷對於州、縣儒學生員人數的限額規定。[33]之前，洪武皇帝曾對僧侶的年齡及資格設下若干限制，為的是防止僧團之中充斥著濫竽充數、招搖撞騙者，但並未有減少出家僧侶數量的明確意圖。[34]由於出家人可以免除勞役，享有這類豁免的成年男性人數如果不斷增加，就代表國家收入

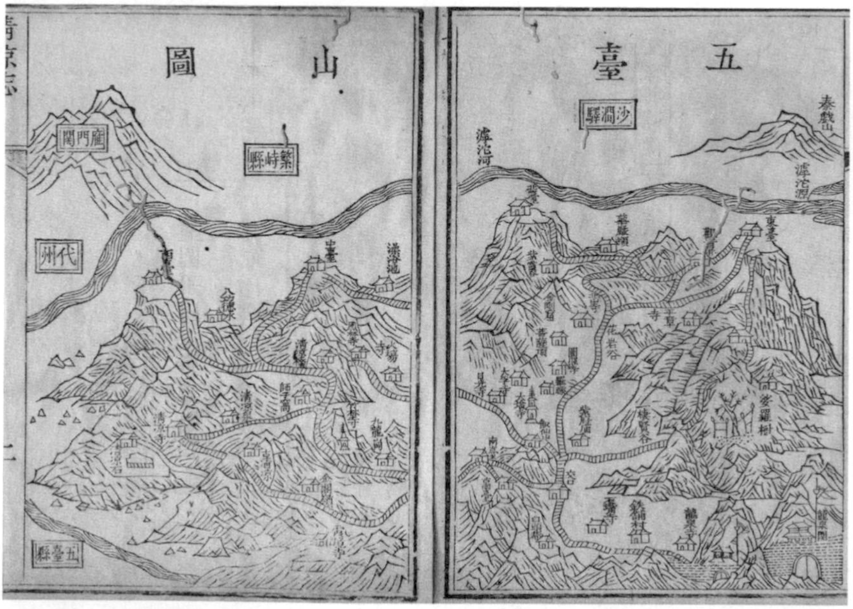

圖 7-1　五臺山的喇嘛廟群　取自一五九六年的佛教寺志《清涼山志》，十九世紀重印本，頁一 b～二 a。

的減少。但對於那些並非真心願意出家的人來說，假扮和尚可說是好處頗多，除了可免服勞役外，更是絕佳的逃稅漏洞。永樂皇帝早在一四〇八年時就已針對這些人採取措施，當時因為要營建新京師北京、以及鄰省山西五臺山喇嘛廟群（見圖七之二），需要大量勞動力。為此，他特地下詔，宣布擅自削髮、無度牒者一旦被查獲，將送往北京一帶充服勞役，他們的父兄或主人（如果這些人原本為奴僕）也一同發往服役，此後還須留在北方開墾農田。[35]

很顯然，永樂皇帝關切的既不是國家安全，也與意識形態無關，而在於賦役財稅，以及國家如何獲致勞動力的問題。然而，這正是地方社會強烈反對、抵制的事情，這就表示永樂的命令和僧侶人數的限額遭到地方的忽視。原有的監督機制，也就是僧政體系，也無法擔負起落實沙彌人數限額的新工作。不過，「僧侶人數必須加以限制」這一觀念，作為官方默認的政策，卻逐漸被各方接受。例如在一四五〇年代後期，英宗皇帝在一份奏疏上批答，要求將「各府州縣蓋定寺觀額設僧道名數」維持在

32《大明會典》，卷一〇四，頁二a、四b～五a。這條規定在日後受到各種著作的各式各樣的誤解，例如以為這是受戒僧侶的人數限制，或認為這是一個縣的出家眾總人數限制。但實際上這項規定只適用於新出家的沙彌，他們的年齡在十四到二十歲之間，在出家之前，也需經過雙親同意。

33 新收生員的員額，同樣是府四十名、州三十名、縣二十名。參見 Dreyer, *Early Ming China*, p. 133.

34 明太祖於一三八七年規定，男子年滿二十歲之前不得剃度出家為僧；到了一三九五年，又規定天下僧、道赴京師考試，如有不通經典者，勒令還俗。參見《大明會典》，卷一〇四，頁四a、四b。

35《天下郡國利病書》，第三冊，頁三五b。余繼登還提及伴隨而來的國家財政耗損，見余繼登，《典故紀聞》，頁二二八。

當前的額度。僧侶人數的限額，形同為各行政區內的寺院道觀數量，以及僧、道的總人數，設置了一道上限。[36]這項規定後來歸於失敗，但此後每隔一段時間，就有其他的命令接連而來。在一五三〇年代，有官員上疏朝廷，奏請將每府的僧侶人數限制在兩百名、每州一百名、每縣六十名。[37]雖然這些限額的構想，到後來全都落空，但是直到一五八五年（明萬曆十三年），建議限制僧侶人數的請求仍然依稀可聞。[38]

洪武朝之後，朝廷對佛教施加限制的另一個形式——土地產權。在此時，財政方面的問題再一次成為最主要的考量。朱元璋曾擔心寺院名下的土地不足以維持寺內教團僧侶的生計，然而他的後世子孫所憂懼的卻正好相反，並不擔心寺院名下土地太少，而是僧侶控制的土地太多，從而壟斷地產，使一般民眾無法取得土地，並且造成逃避稅役的問題。試圖限制寺院地產的努力，卻多半是零碎、不成系統，而且為時甚短。建文皇帝在位時期（一三九八至一四〇二年），於一四〇一年收到來自江南的一份奏疏，要求朝廷限制每位僧侶名下的土地不得超過五畝，但是還沒等到這項建議付諸施行，就被永樂皇帝全盤推翻了。一四五二年（明景泰三年）時，福建曾規定每座寺院名下地產不得超過六十畝，到了一四八〇年時卻放寬為一百畝，不過似乎兩次限令都沒有實施。[39]一四四八年（明正統十三年），朝廷還試行另外一種限制寺院地產的辦法，下令地方官員查抄各寺院於洪武年間之後購入的地產，並且將沒入官府的土地，以每位成年人分得二十畝的比例，均分給沒有田地的男性戶長。[40]這種抄沒地產的作法，只限定於洪武年間重整佛寺之後新購置的土地，可以說是在限制寺院經濟獨立與尊崇開國的太祖皇帝之間採取的折衷辦法；可是，我卻沒有找到任何史料，可以證明地方官員曾經執行這一作法。在十六世紀的最後三十年間，因為當時國家急需資金以應付軍事支出，福建確實出現過一連串國家干涉寺院地產的浪潮，但是抄沒的範圍只限於地租，而不及於地產本身。到了十六世紀，國家終於承認，擁有地產的寺院，和其他地主一樣享有私有財產及放租土地的權利，從而限制了國家，只對於那些不再積極管理的寺院地產租金進行徵收。更重要的是，我們將會見到十六世紀時的明代國家力量，對於管制佛教已不再有興趣了。徵收寺院地租，只是朝廷因應軍事開支的權宜之計，與宗教事務無關。

至於太祖皇帝所頒布的各項法令規範，儘管條文依然有效，但是法令的精神在朱元璋於一三九八年駕崩之後很快就大打折扣。想要確保朱元璋立下的管理佛教規定能得到遵守，只有靠官僚系統發揮超乎尋常的警惕，而實際上這樣的監督是難以做到的。朱元璋曾經希望度牒制度可以代表朝廷，成為佛教內部的監督機制，但是這套制度的設計並不成功。除了府一級僧綱司的主官都綱之外，所有僧政

36 余繼登，《典故紀聞》，頁二三一～二三二。
37 林希元，《林次崖先生文集》，卷二，頁二八b。
38 《大明會典》，卷一〇四，頁八b。
39 清水泰次，〈明代の寺田〉，頁六五～六六；王崇武，〈明成祖與佛教〉，頁九九～一〇一；一五三〇年代時，福建有一位官員上疏，強烈建議將一百畝的寺院地產上限推廣到江南，所有寺院一體施行，並且認為此一限制為減少僧侶人數之所必須。參見林希元，《林次崖先生文集》，卷二，頁四一b～四二a。
40 陳仁錫，《皇明世法錄》，卷三九，頁四一b～四二a。

體系的官員品級都低於六品，因此屬於「未入流」的官職。在各縣地方志的職官名錄中，「僧會司」列於「醫學正科」之後，二者的職務都由本地人出任，而醫學正科以上的官職則反過來，都以外省人任職。[41]僧會司因此只能算是「員」，而不是「官」，出任這樣的職務，也很難在社會上得到很高的聲望。[42]僧會司是本地出身，很難指望能升入正規官僚體系之中；除此之外，僧會司職員畢竟是出家人，想必他們更有興趣和教團僧眾結成密切關係，而不是與朝廷站在一起。由於他們身在官場，代表當某些寺院惹上麻煩而向官府申訴時——比如請求返還被徵收的寺產——他們的意見能夠受到地方官員的重視，但是除此之外，僧會司職員並沒有影響地方權力結構的機會。[43]除了朝廷撥給的俸祿外，他們別無其他的收入，即使是這筆薪餉，在一五二六年到一五五〇年間也曾被中止。[44]有一位明代中葉的官員，由於憂心於朝廷的鋪張浪費以及正道思想的敗壞淪喪，所以向皇帝上書，針對僧政體系大加抨擊，認為從皇上的角度來說，僧政體系絕對是浪費國家資源、引發異端邪說的誘因。但是弘治皇帝收到奏疏之後，卻對這名官員加以申斥，提醒他說道，自己不過是維持「本朝舊典」而已，該名官員實在「不諳事體」竟「輒來奏擾」。[45]

朱元璋原本希望天下各縣的僧、道錄司制度，加上地方孔廟祭祀能夠成為他治下帝國統治地方社會的三大禮儀支柱。[46]然而到了明代中葉，許多地方的僧錄司早已不存，[47]其他還保留下來的，大多數也是名存實亡；只要是僧錄司駐地寺院的住持和尚，就兼職僧政官員，有些僧侶便藉著出任僧錄司職務的機會，為地方上的佛教教團謀取利益。一四八一年時，河南內鄉縣僧會司的僧會就是這麼做的，當時他替建復寺的重修爭取到朝廷撥下的經費。[48]出家比丘也可能因為出任僧政官員，而賣力為朝廷效勞，例如南直隸穎州僧正司的僧正，在十五世紀初年時，每逢萬壽節（皇帝生辰），都要到資福寺主持慶典，為皇帝祈年。[49]也有出任僧政官員的僧侶，會為了公眾謀福利；比如杭州府僧綱司的僧綱良縉，於一五四二年當地遭逢大旱之時主持觀音法會，祈求緩解災情。[50]但是，在上述這些事例之中，僧政官員在體制結構內所擁有的權力相當有限，僧政體系既沒有成為佛教教團內部的組織模

41《大名府志》（一五〇六年），卷六，頁四六a；《沔陽志》（一五三一年），卷七，頁九b。

42《魯山縣志》（一五五二年），卷四，頁十九a。

43舉例來說，浙江海鹽縣僧會司曾在一四三五年成功的請求返還資聖寺被沒收的土地。參見《海鹽縣圖經》（一六二四年），卷三，頁六〇a。一五六〇年時，杭州府僧綱司的都綱良縉不但為一所佛寺爭取拿回失去的地產，而且為此事豎立一塊石碑，碑文中概述了這塊土地獲得的淵源，以及其準確位置。參見《雲居聖水寺志》（一七七三年），卷二，頁三a。

44《清涼山志》（一六六一年），卷三，頁一b；僧政官員的薪俸最初於一三九二年設立，參見間野潛龍，〈明代の佛教と明朝〉，頁二六四。

45《孝宗實錄》，卷一五九，頁三b。

46《金陵梵剎志》，卷十六，頁十a。

47《河間府志》（一五四〇年），卷四，頁五b。

48《內鄉縣志》（一四八五年），卷二，頁十九a；卷四，頁七〇b。

49《穎州志》（一五一一年），卷四，頁十五a。

50《天竺山志》（一八七五年），卷八，頁五七b。參見註四三關於良縉的記載。

式，也未能融入正式的官僚體系之中。於是，在十六世紀初年，很多地方的僧政體系或者宣告消失無蹤，[51]或者形同具文、聊備一格，也不再任命僧政官員。[52]這一制度是否能維持下去，要看地方是否有需求動機，從地方縣令的角度來說，保留僧錄制度的主要動力是為了保持太祖皇帝詔命設置的所有官職仍然齊全；就僧政官員的立場而論，維持僧錄制度是為了運用這一職位在地方上仍存的聲望，以作為號召的資本。不過，這兩種需求動機都不具備壓倒性的優勢。

洪武皇帝整併佛寺的百日諭令，此時同樣也打了折扣。正如一五一二年（明正德七年）《松江府志》的修纂者所說：「凡稱叢林者，皆洪武二十四年清理佛教時，歸併諸小庵院而成；其歸併者，（洪武）三十五年俱令復舊，有反盛於叢林者。」[53]或許這並非永樂皇帝的本意，但事情卻這樣發生了。《松江府志》的修纂者仍舊按照一三九一年的諭令，將各寺院的記載歸入原來整併的叢林之下，「以存舊制」[54]好讓寺院整併一事，可以繼續保存在官方虛應故事的紀錄中。不過，百日諭令整併佛寺造成的影響，並沒有完全遭到逆轉，儘管寺院清理歸併實際上已被撤銷，但也使得若干原本狀態不佳的寺院加速消失，未能重新恢復。重新獨立出來的寺院雖然在一四〇二年恢復了原來的地位，但是它們原來的建築和僧眾，卻沒能夠恢復從前景況，要想恢復以往，地方上的支持是關鍵因素。由於原來寺院中的人員遭到遣散調離、資源被挪作他用已經有十多年，許多寺院後來果然難以回復舊觀。如果對一五六一年版蘇州府《吳江縣志》中記錄的佛寺加以審視，就會發現經歷過一三九一年歸併的寺院，超過半數以上都已經不復存在。[55]

十五世紀的明代皇帝，大多坐看洪武朝末年頒發的壓制佛教詔命失去效力，僅成為一紙空文。有些皇帝甚至還信心十足，擺出洪武初年庇護佛教的護法姿態，認定佛教信仰仍可以用來支持公共權威，然而朝廷卻對佛教的振興有所保留。永樂皇帝雖然為流傳甚廣的佛教勸世著作《諸佛世尊如來菩薩尊者名稱歌曲》御製序言，稱許佛教有「普勸善緣，使人人同歸於善」的莫大功德，可是在一四〇六年（明永樂四年），當一位外邦使節上疏請求紀念佛教遺跡而大赦天下時，皇帝卻加以拒絕；他在批答中寫道，北魏鮮卑君主拓跋氏和元代皇室，都因為過度崇信佛教，致使政府施政遭到干擾。[56]憲宗成化皇帝是出了名的沉湎佛教，不過英宗天順皇帝和孝宗弘治皇帝，卻都以對佛教態度嚴厲著稱（雖然即便連天順皇帝也在其復辟臨朝的第一年裡，向四十座新寺院頒賜匾額）。[57]但是一般來說，

51 例如《瑞安縣志》（一五五五年，卷十，頁八〇b）和《石鍾山志》（一八八三年，卷三，頁七b）都提及原來的地方僧錄司，已成為長期廢棄的場所。江西《九江府志》（一五九二年，卷六，頁三〇a～三三b）列舉地方職官，其中僧綱司的官員只載至憲宗成化年間。在福建《長樂縣志》（一六四一年，卷五，頁五八b）中收有一份寺院重建的文獻，時間上溯到一五二八年，從中可以看出在當時起，長樂縣已經沒有任何僧、道錄司職員。

52 例如《光山縣志》（一五五六年，卷三，頁五b）當中說道：「僧會司舊在寶相寺，久無官任。」

53 譯註：所謂「洪武三十五年」即建文四年。燕王朱棣靖難，於是年攻進南京，廢除建文年號，續用洪武紀年。

54 《松江府志》（一五一二年），卷十八，頁一a。

55 《吳江縣志》（一五六一年），卷十六，頁二b～二六a。

56 王崇武，〈明成祖與佛教〉，頁九三、九六。

57 關於天順、成化以及弘治三位皇帝對待佛教的態度，可參見野口鐵郎，〈明代中期的佛教界—左善世繼曉をめぐてのト—〉，頁一九三～一九四、二二二、二二五。關於弘治皇帝對待佛教的態度，另參見John Meskill（穆四基），*Ch'oe Pu's Diary*, p. 146.【譯按：即朝鮮人崔溥所著《漂海錄》。】

這些皇帝傾向於扮演佛教大護法的角色，對於榨取佛教的意識形態以利統治一事相當看重，而又不需付出組織經營佛教的代價。更重要的是，皇帝庇護佛教，可以宣揚恩澤廣布的形象，又能向臣民傳達對於善行懿德的期望；這麼做並不耗費成本，也不算是介入干涉。

不過，我們還是需要小心戒慎，不能過度解釋朝廷對佛教的庇護，因為此舉的背後，可能有特定的政治目的。天順皇帝之所以向四十座寺院頒賜匾額，有部分動機是為了要鞏固他那仍舊危疑不定的皇位；當時他發動政變，[58]廢黜他的異母兄弟，再次登上皇位。一四五八年，他頒布了一道詔命，保護五臺山寺院（見圖七之一）財產，並宣稱自己這樣做，乃是由於多年以來，佛教僧侶「上祝國釐，下祈民福」。[59]這種說法，表示在國家與佛教之間，存在著一種令人滿意的結盟關係，但是其他的顧慮仍然占據著極其重要的位置。五臺山是喇嘛教重地，元代時極受蒙古人崇信，我們之前曾經提到，永樂皇帝在營建北京作為新京師的同時，也支持五臺山寺院群的修葺。英宗皇帝在復辟改年號為天順之前，曾經於一四四九年（明正統十四年）遭到蒙古人俘虜，而一四五八年賜頒四十道佛寺匾額時，他才剛奪回皇位不久。在僧侶為國祈福的溫和表象之下，或許掩藏著皇帝與曾經俘虜他的蒙古人之間進行的外交折衝。在這起案例中，皇帝操弄著帝國輿論，以「佛教護國祐民」、「朝廷恩澤廣施」等論述，以對抗蒙古人對他權威的挑戰。

與皇帝截然相反，明代中葉的官員對上述這類意識形態論述的關注程度，遠不及對佛教寺院規範崩解後引發的行政實務問題來得關心。在整個十五世紀的中晚期，抱怨佛教僧侶成了尋常之事，其內容舉凡這些出家人四處遊方、並未持有度牒、寄生於社會，過著不事生產的日子，據稱若干出家人生活放蕩、冒犯儒家道德準則等等。[60]明代中葉時儒家衛道人士對於佛教僧侶猛烈的口誅筆伐，說明了他們意識到太祖皇帝頒布的「避趨條例」不但沒能維持下去，後世皇帝有時也放棄了試圖運用佛教意識形態取得統治基礎的努力，而在此同時則於其他陣地上節節敗退給佛教僧侶，讓佛教取得優勢；在這些領域裡，或許包含道德層面（道德通常是他們用來質疑非難的語言），而財政上的敗退，則是相當確定的事情。

換個角度思考，明代中葉大部分與佛教有關的財政問題，都源自於出家人豁免稅役，這都是朝廷自己造成的。當朱元璋於一三七三年恢復出家眾度牒制度時，曾經特意規定禁止度牒買賣，可是在他之後的歷代皇帝，從一四五一年景泰皇帝率先帶頭，為了增加朝廷常規賦稅以外的進項，求助於販售度牒這一項具有悠久歷史的作法。朝廷於一四五一年販售度牒是為了賑濟四川災荒籌糧之用，有了這次先例，接下來一四五三和五四年也相繼販售度牒，在此後十年之間，販售度牒彷彿成為朝廷籌集緊急資金時的標準作法。規模最大的一次，出現在一四六六年（明成化二年），當時一共頒發了十三萬餘張度牒。在十五世紀末、十六世紀初，一張度牒的售價約在八到十兩銀子之間；一五五八年（明嘉靖三十七年）時，朝廷以每份四兩白銀的折扣價出售度牒；到了一五七二年，官方正式宣布，將度牒

58 譯註：即「奪門之變」，一四五七年正月，幽居南宮的太上皇英宗乘景泰病重，直闖東華門，至奉天殿重登帝位。

59 《清涼山志》（一六六一年），卷五，頁五b。

60 舉例來說，可以參見給事中張固（一四三三年）和兵部尚書于謙，以及一四五〇年代的監察御史葉巒對佛教的抱怨，余繼登，《典故紀聞》，頁二〇九、二一六、二一七。

的售價降為五兩銀子。[61]在此之後，明代文獻即不再對度牒買賣問題有任何記載，這套機制似乎有停止運作的跡象，又或許是因為度牒買賣在當時再尋常不過，所以不值一提。

研究中國佛教史的學者向來認為度牒買賣破壞了度牒制度，使得教團僧眾的素質為之降低，而且讓佛教擔負罵名。[62]在這一論斷的背後是判定那些購買度牒出家的人將來都會是不夠格的僧侶——在我看來，這種論斷是不正確的。從前對購買度牒之人的身分想當然耳的推斷，認為購買者應該都是佛門出家眾。實際上，即便不是全部，至少大多數購買度牒之人，其目的都是為了一勞永逸、取得賦稅的永久豁免，方才對朝廷一次支付全部的費用。之前的學者認定購買度牒之人大多為出家眾，這是基於一個錯誤的比較基準，也就是拿販售度牒和一四五一年（明景泰二年）的捐資取得國子監生資格一事相比較。但是一四五一年那一次監生捐資是出於緊急應變而不得不然，當時正統皇帝落入蒙古人手中，北方邊境告警，亟需籌集資金以便防禦。[63]有些靠捐資取得監生資格者，確實會到國子監就學，並且積極尋求進入官場。購買度牒者，就算是當中有若干原本不是僧侶之在家眾，人數也不會太多，畢竟為了免除將來的勞役，而一次付清所有費用、有意出家為僧的人，還是少數，誰會想要用錢去買「出家當和尚」這種無利可圖的職業呢？因此在朝廷看來，販售度牒不過只是一種以預支將來賦稅收入、支應賑災糧食的籌措費用的方法而已，在一四六六年朝廷大規模販售度牒六年之後，有一位地方大員再度上書，向朝廷奏請頒發一萬份「空名度牒」以購入糧食，成化皇帝根據禮部的擬議，拒絕這名官員所請，皇帝在批復時表示：「僧道給度，不宜太濫；且鬻米之數所得幾何？而所損於國者多矣！」[64]看來成化皇帝不但懂得權衡利弊得失，而且還點出國子監生捐資一事，臨時收納的人數已經超過官僚體系所能容納的限度（「官吏監生尚不可以為常，況此輩乎？」）。倘若受販售度牒一事影響者完全是真正的出家僧眾，那麼原先循正常管道卻無法取得度牒的新進沙彌，或許就能因此而購入度牒。如果這樣做會給佛教僧團帶來什麼影響，唯一的後果，就是為新近剃度出家的僧眾開啟了一道取得合法度牒的方便之門。雖然獲得合法度牒的管道，要價略顯昂貴，卻可以防止社會上那些假冒為僧的人們乘機混入佛教僧團當中。

自從朝廷開放販售度牒之後，用一位清代初年評論者的話來說，度牒的發放「遂無定制矣」，[65]隨著度牒制度被挪用來籌集購糧資金，這項碩果僅存的控制佛教結構終於也宣告土崩瓦解。然而，我們不應該過度強調販售度牒對佛教限制法令造成的衝擊，因為早在一四三六年朝廷開始販售度牒之前，已經有一位戶部尚書認為度牒制度已失去效用。[66]不過在另一方面，卻有幾任禮部尚書試圖維護這套制度，期望仍然能有一套機制，可以限制佛教流動人口的危險規模。譬如在一四九九年（明弘治

61《大明會典》，卷一〇四，頁三b。
62這方面的例子，可參見長谷部幽蹊，《明清佛教史研究序說》，頁三四七。
63 Ping-ti Ho, *The Ladder of Success in Imperial China*, p. 33.
64《憲宗實錄》，卷一〇四，頁一a，成化八年五月條。
65王弘撰，《山志》，卷四，頁二二b。
66胡濙，〈僧道度牒疏〉，轉引自陳子龍，《明經世文編》，卷十九，頁九a。還可參見《英宗實錄》，卷二三，頁六b。

十二年），京師的大批僧眾敦促禮部官員向皇帝請求，將所有未持有度牒的僧侶逐出北京。[67]根據禮部當時的紀錄顯示，北京城中持有度牒的出家人只有一萬一千三百六十名，這說明了度牒制度和實際情況已經有很大程度的脫節，因為當時京師實際的僧侶規模，至少是這個數字的十倍以上。這個情況也說明，沒有人會將佛教僧侶的身分和度牒的販售混為一談，因為在此之前的半個世紀裡，朝廷售出的數十萬份度牒，顯然完全不在禮部的僧侶人數總數統計之中。到了十六世紀初，如同朝廷大多數的法令已經無法規範寺院內的戒律清規，佛教僧侶的身分也已徹底與朝廷頒授的度牒脫鉤。明代中葉的度牒販售代表朝廷真正在意的是在於佛教出家制度的財政影響，先前擔憂佛教可能會危及國家安全，或是教團不受朝廷控制的疑慮，此時早已煙消雲散。許多其他的規範佛教法令，也如度牒一樣形同具文、失去效力。一五三〇年，有一位福建巡按御史宣稱，從一三七三年到一四五五年朝廷頒布的所有涉及佛寺與出家眾的諭令，皆已遭到漠視，[68]國家對佛教的規範，至此已成為泡影。

晚明的國家與佛教

關於佛教出家僧人在各地鄉間胡作非為、放縱不法的抱怨，在整個十六世紀的百年之中，已逐漸從要求「良好治理」的公眾輿論視線中淡出。[69]與這種抱怨聲音一齊消逝的，還包括那些嚴格控管佛教僧團、寺院的主張。可是儘管如此，明代的國家力量仍然不肯放棄自身對佛教專斷掌握的地位，例如在一五六六年四月，南京城郊知名的報恩寺塔遭雷擊失火，朝廷得到奏報之後，將該寺住持與另外十八位僧侶以「玩忽職守」的罪名逮捕入獄。由於報恩寺在洪武、永樂兩朝都得到朝廷大量的布施頒賜，因此主持該寺管理的僧眾應當對御賜之物毀損負起責任。在此後的三個月間，高僧憨山德清大師持續往返奔走於報恩寺與南京禮部之間，和朝廷折衝交涉解決方案，因為他的不懈努力，才得以成功救出下獄論罪的一眾僧侶。[70]由於報恩寺有這樣一段可以追溯到太祖高皇帝聖眷布施的歷史，而且在當時仍然是國家祭祀禮儀的重要場所，所以本案不能看作是佛教寺院普遍受到重視的典型情況。換作是其他寺院的佛塔遭到燒毀，朝廷根本不會加以重視。報恩寺佛塔的焚毀，代表的不僅是國家資產的損壞；更危險的是，它是一場具有象徵意義的災難，其背後的涵義可大可小，小則只是一起個別的損毀事件，大則可以衍伸成皇室不祥的惡兆。

關於晚明國家對佛教事務進行的一般性質干預，有一則事例可以說明。一五七三年為尚在稚齡的萬曆皇帝改元的頭一年，朝廷頒布禁令，不准舉行集體剃度儀式。這道禁令使我們觀察國家力量干預佛教事務的角度，從財政層面又轉回國家安全方面的顧慮，因為朝廷之所以有此一舉，乃是為了防止宗教團體在年號更替之時聚眾鬧事；新君改元登基向來是國家不穩定的時期，至少總是有潛藏變故的

67《孝宗實錄》，卷一四五，頁五b。

68《建寧府志》（一五四一年），卷十九，頁五八b。

69在一五三〇年代，霍韜和方獻夫（卒於一五四四年）呼籲對佛教僧團進行更為嚴格的管控，並主張將涉及不法的寺院廢除，原址轉作學校。參見余繼登，《典故紀聞》，頁三〇三；《明史》，頁五七八七、五二一四。

70福徵，《憨山大師年譜疏注》，頁十八。

顧慮。[71]不過，像這樣公然大肆干涉佛教教團內部自主運作的舉動，後來證明為期很短，因為有大量的史料證明，之後的十年之間仍然有公開剃度出家儀式舉行。[72]可見此次朝廷對特定形式的佛教公開儀式加以限制，並不是國家準備大規模恢復對佛教監控的前奏。在明代之後的七十年間，明代國家力量並未嘗試再對佛教施加進一步的規範。

儘管如此，到了明代後期，洪武年間限制佛教的律令、尤其是一三九一年的百日諭令，還是在人們心中留下鮮明的印象。知名書畫大家文徵明（一四七〇至一五五九）於一五四八年遊覽蘇州時，觸景生情，記載了諭令所帶來的顯著變化：

> 吾蘇固多佛剎，經洪武厘革，多所斥廢。郡城所存，僅叢林十有七，其餘子院庵堂無慮千數，悉從歸併。遺跡廢址，率侵於民，或改建官署，或有基在而頽湮者，有名存而實亡者，抑或鞠為荊榛瓦礫之墟，並名與跡而莫之知者。[73]

然而，並不是所有寺院都已敗落，文徵明只是以黯淡的筆調為背景，來凸顯當時他所見到的各項變化。隨著原先衰敗的老舊寺院重建，僧侶再次聚集於此修行，佛教長期的衰敗趨勢，如今確實得到了扭轉，所以文徵明在讚嘆之餘，不禁問道：「豈當時雖屬歸併，……其蹟承傳有人，延引不絕，以至於今耶？」文徵明的疑問，如今我們已經可以解答，全國境內各地佛教寺院之所以普遍復甦重振，正是由於文徵明那個時代及之後各個世代仕紳贊助護持的成果。無論太祖皇帝的法令曾經多麼嚴厲地影響十五世紀的佛教，寺院的新社會基礎，從十六世紀中葉開始出現，它所帶來的活力將會抵消舊禁制法令的影響。地方仕紳對佛教的支持，使得那些法令失去效用。

晚明時期的幾任皇帝也起而仿效，他們不再遵奉開國之君立下的規範，逕自扮演起佛教護法的角色來。從一五七九年起，萬曆皇帝在其母慈聖皇太后李氏（一五四六—一六一四）的囑咐下，像六朝時的皇帝那樣，充當佛教的大護法，多次對數十座受其喜愛的寺院與僧侶頒賜奢華的禮品。[74]皇室對佛教的支持還擴展到其他諸多層面，一六〇五年，有一位僧侶希望重修位於南京近郊的寶華寺，他並且還上書朝廷，請求皇帝頒賜一塊新匾額，以表示官方對其重修佛寺計畫的支持。結果這位僧侶不但獲頒一塊御賜新匾額，慈聖皇太后還捐了一大筆錢，並贈送一部《北藏》、一尊佛像，以及一道皇帝

71《大明會典》，卷一〇四，頁七b。對於另一次時間稍早（一五四六年）北京佛教出家集體剃度儀式的顧慮，可參見漢學家歐大年（Daniel Overmyer）的專著：Overmyer, *Folk Buddhist Relgion*, p. 171.

72 在此略舉幾個例證說明，杭州紹興的大昭慶律寺，於一五七三年重修，並且在一五八七年落成時開壇說法，參見《大昭慶律寺志》（一八八二年），卷一，頁十五b；蘇州開元禪寺的戒壇，也在一五九八年時修復，參見《開元寺志》（一九二二年），頁十四a；時常舉行剃度儀式的普陀山叢林，在萬曆皇帝的贊助下，於一六〇二年開始重修。參見《普陀山志》（一六一一年），卷二，頁七a。杭州另有一座大律寺戒壇院，在一六一三年恢復，而其戒壇則在一六二八年時重建。參見《龍興祥符戒壇寺志》（一八九四年），卷一，頁十三a。

73《滄浪小志》（一六九六年），上卷，頁十九a。

74 慈聖太后在宮外贊助的第一項佛教工程，便是在一五七九年時派了三千名工匠前往五臺山。參見福徵，《憨山大師年譜疏注》，頁四五。

飭令當地官府對該寺加以保護的旨意。[75]萬曆皇帝既儼然成為佛教的大護法，就不是立法限制寺院的規範者，可是，皇宮大內的賞賜並不代表朝廷，僅是皇室的私人餽贈。這樣的行為象徵皇帝本人（或是他的母親）禮佛的虔誠，而不是國家政策，朱元璋當初訂立的法規並未遭到修改。

晚明國家對待佛教的態度，相對於之前積極的程度，如今顯得漠不關心，朝廷任憑僧侶人數限額廢置，度牒制度崩壞，僧錄司體系瓦解。佛教寺院從事的各種活動，不受朝廷節制，只要這些寺院按時繳稅，不窩藏地方上的無賴罪犯，就任憑其自行其是。在晚明，一座佛寺在財政稅賦的層面上就等同於一個「戶」單位，佛寺和一般民戶的區別，只在於前者是意願選擇下建構而成，而後者則是血緣聯繫所形成的產物。

對於晚明時期的佛教贊助者、為佛教辯護的人士來說，寺院叢林獨立於朝廷之外自行其是，並不是他們在面臨儒家衛道人士挑戰、觸及佛教與國家之間的關係時，所反覆辯論的主題。護持佛教的人士，更偏好將寺院與國家描繪成一種二者彼此相互依賴的關係；為此，他們利用早先朝廷保護佛教的諭令作為修辭。譬如一五七二年的進士黎邦琰就表示，以廣東北部的南華寺來說，其玄門象教（駐錫該寺有道高僧之法諭教誨）可「陰扶國脈」。[76]護持佛教的知名居士陸光祖（一五二一—一五九七）在一篇為寧波一座叢林所撰寫的記文裡寫道，佛教「慰天人之仰，鞏皇圖，奠海宇」。[77]李贄（一五二七—一六〇二）在論證南京棲霞寺的崇高時，指出棲霞寺是一處「共祝今皇億萬萬歲壽」之地。[78]一六七七年（清康熙十六年）時，另有一位贊助佛教的居士，在為淮安缽池寺重修而撰寫的記文中如此寫道：

三寶恆興，四方永泰，上以祝延聖壽，下以福庇民生，大有益於國家者矣！[79]

這樣誇大的說詞，並不能完全看成是文學上的修辭手法——除非有個別官員試圖想在自己為朝廷效勞與贊助僧伽的行為間求取和諧平衡，才會有此誇大之詞。儘管如此，這些話語的背後，都為同一個明確的目的服務。做上述這些言論的人士，將捐贈贊助寺院與佛教有利於國家連繫在一起，其用意在平息一些潛在的攻訐，也就是指責向佛教寺院布施，乃是將個人利益擺在公共利益之上、將佛陀的教誨置於儒家或者國家所定義的善道之上。在帝制時代的後期，國家一如往常，總是設定好合法正當性的條件；所以儘管缽池寺在實際上並未對公共權威做出任何確切顯著的貢獻，但是當贊助護持該寺的人士援引國家的話語來佐證其說法的正當性時，朝廷的官員應該都對這樣的理念有所了解。

75 Johannes Prip-Møller, *Chinese Buddhist Monasteries*, p. 73.
76《曹溪通志》（一六七二年），卷四，頁二〇 a。
77《阿育王山志》（一六一九年），卷四，頁九 b～十 a。
78 李贄，《續焚書》（一九七五年），頁九七。
79《缽池山志》（一九二〇年），頁四八 b，引自陶色撰寫之《重修缽池景會寺碑志》。

佛教與公共權威的再定義

「佛教護國祐民」之類的話語修辭，和朝廷訴諸洪武初年朱元璋庇護佛教的說法相當一致。然而，即便在本朝後期萬曆皇帝將皇室的崇隆優遇施予高僧大德、名山古剎之前，這些修辭論述早已被棄置一旁了；贊助佛教人士援用這一類修辭，並不是企圖在佛教與國家之間重新建立一種和諧融洽的新關係。說得更確切一些，他們這些心向朝廷的精英人士，反倒在尋求使自己涉入護持佛寺的行為看來合理允當，因為佛教寺院既不處在朝廷施政項目的中心，也不是地方社會發展的核心。儘管他們屢次宣稱佛教寺院能裨益國家，但實際上，佛教對於朝廷的統治既未能夠協助，也不產生威脅，或是其他的牽扯。朝廷也不打算藉著佛教的意識形態進行動員，或是干預其內部事務。

洪武皇帝打壓佛教，意圖使各寺院更為順從，結果和那些想將佛、道打成異端的運動殊途同歸，最後都以失敗收場。[80] 朱元璋對佛教的壓制措施缺乏實質的支撐力量，致使他一手設計建構出的監督機制，到頭來不過只是漂浮在南京上空的空中樓閣，而且隨著他的駕崩也宣告煙消雲散。他試圖維護寺院賴以生存的財產，但是在市場面前效果甚微；因為他不願將僧錄司的任用併入常規文官體系之內，結果使得僧錄司體制最後無法落實他希冀達成的目標。他御宇的時間夠長，足以推翻自己早年庇護佛教的政策，可是又未能長到親眼見證自己晚期打壓佛教的舉措，最終淪於失敗的結局。太祖皇帝同樣也未能了解，被挪置於公共權威邊緣的佛教寺院，或許為仕紳提供了若干管道，得以在中央集權的政治領域裡，悄然爭取程度有限的自治。

佛教雖然被摒棄在公共權力的邊緣地帶，卻能成為建構非主流權力結構的處所，仕紳便在這類場域為自身謀取一個顯要的地位。佛教位居公共權力邊緣的性質，造就了叢林寺院在社會中的特殊地位，使其在某種程度上可以獨立於國家制度、程序之外。當這種地位和地方社會相結合時（晚明仕紳普遍贊助佛教寺院，即是如此），佛教就提供地方社會精英一整套脈絡，使他們能在某種意義上使用超脫於國家權力範圍之外的術語，為自己創造身分認同。佛教寺院作為仕紳捐助支持的對象，由於在社會上備受崇敬，又是不屬於國家朝廷的場所，在此集會可以宣揚自己的精英身分，因此對仕紳相當具有吸引力。再者，佛教叢林寺院和大部分地方上的機構不同，既不受國家利益的操縱，也不被在地某些集團的特定利益所把持。佛教寺院由於不是朝廷權力結構當中的一環，因此不是公家性質；它同樣也不僅只對限定成員的團體開放，所以也不算是私人場所。寺院就這樣存在於這些場域之間，建構出一個有限但相當可貴的空間，地方仕紳在其間可以將私人財產轉化為公眾所認可的地位，並且在國家體制頒授的名位之外，獲得某種身分地位。晚明仕紳透過對佛教寺院的贊助支持，正悄然建立起有利於他們自身的公共權威。[81]

當地方仕紳到皇太后出資贊助過的寺院叢林布施時，雙方似乎都遵循著同樣的護持規範——太后的慷慨布施與仕紳的寬大捐資，其價值是相等的。然而，就二者看來相等無異的表象底下，卻各自有著不同的社會基礎。明代國家並未察覺，仕紳護持佛教是一種在地方社會中建構準自主領域的舉動。

80 瑞典漢學家施舟人（Kristofer Schipper）以幾乎相同的觀察路徑，發現帝制時代的國家力量同樣也無法掌控道教，因為國家無法在民間信仰中將道教與其社會基礎分開：「缺乏必須的經濟與組織基礎，使制度化無法落實成為長期的歷史事實。」參見 Schipper, "Vernacular and Classical Rituals in Taoism," p. 45.

81 這一觀點在我的另一部著作裡，有更充分的闡述，參見 Brook, *Praying for Power*, pp. 311-325.

國家之所以欠缺洞察此舉的能力，與儒家士大夫對佛教寺院的既定思考方式脫不了關係。傳統論述裡只有一種表達方式，就是對於佛教的控訴，若非抱怨和尚未能取得度牒，就是指控俗家人士與尼姑通姦，再不然即引用太祖皇帝那早已陳年過時的聖訓，指出家之人係「避患難以偷生，更名易姓」，然而，傳統論述對於地方仕紳虔誠布施、護持佛寺的作為，卻沒有相應的說詞可供援引，看來仕紳護持寺院、自外於國家體系，和皇帝的贊助一樣，都是全無妨害、值得嘉許的舉措；而傳統論述對於重修落成之後的寺院與同一區域內公共空間的關係，同樣也沒有任何說法。仕紳因此就得以隨意運用佛教寺院來規避朝廷的控制，並且在此過程中，重新定義公共權威，使其成為規範與順從之間的互動區域，仕紳在這一互動過程中扮演著舉足輕重的關鍵角色，而不是被動的配角。

我們在下一章將會看到，仕紳贊助護持佛教寺院事務的作為，以及隨之而來對佛教所採取的新容忍標準，在保守人士當中引發了極大的反對聲浪。捍衛洪武年間祖宗成法的人士認為，太祖高皇帝已將寺院生活安排至為妥當完善，以至於僧侶可以不必做任何事，只需「於愚民有以化其善，於吾道無以奸其統」即可，而「非天下之至聖，孰能與於斯？」[82]保守人士尚且疑心那些護持佛教的仕紳過度沉迷於其中，將不會為仕紳群體帶來任何裨益，並告誡他們不得因為佞佛而致使原先興辦慈善救濟、提倡教育等儒家士大夫的社會職責有所虧欠。這種對抗仕紳階層佛教化的主張，轉換了其中更為貼近本質的主題，也正是清代初年主張重建儒家秩序的人士所鼓吹提倡的論調，即反對仕紳自主。然而，這樣的主張卻並未促成清代國家體系重新恢復對佛教的監督機制，清代朝廷僅止於在書面規章上重複明代對寺院及僧侶制定的各項規定，而不再有進一步的舉措。清代既沒有恢復明初的僧錄司體系，剃度出家的人數總額，以及寺院擁有的財產，也不再重行加以限制。由於佛教組織本身的內部缺陷（當初明代還傾全力加以防範），清代的國家體系認為無需像朱元璋那樣對僧團進行嚴密監控，因此在某種意義上來說，洪武皇帝對佛教的壓制是成功的，因為後來的滿洲皇帝已有餘裕可以做出佛門護法的姿態，而無須憂慮佛教徒可能會起來鬧事了。

但是從另一層意義上來說，朱元璋對佛教的壓制卻又是失敗的，因為在太祖設下限制佛教措施逐步走向瓦解的過程之中，使得仕紳藉以重新調整公共權威的本質。如果將仕紳群體和治國之道相結合並不算是清代新創，那麼明代國家與佛教關係這段前車之鑑，應該對清代國家產生了影響。藉由仕紳與治國之道的兩相結合，清代國家重新取得公共權威的中心位置，並且防堵了佛教寺院作為公共權威運作場所的可能性。清政權並未認識到這些舉措會對地方社會造成何種影響，但是朝廷確實認為由於晚明仕紳耽溺於「狂禪」和結黨、集社，致使明代國勢日衰，最終走向滅亡。這種譴責未免有些失之輕率，而被認為須為明代覆亡承擔責任者，卻不是佛教，而是仕紳階層。至於佛教，清代朝廷認定其仍舊安全不具威脅，在任何形式的社會權力場域裡，佛教都位居在邊緣地帶。清代重振以國家為中心的公共權威之後，佛教確實回到了邊緣位置，隨著有限的地方自治可能性日漸消逝，佛教對於社會變化所能起到的貢獻也逐漸減弱。然而，國家與佛教的關係，在清代的這段尾聲，並不能抹煞佛教在明代社會扮演的重要角色，同樣也無法掩蓋明代國家對於社會關係變化所能容忍的範圍。從一開始的庇

82《松江府志》（一五一二年），卷十八，頁二〇a。不過這則事例發生的時間略早了一些。

護，到打壓，以及後來的容忍，國家的所有舉措，都會對佛教寺院的社會地位與經濟能力造成影響，但是寺院叢林的最終命運，還是取決於它在身處的社會網絡中，居於何種地位。

第八章　國家體制中的佛教：北直隸寺院的記載

＊本章先前的初稿，曾經於一九九八年十一月十四日，在加州大學洛杉磯校區舉辦的研討會「從帝制晚期到中國近代歷史：十八世紀的視角」（From Late Imperial to Modern Chinese History: Views from the Eighteenth Century）上發表。

在中國帝制時代晚期，佛教通常不被看做是社會政治結構中的重要構成因素。不過，在中國歷史早先的某些時期，佛教確實有著舉足輕重的地位，有若干位崇信佛教的皇帝，定佛教為國教，並且任命僧侶在朝為官。我們在前一章說過，到了明代，皇帝與僧團之間的這種庇護關係，已經不再被當作國策了。不過，「皇帝身兼佛教護法」的記憶卻留存下來，而且不時惕勵洪武皇帝仿效施行，但是這些庇護佛教寺院的政策，卻在朱元璋在位的後期，以更為嚴峻的措施徹底推翻了。太祖皇帝的後代子孫中，也有若干位對佛教重新採取庇護姿態，向自己賞識的高僧大德、名剎古寺頒賜禮物，並下詔嘉勉，但是皇帝們這麼做，僅是代表向寺院布施大量金錢的皇室，而不是代表國家朝廷。某些民間信仰得到國家的認可，准許興建廟宇祠堂，而且可以在廟宇裡正當合法的舉行祭祀儀式，但是，朝廷並未授權佛教寺院也能這樣做。佛教僧侶必須服從國家法令，而佛教寺院在朝廷眼中則視同財稅徵收的戶口單位，要與其他民戶一樣，向國家納稅，除此之外卻與國家體系別無其他聯繫。明代國家沒有興趣將佛教機構納入政府體系之中，也無意與之建立任何重要的關係。

雖然佛教被挪置於國家權威運作的邊緣地帶，不過若是從更寬廣的視角來理解，佛教在明代國家體制裡仍然占有一席之地。明代國家是否具備「憲政體制」（constitution）的問題，很少受到討論。「憲政體制」這一概念，通常僅限於在歐美政治體系的論述當中使用。在西方，所謂憲政體制，是一種政治運動的意識形態，用來闡明國家政體由君主專政朝向責任政府轉化的過程。[1]習慣於這種思考模式的黑格爾，就曾經宣稱說：「我們無法稱中國具有憲政體制」，這是因為「憲政體制意味著個人和集體都具備獨立的權利——有部分是就他們特殊的利益而言，部分則是從國家整體的利益來說。」[2]按照黑格爾關於個人與國家關係理論的標準，除了歐洲（更精確地說，是日耳曼北部），沒有適合發展如下條件的社會，因為在具備如是條件的社會政治空間裡，個人的權益受到習慣法（legal custom）與共同協議保護，得以不受專制的侵害；個人擁有的權利不需立法，就存在於實踐之中。在黑格爾看來，中國最不具備這樣的社會政治空間，因為這個國度欠缺歐洲所獨有的憲政體制。不過，且讓我們先將黑格爾這番狹隘的看法放在一旁，如此才有可能設想其他的歷史記載與解釋。美國漢學家孔飛力（Philip Kuhn）在《中國現代國家的起源》（*Origins of Modern Chinese State*）一書中特別指出十九世紀中國的國家與精英之間關係變化的重要性，並且從精英階層對於「公共事務法理秩序的關注」這一層面來看，顯示出國家和精英都具有「憲政的」（constitutional）精神。[3]但是，此一「法理秩序」（legitimate ordering），既無須與限制國家特權必然產生連結，也未授權個人以歐洲模式來採取政治行動。美國明史學者范德（Edward Farmer）更進一步，特別針對明代體制提出其見解：「明代法律與皇帝裁決的兩相結合，即構成憲政體制的主體。」[4]每一個政治體系都有其裁決和判例，用以規範現行的國家（即統治者）與體制中個人之間的權力運作；在中國，這些裁決和判例更載入法典，供審理案件的地方官員和訴訟人兩造使用。每一種政治文化裡所形塑出的「法理秩序」，其含義或許會被詮釋成自由、道德、效率等各種表達方式，因為每種文化都會從自身意識形態的基礎中設想所需要的穩定價值；但是這些闡述是來自於其所表達出的政治現實，不是先於現實情況而存在。明代的政治社會運作，和其他結構穩定的政治體一樣，都是根據清楚的裁決和判例，標定公共活動的合法場域，禁止那些被國家認定對公共秩序有害的活動，並且以可預知的模式與精英互動，從而促進公共利益。正如所有政權都能將其影響力施展到地方社會組織之中，明代的政治社會體制運作，也延伸到了宗教領域。

1 我對於「立憲政體」（constitutionalism）的思考，有部分是得益於對以下這部著作的閱讀：Scott Gordon, *Controlling the State: Constitutionalism from Ancient Athens to Today.*

2 G. W. F. Hegel, *The Philosophy of History*, p. 124. 黑格爾堅持認為，所謂憲政體制的概念，只能適用在一個「該政治體內所有成員都具備同意權」的國家（頁四三），這是一種相當獨特的憲政體制。

3 Philip Kuhn, *Origins of Modern Chinese State*, pp. 1-2. 在孔飛力的另一本著作《叫魂》（*Soulstealer*）中，態度相當嚴謹，避免將帝國權力受到抑制這一現象，過度解釋成「具備憲政精神」，因為皇帝未必會「遵循法律，因而任何敢於站出來阻止他的人，都沒有可靠的政府機制可堪防護。」Kuhn, *Soulstealer*, p. 232. 他接著指出，官員們若要限制皇權獨斷的行為，只能憑藉文化層面的傳統，而非法律上的先例；但是，如果我們聲稱合乎憲政精神的各種安排，必須以歐洲法律模式為背景脈絡，或許會使我們的分析受到很大的限制。

4 Edward Farmer, *Zhu Yuanzhang and Early Ming Legislation*, p. 12.

明代法律與佛教

要考察國家與佛教關係的基本條件，可以從記載於《大明律》中、關於國家運作的法律架構開始，《大明律》中與佛教相關的條文，分別收錄在〈戶律〉、〈禮律〉兩個部分。在〈戶律〉中有兩條法令提及佛教，一條是禁止私創庵院及私度僧尼，另一條則規定出家僧侶結婚為非法。[5]〈禮律〉則以各種異端行為或施行「邪術」為死罪，相關的條文還列舉彌勒教與白蓮教為例，說明佛教當中聚眾作亂的異端組織，並且還提及異端教派在活動時，往往會行「隱藏圖像」與「燒香集眾」之事。[6]

這些法條簡單地勾勒出宗教在明代國家體制中的地位，卻也表現出兩項基本原則。第一項原則是，宗教機構作為財稅統計的一個單位，因此受到賦稅規章的管理，朝廷禁止私創寺院，就是為了避免形成未經申報的戶，而無法對它們施加以財稅上的管控；至於朝廷規定出家比丘、比丘尼必須維持獨身，固然是為了支持寺院的禁慾修行，但更為重要的是防堵寺院之內出現夫妻戶，可能會使原本共有的寺產遭到侵吞，或是取得原來授予出家僧眾的勞役豁免權利。佛教僧團的出家眾所需遵守的戒律，不只是要禁絕性關係，尚且還包括那種可能逃脫賦稅監控的財產關係。

第二項原則關切的則是不同層面——是關於宗教社群可能從事異端活動的恐懼。「異端」一詞經常為儒家所使用，但也能用來表示那些不符合公共利益的事情。在這項原則背後，關於宗教在國家體制之中的地位，蘊含了三種理解，分別為：國家保留公共利益的決定權；在國家注視範圍之外發生的事情，會被認為是違反公共利益；以及宗教的各種理念可能對公共利益造成損害，而這些理念正是藉由宗教的脈絡而得以在社會流傳。上述這三種理解，全都對於佛教的聲譽造成負面的影響，尤其是在那些立場保守的儒家衛道人士眼中更是如此；之後我們將會看到，這些保守儒家人士經常在地方社會中鼓動人們去反對佛教，《大明律》條文也傳達出相同的顧慮。且先不論國家對公共利益定義詮釋權的壟斷，界於朝廷的常規正統領域和民間信仰未經法律規範的較模糊區域之間，僧侶與佛教寺院位居於邊緣地帶，在這樣的空間裡，人們可以做出若干關於公共利益的其他決定，而其中有不少決定實際上超出了朝廷在地方的代表所能見及的範圍；另外還有一種另類的作法，算是前者的溫和版本，也許能得到國家的信任。朝廷也明白佛教所能做的事情，不僅僅是寺院溫和的存在而已。

關於國家與宗教在公共生活規範中的關係，《大明律》並未做出整體性的綜述，顯然這樣的概述不是《大明律》的目的，也不符合這部法典的行文格式。不過，從明代法令彙編《大明會典》與明代《問刑條例》中，某種程度上可以找到簡短的綜合論述。一五八七年版的《明會典》卷一〇四的第二部分，囊括了明代所有關於宗教的重要詔令。在本部分的卷首，寫有這樣一條簡短的介紹：

> 釋道二教，自漢唐以來通於民俗，難以盡廢，惟嚴其禁約，毋使滋蔓。令甲俱在，最為詳密。[7]

5 《大明律》，頁四六、六四。這些法條在財政稅收上的用意，於《大明律》之後所附《問刑條例》之中有所說明，頁三六九。

6 《大明律》，頁八九。

7 《大明會典》，卷一〇四，頁二a～二b。

若是說這番話對佛教抱持相當大的敵意，並不算太過誇張。首先，它認定國家應該將佛教「盡廢」，方能達到理想狀態。其次，這番話認為國家不能允許佛教獨立存在，必須設立法令規章，加以約束、限制。再者，這段論述承認佛教在民間盛行已經超過千年，倘若此時不加以規範限制，將會有更多人皈依佛門。最後，它提及洪武年間頒行的各種法令規範，在抑制佛教的發展、擴張與繁盛方面，收到了顯著的成效。

上一段引文語氣之嚴峻，促使我們去追問幾個問題。首先，讓我們回到上一段列舉的最後一項，洪武皇帝對佛教的限制措施，成效真的顯著嗎？本書的前一章證明，朱元璋的法令對於佛教寺院確實造成了極大的影響，只不過這些法令是否確實的壓制了佛教？答案之中既有肯定，也有否定的部分。其次，明代時的佛教真的很興盛嗎？我們在前一章中已經指出，佛教的發展在國家限制的範圍之內，確實相當繁盛，特別是得到晚明精英的支持之後更是如此；但是在這一章裡所討論的史料，將會更進一步，探究佛教在地方社會上普及盛行的程度與範圍。其三，國家是否有必要為了保持對佛教的掌控，而對其施加限制規範？關於這一點，答案隨著每個人抱持的既定成見，可說是見仁見智。實際上，至少在精英階層之間，對於是否需要國家介入監控，就存在著極深的意見分歧，本章的許多篇幅，就是由這些爭論的史料所組成。有些精英階層的成員接受太祖皇帝的觀點，認為佛教不過是企圖逃避社會與賦稅責任之人的避難所，是愚弄欺瞞無知小民的陰謀；另外一些人則接納佛教，認為它構成了一個可供民眾選擇的社會群體，劃定出一塊並不由國家主導、卻和其相輔相成的社會領域。最後的一個問題是，國家真的如《明會典》的修纂者所說的致力於「盡廢」佛教嗎？這個問題將在本章當中提出討論。我們會看到，答案同樣也既是肯定、又有否定；我們還會看見，提倡禁絕佛教人士的觀點，沒有能夠壓過主張保存佛教一派的論調，因為後者認為既然國家頒布限制佛教寺院的法令，不啻於是明白承認佛教有存在的權利，這是明代社會不可缺少的一部分。

《明會典》的編纂者並不是想陳述朝廷對佛教施以法令規範的重要性，而是提出一種社會分析，將佛教單獨置於一個孤立的分類中，和國家體制或明代社會的發展毫無牽連。這種看法是以明代政治的社會分析為基礎，將政治簡化成國家與百姓兩端，從而認為相對於國家體制而言，佛教屬於外來性質。百姓信仰佛教，而朝廷則否；既然朝廷的宗旨是控管民眾，就必須先掌控佛教。但這樣的分析，卻完全沒有提及中國社會政治體系中產生出來的精英，也就是仕紳階層。在國家對付佛教的政策上，是否仕紳是徹底站在朝廷這一方，充當與佛教開戰時的盟軍？還是仕紳與那些村夫愚婦一樣，同屬一類範疇，所以也應該受到國家法令的管束？從前引《明會典》的文字中看來，答案應該是前者，也就是認定仕紳站在朝廷這一邊，因而完美的闡釋了儒家和黑格爾思想中，認為國家治理的理想模式，也就是普天之下，只有一位統治者（君），而億萬民眾，都是被統治者（臣）。在這樣的國度裡，整個政治、社會與經濟關係（以及彼此間的關係）的發展過程之中，關於一切社會運作的基礎——也就是維繫精英與非精英之間的融合，卻似乎不必做什麼舉措。在這種理想模式中，國家唯一需要做的，就只是頒行律法和實施懲罰。

因此《明會典》那段話提出的社會分析，當中最根本的缺陷就是過於簡化。它不承認實際存在的宗教機構是構成國家與社會的組成要素，這樣的分析將佛教貶斥為依附在政治體之內的寄生蟲，如果我們繼續沿用這個比方，人們要根除寄生蟲，或者是提前預防（以避免其進一步擴散），或者是投藥加以治療（運用各種療法加以根絕）。可是這種分析背後的思考邏輯，卻與那些主張「盡廢」佛教、用法令規範佛教的看法有矛盾相違之處，這是因為後者認為佛教乃是社會中一股重要而強大的力量，而且與國家之間確實有著直接的關係。要使「佛教寄生於國家政體之中」這個虛構論述成立，就必須抹煞仕紳的角色。儘管仕紳遭受壓力，不敢承認自己涉入佛教，但是實際上他們參與佛教事務的程度很深。對於寫出《明會典》上段引文的不具名官員而言，仕紳與佛教的關係絕不能揭露出來，因為這樣一來，原本符合為國家效力資格的仕紳，在「國家與民眾」的二元分類中，就無法歸類到國家這邊。可是在另一方面看來，既然仕紳被歸類在國家這一方，他們又參與佛教事務，這就表示佛教因為和仕紳之間的關聯，而與國家產生聯繫。

《明會典》引文認為，國家處心積慮想「盡廢」佛教；我的看法與之正好相反，我認為佛教是公共生活整體秩序的其中一部分，它既在地方社會的脈絡之中扮演角色，同時也在地方和國家層級的精英政治裡占有一席之地。而在明代，幾乎所有人都明白佛教寺院是正當合法的場所，在寺院內外，也有其他形式的合法社會活動舉行。即使是在朝廷的檔案文書中，也不敢給佛教寺院安上「邪」字這類貶損污辱的字眼。當然，我之所以站在反對的立場，批評《明會典》引文的不具名作者關於佛教自外於國家體制的論點，目的是為了提出自己的見解，也就是佛教是合法正當的存在於明代的社會政治體制之中。如果我這樣做看來有些學術投機傾向，那也是為了凸顯出支持《明會典》引文看法的社會分析，與支持我見解的社會分析，兩者之間的差別。

地方志呈現的佛教

正是因為有看法上的分歧，才能微妙的凸顯在明代儒家人士的意識形態領域裡，佛教是一個使人困擾不安的因素（我傾向使用「儒家人士」一詞，在社會範疇上，這個詞語的指涉涵義較「明代仕紳」略為限縮一些）。我在本章提供的史料將會證明在國家與社會、官員與仕紳、仕紳與非仕紳、以及宗族團體等多個兩極局面之間，佛教寺院會趨附於哪一極？狀況並不穩定。關於佛教寺院的這種不穩定特性，在各地的地方志當中可以找到數量最廣、內容最為駁雜的證據。

地方志記載了一個縣的民生與行政治理等官方知識，在地方志中，地方官員和精英都努力營造出「本地遵順國家需要」的形象。不過，地方志偶爾也會記錄若干不盡與朝廷典範相符的公共生活及社會實踐情形，佛教寺院的存在，以及地方上佛教法事的盛行，正是其中一項痛處。佛教寺院存在於地方社會，地方志的修纂者要如何記錄，或是拒不記載，都顯示出佛教寺院在帝制晚期中國的社會政治體制中的存在與重要性。雖然不是所有的地方志都會記錄佛寺與道觀，不過大部分都闢有專門的章節，收錄關於佛寺、僧侶的事蹟。修纂者在這一專章裡收錄的內容，取決於他認定與「二氏」、「二教」有關的一切事蹟哪些是值得記載下來的。這裡所謂「二氏」，也就是眾所周知的佛陀和老子；而「二教」，即指的是佛、道兩教。從一種地方志到另一部地方志，對於佛教寺院的記載一直變化不定，結果導致對於佛教的政治與社會評論也川流不息，用儒家的話來說，這是因為修纂者一直在佛、道二教是否「合於道」的問題上打轉。究竟佛教寺院會支持儒家的倫理道德，還是會顛覆它？佛教寺院增強了朝廷的權威，還是削弱了朝廷的力量？佛教寺院的存在，增進了公共利益，或是減損了公共利益？佛教究竟對社會秩序有所貢獻，還是妨害破壞？當時的儒家人士在這些問題上感到困惑不解，今天的我們則不該為了他們昔日的疑惑，而汲汲於找尋正確的答案，倒是他們的憂慮顯示出這種莫衷一是、未能解決問題的局面，恰好是帝制晚期國家體制中，從根本上存在著一種緊張關係的證明。

地方志修纂者要如何處理有關佛教寺院的記載，歷來並無固定的成法慣例，只在實際編輯時大致有一個挑選題材的範圍。是否將所有的相關資料收錄進來，則是修纂者必須面對的頭一個課題。如果他選擇悉數收錄，就得決定是否將本縣所有寺院全數列舉出來，或是只列載其中一部分，而將另一些寺院排除在外？做出決定之後，緊接著又面臨下一個問題，修纂者只需載明寺院的名稱，還是要再收進其它的資料呢？要是他選擇收入寺名之外的資料，是該只限於這些寺院的地址位置，還是要在方志裡寫明寺院的創建或重修年份，以及其開山創建者或重修者呢？倘若他決意要將寺院基本資料外的更多訊息收錄進方志，是否需將相關的記文與碑文抄錄在內，以保留更為詳盡的細節？還是僅在方志中保留一個目錄綱要即可？接著修纂者必須決定將這批寺院名錄放在地方志的哪處，是單獨闢一「寺觀」一門？還是附錄在其它門類之下？是歸類於「祀典」門之中，還是單獨的「釋道」門？或者擺放到位於全書末尾的雜記、後記之中？在做出上述這些決定後，他接下來還必須決定是否需對於自己的取捨選擇加以評述，因為所有的取捨都可能會出現爭議。要是修纂者直接了當的接納或排拒佛教，他可以在書前的序文或是凡例裡對此做出一番解釋；如果他難以簡單清楚的處理這一議題，或許也可以在寺觀部分的開頭或結尾處寫下一小段文字，說明自己刪減（或者未加以刪減）這些寺院道觀資訊的理由。地方志裡的其他門類章節，並不會為修纂者帶來如此多的困擾。方志體例的紊亂，不但說明了修纂體例和原則尚未確定下來，也表示佛教本身對於心向朝廷的地方精英來說，應該是一件讓人焦慮不安的事情。

為了使我的研究保持在可以掌控的程度範圍之內，我將本章考察的對象，限定在一省之內的地方志，這個省分也是京畿地區所在地：明代的北直隸、清代的直隸省以及之後的河北省（這與本書第四章考察的地方大致一樣，使用的史料也大致相同）。如果「從一地情況可以看天下概況」的說法成立，北直隸地方志裡傳達出來的觀點，也未必能夠代表整個中國的情形，不過我在閱讀全國各處的地方志時，卻並未發現北直隸的地方志有什麼特殊之處。然而，認為北直隸地方志只能代表北方人的看法也不正確，因為許多地方志是由來自外省的地方官修纂的。另一方面，那些在北方定居、工作的人，尤其是京師附近一帶，在文化事務上大抵持保守的態度；這些居住在經濟較不發達縣分的低階精英還有一種感覺，認為他們應當更努力以最嚴謹的詮釋，使當地和朝廷的計畫與規則保持一致，而不該貿然闖入新的意識形態領域。北直隸的地方官們，則是心中急切地想使施政能符合京師周圍的普遍期望；同樣的，北直隸地方志的修纂者也在意如何使縣志的刊行，盡可能的與北京所要求的模式相符。朝廷要求的修纂方志模式，其中有一樣組成要素，就是太祖皇帝對於佛教寺院的限制法令。

北直隸幾乎所有的地方志修纂者，對於太祖皇帝一三九一年頒布的整頓佛寺及禁止另創新寺的法令相當敏感。這道詔令將佛教寺院分成了兩大類，一類是朝廷准許存在的寺院，另一類寺院則是官方不容許存在，後者要不是被歸併到其他叢林寺院，就是創設年代晚於洪武朝。要是修纂者對佛教懷有極度的敵意，便可以將朱元璋對佛教的憎惡奉為圭臬，把所有的佛教寺院都排除在地方志的記載之外，但是此舉實在比洪武皇帝本人還要激烈。另一種較為理性的保守作法，是只記載官方所認可的寺院，並將其看作祭祀場所，這麼做乃是因為這些寺院能夠裨益民眾，並且具有歷時悠久的權威力量；在此同時，洪武年間之後新創建的佛寺則被排除在外，因為從定義上來說，必須將這些寺院集中歸類為「淫祠」一類。[8]另有一位修纂者，在說明自己的編纂方針時，稱「僅載舊寺」，並且相當現實的補充說，因為舊寺乃「國朝諭令所設」。[9]一五七六年（明萬曆四年），有一位出身仕紳的作者強調，地方志修纂者沒有理由將本朝法令承認的寺院排除在外；除了洪武年間的法令需遵從之外，他只為之後的增修版本訂立了一條排除寺院、不予收錄的通則：「今所無者，後亦不必增也。」[10]

清代地方志的修纂者，遵循同樣的規則和先例。在清初立國的前面數十年間，對佛教寺院採取徹底排除的作法，得到若干地方志修纂者的支持。例如在一六七六年（清康熙十五年），有一位方志修纂者就宣稱，由於「寺觀廟宇之設，王政禁之而不廢」，[11]因此他決定最好將這些寺觀廟宇全數看作違禁機構，不載入地方志當中。大部分持保守立場者則採取比較溫和的態度，一面雖然承認國家限制佛教寺院的正當性，一面卻又恪遵禁令的字面意義，容許若干寺院合法存在，而將另外一些排除在外。在一七四九年（清乾隆十四年）時，有一位地方志修纂者正是採取這種辦法，當時他聲稱自己已將私自創設的佛教寺院排除在地方志紀錄之外，因為這些寺院違背了「國朝功令，創建有禁」。[12]更加寬大的作法是將清代之前創建的寺院一概收錄，並且將新近整修完竣、原來創建年代在清代之前的寺院也收羅入內；在寺院創立年份混淆不清時，往往更會如此採行。[13]最後，清代地方志修纂者通常會接受下面這樣的作法，即他們必須將所有和皇家有關係的寺院收進地方志：當中包括皇帝曾經頒賜匾額、或賞賜其他禮品的寺院、皇帝御駕曾經親臨的寺院、以及得到朝廷豁免賦稅的寺院。[14]這些來自於皇家的護持，都沿用明代時的成例。[15]

不過，皇家對佛教寺院的捐贈賞賜，如果和太監宦官有所牽扯，或至少是同時出現，就會讓地方志修纂者在記錄時感到為難。在皇宮大內供職的宦官，往往格外崇信佛教，他們當中有許多人，更喜

---

8 《永平府志》（一五〇一年），凡例，頁二b。

9 《通州志略》（一五四九年），卷十二，頁四a。

10 《丘縣志》（一五七六年），卷上〈建置．寺觀〉，頁十四b。

11 《廣平縣志》（一六七六年），卷一，頁二八a。關於清代重申洪武年間對佛教寺院的禁令，參見《大清會典事例》，卷五〇一，頁二b、三b～四a、七b～八a、十四b。【譯按：按照哈佛大學燕京圖書館所藏《康熙廣平縣志》，卷一，土地志．建置，頁二八a～二八b，在列舉該縣所有廟宇寺觀後，有一段按語，原文為「論曰：寺觀廟宇之設，王政禁之而不廢，豈其教猶能誘說愚俗觀之善而戒之惡乎？獨怪聖宮賢廡日就傾圮，曾無有頭會口嘖以金碧輝煌如各寺廟者，豈吾儒反出二氏下哉？」觀其文義，引文是陳說儒學孔廟之破敗失修，反而不如佛、道廟宇之堂皇興盛，似乎與作者的解讀有出入。】

12 《南和縣志》（一七四九年），卷三，頁七a。

13 《清苑縣志》（一八七三年），卷十八〈寺觀〉，頁一a。

14 譬如位於北京東面盤山的寺廟群，就很能展現出皇家恩賜的各種模式。這一寺廟群先是領受萬曆皇帝的御賜碑銘，一六三三年（崇禎六年）時獲得兵部許可，得以豁免勞役；隨後又在一六七五年、一六七八年、一六八七年，於清康熙皇帝御駕親臨時，獲得禮物和碑銘的賞賜。參見《盤山志》（一六九六年），卷四，頁二一b；卷六，頁一b。

15 舉例來說，稽古寺始建於一五七九年，當初是為萬曆皇帝祈福而興建；該寺於一六九九年重修，並未遭遇任何質疑的聲音，其事蹟且於一七三九年時收入縣志。參見《天津縣志》（一七三九年），卷八，頁二一a。

歡在自己家鄉的佛寺布施餽贈。有時候因為某位宦官得寵，從而使得他捐贈布施的寺廟也受到皇帝的重視。太監宦官對佛寺的餽贈布施，不但是北直隸佛教史上的事實，也是該省仕紳要認真考慮的一項問題。仕紳們往往藉由譴責宦官對寺廟的捐贈，來表達對他們干預朝政的憎惡，這種厭惡之情，有時表達得更加漫無頭緒。根據《新城縣志》記載，該縣護國寺中有一塊因宦官捐資而豎立的石碑，碑中文字誇耀無度，致使當地「土人」深感羞恥，而將其敲毀。[16]在記載中的短論裡，並未指明「土人」的身分為何，也沒有說明，何以他們競相對於一座背負「護國」之名、心懷國家的寺院大肆批評；不過，從記載文句的語氣看來，地方志顯然選擇與地方民眾站在同一立場，對抗那些贊助寺廟的驕橫權閹。即便《新城縣志》的修纂者不得不將護國寺收錄進地方志中，他仍然可以透過在公開紀錄中夾帶上述事故的方式，以凸顯出地方民眾反對宦官護持佛教寺院的情況。

國家限制：儒家的防範措施

僅僅是對宦官的厭惡，還不足以解釋為何北直隸的仕紳持續不懈地在地方志中抱怨佛教的權力與影響力。北直隸仕紳的抱怨，就和北方學者在治學時的嚴肅態度同樣聞名，對於南方仕紳在文化和政治上的熱情投入，北方學者無動於衷、不起共鳴。江南仕紳與有道高僧來往訂交、向佛寺布施捐贈的風氣很盛，但是對北方儒家學者而言，除了明末動盪時期之外，大部分人對此毫不感到興趣。[17]他們對這類文化活動抱持的不信任態度，與他們面對自己四周非儒家世界眾聲喧嘩時採取的那種乖戾反應，可以說是若合符節。這個在儒家之外眾聲喧嘩的世界，民間信仰宗教活動脫離仕紳的視野，讓他們深感焦慮不安，時刻盼望能夠重建儒家講禮儀、重尊敬的可靠治理模式。他們渴盼的這種治理模式，或許從未存在過，但是仕紳們如此訴諸儒家治理之道，其實是一種在民眾與國家之間自我定位的方式，如此一來，他們就為自己營造出一個在世間秩序中擁有更穩妥地位的錯覺。

許多北直隸的地方志修纂者，在為儒家是否應對佛教採取有敵意的立場尋找正當理由時，往往求助於唐代韓愈（七六八－八二四）所寫的〈諫迎佛骨表〉以為權威佐證；當時韓愈作此表，試圖阻止唐憲宗迎奉佛骨進入皇宮供養。在明清兩代，若要定調反對容忍佛教寺院及僧侶修行，最簡單直接的作法，就是摘引韓愈另一篇文章〈原道〉當中的字句。[18] 韓愈反對皇帝迎奉佛骨的論旨，排外的心態多過於道德的動機。他所撰〈原道〉一文，其拒佛之邏輯未必周延，但是日後卻使他享有儒門哲學思想家的極高聲譽，並且在往後排佛人士推動國家壓制宗教時，成為無可爭議的思想權威。然而，在韓愈批判佛教的背後，潛伏著一項更為危險的挑戰，也就是否定皇帝擁有為所欲為的權力，韓愈為了這一點，幾乎因此送命。批判佛教背後具有挑戰皇權的意味，在明清兩代某些滔滔雄辯、主張排佛人士的言論裡，也許還可以看得出來。照這樣看來，雖然皇帝以皇家代表的身分布施、供養佛教，而不是代表朝廷，仍舊是逾越了體制的界線。因此當地方志修纂者在引用韓愈的文章時，這種顯而易見對皇

16《新城縣志》（一八三八年），卷十八，頁三b～四a。

17 Brook, *Praying for Power*, pp. 94-96.

18《清苑縣志》（一六七七年），卷十二，頁十三a；《灤州志》（一八一〇年），卷九，頁一a；《寧晉縣志》（一六七九年），卷二，頁十九a；《任邱縣志》（一七六二年），卷三，頁十九a。

室特權的質疑就必須徹底掩蓋。畢竟他們並不敢直接要求皇上嚴格恪遵儒家教義，即便這確實是他們內心的期盼。

北直隸地方志中見到的反對佛教言論，通常都以儒家的自律與道德防範作為表述時的措辭，自律使得抱持保守立場的仕紳成為正統思想的衛道者，當大多數衛道人士都盡可能的監視起廣大的公共領域時，就形成了一種防範機制。他們認為，不可任由佛教與大眾兩相結合，因為後者會利用佛教謀求自身利益。在儒家思想小心翼翼地朝庶民宗教生活這塊文化上的蠻荒領域出發之時，佛教正是儒家要首先通過的地帶。除此以外，這種小心緊張的態度，正好提醒了其他儒家人士，無論是身為地方仕紳，還是擔任行政官吏，都要留意自己和一般民眾的區分。「吾儒不談二氏，恪守正道」，一六九〇年的《景州志》修纂者便如此表示。他並未指稱佛、道二教是異端，因為他明白朝廷也容忍佛教與道教的存在，不過他卻可以提出警告，說佛、道二教可能會成為異端思想孳生的溫床。「吾儒固不屑道（即佛、道二教）」，[19]另一位方志修纂者向他的讀者如此保證，有鑑於華北平原歷來宗教團體起來作亂的史事，他確實有這麼說的必要。[20]一般而言，儘管朝廷向來表示獨尊儒術，這番承諾也未曾自背景中淡出，但是地方志修纂者在解釋對本縣佛教寺院記載的限制時，通常援引的是儒家價值觀，而非國家法令。

明初涿州知州張遜採取的正是這種作法。涿州位於北京南面，張遜的事蹟載於一三七三年（明洪武六年）修成的《涿州志》中，該志是現存年代最早的北直隸地方志。當時張遜認為「儒者不言釋老。佛家以宣講原罪、輪迴化俗，無異燭火與日光爭明。」[21]在一三七三年，儒家思想與佛、道之間的對立變得益發尖銳，因為甫滅亡不久的元朝皇帝對儒、釋、道三教一視同仁，全都看做是思想無形領域的技術人員，給予同等的支持。但是儒家人士可不認為自己與佛教僧侶同屬一類。張遜那番反對佛教的說法，或許有其學理上的思路，但是更可能出自張遜本人對當地供養佛教風氣之盛的親身體會。這時正值洪武初年，皇帝朱元璋仍然是佛教的大護法。佛教信徒與儒門弟子之間，可能都認定彼此將必須經過一場角逐，才能獲得代表國家參與地方事務的機會，張遜或許對這種局面感到不悅。

明代的國家力量站在張遜這一邊，朝廷對社會中的各種宗教流派進行重新區分，將儒家思想特別劃出，受到官方的尊崇與支持，而佛教在一三八〇年以後，則需受到國家的監督管理。朝廷再一次使理學成為國家正統思想，進而對民間崇祀儒家賢哲，或是實踐儒家德行、事蹟足以垂範後世的人士，予以正式承認，並且載入國家法令規範，成為官方祭祀典禮，也就是「祀典」或「禮典」。這類祭祀典禮，不包括任何佛教儀軌在內。譬如，在一六九四年（清康熙三十三年）修成的《武強縣新志》，修纂者在卷二開頭就寫道：「（佛道）二氏吾儒所辟」，修纂者承認佛道二教的禮儀在民間廣受使用，卻又表示這些禮儀對於推行國家奉為圭臬的儒家之「教」，實際上並無裨益。[22]許多地方志都直接提及，佛教儀軌並不在國家祀典之列，其用意通常是在辯解，為何他們不願將國家准許的祀典機

19《景州志》（一六九〇年），卷十〈寺觀〉，頁四a；《祁州志》（一七五六年），卷二，頁三一a。

20關於在華北平原上宗教團體聚眾發動叛亂的能力，參見Susan Naquin（韓書瑞），*Millenarian Rebellion in China* 一書。

21《涿州志》（一三七三年），卷九，頁二b。

22《武強縣新志》（一六九四年），卷二，頁二四b。

構，與佛寺、道觀混為一談。[23]有些修纂者還以佛教儀軌不在國家祀典之列，證明縮減收錄地方寺院在地方志中篇幅的決定是正確的，[24]少數地方志更是以此為理由，將寺院的記載全數刪除。[25]

儒家的競爭，再加上國家對佛教的法令限制，使得佛教寺院的正當性籠罩上一層陰影，至少對修纂地方志的在地精英造成影響。不過，正如一六七九年版《新河縣志》的修纂者所說，正當佛教寺院的正當性蒙受負面影響的同時，卻仍獲得廣大民間信眾的支持，他因而對於佛教聲勢凌駕於儒家教化之上深感困惑，不知如何分說：

> 寺觀庵院，原無關於祀典，然野農愚民每巡寺觀而拜跪，望庵院而焚修，何故歟？或聖教不同釋道之易入？木主不同泥像之明見耶？[26]

這位修纂者決定努力克服困境，勇敢面對現實。理學既無法使人安頓身心，也沒有富麗堂皇的「門面」，可以吸引不屬精英階層的村夫愚婦，所以聲勢不如佛、道；然而，修纂者卻未能反思，大多數民眾的生活，比起他與他的仕紳朋友要更容易受到疾病、慾望和年老時孤苦無依的傷害，因而需要宗教的慰藉。相反地，他卻批評信佛之人在知識、鑑別以及品味上均屬墮落。

另有一個與上述相關聯的批判佛教論點，認為佛教寺院及其儀軌，不但浮華俗艷，而且鋪張浪費。有些地方志修纂者發現，佛寺裡的塑像不僅色彩鮮艷，更有裝飾昂貴者，他們因而聲稱：人們向佛寺供養布施，實乃搾取地方資源，不合道理。在一六〇四年版《懷柔縣志》「寺觀門」正文之後的跋裡，懷柔縣令周仲士就根據這一點，大舉聲討佛教：

今天下困窮已極，議節省則莫如裁冗費矣，冗費莫侈於宮室，宮室莫侈於寺觀。

接著，周仲士承認，傳統儒家反對佛教的論點，儘管在道理上站得住腳，卻無法在民間獲得回響，不如：

曷以明白易曉之理諭之曰：爾輩之惑不可解矣。內不敬父母，而外敬神佛，一惑也；明不懼憲典而幽恐違佛法，二惑也；近不修眼前而遠思修來世，三惑也；較刀錐於父子兄弟而施十百於衲子緇流，四惑也。彼愚夫愚婦，豈無一二陰誘其明而歸之正者乎？[27]

23 《沙河縣志》（一七五七年），卷二十，頁十b；《城縣志》（一六九八年），卷二，頁十a；《灤州志》（一八一〇年），卷末（卷九），頁一a。

24 《新河縣志》（一六七九年），卷二，頁二一a。

25 《靈壽縣志》（一六八五年），卷二，頁六b。

26 《新河縣志》（一六七九年），卷二，頁二一a。

27 《懷柔縣志》（一六〇四年），卷一，頁四二b～四三a。另有一則關於佛寺建築鋪張浪費的議論，參見《南皮縣志》（一六八〇年），卷三，頁十四a。

在這番大肆批評之後，周仲士摘引孟子及後世儒者（當中包括韓愈）的語錄，以譴責佛教寺院為本縣民眾帶來的影響，周氏認為，佛教已經凌駕於國家法令之上了。從他這番話語裡，可以看出他的憂心與焦慮，用今天的話來說，他所擔心的是宗教正在取代國家的位置，成為公共權威的主要核心部位。他想破除宗教的權威，唯一的辦法是指出佛教的鋪張浪費——可是，對於那些甘願布施供養的人來說，這種批評起不了絲毫的作用。

因此，地方志記載當地寺院及佛教史事的權力，掌握在精英之手；他們處心積慮將自身與一般民眾區分開來，遏止興起於民間基層的異端思想。從這一層意義來說，他們以國家法令和實際經濟情況作為訴求，與其說是反對佛教，不如說是反對那些認同、信奉佛教的人士。因此，按照地方精英的邏輯，信奉佛教者就是違抗朝廷奉為圭臬的理學權威。這種邏輯和《明會典》修纂者的思考理路相同，都建立在對社會的錯誤分析之上，錯把整個社會分成國家與民眾兩端，而精英階層則完全站在國家這一邊。然而，地方志修纂者不得不承認，即使是太祖高皇帝，也沒能在普天之下將佛教禁絕，要是連洪武皇帝都無法否定佛教在國家體制內占有一席之地的事實，後世之人又怎麼辦得到呢？不過，清代初年時，有一位知名的地方志修纂者，為地方志是否收錄佛道寺觀一事，設下了使後來地方志編纂者苦惱的先例，致使之後所有的地方志在修纂時，都必須面對這個前例。

陸隴其與他的反對者

一六八三年（清康熙二十二年）派任直隸靈壽知縣的陸隴其（一六三〇—一六九三）走馬上任，

這是陸隴其宦途生涯中奉派到的第二個職務。一六七五年時，他曾經出任位於上海西郊的嘉定知縣，根據地方文獻記載，陸氏在嘉定縣任上操守廉潔，官聲甚佳，[28]但是不到兩年，即遭彈劾而罷職，很顯然是因為他不願屈從上級的亂命所致。陸隴其遭罷官之後，因父喪守制六年，鄉居期間，他以教書為業，並且研究經籍，特別對《禮》頗為深入。他於這些年間的讀書筆記，於一六七九至一六八〇年間匯集成冊，並先後以不同的書名出版，這二部著作為他贏得了朱子理學專家的聲譽，特別在禮儀方面，陸氏著力甚深。「禮」是人們正當舉止的規定，每一個人在他人面前，都要循禮而行，盡到其社會責任，並且確認自身在道德秩序中的位置。在明代覆亡前後數十年間的動盪亂世裡，個人與社會的關係，以及從群己關係推展出去，乃至個人和宇宙人生之間的關係，都需要做仔細而慎重的調整，因而也為知書達禮的精英階層提供了一個安頓身心的作法。陸隴其本就有廉潔正直的名聲，由於躬親實踐、身體力行禮教，更使他成為禮的權威；陸氏也因此成為當時最為著名的保守立場道學家之一。[29]

陸隴其到靈壽縣上任，隨同到任的除了他淵深的學問、端正的品行，還有他師法朱熹、在儒家日常實踐當中對佛教抱持的敵意。陸隴其對於「禮」的詮釋，日後證明既能讓日常施政為之一振，卻又同時在行政上造成負擔。按照陸隴其的設想——「禮以防微」，特別著重在儒家禮制對禍患的預防能力，但是即使如此，他還是感到憂心。「禮禁未然之前，刑禁已然之後。禁於已然者，人皆見其效，

28 關於陸隴其對於理學中禮儀的闡釋，參見 Chow Kai-wing（周啟榮），*The Rise of Confucian Ritualism in Late Imperial China*, pp. 52-53, 61-62.

29 《嘉定府志》（一六八四年），卷二，頁十九 a。

而以為不可廢。禁於未然者，人或不見其效，而以為有可緩。於是禮輕而刑重。」在這裡，他所顧慮的是，由於人們對於儒家禮制缺乏認識，看不出禮對他們的功效，也不曉得禮制能使他們免於滔天大禍，所以認為儒家之禮毫無價值。人們可能會因此放棄對禮的追求，而慣於追逐眼前短淺的目標。在這方面，佛教關於命運、功德和超脫苦厄的承諾，卻恰好符合人們追逐近利的習性。準確地講，在陸隴其看來，儒家禮制（在帝制晚期，君臣關係是禮法當中最為重要的部分）是唯一真正可取的禮法，其他任何禮法儀制，都不能像儒家禮制這樣，擔負起「攜人中道」的任務。[30]

上任不久，陸隴其就提出要重修《靈壽縣志》的計畫，經過兩年的編纂，新版《靈壽縣志》於一六八六年刊行。與其他那些學術聲譽普通、學問見識不突出的地方志修纂者相比，陸隴其更有自信、也擁有更為正直的操守，他因此為修纂地方志設下幾條嚴格的原則。其中一項就是將地方志中關於佛寺道觀的章節全數刪去；這個決定，比起當年的明太祖更為激進。在《靈壽縣志》正文前面的編纂凡例中，陸隴其斷然地表示：「辟邪崇正，為政之大防，故佛老寺觀概不敢載。」在卷二「建置」關於壇廟的記載之後，也就是原本讀者通常能找到縣境內寺院一覽表的地方，陸氏僅表示，在靈壽縣的山崖水澗之間，「二氏之祠叢出，莊嚴宏麗，日祀不輟」。讓他感到沮喪的是，本縣民眾頻頻造訪這些寺觀，以佛、道儀軌頂禮，竟將國家敕令祀典的廟宇置於不顧。他認為這種情況「不相侔之甚」，並且呼籲讀書知禮者「從而釐正之，必此舉而彼廢」[31]。他所主持修纂的地方志，排除所有非儒家的祭祀場所，使之從官方紀錄中消失，就是落實上述呼籲的證明。

陸隴其的這項決定，受到直隸省不少地方志修纂者的議論，更引起許多爭議。持保守立場的儒家衛道人士，為他斷然排斥各種不利於理學的影響而喝采叫好，而有些人認為這些不利於儒家思想的影響，乃是佛教施加於地方社會的作用。但話雖如此，卻很少有人願意像陸氏這樣激烈極端。例如一七五五年（清乾隆二十年）版的《樂亭縣志》修纂者陳金駿，在決定方志體例時，就試圖在陸隴其無可辯駁的道德高度之下另闢蹊徑。陳金駿雖然承認：「陸稼書先生修靈壽志，不載寺觀、僧道，可謂卓識。」但是對於陸氏這種看法，他內心其實並不樂見。在陳金駿看來，地方志還是應該將佛道寺觀收錄進來，不過他手頭上作為編纂新志參考的舊版本《樂亭縣志》（可能是一六二二年的版本），卻類似陸隴其的作法，稱佛道寺觀為「庸俗」，而一概不予收錄、記載。陳金駿儘管在原則上接受陸隴其的立場，卻認為不應迴避事實，因此他向讀者指出：「然邑實有之，削而不志，非體也（但是本地確實有佛寺道觀，如果全數刪除不加以收錄，並不合乎方志的體裁）。」[32]身為方志修纂者，他擔負記錄本地事蹟的責任，這是方志體裁授予他的任務。一般來說，方志體裁通常都包括寺觀部分，而陳金駿也不覺得該遵循陸隴其和舊版《樂亭縣志》的先例。實際上，有人提出一種論調，即地方志收錄寺觀不僅是一種成例傳統，而且還與原則有關，因為打從漢代偉大的史學家司馬遷以來，地方志就被看

30 本段當中的摘引文句出自陳宏謀，《學士遺規補編》，卷四，頁三八a～三八b。

31 《靈壽縣志》（一六八五年），凡例，頁一b；卷二，頁六b。卷二「建置」末尾的按語，被一八七四年版的《靈壽縣志》全文抄錄。

32 《樂亭縣志》（一七五五年），卷十二，頁二八b。我將「削而不志，非體也」的「體」字翻譯為英文的「genre」（文體、體裁），如果單從字面上看，「體」應該翻作「body」（實體）或「structure」（結構體），不過看來翻譯為「genre」是說得通的。該地方志的修纂者轉而使用其他體裁，得以在方志書面記載中涵括寺觀。

做是一種翔實完整的歷史紀錄。[33]對於許多方志修纂者而言，盡最大可能容納收錄是相當難能可貴的原則。有如一位修纂者在方志卷末外志裡，為寺觀、僧道等部分作序時表示：「一方事跡，寧詳勿缺。」[34]寧可詳盡，也不要有所缺漏的期望，壓過了修纂者內心對佛教寺院的反對。

阜平縣位於靈壽的正北面，在該縣於一八七四年（清同治十三年）修成的《阜平縣志》裡，我們發現了同樣的思路變化軌跡，只不過表達得沒有那麼老練周密：「或問，《靈壽縣志》黜寺觀，當乎？曰：烏不當？雖然，未可過於隘也。」接著他又進一步表示，阜平的民眾所參與的宗教活動，是合法正當的——從國家的觀點來看，它們之所以合法，主要是因為避開大眾交通繁忙之地，選擇在與世隔絕的僻靜幽深之處進行，而本縣的名山勝水，則成為寺院建築落腳的理想地點，招來隱士與文人墨客造訪。《阜平縣志》的修纂者和前面提到的懷柔縣令周仲士一樣，站在國家和儒學禮教的立場，帶著一股優越感，對於佛教寺院大加攻訐，認為佛寺不容許於「邑里都衢」存在，因為佛寺設在這些地方會搾取民眾的財富，並將他們引向異端。不過，他並未採取下一個步驟，也就是以儒家「防患於未然」的角度，要求盡廢佛寺，或是從地方志之中刪除。[35]在這些事例上，陸隴其那難以質疑的儒家道德權威，仍舊具有非常強大的影響力，以至於有一位方志修纂者竟然試圖辯解，自己將近期創建的佛寺摒棄於地方志之外，只記載年代較久遠的寺院，正是在實踐陸隴其的理想，只不過是以更為溫和的方式進行罷了。[36]很難想像陸隴其會被這樣的理由說服。

大多數北直隸的地方志修纂者，儘管內心對佛教懷抱著厭惡之情，卻仍然沒有採取陸隴其排除佛寺、不予收錄的立場。在地方志保留「寺觀」篇章的同時，可能會出現若干散亂扭曲的情況，這是由於方志修纂者在牽涉到宗教與國家之間的關係問題時，希望能採取自認為正確立場的緣故。這裡有一則十八世紀的例證：

> 昔人有言：地雖別，不外職方；教雖殊，亦領祠部，若古剎遺宮，固亦王制之所不廢。意從簡約，不另編寺觀一類。[37]

這則例證說明，在收錄與排除之間，另有一種適當的折衷辦法，也就是讓寺觀部分不成為獨立的章節，轉而將這些記載附錄到書中某處，作為某一章的附屬條目。最為正面明確的安排方式是為寺觀專設一個篇章，同時收錄寺院廟宇的紀錄與僧侶傳記，再將這一個專章放在全書地位最低的位置，也就是志書的末尾處。一七四五年（清乾隆十年）版《寶坻縣志》的修纂者，正是這麼做的。他表示，佛寺道觀必須和其他廟宇隔離開來，因為它們於「祀典有闕」；同樣的道理，僧侶的傳記也要與其他

33 有一位地方志編纂者在申論「寺觀之類亦仍志體」之時，引司馬遷為其佐證，以支持其歷史書寫需包羅廣泛的論點。參見《南昌府志》（一五八八年），凡例，頁二 a。

34 《灤州志》（一八一〇年），卷九，頁一 a。

35 《阜平縣志》（一八七四年），卷二，頁三五 a。

36 《任丘縣志》（一七六二年），卷三，頁十九 a。

37 《沙河縣志》（一七五七年），卷二，頁十 b。

人的生平事蹟隔開，因為「封表所軼」。[38]更為普遍的安置作法，是將寺觀一類放在祭祀廟宇一章，通常附錄於朝廷敕令祀典的壇、廟名錄後面（該章有各種不同名稱，如「壇廟」、「壇祠」和「廟宇」等）。有一位方志修纂者寫道，他先是遍查其他地方志的作法，再判斷將寺觀附錄在壇祠之後是否適當，最後認定這確實是最妥當的安排方式。[39]另外還有若干變化形式，像是將「寺觀」放到「建置」一章當中，[40]或是附屬在「古蹟」章之後。[41]

安排方式中最簡潔的選項，除了根本不設寺觀部分之外，莫過於將寺觀部分的記載，與其他「雜記」一起置於全書的末尾。很多方志修纂者會將某些雖然相當有趣，但是性質上無法確定的材料全數放在這裡，大約有五分之一的修纂者會將寺觀的記載放入「雜記」這個大雜燴當中。《樂亭縣志》的修纂者陳金駿，一方面儘管極力反對遵照陸隴其的建議和舊版縣志的前例，另方面卻也是透過這個方式，向那些堅持儒家道德高度的人士作出交代，寺觀部分仍舊沒有收進國家敕令祀典的廟宇章節，而是放在全志的末尾。然而耐人尋味的是，之後重修的《樂亭縣志》，卻對陳金駿的讓步感到不滿。在一八七七年（清光緒三年）版《樂亭縣志》卷首的凡例篇中，修纂者史夢蘭表示，寺觀記載置於雜記之前，唯一出任過的官職正是嘉定知縣，即便在陸隴其到任四年之前，韓浚修纂的版本已經被部頭更大的新版縣志所取代，但身為一位認真負責的地方父母官，陸隴其必定知道韓浚版的《嘉定縣志》。而陸隴其在任職靈壽知縣的傳統，創始於一六〇五年韓浚（一五九九年進士）修纂的《嘉定縣志》。一六七三年版的《嘉定縣志》修纂者，不採用韓浚將寺觀部分單獨抽出來置於全書末尾的辦法，並且在書前的編輯凡例文字中設問：「況賢人高士之所遺，過者生感，何可闕而不書？」[42]在這樣反駁韓浚之後，修纂者將寺觀部分放回「古跡」門。至於陸隴其，則並未記下他對韓浚修纂地方志的反應，不過從他日後編纂《靈壽縣志》的作法來看，陸氏不但支持韓浚，而且還要往前再邁進一步。因此，在史夢蘭提到韓浚版《嘉定縣志》所創的先例時，其實就表示他不贊成陸隴其的作法。出於為自身辯護，史夢蘭援引編修《四庫全書》館臣的意見，對於韓浚蒐集、編排寺院資料的方法予以批判。這位《樂亭縣志》的修纂者宣稱，他在處理寺院一事上，係遵循一五一九年（明正德十四年）康海所修陝西《武功縣志》的體例。康海將古代佛寺遺址歸入「地理」門，而現今仍存的寺院，則列載於「建

38《寶坻縣志》（一七四五年），卷十五，頁一a。

39《萬全縣志》（一七四二年），卷二，頁四三b。有些方志修纂者感到煩惱：究竟壇祠是否應該分為壇和祠兩個部分？而如果分開收錄，寺觀是否因此而成為附錄的第三類，還是第二類？參見《藁城縣志》（一六九八年），卷二，頁九b。

40《正定府志》（一七六二年）。在地方志中，這種安排方式還有一種形式上的變化，就是將「壇廟」和「寺觀」都放入學校一章作為附錄。如此安排，背後的邏輯是學校也有祭祀之職能（祭祀孔子）；《天津縣志》（一七三九年）就將壇廟寺觀置於卷八「學校」一章內。

41有一位方志修纂者在寺觀部分明確標示「古寺」，參見《任丘縣志》（一七六二年），卷三，頁十六b；我們在《永清縣志》（一七七九年）中，發現一個罕見的形式變款：該志修纂者以「鄉」為單位，將所有建築全部集中收錄，而不論這些建築是否列名在國家祀典之內。令人好奇的是，這部地方志體裁的設計精神，竟然是仿效自葉春及的《惠安政書》（參見第二章）。

42《嘉定縣志》（一六七三年），凡例，頁六a。

置」門。[43]批評陸隴其最為嚴厲者不是別人，正是清代地方志權威、史學家章學誠（一七三八－一八〇一）。雖然章學誠承認，陸隴其的本意或許是崇高的，然而章氏認為陸氏的錯誤，在於未能認識修史的關鍵原則為忠實記錄過往發生之事，即便那些事情不該發生，亦應如實照錄。他埋怨道，將寺院的記載排除出地方志，打算藉此來批判佛教，實乃「迂而無當」之舉，尤其是當「千百載後，誰復知其為邪而辟之耶？」在章學誠看來，陸隴其此等作法，只是在銷毀史事紀錄而已。為何寺院應該收錄進地方志當中？章學誠列舉了三條理由：首先，寺院內的碑誌銘文是重要的史料文獻；其次，充任僧官的出家眾乃是遵照國家行政法令行事，應該加以承認；最後，佛教寺院為地方官員提供賑濟災荒、照護孤兒、崇祀鄉賢的場所。從為朝廷忠誠辦事的角度來看，寺院「於事大有所賴」。因此將其摒棄在地方志之外，可視作一種狹隘的儒家至上偏見。[44]

章學誠對於陸隴其作法的批評之所以在知識上具備權威意義，是因為在帝制晚期的社會裡，人們已經無須為了「佛教是否在社會占有一席之地」而選邊站、表明立場了。不但如此，這是基於下列這樣的觀點，用陳金駿的話來說，也就是「邑實有之，削而不志，非體也。」這樣的觀點是一道王牌，即使是立場最強硬的儒家衛道人士，也可以據此說服自己。有一位方志修纂者正是這麼做的，在指斥佛教為愚蠢的迷信之後，他隨即對自己「茲何以志」（為什麼要記載佛、道寺觀）的設問作出解答，他的答案是：「無非不沒所有已爾（任何事物都不應被掩蓋）。」[45]過去文獻中的先例也是一股強大的推動力量，《武強縣新志》的修纂者就在「寺觀」的前言末尾評論部分表示道：「所謂有其舉之，莫敢廢也，志寺觀。」[46]反對佛教的人士，如果因為沒能遵循陸隴其的作法而感到歉疚，強調寺院紀錄具有重要史料價值，或許可以緩解這種內疚；章學誠在提及出任僧官者係代表朝廷行使職權時，曾經暗示收錄寺觀資料，也就等於保存了國家權力運作另一個面向的材料。舉例來說，一部地方志這樣表示，「（禮）部任僧官，設僧綱司以藉（度牒）」，官員可以隨時對出家眾加以監控，決定僧眾修行的寺院。對此，修纂者感到別無選擇，必須將其收錄於附錄之中。[47]

保存寺觀事蹟，對修史而言還具有另一層價值，也就是為世道的治亂興衰提供參照資料，因為寺院建築的興盛與傾頹，可以看作衡量行政治理健全狀況的標準。有如另一位地方志修纂者在凡例之中

43 《樂亭縣志》（一八七七年），凡例，頁五a，提到一六〇五年版的《嘉定縣志》及一五一九年版的《武功縣志》。關於四庫館臣對於韓浚將「古跡」和「寺觀」列入志書最後一章〈雜記〉的批評，參見永瑢，《欽定四庫全書總目》，卷七四，頁二三b。

44 章學誠，《文史通義》，頁九三五~九三六。房兆楹在為陸隴其撰寫的英文傳記中引用了這些材料，參見 Arthur Hummel, *Eminent Chinese of the Ch'ing Period*, p. 547. 美國漢學家列文森（David Nivison）指出，章學誠「心懷極為寬容開通，因此不會忽視佛教，或是將其看做無意義的事物而加以貶斥」，而且，章氏了解佛教當中最好的著作，其價值當等同於儒家的上乘經典；參見 Nivison, *The Life and Thought of Chang Hsueh-ch'eng*, pp. 76, 127. 「事大」一語，更常用來描述藩屬國對中國皇帝的關係。

45 《青縣志》（一六七三年），卷二，頁二a。

46 《武強縣新志》（一六九四年），卷二，頁二四b。

47 《寧晉縣志》（一六七九年），卷二，頁十九b。【譯按：據哈佛大學燕京圖書館藏，張坦、萬任等修撰之康熙十八年刻本《寧晉縣志》，卷二〈建置〉部，內文僅有十八頁。】

所說，寺院建築的興衰，與俗世樓宇的起落一般無二，因此寺院事蹟應該收入「建置」門。[48]

雖然有上述許多反對陸隴其的意見，陸氏極端激烈主張的陰影，仍舊在清代地方志修纂者的心中盤旋纏繞，久久未能消散。在我檢閱過的地方志中，還沒有見到任何一位修纂者願意從正面角度解釋收錄寺觀的理由，而不僅是想方設法，為此舉辯解分說。至於那些想要抵制儒家對其他宗教儀軌偏見的人士，也只有在自己遭遇性命交關的危難關頭才會挺身而出，反抗宗派主義的偏狹心態。另一方面，即使是立場最堅定頑固的反對佛教人士，如果必須將佛教寺院收錄進地方志裡，他們也能自圓其說。在我披閱的地方志史料當中，最別出心裁、最具有原創性的一則說法，則是出自十六世紀一位方志修纂者之手，他聲稱自己將寺觀收錄進地方志中的決定是合理正確的，因為如此一來，讀者就能見到向佛寺布施的荒唐，以及宗教迷信的愚蠢，從而可以提前預防異端信仰的出現。[49]實際上，陸隴其主張將寺觀記載從地方志排除出去的看法，在我看來完全是清代儒家人士對應佛道的一種舉措。明代時有一位極端排佛的衛道人士，甚至還想像最終能解決佛教寺院問題，認為屆時就沒有記載寺觀的必要了；[50]但是，只要佛教寺院的合法地位還沒有遭到撤銷，他就無權將這些記載從地方志當中刪除。當初連太祖高皇帝都能容許寺觀存在，又有哪位明代的學者文人能夠主張「盡廢」呢？正如一位筆下文字冗贅的明代方志修纂者所說，人們在地方志中讀到寺觀事蹟，能見證「大聖人（即洪武皇帝）之所作為，」「故載之於冊，以見昔所有而無妨於民間當今者。」[51]

「治水之堤防」

不過，關於記載收錄佛教寺院的事蹟，另有一個不同的看法，在我之前引述過的地方志中，還沒有人觸及過。這個看法深入發掘佛教寺院的宗教性質，而不像先前的作法，將寺院的宗教性質擱置一旁、當作是儒者不願屈尊俯就的事物；反過來，這種看法主張更進一步，要尋求一種合法正當的方式，好讓佛教能夠在國家統治的發展歷程中，擔負起一定的角色。這種看法認為，佛教的教義對於公眾秩序的建立有正面作用。在民間關於佛教的著述文字裡，這樣的說法已是老生常談了，但是有若干地方志修纂者，或者以較溫和的方式，或者用較強烈的手法，援用了這樣的看法，作為決定收錄寺觀事蹟入地方史志的正當理由。

這種看法既重視佛教在信眾中開創順從意識的能力，也能體認到禮佛的虔敬，比起儒家的信條更能深入民間、廣泛傳播。有一位明代中期的地方志修纂者，便從史書撰述的角度來表達此一思想：

> 其寺觀因有古跡，故不容泯，所取者禦災捍患，生有功於民，昭靈儲祥，陰有翊於國，皆備書之。[52]

48 《祁州志》（一七五六年），凡例，頁二a。

49 《固安縣志》（一五六五年），凡例，頁三b。

50 《永年縣志》（一六〇二年），頁四七b。

51 《豐潤縣志》（一五七〇年），卷十二，頁四b。

52 《臨漳縣志》（一五〇六年），凡例，頁一b。

接著他補充道，在其修纂的地方志中，將寺觀部分置於朝廷敕令祀典的「壇廟」一章末尾，而不是全書之末，這麼做乃是因為寺院是「眾俗所尚」。十八世紀時，另一位地方志修纂者也抱持著類似的看法，認為佛教性質溫和平順，又兼具地方風土特性。他聲稱：「崇其說（佛、道之教）亦可以助宣王化」；因此足以證明，在中國社會中，佛教的存在是根深柢固且不可或缺的：「梵宇仙宮，祈福祝釐，幾遍海內。」[53]佛教寺院傳播出去的意識形態影響力，鼓勵人們崇信佛陀、順服國家朝廷，因而對社會秩序的穩定能起到增益的作用。就像清初時一位方志修纂者所說的，儘管「吾儒不談二氏，嚴左道也」，但是佛、道寺觀的普遍存在，卻也能對社會發揮正面效益：

余謂人苟存生死禍福之念，則犯上作亂者寡矣，亦神道設教義也。此余之所以志寺觀歟？[54]

另一位明代的方志修纂者，甚至將這層意義進一步推而廣之，認定佛教寺院打從一開始就在太祖皇帝的治國宏圖計畫之中。他宣稱「國朝」之所以允許佛教的「殘跡」在體制裡繼續存在，「皆因其鼓勵崇佛之愚民一心為善，而非教其向惡。」[55]這類表述既可以保障儒家人士不受到佛家教義的沾染影響，又能使他們認識到佛教思想、組織能力之宏大，而且未必和儒家的政治秩序扞格不入。

在上述這些儒家人士的呼籲中，有一項共同之處，就是感覺到人世已衰頹，不是昔日儒家思想的全盛時期。而佛教儘管不如儒門道學正宗，卻在過往挽救人心淪喪的過程裡發揮作用。一六八四年北京《宛平縣志》的修纂者，就提出這樣的看法，用以平息一切在帝制晚期社會中，對佛教合法地位的質疑聲浪：

> 五帝三王之治天下也，修身而已矣，敦倫而已矣。人人修其身，人人敦其倫，則大道以行，天下又安有逆理反常之事哉？三代以還，聖人不作。至漢明帝時，佛教乃入中國。其教主於為善戒殺，斷酒不淫，清淨忍辱而已矣。[56]

接著他又強調，佛、道兩教「教人作善不作惡」，因此「未嘗有戾於五帝三王之大道，此所以猶有遵其教者歟？」

三年之後，另外一位地方志修纂者認為，佛、道二教不但不會與事物的正常秩序相牴觸，而且對於維護秩序來說相當重要：

---

53 《定州志》（一七三六年），卷二，頁三六a。

54 《東鹿縣志》（一六七一年），卷二，頁二〇a。

55 《新城縣志》（一六一七年），卷十二，頁一b。

56 《宛平縣志》（一六八四年），卷二，頁四七a；「大道」一詞，典出《禮記》。原文為「大道之行也，天下為公，選賢與能，講信修睦。故人不獨親其親，不獨子其子。」理雅各（James Legge）將這段話翻譯為英文（Legge, *Li Ki*, pp. 364-365）。

堯舜之世，不過疏瀹決排而已。其在今日，苟非厚堤峻防，而潰決橫裂之勢，將不可底止。世道之趨而愈下，何異是哉！彼二氏，正治水之堤防也。[57]

這位修纂者寫道，上引段落正是他決定不按照陸隴其的建議，反而將寺觀收入地方志的原因。批判佛教者只是看到世界應該遵循的理想模樣，而像這位地方志修纂者所見到的卻是現實；在現實世界裡，佛教扮演的角色，比儒家更為重要。

從明到清

隨著時間流逝，人們在風雨滄桑之中經歷了各種政治和社會的變動，上節所說的主張與論點，就是因為政治與社會的種種變化，而在聲勢上有著高低起落。地方精英對於佛教寺院的認同（或是從最起碼的程度來說，對於寺院的存在看作是一種社會現實而接受，認為佛教在地方網絡中已經根深柢固，因而不可忽視），在晚明時來到最高峰。在一部於一六一八年（明萬曆四十六年）編成刊行的地方志裡，修纂者就以強烈的方式表達這樣的觀點。在寺觀部分的序言裡，他直言不諱地聲稱，佛、道寺觀亦合乎正道。[58]然而，清代初年知識界的保守氛圍，無法容忍這類直言無隱的宗教寬容觀點，對於佛教抱有認同感的人士，即使是像一六七四年（清康熙十三年）版《開州志》的修纂者那樣，也不得不聲稱佛、道二教不同於儒家理學之「大道」。唯一能使佛教恢復原有地位的說法，是宣稱「三教合一，共趨大道」。只有從這一套說法入手，他才能進一步的說明，為什麼文人學者總是如此詳盡的記載寺廟、叢林與名山。[59]儘管如此，身為一位地方志修纂者，他仍舊是採取保守的態度，只收錄那些舊版方志曾經記載過的寺院。

從清初到中葉，方志修纂者尋求找出佛教與理學之間的共通性，作為尊重及記載寺院的理由，變得愈發困難。那些主張佛教與儒家之間有共同之處的人士，必須更加委婉地表達這樣的看法，並且避免在論及儒、佛之間具有共同性質的正當性時，作出激進的結論。「三教不必同源」，一位謹慎的方志修纂者極力澄清說道，不過上引這句話裡，隱含意在言外卻又難以表達的意思，其實是「覺世初無殊旨」，不過，他還是必須得要抑制自己評論中儒釋道三教調和論的意味，聲稱自己反對以佛家教義比附儒門正宗的輕率把戲。清代的學者認為，最擅於玩弄這種花招的，莫過於明代儒者；而清代的衛道人士則擔心他們那個時代的民間教派領袖也如法炮製。[60]

從相互連續銜接的地方志版本中，有時候可以反映出修纂者為了順應意識形態思潮的起伏，而承受壓力的情況。在我追蹤考察各處地方志的各種版本當中，只有《豐潤縣志》的前後兩種版本，在

57 《安平縣志》（一六八七年），卷三，頁三a。

58 《灤志》（一六一八年），卷六，頁五八b。

59 《開州志》（一六七四年），卷二，頁三三a。

60 《正定府志》（一七六二年），卷九，頁五二a。關於清代精英對於儒釋道「屋舍三間」調和論的焦慮、以及對民間教派中出現一種激進混一論的可能性感到憂心，參見 Brook, “Rethinking Syncretism,” pp. 25-35.

「寺觀」部分的記載篇幅，看不出有任何顯著的差別。[61]在其他的案例中，修纂者自然不會撇開之前的成例不顧而自行其是。乍看之下，現存的三種《滄州志》（修纂年份分別是一五八四年、一六八〇年和一七四三年）編纂的方向似乎彼此一致，都收錄了寺觀，唯一的改動之處，是之後的兩個版本各將寺觀部分往後挪了一卷。然而，如果我們更仔細的審視一七四三年修纂的《滄州志》，就能看出該版的修纂者大量刪減了一五八四年和一六八〇年兩個版本內的寺觀記載篇幅，只保留寺觀的所在地紀錄。[62]而其他方志修纂者做出的更動，就不像一七四三年《滄州志》這樣謹慎了。現存《故城縣志》的兩個最早版本（分別是一五九四與一六一四年），在每一筆寺院條目之下，都會記錄下若干事蹟；可是到了一七二七年（清

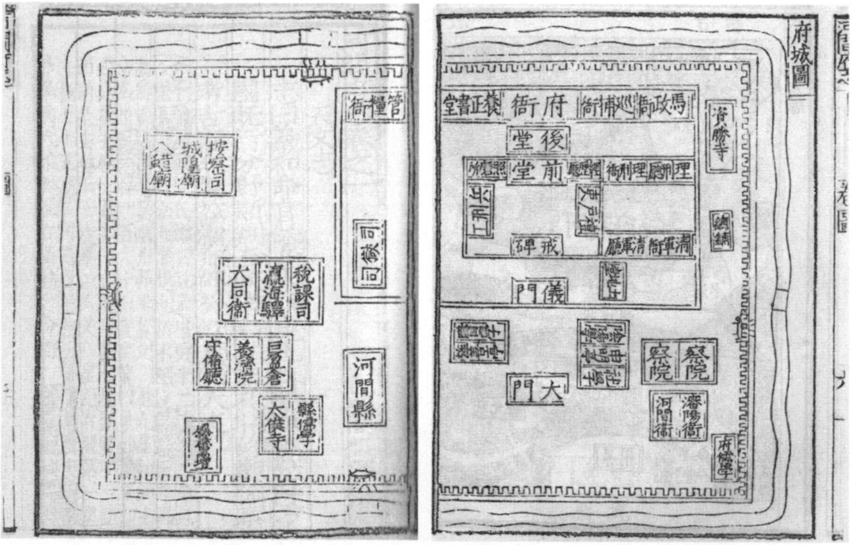

圖 8-1　河間府治圖　載於一五四〇年版《河間府志》。儘管修纂者決定不在志書裡記載佛教寺院，但是該志的繪圖者卻在地圖中標示出「資勝寺」，位於城區的右上角。（資料來源：《河間府志》，一五四〇年圖，頁六 b～七 a。）

雍正五年）重修《故城縣志》時，修纂者不但將原有的事蹟記載悉數刪除，只保留下寺院的所在地點，而且還在這部分末尾處加上一段抨擊佛、道的短論。[63]

從上述這些案例可以看出，隨著時間往後推移，地方志中收錄寺觀的篇幅就更加縮減已幾乎是常態。不過，河間府與真定府（清代稱正定府）的情形是值得注意的例外，在河間與真定二府的某些地方志中，新志的修纂者反而增加了記載佛教寺院的篇幅。一五四〇年（明嘉靖十九年）的《河間府志》並未列出寺觀，不過府志的繪圖者卻在府志圖上標示出一座寺院（見圖八之一）。相較之下，一六一五年與一六七七年修纂的《河間府志》倒是都列舉了佛寺與道觀。[64]真定府的情形與河間府相似，一五四九年府志的修纂者並未在「壇廟」一章中列出任何佛教寺院，不過一六一二年版的《真定府志》則為佛教寺院設置專章，並且提供寺院的名稱和所在位置，一七六二年的《正定府志》也是如

---

61 《豐潤縣志》（一五七〇年），卷十二，頁四b～六a；《豐潤縣志》（一七五五年），卷二，頁四a～七b。

62 《滄州志》（一五八四年），卷二；《滄州志》（一六八〇年），卷三；《滄州志》（一七四三年），卷四。

63 《故城縣志》（一五九四年），卷三；《故城縣志》（一六一四年），卷二；《故城縣志》（一七二七年），卷一。無獨有偶，十七世紀第二部《廣平縣志》（一六七六年，卷一，頁二八a～二八b）的修纂者同樣也不贊成該縣前一部縣志（一六〇八年）收進大量佛教寺院的訊息。他保留了一六〇八年版《廣平縣志》原有的條目，但是在「寺觀」這部分的結尾處加上一段大肆抨擊佛、道的評論文字；民國年間重修的《廣平縣志》刪去了這一段文字，參見《廣平縣志》（一九三九年），卷九，頁七a～十b。

64 《河間府志》（一五四〇年），卷七，頁六a，記載有抨擊佛教儀軌的評論；《河間府志》（一六一五年），卷二；《河間府志》（一六七七年），卷六。

此。[65]同樣的趨勢也出現在真定府轄下各縣的地方志中。一六一七年的《新河縣志》沒有「寺觀」一節，但是一六七九年版縣志的修纂者卻列出縣內寺院，更在條目下添註了若干文字。這位修纂者似乎也察覺自己的作法有違逆趨勢之嫌，於是他謹慎的加上了一條附註文字：「舊志具在，不佞亦不敢固令缺略。」[66]無論他所說的「舊志」指的是我尚未找到的一五六四年（明嘉靖四十三年）版本，還是泛指明代北直隸的地方志，修纂者都懷抱著一種吹毛求疵的審查心態，而六年以後，在鄰近新河縣的靈壽縣，知縣陸隴其在修纂縣志時，將佛教寺院的記載全部排除，正是出於這種心態的鼓動。[67]

到了十七世紀後期，很多地方志修纂者都抱持著像陸隴其那樣激進的立場，只不過沒有徹底落實而已。在晚明或清初時地方志裡收錄的寺院記載，通常到了清代中葉重修的版本裡，都已不復存在。[68]新城縣前後修纂的三部地方志，就遵循著這樣逐步消失的過程。一六一七年版的《新城縣志》在最末一章〈雜記〉之中收錄寺院記載，包括寺院的名稱及相關資料；一六七五年的版本將這些記載全部刪去，只保留寺院的所在位置；到了一八三八年（清道光十八年）重修《新城縣志》時，則將「寺觀」部分全數刪除。[69]偶爾，那些在清代中期之前的地方志中遭到刪除、消失的記載，之後會再次出現。譬如，一四四五年（明正統十年）修成的《大名府志》，在「壇廟」一節的末尾處附有一份詳盡的寺觀名錄；一五〇六年（明正德元年）版的新志不但蕭規曹隨，還在後面添上一段評論，這段文字表示修纂者知道自己照樣收錄寺觀記載之舉，會招惹反對人士的議論；到了一六七二年（清康熙十一年）重修的《大名府志》裡，反對收錄寺觀一派的意見果然勝出，寺觀部分從志書中消失。然而，在一七九〇年（清乾隆五十五年）的《大名縣志》與之後一八五三年（清咸豐三年）版《大名府志》之中，又重新收錄寺觀部分。[70]地方志修成時間愈是往後，修纂者的態度就愈見寬鬆，或許反映出一種健全的普世主義心態；或者，這種情形是否更有可能表示，佛教寺院已經不再擁有能夠干擾儒

65 《真定府志》（一五四九年），卷十四；《真定府志》（一六一二年），卷四；《正定府志》（一七六二年），卷九。從廣宗縣的各個版本縣志之中，也可以找出同樣的趨勢來，一五九八年的《廣宗縣志》（卷三）略去寺院的記載，一六九三年的版本則收錄寺院（卷三）。一六二四年版《安次縣志》只列舉朝廷敕令祀典的廟宇，而不列寺院（卷四）；一六七七年版《安次縣志》不但收錄寺院，並且載明這些寺院的創建時間（卷五）。一七四九年版《安次縣志》保留了舊版當中的全部記載，不過修纂者很謹慎地將國家祀典的壇廟與佛教寺院分開，置於兩個不同的門類之下（卷三）。

66 《新河縣志》（一六七九年），卷二，頁二一 a。

67 民國十八年（一九二九年）的《新河縣志》大致上照錄一六七九年版縣志的內容，不過修纂者採取一種與同時代的地方志不同的編排方法，他在志書中不另新設「宗教」門，而是將寺院記載列入「古蹟」門。參見《新河縣志》（一九二九年），故實考，古蹟，頁十五 b～十七 b。

68 舉例來說，一五四八年版的《灤志》並未列舉佛教寺院，而一六一八年重修的《灤志》則收錄了寺院，不過一八一〇年的《灤州志》卻把寺觀部分全部挪到最後一卷的末尾處。同樣地，一五二六年版的《磁州志》，原本將「寺觀」部分安排在第一卷（頁十九 a～二一 a），而一七〇〇年的《磁州志》則將寺觀放到第七卷的末尾處。一六四二年的《元氏縣志》原來設有「寺觀」一部（卷四，頁二四 a～二四 b），到了一七五八年版的《元氏縣志》則不復存，一八七五年重修的新志也沒有恢復。

69 《新城縣志》（一六一七年），卷十二，頁一 a～一 b；《新城縣志》（一六七五年），卷二；《新城縣志》（一八三八年），卷十。

70 《大名府志》（一四四五年），卷四；《大名府志》（一五〇六年），卷四，頁三二 a～三五 a；《大名府志》（一六七二年），卷十五；《大名縣志》（一七九〇年），卷六。

家權威的力量，即便將它們記載進地方志中，也不會侵犯儒家的統治優勢呢？

國家體制中的佛教

北直隸的地方官員和仕紳愈來愈不情願全面記錄轄境內的佛教寺院及其法事活動，這或許可以看做是地方精英人士對佛教的反感與日俱增的跡象。然而，從修纂地方志這種史書體裁的角度來看，或許還不能完全解釋上述這種情況的演變發展。畢竟，編纂地方志書的目的，不是為了製造一份複製地方社會複雜現實情況的文書紀錄；修纂地方志是準備將地方的現實狀況納入文本紀錄的格式之中，而這種文本紀錄是遵循國家統治原則而制定的。

關於如何記載寺院的分歧意見，或許表示各人對於宗教的喜好各不相同，不過我寧願將這樣的分歧，看作是精英階層當中對於佛教在明代或清代國家體制中地位的一場爭辯。除了「體制」（constitution）一詞，我想不出還有什麼更好的詞彙，可以用來表達一系列在公共領域之中政治參與和控制的規範、制度等概念。至少在理論上，這些概念可以和儒家所界定的狹義國家權威產生競爭關係，佛教正是被視為這類治理規範、制度存在的場所，特別是在國家權力遭受攻擊和威脅的時期，佛教就對其構成挑戰。

在地方社會的權力結構之中，佛教是一項合法正當的構成要素，這是可以斷言的。只要佛教寺院符合一定的法令規範，明清兩代的國家權威都認定它們為合法的宗教機構；同樣地，只要佛教教團僧侶持有朝廷頒發的度牒，國家也願意承認他們是正當的宗教人士。問題是，精英是否認為佛教在公共利益這一層面上起到保護作用？或是造成威脅效應？如此又造成了另一個問題，即地方志是否應該詳實的呈現佛教事蹟？得到的答案也各不相同。倘若一位地方志修纂者懷疑佛教寺院規避國家法令，而且可能使國家的道德準則受到損害，那麼他在記述佛教寺院的事蹟時，除了給予最少的篇幅之外，不會再做任何提高寺院地位的舉措。而如果地方志修纂者體認到，在官方的道德勸諭和正確的施政之外，佛教對於地方社會的穩定居功厥偉，他對佛教寺院的看法將大不相同，並且會容許佛教寺院的事蹟享有和儒學、朝廷祀典的壇廟同樣的地位，詳實收錄到地方志之中。直接了當的說，上述這兩種立場，分別代表兩種關於佛教在國家體制內適當地位的不同觀念；前者認為佛教有損於公眾規範與制度，後者則相反，認為佛教對於增進公眾秩序卓有貢獻。

地方精英階層的成員敏銳地察覺到，佛教在地方社會實際上具有相當大的權力與影響力。一七三二年版《完縣志》的修纂者就認為，佛教對於地方秩序的建構極為重要，他十分懊喪的逐一列舉出佛教寺院在完縣香火興旺的景象。這位修纂者抱怨道，佛寺非但無處不有、多不勝數，寺內諸佛塑像的「金碧輝煌」更使觀者神迷目眩；寺內負責收受捐資的僧眾，所募得款項之巨，使他深感震驚。而最讓他感到驚駭的是，在佛教寺院的廟舍裡，人群的活動是如此充滿旺盛的生命力，難以遏制：

> （未列入朝廷祀典內之寺廟，）豈可妄為創建？而世俗之人於衢旁市側，無故設廟。塑像儼然，而喧囂紛雜；並無院壁，而臭惡薰蒸；甚矣哉，其褻也！[71]

71《完縣志》（一七三二年），卷二，頁二七a～二七b。

從上面這段引文中描繪的場景看來，佛教決不是一副位於邊陲地帶，或是處在衰敗之中的模樣。可以看出，佛教已然充分融入社會參與和社群交流的網絡之中，其影響範圍沿著完縣的交通要道，從各個市集不斷延伸擴展出去。這也就難怪十年後，有一位方志修纂者憂心地寫道，那些位於「荒墟野市」之中的佛教寺庵，他一概不予收錄；[72]因為這些所謂「荒墟野市」，正是地方社會中各種人際脈絡盤根錯節、相互交會聚集之地。這個充滿變動、活動的世界，超出國家力量所能監控、管理的範疇，同時與佛教之間有著極深的牽扯；它與精英們自覺身處的世界是分離的，但卻也不是引文中那位地方志修纂者所想像的那樣混亂而不可救藥。儘管《完縣志》修纂者對於佛教寺院的印象是「喧囂紛雜」，但實際上這些寺院卻是在維持著某種秩序的，對於那些身在其中的人們而言，這樣的秩序是相當合理且顯而易見的。

佛教在民間進行動員造成的下一個趨勢，則是讓地方仕紳也參與到佛教領域的事務來，這引來儒家傳統衛道人士十分不快。仕紳涉入佛教，在明代的最後一百年間，幾乎是非常普遍的事情，特別在南方崇佛的習俗傳至北方時，讓某些人感到沮喪驚惶。南宮縣位於北直隸南部、在繁忙的大運河港埠臨清的西北面，一五五九年（明嘉靖三十八年）版《南宮縣志》的修纂者，對於「近世」以來，上述這種趨勢的產生加以評論道：「逢掖之徒，[73]往往托慕於二氏，且援其空寂以自高。」在上面這段簡短的評語後面，修纂者因而發出了感嘆：「可慨也夫！」[74]然而，不是所有人都如此認為。前面提過的一五七六年版《丘縣志》修纂者，就寫出下面這一段略帶自我辯護意味的文字：

古人適情寄興，必藉登臨名台別館，足表形勝，況佛老所建梵宇琳宮於崇山深谷之間，又足以供藏修游息之士之所眺覽，且刻印具官，持教祝壽，亦制典之所不廢者。志之，以見昔所有者。[75]

登臨名山古剎遊覽的雅興，以及官方涉入佛教事務時所持的寬容態度，都在清初時漸告消逝；然而即便如此，心存警惕的方志修纂者，猶然在抱怨仕紳醉心於佛教。一六七六年版《廣平縣志》的修纂者，就委婉的責怪他的仕紳同儕：「吾儒醉心二氏之教，何也？」[76]諸如此類的動作都是對於自稱「吾儒」的群體施加壓力。四年之後，另一位地方志修纂者聲稱，佛、道二氏之教，「儒者宜闢之」，然而他又寫道，許多文人不此之圖，反倒選擇「登眺慕古」。[77]無獨有偶，十八世紀中葉時一位地方志修纂者，見到自己的同儕仕紳紛紛前往位於縣境內名山勝景的佛寺道觀遊覽時，不禁惱怒地

72 《萬全縣志》（一七四二年），卷二，頁四四 a。
73 譯註：「逢掖」為古代儒者穿用之大袖單衣，此處指稱儒家人士。
74 《南宮縣志》（一五五九年），卷二，頁八 a。
75 《丘縣志》（一五七六年），卷上，〈建置・寺觀〉，頁十四 b。
76 《廣平縣志》（一六七六年），卷一，頁二八 b。
77 《南皮縣志》（一六八〇年），卷三，頁十四 a。

質問：仕紳當然能夠在佛剎道觀裡超然世外、度過閒暇時光，可是他們為何要在寺中寄宿呢？[78]

仕紳與佛教這兩大社會團體之間缺乏明顯的界線，隨之引發了一個問題，代表我們需要另一種不同於《明會典》編纂者的社會分析方法。仕紳集團並不像《明會典》認定的形象——堅定的站在國家與儒家意識形態這一方。實際上，仕紳成員是不均勻的分布在國家政權與民間社會兩極之間，因而產生出一個更為複雜、儒家的社會觀不願意承認的社會結構；在這樣的社會結構之中，黏合國家與社會兩端者，不是只靠儒家的價值觀；與複雜的社會體系發展繁衍有緊密關聯的，不僅是儒家的制度習俗而已，而農村社會的穩定與發展，同樣也不只是單單仰賴儒家的技術——儘管儒者並不善於將社會階層處在他們之下的團體，看作是穩定社會的力量。無論從哪一種觀點來看、無論如何詮釋，佛教在地方權力格局中的位置都相當的顯著。從地方志裡一連串出現的抨擊佛教的評論可以看出，保守陣營的儒家衛道人士其實無法解決地方社會雙重格局對立的難題；一邊是朝廷授權的公共秩序，另一方則是民眾生活於其間的大眾空間。對此，皇帝的介入只會讓情況雪上加霜，這是因為朝廷官員心中贊成、也身體力行的是政教分離的原則，而皇室對佛寺布施頒賜，卻使臣工覺得有違皇帝應遵循的儒家聖君之道。倘若皇帝希望這些儒家孔孟門徒為官能盡忠職守、謹守臣道——這是官員們認為自己與皇上達成的約定，那麼皇帝就不應該私下施恩於佛教僧侶。不過，法律上對佛教的容忍，以及皇室的特權，都不是仕紳有權能置喙、正當表示反對的，這也使得他們只好選擇那些閹人、佛教信徒以及不守規矩者，作為抱怨批評的對象。

佛教因為在地方社會具有舉足輕重的地位，從而引來的各種緊張關係，反映出在這個下至地方州縣、上到國家朝廷，驅動人們政治生活的不平等權力關係之中，因為階級、特權和利益所引發的裂隙分歧。這些關係和分歧，對於成功平衡各方勢力的社會政治複合體來說，真的非常重要。法治體系由上而下，協商各方利益的社群網絡由下而上，共同發揮作用。這一系列權力關係，起源於國家體系，滲透進地方社會，並且在地方上付諸實施；近世的歐洲人士在談及是否需要有一套憲政體制時，他們在各自地域著眼考量的正是這樣的權力關係。憲政體制的話語環境，能夠容許個人自由與精英特權同時存在，從而保障了歐洲能夠成功發展出一個容易管理、能夠抑制特權階級的政體制度。先是世襲君主的權力受到貴族精英的限制，然後是貴族受到由平民所組成政治聯盟的制衡，明清兩代心向朝廷的地方仕紳在面對皇帝時，並未具備歐洲那樣的權力關係。由於缺乏公民參政的權利，他們無法集結起來從事政治活動，不過他們確實可以利用文化上的體系架構，在地方謀取利益，而與國家殊少關聯。當這些仕紳受到來自基層的宗教社群威脅時，就會回歸到國家體系之中，並且運用國家體系作為開明舉措的堡壘，生恐蓄勢待發的混亂會破壞他們在地方上的特權基礎。不過對大多數其他的人來說，佛教寺院是塑造和增強諸多社會聯繫網絡當中的一部分，透過這些社會聯繫網絡，他們決定自己的所作所為、和誰來往、在何處挹注私有或公共的利益。在大千世界之中，佛教向他們提供了一個處所，這個處所大概也是人們生活之中體現公共權威和社會交流的地方，佛教因此成為地方社會生活的基礎，而且持續在地方各種力量之間帶來平衡。佛教在中國帝制晚期的國家體制當中，具有一定的地位，這

78《磁州志》（一七五六年），卷二一，頁三二一a。

種地位在某些人看來或許是異端，而在另外一些人眼中則是正規常態。究竟是常態還是異端，要取決於當時的人們（或者是今日的我們）如何理解，在當時當地公眾生活的組成和目的到底為何。

結論　明史研究中的國家

從史料文獻中可以看出，明代開國皇帝朱元璋在十四世紀後期推行的行政體系確實十分卓越——它強而有力、綱舉目張、而且雄心勃勃，意圖掌握百姓的一切社會生活。從本書裡所討論的若干事例來看，無論是人口戶籍登記、丈量田土、圖書出版、設置藏書樓、打壓宗教，還是無論貧富，以同樣一套禮儀規範約束民眾，國家看來無所不在，而且與百姓的生活方式息息相關。由於受到身處的時代與所在地點的影響，我們往往會認定上面所提到的事業都是國家的業務。然而，在二十世紀冷戰時期發展起來的西方明史研究，學者在提到朝廷的權力及其政治制度時，卻迴避使用「國家」（state）這個字眼，選擇改用其他詞彙，諸如「政府」（government）或是「王朝」（dynasty）等作為替代。

據我所知，在西方明史研究學界裡，率先對於「明代政治運作是否能算得上是國家」這一命題，給予明確關注的學者，首推德國漢學家林懋（Tilemann Grimm）。一九八五年，林懋在一本學術討論會論文集裡，承認明代政治確實是一種專制統治，並且在這一立論的基礎上，進一步提出他所謂「中國國家的懷疑論觀點」。依照林懋的見解，明代的政治生活，並不如近代歐洲國家那樣，由組織與法律原則所支配；因此從這層意義上看，明代既是一個「國家」，卻又不夠格稱為「國家」。無論歐洲國家具備什麼樣的特質，明代中國都還不齊備：

依照我的看法，一個政權要夠格被稱得上是一個「國家」，僅僅具備一個有專門執行公權力機構的權力架構、一定數量的官僚體制程序，是不足夠的；同理，國家更不只是在「蠻族」入侵時能以武力反擊的一塊特定疆域而已。

林懋認為，因為欠缺「能夠同時適用於統治者與被統治者的穩固法律典範」，所以明代始終無法有效掌控朝廷之中「經常出現的權勢競爭」，也難以遏止地方層級「此起彼落的群體衝突」。然而即使如此，林懋還是在這篇論文的收尾處，做出一個不具結論性質的總結：「在這樣的政治體制之下，其權力運作是否能被稱為『國家』，仍然是一個有待後續討論的議題。」[1]

但是「後續討論」始終沒有出現。一九八五年前在論文中盡量迴避使用「國家」一詞的歷史學者們，之後仍舊這樣做；而那些一九八五年以後才開始寫作的歷史學者，包括我在內，卻也讓「國家」一詞繼續安靜的在後台等候。當然，明代中國是否具備「國家」地位，取決於我們怎麼看待「國家」一詞的涵義。我們是否該仰賴那些為西方學界所熟悉、從十七世紀以來得自於歐洲國家的標準，並且運用它們來評判中國的史事？或者，我們是否需要修改原來的假設，不去依賴特定的歐洲經驗，努力求得一個對「國家」更為廣泛的理解呢？難道僅是因為使我們想起歐洲諸國的經驗，還是使我們藉此拓寬自身對於理解「如何才是國家」的眼界，明代中國就算得上是一個「國家」了嗎？在這類定義的問題背後，還存在著更為艱鉅的比較歷史方法論命題。正如法國歷史哲學家保羅．利科（Paul Ricœur）所說，如果歷史學者要從「術語的分類到差異的解釋」逐次著手考察，[2]那麼我們分析的基準，究竟應該置於差異，還是分類術語（「國家」）之上呢？換句話說，究竟是近世（early modern）歐洲國家的政治運作，與明代施政之中的政治組織運作，二者性質相似，因而提高了將二者拿來相提並論的分析價值？還是這兩者之間的差異性太大，以至於我們將其歸類到不同的類別範疇當中，在分析上能夠得到更好的影響效果？

歐洲的政治與社會思想傳統普遍重視差異與區分，認為差異性值得探討尋求。區分政治體制的習慣根源於希臘人對世界的想像，他們認為世界可以分為希臘和突厥（Turk）兩種人，以希臘人的用語而言，就等於是歐洲人與亞洲人的區別。專制政治是這類區分通常使用的詞彙。舉例來說，亞里斯多德（Aristotle）在其著作《政治學》（*The Politics*）中強調，「亞洲人較歐洲人更具奴性，是以他們能經受專制統治，而不起來反抗。」[3]而希波克拉底（Hippocrates）也以同樣的邏輯指出，亞洲人「不能獨立自主，因而受到專制君主的統治。」此後，使用「專制政治」一詞的趨勢暫告消退，只有在十四世紀時，當中世紀的哲學學者重新重視亞里斯多德著作的價值時，才又短暫的復興起來。[4]在十六、十七世紀時的歐洲，「專制君主」（despot）一詞幾乎成為鄂圖曼（Ottoman）皇帝的繼承人及

1 Tilemann Grimm, "State and Power in Juxtaposition," pp. 47, 49-50.

2 Paul Ricœur, *Time and Narrative*, p. 125.

3 Aristotle, *The Politics*, III, ix.

4 這些中世紀哲學家舉例來說，有英格蘭修士「奧坎的威廉」（William of Occam）、義大利學者瑪西利烏斯（Marsilius of Padua）等人；參見 Brendan O'Leary, *The Asiatic Mode of Production: Oriental Despotism, Historical Materialism, and Indian History*, pp. 46-47. 除了上述學者之外，還有馬基維利（Niccolò Machiavelli），也運用亞里斯多德的這種區分觀點。

其直系臣屬的專有名詞。只有來到十七世紀，「專制君主」一詞才開始獲得概念化的實質內涵。例如霍布斯（Thomas Hobbes）就提出「專制統治」（despotical dominion）與「君權統治」（sovereign dominion）二者間的區別：前者靠武力征服，後者則由君王治理。[5]約翰．洛克（John Locke）也相似的將「專制權力」和「政治權力」區分開來，他認為所謂「專制權力」，就是「一個人可以對他人施展的絕對、任意的權力，只要專制者高興，在任何時候都可以取人性命。」[6]不過，昔日的觀點仍舊保留了下來，有如賽謬爾．詹森（Samuel Johnson）在其一七五五年問世的著作《詹森字典》（*Dictionary*）裡，為「專制君主」一詞下了一個普遍性質的定義：「具有無限制權威的統治者」，隨即又註明「這個詞彙除了用以指稱達契亞（Dacia，羅馬尼亞古名）與塞爾維亞（Serbia）的君主以外，現已不常使用。」另一方面，英國人錢伯斯（Ephraim Chambers）於一七二八年編纂的《百科全書》（*Cyclopaedia*）則單獨為「專制主義」設置條目，從而將這一概念推進至更為普及的層面，並且遵循洛克的觀點，將「專制主義」定義為「專制統治」。一直要等到十八世紀後半，「專制政治」才開始擺脫早期用來專指某個政權的特性，不過在此時它仍然是一個由對立面來定義的概念。一七六〇年，當英國地圖學者湯瑪士．傑佛瑞斯（Thomas Jefferys）在其著作中描述非洲奴隸在北美洲法國殖民地的生活情況時，他將黑奴們原先處在欠缺文化的非洲統治者「專制統治」底下的生活，拿來與他們在美洲奴隸主管治下的「平民」生活做了對比。[7]以今天的角度看來，這是一個相當不恰當的比較，然而在當時，這樣的比較滿足了傑佛瑞斯對於歐洲文明制度的優越感，以及他靠著貶低原始非洲、自命高人一等的施恩俯就心態。

傑佛瑞斯竟然將非洲部族領袖稱作專制君主，表示專制主義的概念在十八世紀中葉時的英國仍未完全成熟。不過在同時期的法國，專制主義的概念已然成形。在這一詞語的轉化過程中，孟德斯鳩（Montesquieu）扮演關鍵角色，他將世界上的政府分為議會制、君主制和專制政體三種，在孟德斯鳩看來，專制主義是一種政治上的概念，而不只是應受譴責的悲慘情況，還可以從歷史當中舉出若干例證——像是俄羅斯、土耳其、波斯、印度和中國——實際上，歐洲以外的所有國家，都可以被歸類為專制政體的範疇。[8]黑格爾就是將上面所說這些例證，放進一個帶有目的論性質的世界史敘事裡去檢視；這個世界史敘事是以政治現代化為宗旨，明顯有利於歐洲（「中國、波斯、土耳其——實際上，大致是整個亞洲，都屬於專制政治的範疇，說得不好聽一些，就是惡劣的暴君政治之舞台」），加上跳躍到完全概念化的合理性（「大量可觀的形式，構建出東方『帝國』這座巍峨巨廈；在巨廈之中，我們可以找到一切合乎理性的法令與安排，只是在這樣的環境底下，個別的特例只算是一種偶

---

5 Thomas Hobbes, *Leviathan*, p. 113.

6 John Locke, *Two Treaties of Government*, p. 400.

7 Thomas Jefferys, *Natural and Civil History of the French Dominions in North and South America*, 引自 P. J. Marshall and Glyndwr Williams, *The Great Map of Mankind*, p. 247.

8 Montesquieu, *The Spirit of the Laws*, p. 63; 也可參見 Gregory Blue, "China and Western Social Thought in the Modern Period," pp. 66-67, 87-88.

然」），[9]不過只是邁出一小步而已。在這一小步之外，還有卡爾．馬克思（Karl Marx）、馬克斯．韋伯（Max Weber）、魏復古等學界巨擘，以及其他多位時代更近、對於亞洲與歐洲的差異區別並非全然無知的理論學者們，邁出更大的步伐。

以上對「專制政治」一詞歷史的簡短回顧，只是想指出在明史研究領域中對於專制政治的成見。無論這些觀點從學術知識上看起來是如何有條有理，它們都只是西方文明認同形成過程中特定的產物罷了。它們無法解決明代中國是否為一個「國家」的問題，但是我們必須從中認識到，這套已被埋葬、應該從我們正在進行的分析工作當中排除出去的假設學說，在原來的分析裡曾經發揮過強有力的影響。要是繼續沿用孟德斯鳩殘存至今的學說，將歐洲以外的政體都歸入專制政治的範疇，或者以黑格爾「追逐感官享樂的野蠻只能靠專制統治來約束」的歷史感悟來看待中國，[10]那麼我們除了複製他們的知識傳統之外，就不可能超越前人，對明代的歷史得出新的分析見解。

關於明代作為「國家」的地位問題，除了前述這種不得要領的分析之外，另外還有一種研究取徑，也就是重新檢視近世國家建構的歷史，因為這段歷史造就了「國家」理論術語的變遷。這其實不是明代史學者們要獨自面對的問題，這類問題他們也並非頭一次遭遇。數十年以來，研究中世紀歐洲歷史的學者們一直懷有疑慮：他們所仔細檢視的中世紀政治體制，究竟算不算是國家？然而就在二十多年前，法國歷史學者羅伯．福西耶（Robert Fossier）有力的澄清了這種疑慮。「國家這一概念，」他強調道：「於任何時代皆能適用。」[11]在福西耶看來，只因為歷史上其他時間、地點運作過的制度和權力關係，並不符合近代對於國家的標準定義，就否認國家的存在，純粹只是一種定義上的把戲而已。不過，若干人士提出將明代中國排除在「國家」之列的理由，竟然和他們宣稱中世紀歐洲欠缺國家體制的理由完全不同，這一點實在相當有趣。中世紀歐洲在他們眼中看來，未能達到預期中「國家」的標準；而明代中國則超出預想的標準，在監察制度與風紀糾察方面都呈現出早熟的發展，而這樣的早熟發展，被米歇爾・傅柯（Michel Foucault）和其他學者認定是歐洲現代性（modernity）發端的標誌。維持一個狹隘的、現今觀點的國家概念，認為一個落實公民民主的政治實體才夠格被稱為「國家」，其目的是為了強調西方國家塑造過程的特殊結果，而放寬「國家」的定義，也就是任何中央集權、透過種種權力關係施行統治的政治機構，都能夠符合「國家」的概念。代表就開放了這一概念對於各種差異性的包容範圍，從而擴大對政治權威建構過程的歷史進行比較的基礎，政治權威建構過程中產生的各項特徵，在每段歷史當中各有相似與不同之處。「國家」一詞，在不同的時空脈絡底下，涵義可能各不相同（以中國為例，規模是中國與其他歷史時空脈絡區分開來的最重要因素），不過這些差異擴展了我們對於國家運作典範的認識，也增益我們的見聞，讓我們了解複合性政治組織能夠規範人們生活的各種方式（或者是無效的失敗方式）。[12]

---

9 G. W. F. Hegel, *The Philosophy of History*, pp. 161, 105.

10 Ibid., p. 104.

11 Robert Fossier, *The Cambridge Illustrated History of the Middle Ages, 1250-1520*, p. 438, 引自 David Levine, *At the Dawn of Modernity*, p. 117.

12 關於政治經濟比較歷史的類似研究取徑，以及對我的研究有啟發意義的著作，參見 R. Bin Wong, *China Transformed*, ch. 4. 王國斌（Bin Wong）的分析建立在十八世紀的比較歷史之上，而我的作法，則是將比較的時間點移回十六世紀。

不過，我們的比較研究，並不準備按照現代歐洲民族國家（nation-state）具備的特性來檢視明代的「國家」，而是要將中西歷史比較的時間，同時放在中世紀晚期。為了進行這項工作，我將依賴美國歷史學者大衛．列文（David Levine）近來對於歐洲現代性早期歷史所做的綜合分析研究（他將考察的時段，界定在西元一〇〇〇年至一五〇〇年之間）。列文確認這五個世紀間歐洲社會發展的五次重大進程，這五次重要進展的第一項就是國家的形成，相當便於我進行歐洲與明代歷史的比較研究。有鑑於中世紀晚期的歐洲各政體，建構國家（state-building）一般而言被視為進展遲緩的事情之一，在列文的研究中居然名列前茅，足堪令人感到訝異。列文援引羅伯．福西耶的著作，挑戰從前認為中世紀歐洲國家發展遲緩的認定，儘管福西耶承認，在十四世紀漫長的蕭條衰退時期，國家發展呈現出種種悽慘黯淡的景象：「地位崇高的教宗備受質疑，變得誠信不孚且受人厭憎；皇帝們好大喜功，但他們的姓名我們卻已不復追憶；西方諸國皇室混亂不堪，老人、未成年者、瘋癲之人盤據王位。」[13] 但是他也指出，在這些混亂的表象底下，一種新的國家體系正在形成。從前的觀點認為，「社會乃由三個集團、或三種階層所組成（教士、貴族與平民），而其間存在著一種穩定的權力共治形態，國家（state）在當中扮演第二集團的角色」，這樣的觀點，現在已經不可能復返。福西耶輕蔑地將其稱為「瘋狂的觀念」，而且認為這種觀念「早在十三世紀時就已經過時了」，但「還持續被人們老調重提」，直到一七八九年（法國大革命）為止。福西耶因此主張，我們考察的時間點應該退回到十三世紀，注意當時各項新的發展，因為正是這些新發展，造就了國家體系作為政治權威的興起，而能夠將其影響力滲透進迄今仍在抵制它介入的社會網絡之中。

列文不但同意福西耶這番迫切的呼籲，更將其時間點向前延伸到黑死病時期之前，這是許多研究近世歐洲史的學者們所不願意採納的。列文認為，在這段時期，原先封建制度底下的契約互惠關係，正受到一種集權統治（absolutist rule）的機制取代；他總結這種集權統治機制的特徵，是「政治權力與權威集中到統治者及其代理人之手。」[14]權力集中的進程，因為黑死病的蔓延而趨緩，但是集權的過程，在此之前已然展開，而在黑死病的禍患過去之後，則因為那些原來仰仗封建地租過活的人，亟需獲得權力，以對抗耕農們日形擴大的獨立態勢，使得權力集中的趨勢更為增強。在西元一〇〇〇年至一五〇〇年之間，有一種「新形態社會」應運而生，[15]這也代表隨著這個新形態的社會的興起，新的政治體制也跟著誕生，它以領土地域來界定統治主權，運用法律以規範社會，在量化統計和調查的基礎上組織賦稅勞役，並且培訓協助治理的年輕人，然後任命他們出掌地方官職，列文稱他們為「行政文士」（administrative literacy）。這些創新舉措之所以獲得成功，關鍵在於壟斷施用暴力手段的能力，原先中世紀的政權是無法掌握這種能力的。可能造成這些改變的原因，包括城市規模的成長與自治的提升、金錢組織經濟的能力、可耕地的「膨脹放大」（透過闢建圩田等途徑）、以及因為識字率

---

13 Robert Fossier, *Le Moyen-Âge: le Temps Des Crises 1250-1520*, p. 110, 引自 Immanuel Wallerstein, "The West, Capitalism, and the Modern World-System," p. 48.

14 Levine, *At the Dawn of Modernity*, p. 109. 王國斌對於集權國家概念的定義，與列文不同，他認為集權政治是「從精英與受到精英統治的平民階層之中」，所發展出的一種「自治自主的措施」。參見 Bin Wong, *China Transformed*, p. 87.

15 Levine, *At the Dawn of Modernity*, p. 119.

和文件製作技術的增進而形成的各種「新學科技藝」（new disciplinary technologies）等，共同「開創出一張規範的羅網，自即日起，便將所有人的生活全部給囊括約束起來——受到金錢、國家、以及日常生活方面的監管。」[16]

總而言之，當時的歐洲人，正在摸索著朝國家形成的方向前進；在此之前，他們從未經歷過這樣的過程，國家充其量只存在於他們的想像之中，但是從來沒有落實過。可是，歐洲人感到新奇的事物，在明代中國的觀點看來，卻是極為熟悉。等到我們對文化脈絡上的差異做出調整，就能看出列文筆下描述的中世紀晚期歐洲，許多象徵「現代性」興起的特徵，在明代中國都是早已達成的常態，都是中國人集聚而成的國家權威裡的組成部分，稍後才在歐洲發展出來的專制政體。用不同的術語來說，此時在中國早已是現實，而且還以歐洲無法比擬的規模，施行於整片大陸之上。

因此，對於列文的研究，在比較中西歷史之後，我有下面這些心得。國家體制在明代中國的發展是超前的，而在歐亞大陸的另一端，中世紀晚期歐洲的國家形成過程，卻是斷斷續續、不平衡的；中國和歐洲發展專制國家體制，在形式上體現出的各種特徵，促使我們以一種相對比較的觀點來檢視二者，即使雙方在形成國家的過程並不相同時，也是如此；但是明代國家體制的超前發展，其實是與社會之中抑制國家趨向專制統治的頑強力量同時出現的，然則這種力量，卻沒有能在社會與國家之間建立起整合的結構，可以迫使國家重新界定其權威與社會的關係。現在，讓我們且先記下上述這些心得，然後回到本書的主題上面來。

從收在本書「空間」、「田野」兩部內的第一到第四章可以看出，明代的國家體制靠著熟悉地方行政管理經驗的官員清查戶籍與田土，將全天下置於朝廷的控管之下。這幾個章節同時還顯示出，社會力量能夠形塑、甚至阻遏國家政策的施行。在第一章，洪武皇帝朱元璋宣示其規模宏大的施政計畫，重新測量全國疆域，編組成鄉治和里甲體系，這清楚說明了國家的統治力量意在延伸進入地方社群，並且準備重新界定、建構民眾的生活。不僅宣示，這項計畫更實際付諸實施。這些鄉治單位的設置，已經落實到全國各地的最好證明，就是地方志裡隨處可見的記載，這也正是撰寫該章的史料基礎。這些史料顯示，起先地方社會別無選擇，只能承受國家的干預，修正朝廷的方案並不在地方社會的選擇之列。然而，我們同樣也看到，既存的社群界線，在朝廷實施其方案之時逐漸被列入考量。而且朝廷派任到地方、負財政與治安之責的官員也會改變他們原來的立場，轉而為地方謀求福利，不顧及國家的運作和利益。[17]實際上，只有當地方精英將自身的社會關係網絡與國家體系整合起來，而不是國家凌駕於這些精英之上，國家所追求的目標才有實現的可能。因此，雖然洪武皇帝設計的里甲體系乍看之下與黑格爾的專制想像頗為接近，實際上卻無法為所欲為。里甲制度的運作，要以從社會底層由下而上的毛細作用當作中介，並且依照地方的喜好需求來重塑里甲體系的面貌。

「一條鞭法」的改革與土地清丈，都需要里甲制來加以推行，但就如同本書第二章中葉春及所實

16 Levine, *At the Dawn of Modernity*, p. 125.

17 宋怡明（Michael Szonyi）在其關於明代福建宗族研究的著作中指出，宗族領袖利用里甲體系來達成其他目的，而置國家設置里甲原本的意圖於不顧，然後還運用里甲體系對其的遵從，作為與其他宗族的領袖之間競爭的政治資源。參見 Szonyi, *Practicing Kinship*, p. 173.

施的繪圖作業，以及第三章之中圩田地區官員們嘗試施行的政策，並不是建立在里甲制的統一推行，以及不可動搖的決心之上。這些改革的起源發端各不相同，而且成長茁壯於國家力量在地方上的作為，並不是來自朝廷由上而下頒降的詔命。地方官員處在經濟情勢變動的壓力之下，努力想要重新組織國家財稅體系在地方上的連接面，每個縣所想出的解決之道都各有不同，但地方官員一定要確實掌握其轄境之內豐腴多產田地的情形（這些資訊為國家之所需，不過地方精英通常有意隱瞞），他們提出的解決方案就能發揮效果。在本書第二章當中，當惠安縣的地方父老將第一部地圖交給縣令葉春及時，這些地方精英的用意，就是在推遲國家力量的介入。葉春及夠精明，內心暗自懷疑在地方父老看似恭順的外表之下，是否還另有隱情，不過他卻沒能發現有何不妥之處。惠安縣地方父老第一次呈繳的地圖，只是描繪土地登記簿冊上所載內容，而不是真實的地形地貌。換做另一位心中稍存敷衍的知縣，很可能就會讓這次地圖繪製自然發展，任憑地方社會在獲取資源一事上對國家上下其手——這正是在本書第三章裡，與葉春及同時代的烏程縣令遇到的情形，當時這位知縣大人僅將原來的「都」改成「區」，而沒有嘗試從基層重新建立賦稅體系。平心而論，烏程縣知縣在「一條鞭法」改革之中所承受到的壓力，比起洪武年間修造黃冊或《魚鱗圖冊》的人員要輕得多；說得更確切一點，只要縣令能夠達成朝廷對本縣徵收賦稅的額度，就不會再去壓迫、驅策民眾。推行「一條鞭法」改革的目的，在於了解社會財產的實況，而不是要執行朝廷的區劃安排。於是，「一條鞭法」的施行，幾乎在全國各處都成為推動改革的地方官員與地方精英之間微妙的政治角力，而和明代建國初期趁勝利餘威、在戰亂之後滿目瘡痍的民間斷然施行里甲制的情形，實在是大異其趣。「一條鞭法」另有一個更加保守的目標，即提供朝廷一個較新、配額也較為均衡的賦稅章程，而不是準備要重新改造民眾生活居住的社群環境。

官員們藉由本書第三章提及的江南地區提倡修造圩田，以及在第四章談到的華北平原栽種水稻，試圖改變農田體系，再次顯示出國家改變地方社會的能力，但是這些卻並非國家力量所獨有的本領。除去干預力量特別強大的時期以外，國家重新規劃地方農業社群的能力，也會受到地方利益的阻遏。由國家發動或組織的計畫，無論是維護南方的公共設施，還是加強北方農業的勞動密集程度，都需要動員大量勞力，只有在國家與地方精英合作接洽、適應現有農村社群的情況下，才能使這些計畫造成的衝擊，限縮在一定的程度之內。地方精英人士會隱身在這些建設計畫的背後，讓國家力量在地方的代表人物正面登場，這種表象是由朝廷官員擬撰的文獻所促成，官員通常為他們在地方上的失敗開脫，而宣揚自身的成功——不過我們卻反過來可以利用這些文獻，重建這些工作的進程。甚至連丁元薦也注意到那塊於一四七二年、由地方父老在圩田堤岸邊豎立的石碑，因而引發他懷古之幽情，認為國家體系實際上曾經有能力矯正里甲制的疲弊，確保足夠的勞力以修復圩田，而如今卻已失效多時了。丁元薦的例子提醒我們，不要輕易陷入自己一廂情願的思古幽情之中，要能夠看出國家力量對農村的規劃，與實際狀況之間的落差，或者是理解官員們在聲稱他們投入國家建設項目時，背後的企圖野心何在。在第三、第四章裡，可以看到地方社會的抵制相當強烈，國家對地方的要求，幾乎總是高過於其實際能力所及，但是朝廷畢竟還是提出了這些要求，而且在執行的時候、執行的地點，都能受到遵行。

本書第三部「書籍」裡的兩章，表明了國家與社會之間同樣的對話進程，一方面是朝廷對於書籍進行審查及查禁刊物的能力，另一方面則是社會在結構、經濟這兩個層面上，對於書籍內容收歸朝廷統一監管的抵制。如同我們在第五章裡所見到的，官員們興造藏書樓儲放朝廷許可、刊印的書籍；同時他們也在地方上蒐羅在朝廷看來是犯禁悖逆的著作，送往北京，有如第六章當中所描述的，在藏書樓中存放若干書籍，而另外查禁一些著作，這兩件事可以被看作是同一套知識流通系統裡的不同組成部分，國家藉由這套系統來傳遞訊息、分送資源。然而這些藏書和禁書之舉，同時也可以看成是朝廷偶一為之進行的干預，而非前後一貫、有計畫控制知識的行動。從這兩章的研究中，可以更為明顯的看出，社會與經濟網絡同樣也能將違禁書籍流通到官學的藏書樓之中，並且使其避開朝廷官員的監視。這些網絡為知識生產創造出有利環境，使得國家控制書籍而實行的文化政策不能收其全功。對此，大多數的朝廷官員都心知肚明，而且也能默認接受。

在第七章中，朱元璋對佛教寺院及僧團施以嚴峻的法令，更具說服力的說明，明代國家力量可以任憑己意干預社會。我將上述這種來自國家的干預，和第八章當中地方精英與國家代表雙方那種更加模稜兩可的論述，擺在一起觀察；當時他們試圖減少佛教寺院在地方志裡記載的篇幅。我這麼做的用意，是為了凸顯洪武朝對佛教規範的特殊性質，以及地方社會網絡裡自始至終不斷進行的滲透抵制作用；如此一來，無論國家力量與其精英準備要強加給民間宗教活動什麼樣的規範或需求，都可能會遭到漠視或是推翻。在第八章裡，發生分歧的並不是力量強大的國家與易遭魚肉擺布的社會，分歧的雙方，一邊是地方官員和部分在地仕紳，在意於維護自身權利；另一方則是地位同等重要的仕紳與一般民眾，他們篤信宗教，有時候帶點小奸小惡，但大多時候對於上級的屈尊俯就和焦慮，只是淡然以對。中國的國家力量和其他任何國家一樣，也認為宗教具備潛在的能量，可以匯聚、整合原來分散的社會網絡關係，從而成為一股挑戰公共權威的力量；國家尚且擔心宗教團體會妄自尊大，乘著適當的時機，冒稱自己具有准駁宗教社群活動的權力。明代的佛教並未顯露出與君權對立的企圖，也不像歐洲天主教會宣稱自己在道德上占據制高點。儘管中國的國家力量合法正當的獨占世俗與精神層面的權威，可是這種合法的壟斷，卻不表示國家力量不會遭到阻礙和挑戰。只要或多或少的對法令規範稍加尊重，此外又沒有要求宗教對當局徹底服從的政治運動，那麼宗教實體就能對於國家偏好的宗教行為或意識形態選擇性的加以漠視。在表面上，它們必須顯得符合正統思想，不過宗教團體除了非法集會與逃避賦稅容易招惹國家力量注意與介入之外，實際上頗能規避國家的控制與監管。

在大部分時間、對大部分的人們來說，如果宗教與國家之間這種緊張關係沒有劇烈爆發成為衝突，那是因為社會結構相當穩定，始終保持與國家之間的對話，維持住一個大致上的平衡局面，這樣的局面，大部分要歸功於仕紳的努力。除非是被逼著打壓宗教，否則地方仕紳在對待民間宗教時，一般都抱持寬容順應的態度，也沒有放棄自身的影響力去迎合上層。從十六到十八世紀，仕紳們藉著挹注財富，運用這段期間發展出來的縱向與橫向控制、競爭策略，將經濟層面上的機會轉化為社會收益，同時並未對國家的生存與正當性構成威脅。這是一種微妙的平衡關係，而仕紳們對這種平衡格局頗習以為常。這種在政治權力與社會權力之間的協商議價過程，以財富和自治作為交易籌碼，換得長期持久的國家地位象徵，之後會一直延續到十九世紀後期的數十年間。[18]

考慮到中國的國家統治體制規模與範圍是如此之廣大，十八世紀歐洲的重農主義者會將中國看成是強化專制國家統治、對抗貴族與教會特權的模範國度，也就不足為奇了。而重農主義者確實在其中找到了若干值得仿效的要素，例如中國的賦稅制度、以科舉考試晉用人才、以及朝廷禮儀規制等。（十八世紀法國重農主義領袖人物法蘭索瓦・魁奈〔François Quesnay〕甚至還計畫讓法王路易十五效法中國皇帝，於每年春節時舉行春耕藉禮。）[19]當然，從這一點看來，在這時候的歐洲，還將專制統治當成國家政治的理想模式，已經算是落伍的見解了；將來會與民主政治制度一起削弱專制統治、迫使君主與資本主義新貴分享權力的各種歷史進程，即便此時還沒有全部出現，也已經紛紛開始上演。不過，從這個時間點來說，上述這一切還為時過早。如果我們將比較的年份設定在一五〇〇年，也就是大明弘治十三年（即本書緒論中「南昌墓地案」上達天聽之年），與弘治皇帝的身影相比，則當時的歐洲諸國，看起來不過是虛弱的影子罷了。這時的弘治，所能號令的能力之廣、所需維繫的事業之眾，都不是任何歐洲的君主可以比擬。倘若弘治皇帝想對天下所有的「甲」長（根據一項統計數字，當時一共有六十八萬九千二百九十五個「甲」）頒布一道詔命，在理論上皇帝是可以這樣做的，甚至最低程度上，他還能期待甲長們形式上的回覆。

然而明代的皇帝卻不是魁奈或路易十五所想像的那種專制帝王。的確，明代的皇帝能做許多事情，只要各種流通體系能確保詔命順利傳達，安全體系能夠傳回受命者的回覆，而教育體系能提供為朝廷掌理行政事務的人才，他確實能做許多事情；但即使如此，他還是會遭遇許多體制上的限制。後來成為內閣首輔大學士的王錫爵，在一五九〇年（萬曆十八年）時鄭重地向皇上表示：「國家之事，人君事事可以獨斷。」這番話聽來或許有些諂媚，但其實王錫爵只是藉這樣的措辭帶出接下來的話，委婉地提醒萬曆皇帝，在他心中最牽掛在意的那件事情上，皇帝恰好沒有按照自己意願行事的權力：「惟冊立慶典，則前代皆以天子謙讓。」萬曆不願遵循祖宗成法冊立皇太子，而閣臣王錫爵則巧妙地向他奏陳，在事關國家體制的大事上，除了祖宗成法，皇帝其實別無選擇。萬曆接下來的反應，是任何處在緊繃政治局勢當中的人都會做的決定——擱置問題。王錫爵因此發現，自己在兩年半以後，竟又向皇上啟奏內容完全相同的話。這一次，他先是提醒萬曆皇帝：「今國家大事，莫大於建儲，」接著又聲稱：「皇上之美，莫美於攬權獨斷。」[20]於是萬曆再一次被告知，他擁有任憑己意決策的權力，只不過必須合乎祖宗成法與體制先例。如果王錫爵將他稟奏皇帝的這兩句話調換順序，無異清楚地告訴萬曆皇帝，他不能再推遲體制上要求皇帝做出的決定。

無論中國的國家體制對皇帝如何限制，都遠比不上國家受到來自商業關係與社會網絡的約束，而後兩者與國家遭遇、交會的場域，正是明代的社會。本書所運用的各種史料，以一個相當有趣的角度，從反方向證實，明代的國家體制相當發達，具備可觀的統治與干預能力；但是明代的國家體制卻

18 我對這類事情的看法，受到孔飛力觀點的影響。參見 Philip Kuhn, *Origin of the Modern Chinese State*.

19 Geroge Blue, "China and Western Social Thought in the Modern Period," pp. 66-67.

20 《神宗實錄》，卷二二八，頁七b（萬曆十八年十月條）；卷二五六，頁四a（萬曆二十一年正月）。

也容易受到社會權力的反向影響和抵制，因此，無論是在對待宗教信仰容許的偏差行為，還是關於遵從宗族團體施加的規則等議題，國家經常在與若干地方社群和精英競爭資源時敗下陣來，並且被排除在許多建構社會習俗的空間場域之外。不過，國家體制深嵌入社會結構，並不表示它無法要求民眾服從其政策，也不表示它無法取得自身發展壯大所需的資源，或是不能維護精英與其他人士持續在尋找的合理正當性，這是一個在各式整合命令與調適抵制之間不斷發展繁衍的系統。我並不將這種緊張關係看作是國家力量衰弱的跡象，或甚至認為此時國家根本不存在；我反而認為，這種緊張是君主政體具備調適彈性的證明。明代國家體系之所以能容許政策在地方執行時偏離其本意，又不至於因此而步履蹣跚、趨向崩潰，部分乃是因為國家採取強制和說服雙管齊下的辦法，確保地方精英接受其應盡的職責，維持地方社會秩序、保持與國家之間下情上達的高程度整合。除此之外，仕紳也別無其他方式，可以設想他們與國家的關係。國家與社會的需求，就這樣相互競爭、也彼此調整，從而產生出一個具有彈性的精英權力體系，彼此之間不存在難以收拾、經常激化為衝突的分歧——而這樣的分歧，時常摧毀早期施行專制政治的歐洲國家。

參考書目

一、地方志（按照《明史》卷四十至卷四六的順序，依省分排列。）

北直隸

《安平縣志》（一六八七年）／《寶坻縣志》（一七四五年）／《保定府志》（一八八六年）／《保定縣志》（一六七三年）／
《滄州志》（一五八四年）／《滄州志》（一六八〇年）／《滄州志》（一七四三年）／《承德府志》（一八八七年）／
《磁州志》（一五二六年）／《磁州志》（一七〇〇年）／《大名府志》（一四四五年）／《大名府志》（一五〇六年）／
《大名府志》（一六七二年）／《大名府志》（一八五三年）／《大名縣志》（一七九〇年）／《定州志》（一七三六年）／
《定興縣志》（一七七九年）／《定興縣志》（一八九三年）／《豐潤縣志》（一五七〇年）／《豐潤縣志》（一七五五年）／
《阜平縣志》（一八七四年）／《藁城縣志》（一六九八年）／《藁城縣志》（一七二〇年）／《高陽縣志》（一七三〇年）／
《固安縣志》（一五六五年）／《廣平縣志》（一六七六年）／《廣平縣志》（一九三九年）／《故城縣志》（一六一四年）／
《故城縣志》（一七二七年）／《河間府志》（一五四〇年）／《河間府志》（一六一五年）／《懷柔縣志》（一六〇四年）／
《畿輔通志》（一七三五年）／《畿輔通志》（一九一〇年）／《景州志》（一六一二年）／《晉州志》（一六九〇年）／
《薊州志》（一五二四年）／《開州志》（一六七四年）／《樂亭縣志》（一七五五年）／《樂亭縣志》（一八七七年）／
《靈壽縣志》（一六八五年）／《臨榆縣志》（一七五六年）／《灤志》（一五四八年）／《灤志》（一六一八年）／
《灤州志》（一八一〇年）／《滿城縣志》（一七一三年）／《南宮縣志》（一五五九年）／《南宮縣志》（一八三一年）／
《南和縣志》（一七四九年）／《南皮縣志》（一六八〇年）／《寧河縣志》（一七七九年）／《寧晉縣志》（一六七九年）／
《盤山志》（一六九六年）／《平山縣志》（一八五四年）／《平鄉縣志》（一八七八年）／《青縣志》（一六七三年）／
《清苑縣志》（一六七七年）／《清苑縣志》（一八七三年）／《丘縣志》（一五七六年）／《祁州志》（一七五六年）／
《任丘縣志》（一七六二年）／《沙河縣志》（一七五七年）／《束鹿縣志》（一六七一年）／《順德府志》（一七五〇年）／

《順天府志》（一八八六年）／《唐縣志》（一八七八年）／《天津縣志》（一七三九年）／《通州志略》（一五四九年）／《望都縣志》（一七七一年）／《宛平縣志》（一六八四年）／《萬全縣志》（一七四二年）／《完縣志》（一七三二年）／《蔚州志》（一八七七年）／《武安縣志》（一七三二年）／《武強縣新志》（一六九四年）／《新城縣志》（一六一七年）／《新城縣志》（一六七五年）／《新城縣志》（一八三八年）／《新河縣志》（一六七九年）／《新河縣志》（一九二九年）／《易州志》（一六四五年）／《易州志》（一七四七年）／《永年縣志》（一七五八年）／《永年縣志》（一八七七年）／《永寧縣志》（一六〇二年）／《永平府志》（一五一七年）／《永清縣志》（一七七九年）／《元氏縣志》（一六四二年）／《元氏縣志》（一七五八年）／《元氏縣志》（一八七五年）／《趙州志》（一四九八年）／《真定府志》（一五四九年）／《正定府志》（一七六二年）／《涿州志》（一三七三年）／《涿州志》（一八七五年）／《遵化州志》（一六七六年）

南直隸

《缽池山志》（一九二〇年）／《常熟縣志》（一五三七年）／《長洲縣志》（一五七一年）／《鄧尉聖恩寺志》（一六四四年）／《鳳台縣志》（一八一四年）／《高淳縣志》（一八八一年）／《高山志》（一八七七年）／《姑蘇志》（一五〇六年）／《寒山寺志》（一九一一年）／《徽州府志》（一五〇二年）／《徽州府志》（一五六六年）／《嘉定縣志》（一六〇五年）／《嘉定縣志》（一六七三年）／《嘉定縣續志》（一六八四年）／《江都志》（一五九九年）／《江寧府志》（一八八〇年）／《江陰縣志》（一八四〇年）／《江陰縣志》（一八七八年）／《金陵梵剎志》（一六〇七年）／《開元寺志》（一九二二年）／《婁縣志》（一七八八年）／《牛首山志》（一五九七年）／《平山堂圖志》（一七〇五年）／《清涼山志》（一六六一年）／《上海縣志》（一五八八年）／《松江府志》（一五一二年）／《松江府志》（一六三〇年）／《蘇州府志》（一六九二年）／《蘇州府志》（一七五九年，一八八三年重刊）／《泰伯梅里志》（一八九七年）／《太倉志》（一五四八年，一六二九年重刊）／《桐鄉縣志》（一八八七年）／《吳江縣志》（一五六一年）／《吳江志》（一四八八年）／《武進縣志》（一六〇五年）／《武進陽湖縣志》（一八八六年）／《無錫縣志》（一七五三年）／《吳縣志》（一六四二年）／《休寧縣志》（一六九三年）／《休寧縣志》（一八一五年）／《揚州府志》（一七三三年）

山東

《安丘縣志》（一五八九年）／《濟南府志》（一八四〇年）／《濟寧州志》（一六七二年）／《莘縣志》（一五四八年）／《汶上縣志》（一七一七年）／《武城縣志》（一五四九年）／《兗州府志》（一五九六年）／《兗州府志》（一六一三年）／《諸城縣志》（一七六四年）

山西

《長子縣志》（一五一三年）／《定襄縣志》（一七二七年）／《交城縣志》（一八八二年）／《潞城縣志》（一六二五年）

河南

《光山縣志》（一五五六年）／《歸德志》（一五四五年）／《歸德府志》（一七五三年）／《河南府志》（一六九五年）／《臨漳縣志》（一五〇六年）／《魯山縣志》（一五五二年）／《沔陽志》（一五三一年）／《南陽府志》（一五七七年）／《內鄉縣志》（一四八五年）／《衛輝府志》（一七八八年）／《襄城縣志》（一九一一年）／《彰德府志》（一五二二年）

陝西

《宜川縣志》（一七五三年）

江西

《安仁縣志》（一五四三年）／《德化縣志》（一八七二年）／《吉安府志》（一六四八年）／《建昌府志》（一五一七年）／《靖安縣志》（一五六五年）／《南昌府志》（一五八八年）／《饒州府志》（一五一一年）／《瑞安縣志》（一五五五年）／《瑞昌縣志》（一五六八年）／《瑞金縣志》（一五四二年）／《石鍾山志》（一八八三年）／《袁州府志》（一八七四年）

湖廣

《安化縣志》（一五四三年）／《常德府志》（一五三八年）／《慈利縣志》（一五七四年）／《當陽縣志》（一八六六年）／
《衡州府志》（一五九三年）／《湖廣圖經志書》（一五二二年）／《嘉魚縣志》（一四四九年）／《廉州府志》（一六三七年）／
《瀏陽縣志》（一五六一年）／《湘潭縣志》（一五五四年）／《湘陰縣志》（一五五四年）／《興國州志》（一五五四年）

浙江

《阿育王山志》（一六一九年）／《辯利院志》（一七六五年，一八三〇年重刊）／《大昭慶律寺志》（一八八二年）／
《定海縣志》（一五六三年）／《杜白二湖全書》（一八〇五年）／《海鹽縣圖經》（一六二四年）／《海鹽縣志》（一八七六年）／
《杭州府志》（一四七五年）／《杭州府志》（一九二二年）／《湖州府志》（一四九一年）／《湖州府志》（一五四二年）／
《湖州府志》（一六四九年）／《嘉善縣志》（一八九四年）／《嘉興府志》（一六八一年）／《嘉興府志》（一八八三年）／
《嘉興縣志》（一六三七年）／《嘉興縣志》（一六八五年）／《嘉興縣志》（一九〇九年）／《淨慈寺志》（一八八八年）／
《金華縣志》（一五九八年）／《龍泉縣志》（一八七八年）／《龍興祥符戒壇寺志》（一八九四年）／《寧波府志》（一五六〇年）／
《普陀山志》（一六一一年）／《錢塘縣志》（一七一八年）／《衢州府志》（一六二三年）／《仁和縣志》（一六八七年）／
《上天竺講寺志》（一六四六年，一八九七年重刊）／《台州府志》（一七二二年）／《天童寺志》（一八一一年）／
《天竺山志》（一八七五年）／《溫州府志》（一六〇五年）／《烏程縣志》（一六三八年）／
《武林梵志》（一六一五年，一七八〇年重刊）／《孝豐縣志》（一八七七年）／《秀水縣志》（一五九六年）／
《秀水縣志》（一六八五年）／《鄞縣志》（一七八八年）／《永嘉縣志》（一五六六年）／《餘杭縣志》（一八〇八年）／
《雲居聖水寺志》（一七七三年）

福建

《方廣巖志》（一六一二年）／《福建通志》（一八七一年）／《福寧州志》（一五九三年）／《福清縣志》（一七四七年）／

《福州府志》（一六一三年）／《福州府志》（一八七六年）／《古田縣志》（一六〇六年）／《惠安縣志》（一五三〇年）／《惠安縣志》（一八〇三年，一九三六年重刊）／《建寧府志》（一四九三年）／《龍溪縣志》（一七六二年）／《羅川志》（一五四五年）／《寧化縣志》（一六八四年）／《寧化縣志》（一八六九年）／《泉州府志》（一六一三年）／《泉州府志》（一七六三年）／《壽寧待志》（一六三七年，一九八三年重刊）／《同安縣志》（一七九八年）／《仙居縣志》（一六一二年）／《延平府志》（一五二六年）／《永福縣志》（一六一二年）／《漳平縣志》（一九三五年）／《漳州府志》（一六一三年）／《漳州府志》（一八七七年）

廣東

《曹溪通志（南華寺）》（一六七二年）／《潮州府志》（一五四七年）／《電白縣志》（一八二五年）／《鼎湖山志》（一七一七年）／《佛山忠義鄉志》（一九二一年）／《高要縣志》（一八二六年）／《光孝寺志》（一九三五年）／《歸善縣志》（一七八三年）／《靈山縣志》（一七三三年）／《番禺縣志》（一八七一年）／《瓊山縣志》（一九一七年）／《瓊州府志》（一六一九年）／《順德縣志》（一五八五年）／《順德縣志》（一九九六年）／《新會縣志》（一八四一年）／《西寧縣志》（一八三〇年）／《崖州志》（一九〇〇年）／《永安縣志》（一五八六年）／《增城縣志》（一八二〇年）／《肇慶府志》（一五八八年）／《肇慶府志》（一八七六年）

廣西

《湘山志》（一六八二年）

二、古籍（以成書年代為序）

〔東晉〕釋道安，《大藏經雕刻史話》（北京：中華書局，一九七八年）。

（南朝）范曄（編），《後漢書》（北京：中華書局，一九六五年）。
（宋）歐陽脩、宋祁（編）《新唐書》（北京：中華書局，一九七五年）。
（宋）陸游，《入蜀記》（一一七〇年；知不足齋叢書，一七七六年）。
（宋）朱熹（著）、陳俊民（校訂），《朱子文集》，十冊（臺北：德富文教基金會，二〇〇〇年）。
（元）脫脫、阿魯圖（編），《宋史》（北京：中華書局，一九七七年）。
（元）王禎（著），王毓瑚（校訂），《農書》（北京：農業出版社，一九八一年）。
（明）宋濂（編）《元史》（一三七〇年；北京：中華書局，一九七六年重刊）。
（明）朱元璋，《御製大誥》（一三八五至八七年）。
（明）蘇伯衡，《蘇平仲文集》（一四四二年；四部叢刊本，一九二九年）。
（明）李賢（編），《大明一統志》（一四六一年）。
（明）丘濬，《大學衍義補》（一四八七年）。
（明）黃佐，《泰泉鄉禮》（一五四九年；一八二一年重刊；四庫全書珍本四輯，一九七三年）。
（明）宋濂，《宋學士全集》（一五五二年）。
（明）孫宜，《洞庭漁人集》（一五五六年）。
（明）葉春及，《惠安政書》（一五七三年），收入《石洞文集》（一六七二年；福州：福建人民出版社，一九八七年）。
（明）王文祿，《百陵學山》（一五八四年）。
（明）徐徵明，《潞水客談》（一五八四年）。
（明）李東陽（編），《大明會典》（一五八八年）。
（明）李贄，《焚書》（一五九〇；北京：中華書局，一九七五年）。
（明）許孚遠，《敬和堂集》（一五九四年）。
（明）沈榜，《宛署雜記》（一五九六年；北京：中華書局，一九八〇年重刊）。

（明）李時珍，《本草綱目》（一五九六年；上海：同文書局，一九〇四年）。
（明）張鹵，《皇明制書》，二冊（一五九七年；東京：古典研究會，一九六七年）。
（明）屠隆，《白榆集》（一六〇〇年；一八四九年重刊；臺北：偉文出版社，一九七七年）。
（明）屠隆，《娑羅館清言》（叢書集成，上海：商務印書館，一九三六年）。
（明）徐學聚，《國朝典匯》（一六〇一年）。
（明）余繼登，《典故紀聞》（一六〇一年；北京：中華書局，一九八一年）。
（明）耿橘，《常熟縣水利全書》（一六〇六年）。
（明）袁黃，《了凡雜著》（一六〇七年）。
（明）李樂，《見聞雜記》（一六一〇年）、《續見聞雜記》（一六一二年；一六三二年重刊；上海：上海古籍出版社，一九八六年）。
（明）林希元，《林次崖先生文集》（一六一二年；一七五二年重刊）。
（明）章潢，《圖書編》（一六一三年）。
（明）焦竑，《國朝獻徵錄》（一六一六年；臺北：學生書局，一九六五年重刊）。
（明）李贄，《續焚書》（一六一八年；北京：中華書局，一九七五年）。
（明）趙秉忠，《江西輿地圖說》（萬曆年間紀錄彙編；臺北：成文出版公司，一九六五年重刊）。
（明）趙官，《後湖志》（一六二一年，初刊於一六一一年）。
（明）黃承玄，《盟鷗堂集》（一六二八年）。
（明）陳仁錫（編），《皇明世法錄》（一六三〇年）。
（明）陳子龍（編），《明經世文編》（一六三八年；北京：中華書局，一九六二年重印）。
（明）徐開禧，《韓山考》（一六三九年）。
（明）徐宏祖，《徐霞客遊記》（一六四二年，上海：上海古籍出版社，一九八〇年）。
（明）朱元璋（編纂）、懷效鋒（點校）《大明律》（一三七三年；北京：法律出版社，一九九九年）。

〔明〕徐一夔，《始豐稿》（收入《武林往哲遺書》，杭州：一八九四年）。
〔明〕李鄴嗣，《杲堂詩抄》（收入《四明叢書》，一九三二至一九四〇年）。
〔明〕錢啟忠，《清溪遺稿》（收入《四明叢書》，一九三二年至一九四〇年）。
〔明〕羅洪先，《念庵文集》（收入《四庫全書珍本》，臺北：臺灣商務印書館，一九七四年）。
〔明〕徐光啟（著）、石聲漢（校註），《農政全書校註》（上海：上海古籍出版社，一九七九年）。
〔明〕海瑞，《海瑞集》（北京：中華書局，一九八一年重刊）。
〔明〕雷夢麟，《讀律瑣言》（北京：法律出版社，二〇〇〇年）。
〔明〕大臣官修，《明實錄》（重刊本，臺北：中央研究院歷史語言研究所，一九六六年）
〔清〕葉夢珠，《閱世編》（清初；上海：上海古籍出版社，一九八一年重刊）。
〔清〕顧炎武，《天下郡國利病書》（一六六二年；上海：商務印書館，一九三六年重刊；京都：中文出版社，一九七五年。）
〔清〕陳龍正，《幾亭全書》（一六六五年）。
〔清〕朱彝尊，《日下舊聞》（一六八八年）。
〔清〕黃六鴻，《福惠全書》（一六九四年；一八九三年重印）。
〔清〕顧棫（編），《歸錢尺牘》（一六九九年；致古堂，一九一一年重刊）。
〔清〕陳夢雷（編），《古今圖書集成》（一七二五年）。
〔清〕翟灝，《通俗編》（一七五一年）。
〔清〕永瑢等（編），《欽定四庫全書總目》（一七八二年；臺北：藝文印書館，一九六九年）。
〔清〕魏晉錫，《欽定學政全書》（一七七五年；重刊本，臺北：文海，一九六八年）。
〔清〕紀昀（編），《四庫全書總目》（一七八一年；臺北：藝文印書館，一九六九年重刊）。
〔清〕張廷玉（修纂），《明史》（一七八九年，北京：中華書局，一九七二年重刊）。
〔清〕不著撰人《湖南省例成案》（收入《清代成案選編》第四五～四六冊，一八二〇年）。

（清）吳邦慶，《澤農要錄》（收入《畿輔河道水利叢書》，一八二四年）。
（清）胤祥，〈怡賢親王疏鈔〉，附錄於吳邦慶，《澤農要錄》（收入《畿輔河道水利叢書》，一八二四年）。
（清）賀長齡（編），《皇朝經世文編》（一八二七年；一九七三年重刊）。
（清）顧炎武，《日知錄集釋》（一八三四年；上海：上海古籍出版社，一九八四年重刊）。
（清）林則徐，《畿輔水利議》（一八七六年）。
（清）陳宏謀（編），《學士遺規》、《學士遺規補編》（一八七九年重刊）。
（清）吳振棫，《養吉齋叢錄》（一八九六年；北京：北京古籍出版社，一九八三年重刊。）
（清）大臣官修，《大清會典事例》（臺北：文海出版社，一九九二年重印）。
（清）大臣官修，《大清歷朝實錄》（臺北：華聯出版社，一九六四年重印）。
（清）褚華，《滬城備考》（一九三五年重刊）。
（清）葉德輝，《書林清話》（一九一一年；臺北：世界書局，一九七〇年）。
（清）龍文彬，《明會要》（北京：中華書局，一九五六年）。
（清）李宗昉（修），田濤、鄭秦（點校），《大清律例》（北京：法律出版社，一九九九年）。
（清）章學誠（著）、葉瑛（校註），《文史通義》（北京：中華書局，一九八五年）。

三、專書與論文（以姓氏筆畫為序）

專書

故宮博物院文獻館（編），《清代文字獄檔》（北平：故宮博物院，一九三四年）。
上海博物館圖書資料室（編），《上海碑刻史料選輯》（上海：上海人民出版社，一九八〇年）。
小川琢治，《支那歷史地理》（東京：弘文堂，一九四〇年）。

川勝守，《中國封建國家の支配構造》（東京：東京大學出版會，一九八〇年）。
中國科學院北京天文台《中國地方志聯合目錄》（北京：中華書局，一九八三年）。
中央圖書館（編），《明人傳記資料索引》（臺北：國立中央圖書館，一九六五年初版、一九七八年二版；北京：中華書局，一九八七年）。
日本農商務省，《支那稻米調查》（東京：東亞印刷，一九一七年）。
王利器，《元明清三代禁毀小說戲曲史料》（一九五八年；上海：上海古籍出版社，一九八一年增訂版）。
王國平、唐力行，《明清以來蘇州社會史碑刻集》（蘇州：蘇州大學出版社，一九九八年）。
艾南英，《天傭子集》（一八三六年初刊，臺北：藝文印書館，一九八〇年重刊）。
安平秋、章培恒（主編），《中國禁書簡史》（上海：上海文藝出版社，一九九二年）。
李國豪、張孟聞、曹天欽（編），《中國科技史探索》（中英文版；上海：上海古籍出版社，一九八六年）。
吳哲夫，《清代禁毀書目研究》（臺北：嘉新水泥公司文化基金會，一九六九年）。
吳晗，《江浙藏書家史略》（北京：中華書局，一九八一年）。
松本善海，《中国村落制度の史的研究》（東京：岩波書店，一九七七年）。
長谷部幽蹊，《明清佛教史研究序說》（臺北：新文豐出版公司，一九七九年）。
韋慶遠，《明代黃冊制度》（北京：中華書局，一九六一年）。
東洋文化研究所（編），《東京大學東洋文化研究所漢籍分類目錄》（東京：汲古書院，一九八一年）。
竺沙雅章，《中国仏教社会史研究》（東京：同朋舍，一九八二年）。
來新夏（編），《中國古代圖書事業史》（上海：上海人民出版社，一九九〇年）。
和田保，《北支ノ土地改良ニ関スル調査報告書要旨》（油印本，一九三八年）。
栗林宣夫，《里甲制の研究》（東京：文理書院，一九七一年）。
孫殿起，《琉璃廠小志》（北京：北京古籍出版社，一九八二年）。

孫毓棠、張寄謙，《清代的墾田與丁口的記錄》，《清史論叢》第一輯（北京：中華書局，一九七九年）。

彭信威，《中國貨幣史》（上海：上海人民出版社，一九五八年）。

梁方仲，《明代糧長制度》（上海：上海人民出版社，一九五七年）。

梁方仲，《中國歴代戶口、田地、田賦統計》（上海：上海人民出版社，一九八〇年）。

曹婉如（編），《中國古代地圖集：明代》（北京：文物出版社，一九九四年）。

陳祖槼，《稻》（北京：中華書局，一九五八年）。

陳垣，《明季滇黔佛教考》（北京：中華書局，一九六二年重印）。

尊經閣文庫（編），《尊經閣文庫漢籍分類目錄》（東京：尊經閣文庫，一九三五年）。

曾我部靜雄，《中國及び古代日本における郷村形態の變遷》（東京：吉川弘文館，一九六三年）。

廈門大學歴史系（編），《李贄研究參考資料》（福州：福建人民出版社，一九七五年）。

奥崎裕司，《中国郷紳地主の研究》（東京：汲古書院，一九七八年）。

聞鈞天，《中國保甲制度》（上海：商務印書館，一九三六年）。

福徵，《憨山大師年譜注疏》（臺北：真善美出版社，一九六七年）。

劉敦楨，《北平護國寺殘跡》（北平：中國營造學社，一九三五年）。

蔡美彪，《元代白話碑集錄》（北京：科學出版社，一九五五年）。

謝國楨，《晚明史籍考》（北平：國立北平圖書館，一九三三年）。

濱島敦俊，《明代江南農村社会の研究》（東京：東京大學出版會，一九八二年）。

羅孟禎，《中國古代目錄學簡編》（重慶：重慶出版社，一九八三年）。

羅偉國、胡平（編），《古籍版本題記索引》（上海：上海書店，一九九一年）。

歸兆籛《京兆歸氏世譜》（常熟：一九一三年）。

論文

三木聰，〈明末の福建における保甲制〉，《東洋學報》，第六一卷一、二期合併號（一九七九年），頁六七～一〇七。
王崇武，〈明成祖與佛教〉，《中國社會經濟史集刊》，第八卷一期（一九四九年）。
片山剛，〈清代広東省珠江デルタの図甲制について：税糧・戸籍・同族〉，《東洋學報》，第六三卷三、四合併號（一九八二年），頁一～三四。
片山剛，〈清代広東省珠江デルタの図甲制について：清末廣東省珠江三角洲甲及其諸問題〉，《史學雜誌》，第九一卷四期（一九八二年），頁四二～八一。
王興亞，〈明初遷山西民到河南考述〉，《史學月刊》，一九八四年第四期，頁三六～四四。
西山武一，〈亞洲農業源流〉，《亞洲經濟》，第六卷三期（一九六五年）。
田中正俊、鶴見尚宏，〈竜骨車と農民〉，《近代中國研究匯報》（東洋文庫），第一輯（一九七九年）。
左步青，〈乾隆焚書〉，收入《明清人物論集》（成都：一九八二年重刊）。
李濟賢，〈明代塘長述略〉，收入王春瑜（編），《明史論叢》（北京：中國社會科學出版社，一九九七年），頁一五六～一七四。
岩井茂樹，〈嘉靖四十一年浙江厳州府遂安県十八都下一図賦役黄冊残本考〉，收入夫馬進（編），《中国明清地方档案の研究》（京都：京都大學文學部，二〇〇〇年），頁三七～五六。
竺沙雅章，〈宋代墳寺考〉，《東洋學報》，第六一卷第一、二號（一九七九年），頁三五～六六。
梁方仲，〈論明代里甲法和均徭法的關係〉，《學術研究》，第四卷五期（一九六三年）。
間野潛龍，〈明代の佛教と明朝〉，《明代文化史研究》（京都：同朋舍，一九七九年），頁二四三～三一三。
清水泰次，〈明代の寺田〉，《東亞經濟研究》，第八卷四期（一九二四年），頁四六～六七。
傅衣淩，〈論明清時代福建土地買賣契約中的「銀主」〉，《抖擻》，第五二卷一期（一九八三年）。
鄭克晟，〈關於明代天津的水田〉，《南開史學》，一九八〇年第一期。
龍池清，〈明初の寺院〉，《支那佛教史學》，第二卷四期（一九三八年），頁九～二九。

龍池清，〈明代の僧官〉，《支那佛教史學》，第四卷三期（一九四〇年）。

龍池清，〈明太祖的佛教政策〉，收入張曼濤（編），《中國佛教史論集（六）：明清佛教史篇》（臺北：大乘文化出版社，一九七七年），頁一～一六。

濱島敦俊，〈江南の圩に關する若干の考察〉，收入唐代史研究會（編），《中國聚落史の研究：周邊諸地域との比較を含めて》（東京：刀水書房，一九八〇年），頁一一八～一三二。

濱島敦俊，〈明末浙江の嘉湖両府における均田均役法〉，《東洋文化研究所紀要》，（東京，一九七〇年），頁一三九～一八八。

鶴見尚弘，〈清初，蘇州府の魚鱗冊に関する一考察—長洲県、下二十五都正扇十九図魚鱗冊を中心として〉，《社會經濟史學》，第三四卷五期（一九六九年），頁一～三一。

鶴見尚弘，〈康熙十五年丈量、蘇州府長洲県魚鱗図冊の田土統計的考察〉，《木樹正雄先生退休紀念東洋史論集》（東京：汲古書院，一九七六年），頁三一一～三四四。

鶴見尚弘，〈再び康熙十五年丈量の蘇州府長州県魚鱗図冊に関する田土統計的考察〉，第二部分，《中嶋敏教授古稀紀念論集》（東京：汲古書院，一九八一年）。

鶴見尚弘, “Rural Control in the Ming.” In *State and Society in China: Japanese Perspectives on Ming-Qing Social and Economic History*, ed. Linda Grove, and Christian Daniels, pp. 245-277. Tokyo: University of Tokyo Press, 1984.

Unger, Roberto. *Social Theory: Its Situation and Its Task*, vol. 1 of *Politics*. Cambridge: Cambridge University Press, 1987.

英文專書、論文（以英文字母為序）

Anderson, Benedict. *Imagined Communities: Reflections on the Origin and Spread of Nationalism* / Rev. ed., London: Verso, 1991

中譯本：班納迪克・安德森（著）、吳叡人（譯），《想像的共同體：民族主義的起源與散布》（臺北：時報，二〇一〇年新版）。

Blackstone, William. *Commentaries on the Laws of England (1765-69)* / Reprint, Chicago: University of Chicago Press, 1979

Blue, Gregory. "China and Western Social Thought in the Modern Period." In *China and Historical Capitalism: Genealogies of Sinological Knowledge*, ed / Timothy Brook and Gregory Blue, pp. 57-109. Cambridge: Cambridge University Press, 1999

Bray, Francesca. *The Rice Economies: Technology and Development in Asian Societies* / Berkeley, CA: University of California Press, 1986.

Bray, Francesca. *Science and Civilisation in China: Agriculture*, vol. VI, pt. 2 of Joseph Needham, *Science and Civilisation in China* / Cambridge: Cambridge University Press, 1984.

Brook, Timothy. "Capitalism and the Writing of Modern History in China." In *China and Historical Capitalism: Genealogies of Sinological Knowledge*, co-ed. Gregory Blue, pp. 110-57 / Cambridge: Cambridge University Press, 1999.

中譯本：卜正民、布魯（著）、古偉瀛等（譯），《中國與歷史資本主義：漢學知識的譜系學》（北京：新星出版社，二〇〇五年）。

Brook, Timothy. "Confucianism." In *Censorship: A World Encyclopedia*, ed. Derek Jones, pp. 570-2 / London: Fitzroy Dearborn, 2001.

Brook, Timothy. *The Confusions of Pleasure: Commerce and Culture in Ming China* / Berkeley, CA: University of California Press, 1998.

中譯本：卜正民（著）、方駿、王秀麗、羅天佑（譯），《縱樂的困惑：明朝的商業與文化》（臺北：聯經，二〇〇四年）。

Brook, Timothy. "Edifying Knowledge: The Building of School Libraries in Ming China." *Late Imperial China* 17: 1 (June 1996), pp. 93-119.

Brook, Timothy. "Family Continuity and Cultural Hegemony: The Gentry of Ningbo, 1368-1911." In *Chinese Local Elites and Patterns of Dominance*, ed. Joseph Esherick and Mary Rankin, pp. 27-50 / Stanford, CA: Stanford University Press, 1990.

Brook, Timothy. "Funerary Ritual and the Building of Lineages in Late Imperial China." *Harvard Journal of Asiatic Studies* 49: 2 (December 1989), pp. 465-99.

Brook, Timothy."Geografia e cartografia." *Storia della Scienza*, vol. 2, pp. 493-502 / Rome: Istituto della Enciclopedia Italiana, 2001.

Brook, Timothy. *Geographical Sources of Ming-Qing History* / Ann Arbor, MI: Center for Chinese Studies, University of Michigan, 1988; 2nd edn., 2002.

Brook, Timothy. "Native Identity under Alien Rule: Local Gazetteers of the Yuan Dynasty." In *The Uses of Literacy, 1200-1330*, ed. Richard Britnell, pp. 235-45 / London: Boydell and Brewer, 1997.

Brook, Timothy. *Praying for Power: Buddhism and the Formation of Gentry Society in Late-Ming China* / Cambridge, MA: Council on East Asian Studies, Harvard University, 1993.

中譯本：卜正民（著）、張華（譯），《為權力祈禱：佛教與晚明中國仕紳社會的形成》（南京：江蘇人民出版社，二〇〇五年）。

Brook, Timothy. "Profit and Righteousness in Chinese Economic Culture." In *Culture and Economy: The Shaping of Capitalism in Eastern Asia*, co-ed. Hy Van Luong, pp. 27-44 / Ann Arbor, MI: University of Michigan Press, 1997.

Brook, Timothy. "Rethinking Syncretism: The Unity of the Three Teachings and their Joint Worship in Late Imperial China." *Journal of Chinese Religions* 21 (Fall 1993), pp. 13-44.

Brook, Timothy, and Gregory Blue, eds. *China and Historical Capitalism: Genealogies of Sinological Knowledge* / Cambridge: Cambridge University Press, 1999.

Brook, Timothy, and B. Michael Frolic, eds. *Civil Society in China* / Armonk, NY: M. E. Sharpe, 1997.

Brook, Timothy, and Hy Van Luong, eds. *Culture and Economy: The Shaping of Capitalism in Eastern Asia* / Ann Arbor, MI: University of Michigan Press, 1997.

Buck, John. *Land Utilization in China* / Shanghai: Commercial Press, 1937.

Cartier, Michel. *Une réforme locale en Chine au XVIe siecle:* Hai Rui à *Chun'an, 1558-1562* / Paris: Mouton, 1973.

Chambers, Douglas. "A Catalogue of the Library Bishop Lancelot Andrewes." *Transactions of the Cambridge Bibliographical Society* 5: 2 (1970).

Chan, Anita, Richard Madsen, and Jonathan Unger. *Chen Village* / Berkeley, CA: University of California Press, 1984.

Chan, Wing-tsit, trans. *Reflections on Things at Hand: A Neo-Confucian Anthology* / New York: Columbia University Press, 1967.

Cheek, Timothy. "Contracts and Ideological Control in Village Administration: Tensions in the 'Village Covenant' System in Late Imperial China." Unpublished paper.

Chia, Lucille. *Printing for Profit: The Commercial Publishers of Jianyang, Fujian (11th-17th Centuries)* / Cambridge, MA: Harvard University Asia Center, 2002.

Chow, Kai-wing. *The Rise of Confucian Ritualism in Late Imperial China* / Stanford, CA: Stanford University Press, 1994.

Ch'ü, T'ung-tsu. *Local Government in China under the Ch'ing* / Cambridge, MA: Harvard University Press, 1962.

中譯本：瞿同祖（著）、范忠信、晏鋒（譯），《清代地方政府》（北京：法律出版社，二〇〇三年）。

Clunas, Craig. *Chinese Furniture* / London: Victoria and Albert Museum, 1988.

Clunas, Craig. "Oriental Antiquities / Far Eastern Art." *Positions* 2:2 (Summer 1994), pp. 318-55.

Cole, Alan. *Mothers and Sons in Chinese Buddhism* / Stanford, CA: Stanford University Press, 1998.

Dardess, John. "The Cheng Communal Family: Social Organization and Neo-Confucianism in Yuan and Early Ming China." *Harvard Journal of Asiatic Studies* 34 (1974), pp. 7-52.

de Bary, W. Theodore. "Chinese Despotism and the Confucian Ideal." In *Chinese Thought and Institutions*, ed. John K. Fairbank, pp. 163-203 / Chicago: University of Chicago Press, 1957.

de Groot, J. J. M. *The Religious System of China* / Reprint, Taipei: Literature House, 1964.

Dennerline, Jerry. "Fiscal Reform and Local Control: The Gentry-Bureaucratic Alliance Survives the Conquest." In *Conflict and Control in Late Imperial China*, ed. Frederic Wakeman and Carolyn Grant, pp. 86-120 / Berkeley, CA: University of California Press, 1975.

Dore, R. P. *Education in Tokugawa Japan*. London: Routledge & Kegan Paul, 1965.

Dreyer, Edward. *Early Ming China: A Political History, 1355-1435* / Stanford, CA: Stanford University Press, 1982.

du Halde, Jean-Baptiste. *The General History of China*, trans. Richard Brookes / London: Watts, 1736.

Durkheim, Émile. Review of Maurice Courant, "Les associations en Chine" (*Annales des sciences politiques* 1899: 1, p. 68ff.). *L'année sociologique* 3 (1899), p. 355.

Ebrey, Patricia, ed. *Chinese Civilizaton: A Sourcebook* / New York: Free Press, 1993.

Eisenstein, Elizabeth. *The Printing Press as an Agent of Change* / Cambridge: Cambridge University Press, 1980.

Elman, Benjamin. *A Cultural History of the Civil Examinations in Late Imperial China* / Berkeley, CA: University of California Press, 2000.

Elman, Benjamin. *From Philosophy to Philology: Intellectual and Social Aspects of Change in Late Imperial China* / Cambridge, MA: Council on East Asian

Studies, Harvard University, 1984.

Elvin, Mark. "Market Towns and Waterways: The County of Shangh-hai from 1480 to 1910." In *The City in Late Imperial China*, ed. G. W. Skinner, pp. 441-473 / Stanford, CA: Standford University Press, 1977.

Esherick, Joseph, and Mary Rankin, eds. *Chinese Local Elites and Patterns of Dominance* / Berkeley, CA: University of California Press, 1990.

Fang, Chaoying. "Lu Lung-chi." In *Eminent Chinese of the Ch'ing Period*, ed. Arthur Hummel, pp. 547-548 / Washington D.C.: Government Printing Office, 1943.

Farmer, Edward. *Early Ming Government: The Evolution of Dual Capitals* / Cambridge, MA: Harvard University Asian Research Center, 1976.

Farmer, Edward. *Zhu Yuanzhang and Early Ming Legislation: The Reordering of Chinese Society following the Era of Mongol Rule* / Leiden: Brill, 1995.

Fei, Hsiao-t'ung. *Peasant Life in China: A Field Study of Country Life in the Yangtze Valley* / London: Kegan Paul, Trench, Trubner, 1939.
中譯本：費孝通，《江村經濟：中國農民的生活》（北京：商務印書館，二〇〇一年）。

Fossier, Robert. *Le Moyen Âge: le temps des crises 1250-1520* / Paris: Armand Colin, 1983.

Fossier, Robert. ed. *The Cambridge Illustrated History of the Middle Ages, 1250-1520* / Cambridge: Cambridge University Press, 1987.

Franke, Wolfgang. *An Introduction to the Sources of Ming History* / Kuala Lumpur: University of Malaya Press, 1968.

Gallagher, Louis, trans. *China in the Sixteenth Century: The Journals of Matthew Ricci: 1583-1610* / New York: Random House, 1953.

Goodrich, L. Carrington. *The Literary Inquisition of Ch'ien-Lung* / Baltimore, MD: Waverly Press, 1935.

Goodrich, L. Carrington, and chao-ying Fang, eds. *Dictionary of Ming Biography*, 2 vols, New York: Columbia University Press, 1976.

Gordon, Scott. *Controlling the State: Constitutionalism from Ancient Athens to Today* / Cambridge, MA: Harvard University Press, 1999.

Grendler, Paul. *The Roman Inqusition and the Venetian Press, 1540-1605* / Princeton, NJ: Princeton University Press, 1977.

Grimm, Tilemann. "State and Power in Juxtaposition: An Assessment of Ming Despotism." In *The Scope of State Power in China*, ed. S. R. Schram, pp. 27-50 / London: School of Oriental and African Studies, University of London, 1985.

Grist, David H. *Rice*, 4th edn / London: Longman's, 1965.

Grove, Linda, and Christian Daniels, eds. *State and Society in China: Japanese Perspectives on Ming-Qing Social and Economic History* / Tokyo: University of Tokyo Press, 1984.

Guy, Kent. *The Emperor's Four Treasuries: Scholars and the State in the Late Ch'ien-Lung Era* / Cambridge, MA: Council on East Asian Studies, Harvard University, 1987.

Handlin, Joanna. *Action in Late Ming Thought: The Reorientation of Lü Kun and Other Scholar Officials* / Berkeley, CA: University of California Press, 1983.

Hartwell, Robert. "Demographic, Political, and Social Transformations of China, 750-1550." *Harvard Journal of Asiatic Studies* 42:2 (1982), pp. 365-442.

Hegel, G. W. F. *The Philosophy of History*, trans. J. Sibree / New York: Dover, 1956.

Heibron, J. L. *The Sun in the Church: Cathedrals as Solar Observatories* / Cambridge, MA: Harvard University Press, 1999.

Higmen, Francis. *Censorship and the Sorbonne* / Geneva: Droz, 1979.

Ho, Ping-ti. *Studies on the Population of China* / Cambridge, MA: Harvard University Press, 1959.

Hobbes, Thomas. *Leviathan*, ed. Michael Oakeshott / Oxford: Basil Blackwell, 1960.

Hsiao, Kung-ch'üan. *Rural China* / Seattle, WA: University of Washington Press, 1960.

中譯本：蕭公權（著）、張皓、張升（譯），《中國鄉村：論十九世紀的帝國控制》（臺北：聯經，二〇一四年）。

Hu, Bangbo. "Maps in the *Gazetteer of Yung-an County* (*Yung-an hsien-chih*)." *Gest Library Journal* 6: 1 (Spring 1993), pp. 85-110.

Huang, Liuhong. *A Complete Book Concerning Happiness and Benevolence*, trans. Djang Chu / Tucson, AZ: University of Arizona Press, 1984.

Huang, Philip. *The Peasant Family and Rural Development in the Yangzi Delta, 1350-1988* / Stanford, CA: Stanford University Press, 1990.

Huang, Ray. *1587: A Year of No Significance* / New Haven, CT: Yale University Press, 1981.

中譯本：黃仁宇，《萬曆十五年》（臺北：食貨，一九八五年）。

Huang, Ray. *Taxation and Governmental Finance in Sixteenth-Century Ming China.* / Cambridge: Cambridge University Press, 1974.

中譯本：黃仁宇（著）、阿風等（譯），《十六世紀明代中國之財政與稅收》（臺北：聯經，二〇〇一年）。

Huang, Ray. "Wang Ying-chao." In *Dictionary of Ming Biography*, ed. L. Carrington Goodrich and Chao-ying Fang, pp. 1451-1454 / New York: Columbia

University Press, 1976.

Hucker, Charles. *The Censorial System of the Ming Dynasty* / Stanford, CA: Stanford University Press, 1966.

Hucker, Charles. *A Dictionary of Official Titles in Imperial China* / Stanford, CA: Stanford University Press, 1985.

Hucker, Charles. "Governmental Organization of the Ming Dynasty." *Harvard Journal of Asiatic Studies* 21 (1958), pp. 1-66.

Hucker, Charles. *The Ming Dynasty: Its Origins and Evolving Institutions* / Ann Arbor, MI: Center for Chinese Studies, University of Michigan, 1978.

Hucker, Charles. ed. *Chinese Government in Ming Times: Seven Studies* / New York: Columbia University Press, 1969.

Hummel, Arthur, ed. *Eminent Chinese of the Ch'ing Period* / Washington, D.C.: Government Printing Office, 1943.

中譯本：恆慕義（主編）、中國人民大學清史研究所（譯），《清代名人傳略》（西寧：青海人民出版社，一九九〇年）。

Huters, Theodore, R. Bin Wong, and Pauline Yü, eds. *Culture and State in Chinese History: Conventions, Conflicts, and Accommodations* / Stanford, CA: Stanford University Press, 1997.

International Rice Research Institute. *Rice Research and Production in China* / Manila, 1978.

Jiang, Jin. "Heresy and Persecution in Late Ming Society: Reinterpreting the Case of Li Zhi." *Late Imperial China* 22: 2 (December 2001), pp. 1-34.

Kuhn, Philip. "Local Self-Government Under the Republic." In *Conflict and Control in Late Imperial China*, ed. Frederic Wakeman and Carolyn Grant, pp. 257-298 / Berkeley, CA: University of California Press, 1975.

Kuhn, Philip. *Origins of the Modern Chinese State* / Stanford, CA: Stanford University Press, 2002.

中譯本：孔飛力（著）、陳兼、陳之宏（譯），《中國現代國家的起源》（香港：中文大學出版社，二〇一四年）。

Kuhn, Philip. "Political Crime and Bureaucratic Monarchy: A Chinese Case of 1768." *Late Imperial China* 8: 1 (June 1987), pp. 80-104.

Kuhn, Philip. *Rebellion and its Enemies in Late Imperial China* / Cambridge, MA: Harvard University Press, 1970.

中譯本：孔飛力（著）、謝亮生等（譯），《中華帝國晚期的叛亂及其敵人》（北京：中國社會科學出版社，一九九〇年）。

Kuhn, Philip. *Soulstealers: The Chinese Sorcery Scare of 1768* / Cambridge, MA: Harvard University Press, 1990.

中譯本：孔飛力（著）、陳兼、劉昶（譯），《叫魂：1768年中國妖術大恐慌》（上海：三聯書店，二〇一四年）。

Kutcher, Norman. *Mourning in Late Imperial China: Filial Piety and the State* / Cambridge: Cambridge University Press, 1999.

Legge, James, trans. *The Chinese Classics*, vol. 1 (*Analects, Great Learning, Doctrine of the Mean*); vol. 2(*Mencius*). 1867-1876.

Legge, James, trans. *Li Ki.* The Sacred Books of the East, ed. Max Müller, vol. 27. 1885.

Levine, David. *At the Dawn of Modernity: Biology, Culture, and Material Life in Europe after the Year 1000* / Berkeley, CA: University of California Press, 2001.

Levine, Norman. "The Myth of Asiatic Restoration." *Journal of Asian Studies* 37: 1 (1977), pp. 73-85.

Lewis, Mark. *Sanctioned Violence in Early China* / Albany, NY: State University of New York Press, 1990.

Liang, Fang-chung. "The Tax Captain System in the Ming Dynasty." In *Chinese Social History*, ed. E-tu Zen Sun and John de Francis, pp. 249-269 / Washington D.C.: American Council of Learned Societies, 1956.

Littrup, Leif. *Subbureaucratic Government in China in Ming Times* / Oslo: Universitetsforlaget, 1981.

Locke, John. *Two Treatises of Government*, ed. Peter Laslett / Cambridge: Cambridge University Press, 1963.

Lyon, Bruce. *A Constitutional and Legal History of Medieval England*, 2nd edn / New York: Norton, 1980.

Mann, Michael. *The Sources of Social Power*, vol. 1 / Cambridge: Cambridge University Press, 1986.

Marshall, P. J., and Glyndwr Williams. *The Great Map of Mankind* / London: Dent, 1982.

Matsuo Takane. "Rice Culture in China." In *Rice in Asia*, ed. Association of Japanese Agricultural Scientific Societies / Tokyo: University of Tokyo Press, 1975.

McKnight, Brian. *Village and Bureaucracy in Southern Sung China* / Chicago: University of Chicago Press, 1971.

Meskill, John, trans. *Ch'oe Pu's Diary: A Record of Drifiting across the Sea* / Tucson, AZ: University of Arizona Press, 1965.

Mihelich, Mira. "Polders and Politics of Land Reclamation in Southeast China during the Northern Sung." / Ph. D. dissertation, Cornell University, 1979.

Min, Tu-ki. *National Polity and Local Power: The Transformation of Late Imperial China*, ed. Philip Kuhn and Timothy Brook / Cambridge, MA: Center for

East Asian Studies, Harvard University Press, 1988.

Montesquieu, Charles Louis de Secondat de. *The Spirit of the Laws* / Cambridge: Cambridge University Press, 1989.

Mote, Frederick. "The Growth of Chinese Despotism." *Oriens Extremis* 8 (1961), pp. 1-41.

Mote, Frederick. "The Transformation of Nanking, 1350-1400." In *The City in Late Imperial China*, ed. G. William Skinner, pp. 101-153 / Stanford, CA: Stanford University Press, 1977.

Mote, Frederick, and Denis Twitchett, eds. *The Cambridge History of China,* vol. 7: *The Ming Dynasty, 1368-1644, Part I* / Cambridge: Cambridge University Press, 1988.

Naquin, Susan. *Millenarian Rebellion in China: The Eight Trigrams Uprising of 1813.* / New Haven, CT: Yale University Press, 1976.

中譯本：韓書瑞（著），陳仲丹（譯），《千年末世之亂：一八一三年八卦教起義》（南京：江蘇人民出版社，二〇一二年）。

Needham, Joseph. *Science and Civilisation in China*, vol. 3 / Cambridge: Cambridge University Press, 1976.

Needham, Joseph. *Science and Civilisation in China*, vol. 4, pt. 3 / Cambridge: Cambridge University Press, 1971.

Nivison, David. *The Life and Thought of Chang Hsüeh-ch'eng* / Stanford, CA: Stanford University Press, 1966.

O'Leary, Brendan. *The Asiatic Mode of Production: Oriental Despotism, Historical Materialism, and Indian History* / London: Basil Blackwell, 1989.

Overmyer, Daniel. *Folk Buddhist Religion: Dissenting Sects in Late Traditional China* / Cambridge, MA: Harvard University Press, 1976.

Perdue, Peter. *Exhausting the Earth: State and Peasant in Hunan, 1500-1850* / Cambridge, MA: Council on East Asian Studies, Harvard University, 1987.

Perkins, Dwight. *Agricultural Development in China, 1368-1968* / Chicago: Aldine, 1969.

Prip-Møller, Johannes. *Chinese Buddhist Monasteries* / Copenhagen: Gads Forlag, 1937.

Rankin, Mary Backus. "The Origins of the Chinese Public Sphere: Local Elites and Community Affairs in the Late Imperial Period." *Études chinoises* 9: 2 (Autumn 1990), pp. 13-60.

Ricoeur, Paul. *Time and Narrative*, vol. 1, trans. Kathleen McLaughlin and David Pellauer / Chicago: University of Chicago Press, 1984.

Robinson, David. *Bandits, Eunuchs, and the Son of Heaven: Rebellion and the Economy of Violence in Mid-Ming China* / Honolulu: University of Hawaii Press, 2001.

Saeki Yūichi. "Reforms in the Service Levy System in the Fifteenth and Sixteenth Centuries." In *State and Society in China: Japanese Perspectives on Ming-Qing Social and Economic History*, ed. Linda Grove, and Christian Daniels, pp. 279-310. / Tokyo: University of Tokyo Press, 1984.

Said, Edward. *Orientalism* / New York: Vintage, 1978.

中譯本：愛德華・薩伊德（著）、王志弘、王淑燕、莊雅仲等（譯），《東方主義》（臺北：立緒文化，一九九九年）。

Schipper, Kristofer. "Vernacular and Classical Rituals in Taoism." *Journal of Asian Studies* 45: 1 (November 1985), pp. 21-57.

Schoppa, Keith. *Chinese Elites and Political Change* / Cambridge, MA: Harvard University Press, 1982.

Shiba Yoshinobu. "Ningbo and its Hinterland." In *The City in Late Imperial China*, ed. G. W. Skinner, pp. 391-439 / Stanford, CA: Standford University Press, 1977.

Skinner, G. William, ed. *The City in Late Imperial China* / Stanford, CA: Standford University Press, 1977.

Streurmer, John. "Polder Construction and the Pattern of Land Ownership in the T'ai-hu Basin during the Southern Sung Dynasty." / Ph. D. dissertation, University of Pennsylvania, 1980.

Sun, E-tu Zen, and John de Francis, eds. *Chinese Social History* / Washington D.C.: American Council of Learned Societies, 1956.

Szonyi, Michael. *Practicing Kinship: Lineage and Descent in Late Imperial China* / Stanford, CA: Stanford University Press, 2002.

Thomas, Donald. *A Long Time Burning: The History of Literacy Censorship in England* / London: Routeledge and Kegan Paul, 1969.

Tsai, Shih-shan Henry. *The Eunuchs in the Ming Dynasty* / Albany, NY: State University of New York Press, 1996.

中譯本：蔡石山（著）、黃中憲（譯），《明代宦官》（臺北：聯經，二〇一一年）。

Tsur, Nyok-ching（周｜清）. "Forms of Business in the City of Ningbo in China" (1909), trans. Peter Schran. *Chinese Sociology and Anthropology* 15: 4 (1983), pp. 3-131.

Wakeman, Frederic and Carolyn Grant, eds. *Conflict and Control in Late Imperial China* / Berkeley, CA: University of California Press, 1975.

Wallerstein, Immanuel. "The West, Capitalsim, and the Modern World-System." In *China and Historical Capitalism: Genealogies of Sinological Knowledge*, ed. Timothy Brook and Gregory Blue, pp. 10-56 / Cambridge: Cambridge University Press, 1999.

Welch, Holmes. *Buddhism under Mao* / Cambridge, MA: Harvard University Press, 1972.

Welch, Holmes. "The Fate of Religion." In *The China Difference*, ed. Ross Terrill / New York: Harper and Row, 1979.

Will, Pierre-Étienne. *Bureaucratie et famine en Chine au 18e siècle.* Paris, 1980. Translated as *Bureaucracy and Famine in Eighteenth-Century China*, trans. Elborg Forster / Stanford, CA: Standford University Press, 1990.

Williams, Raymond. *Keywords: A Vocabulary of Culture and Society* / London: Fontana, 1976.

Witek, John. *Controversial Ideas in China and Europe: A Biography of Jean-Francois Foucquet, S. J. (1665-1741)* / Rome: Institutum Historicum, 1982.

Wittfogel, Karl. *Oriental Despotism: A Comparative Study of Total Power* / New Haven, CT: Yale University Press, 1957.

Wong, R. Bin. *China Transformed: Historical Change and the Limits of European Experience* / Ithaca, NY: Cornell Univerity Press, 1997.

Wong, R. Bin. "The Political Economy of Agrarian Empire and its Modern Legacy." In *China and Historical Capitalism: Genealogies of Sinological Knowledge*, ed. Timothy Brook and Gregory Blue, pp. 210-245 / Cambridge: Cambridge University Press, 1999.

Wu Kwang Tsing. "Ming Printing and Printers." *Harvard Journal of Asiatic Studies* 7: 3 (1943), pp. 203-60.

Wu Lien Teh. "A Striking Example of Scientific Farming in North China." *Journal of the Chinese Philosophical Society* 1: 1 (1911).

Yü, Chün-fang. *The Renewal of Buddhism in China: Chu-Hung and the Late Ming Synthesis* / New York: Columbia University Press, 1981.

謝辭

《社群・王朝——明代國家與社會》這本書，能夠從單篇論文集結成書要歸功於馬克・謝爾登（Mark Seldon）教授，他協助我發現這些論文有綴拾成篇的可能，也鼓勵我將各篇論文構建成一個前後連貫呼應的整體；如果沒有他的一力促成，這本書大概就不會問世了。

在此我還要提到另外兩位人士的名字，向他們致上謝意，我在構思本書的寫作方向時，他們兩位提供了許多建議。首先是王國斌（Bin Wong）教授，我們在研究生時期就認識了，分屬同門，長年來國斌都以身為學者的嚴謹和作為朋友的耐心，一再閱讀與批評我的著作。宋怡明（Michael Szonyi）教授近來對我的影響則更多一些，他所著《實踐親屬：帝制中國晚期的宗族與繼嗣》（*Practising Kinship: Lineage and Descent in Late Imperial China*）更是有助於我重新反思這本書裡涉及的若干議題。

最後，我要向下列這些為這本書的面世勞心費力的人，致上我的感謝之忱。感謝崔許・麥卡萊斯特（Trish McAlaster）為本書繪製地圖、尼克・霍金斯（Nick Hawkins）編輯原稿、以及我的研究助理呂凱文（Kevin Lu）在本書從單篇論文集結成書的漫長過程裡，付出的耐心和熱誠。

卜正民

歷史 中國史

社群 · 王朝

明代國家與社會

作　　者—卜正民（Timothy Brook）
譯　　者—廖彥博
發 行 人—王春申
總 編 輯—李進文
編輯指導—林明昌
主　　編—王育涵
責任編輯—何宣儀
封面設計—高茲琳

營業經理—陳英哲
業務組長—高玉龍
行銷企劃—葉宜如
出版發行—臺灣商務印書館股份有限公司
23141 新北市新店區民權路 108-3 號 5 樓（同門市地址）
電話：(02)8667-3712　傳真：(02)8667-3709
讀者服務專線：0800056196
郵撥：0000165-1
E-mail：ecptw@cptw.com.tw
網路書店網址：www.cptw.com.tw
Facebook：facebook.com.tw/ecptw

THE CHINESE STATE IN MING SOCIETY by TIMOTHY BROOK

局版北市業字第 993 號
初版一刷：2018 年 8 月
印刷廠：禹利電子分色有限公司
定價：新台幣 480 元
法律顧問：何一芃律師事務所

社群．王朝：明代國家與社會 / 卜正民 (Timothy James Brook) 著；廖彥博譯．-- 初版．-- 新北市：臺灣商務，2018.08
面；　公分．--（歷史．中國史）
譯自：The Chinese state in Ming society
ISBN 978-957-05-3155-8(平裝)

1. 社會史 2. 明代

540.9206　　107010708